权威·前沿·原创

皮书系列为
"十二五""十三五"国家重点图书出版规划项目

长垣蓝皮书
BLUE BOOK OF
CHANGYUAN

长垣经济社会发展报告
（2017）

ANNUAL REPORT ON ECONOMIC AND SOCIAL DEVELOPMENT
OF CHANGYUAN (2017)

主　编／张占仓　袁凯声　秦保建

社会科学文献出版社
SOCIAL SCIENCES ACADEMIC PRESS（CHINA）

图书在版编目（CIP）数据

长垣经济社会发展报告 . 2017 / 张占仓，袁凯声，
秦保建主编 . -- 北京：社会科学文献出版社，2017.10
（长垣蓝皮书）
ISBN 978 - 7 - 5201 - 1458 - 5

Ⅰ. ①长… Ⅱ. ①张… ②袁… ③秦… Ⅲ. ①区域经
济发展 - 研究报告 - 长垣县 - 2017 ②社会发展 - 研究报告
- 长垣县 - 2017 Ⅳ. ①F127. 614

中国版本图书馆 CIP 数据核字（2017）第 237208 号

长垣蓝皮书
长垣经济社会发展报告（2017）

主　　编／张占仓　袁凯声　秦保建

出 版 人／谢寿光
项目统筹／任文武
责任编辑／连凌云

出　　版／社会科学文献出版社 · 区域与发展出版中心（010）59367143
　　　　　　地址：北京市北三环中路甲 29 号院华龙大厦　邮编：100029
　　　　　　网址：www. ssap. com. cn
发　　行／市场营销中心（010）59367081　59367018
印　　装／北京季蜂印刷有限公司

规　　格／开 本：787mm × 1092mm　1/16
　　　　　　印 张：23　字 数：347 千字
版　　次／2017 年 10 月第 1 版　2017 年 10 月第 1 次印刷
书　　号／ISBN 978 - 7 - 5201 - 1458 - 5
定　　价／88. 00 元

皮书序列号／PSN B - 2017 - 654 - 1/1

长垣蓝皮书编委会

<blockquote>主　　任　　张占仓　袁凯声　秦保建

副 主 任　　毛　兵　王玲杰　范文卿

委　　员　（以姓氏笔画为序）

王子辉　王元亮　王中亚　王新涛　勾学岭

左　雯　包世琦　司玉峰　安晓明　刘　刚

刘晓萍　张　沛　张　侃　李三辉　李中阳

李方方　李国英　李建华　李钰靖　陈明星

杨志波　杨梦洁　吴旭晓　孟　白　林凤霞

郑胜强　柏程豫　赵　执　赵西三　赵守良

赵志浩　郭海荣　崔学华　魏晓燕</blockquote>

主编简介

张占仓　河南省社会科学院院长、研究员，博士生导师，河南省优秀专家、河南省学术（技术）带头人、国家有突出贡献中青年专家、享受国务院特殊津贴专家，中国区域经济学会副会长。主要从事经济地理学研究，主攻方向为区域规划与发展战略，主持完成国家和省部级重大重点项目36项，先后荣获省部级科技进步成果二等奖14项、三等奖5项，河南省优秀社会科学成果特等奖1项，发表学术论文140多篇，主编、副主编学术专著29部。

袁凯声　河南省社会科学院副院长、研究员，河南大学、河南师范大学硕士研究生导师，中国近代文学研究会理事，河南省文学学会秘书长。主持或参与国家社科基金项目等各类项目6项，发表学术文章70余篇，出版学术著作7部。近年来从事区域发展宏观战略研究等，参加多项河南省委、省政府重大决策课题专项研究，多次参加省重要文件起草工作并担任起草组组长，获得省社科优秀成果奖多项。

秦保建　中共长垣县委副书记、长垣县人民政府县长。主持县政府全面工作。

摘　要

　　本书由河南省社会科学院主持编撰，深入系统分析了长垣县 2016～2017 年经济社会发展的基本情况和发展趋势，全方位、多角度、深层次地研究了长垣县深化改革、创新发展的举措和成效，并对加快"富强长垣、创新长垣、精善长垣、和谐长垣"建设提出对策建议。

　　本书总报告反映了 2016～2017 年长垣县经济社会发展整体情况分析和预测的基本观点。报告认为，2016 年，长垣县经济社会发展呈现出"总体平稳、稳中向好"的良好态势。各项改革加速推进，发展后劲持续增强，产业载体日益坚实，三产业态不断优化，新型城镇化进程加快，民生福祉明显改善，经济社会保持健康较快发展。2017 年是长垣县实施"十三五"规划的重要一年，也是供给侧结构性改革的深化之年，长垣县将围绕全面建设富强、创新、精善、和谐长垣，坚持稳中求进工作总基调，突出以提高发展质量和效益为中心，突出以推进供给侧结构性改革为主线，突出以强化创新驱动、开放带动为动力，着力加快产业转型升级，着力提升新型城镇化质量，着力推进生态文明建设，着力改善民生，加快全面建设小康社会，努力打造县域经济强县。

　　本书分报告分为富强长垣篇、创新长垣篇、精善长垣篇、和谐长垣篇，主要关注当前长垣县在改革创新、转型升级、城镇提质、民生改善、基层党建等重要领域和关键环节的实践探索，并提出推进长垣县转型发展的思路和对策。

　　长垣县是河南省县域经济强县和省直管县，也是中原城市群重要节点城市，在全面深化改革背景下，长垣县的转型发展在河南县域经济尤其是省直管县中具有很强的代表性和典型性，准确分析、深入研究长垣县的经济社会发展情况，将为河南乃至全国同类地区转型发展提供经验借鉴。

　　关键词：经济　社会　"四个长垣"　长垣县

前　言

　　长垣县是河南省直管县，位于豫东北地区，县域面积 1051 平方公里，总人口 88 万人，是中国起重机械名城、中国卫生材料生产基地、中国防腐蚀之都、中国厨师之乡、中华美食名城，先后被确定为全国文明县城、国家卫生县城、国家园林县城、国家新型工业化产业示范基地、全国粮食生产先进县、全国农村土地制度改革试点、第二批国家新型城镇化综合试点地区等。

　　"十二五"以来，面对严峻复杂的国内外环境和经济下行的巨大压力，长垣县委、县政府认真贯彻落实河南省一系列重大战略部署，保持了经济社会平稳较快发展。据统计，2016 年长垣县完成地区生产总值 296 亿元，同比增长 9.5%，居省直管县第 1 位。城镇居民人均可支配收入 23147 元，同比增长 7%；农村居民人均可支配收入 16296 元，同比增长 9%；全县公共财政预算收入 16.8 亿元，同比增长 12.2%；规模以上工业增加值完成 133 亿元，同比增长 10%，居省直管县第 2 位；固定资产投资完成 288 亿元，同比增长 2.8%；社会消费品零售总额完成 77 亿元，同比增长 13%，居省直管县第 1 位。同时，也要清醒地看到，长垣经济社会发展还存在一些突出的矛盾和问题，亟待及时解决。

　　2017 年是实施"十三五"规划的重要一年，也是供给侧结构性改革的深化之年，更是加快"四个长垣"建设的关键之年。长垣县将坚持稳中求进工作总基调，突出以提高发展质量和效益为中心，突出以推进供给侧结构性改革为主线，突出以强化创新驱动、开放带动为动力，着力加快产业转型升级，着力提升新型城镇化质量，着力推进生态文明建设，着力改善民生，加快全面建设小康社会，努力打造县域经济强县。

　　《长垣经济社会发展报告（2017）》是河南省社会科学院同长垣县深度合作的学术成果，是面向全国展示长垣县经济社会发展的第一本蓝皮书。本书秉承专业研究精神，发挥社科研究优势，围绕新形势下"四个长垣"建设面临的新情况新问题，以客观详实的统计资料为依据，突出科学性、实证性和前瞻性，总结经验、查找问题、研判未来，力争为长垣全面建成小康社会提供智力支持。由于对长垣县情和状况的了解不够深入，加之研究团队研究水平和能力所限，本书难免有差错和不足之处，敬请读者批评指正。

编者

2017 年 9 月

目 录

Ⅲ 创新长垣篇

Ⅳ 精善长垣篇

Ⅴ 和谐长垣篇

┌─────────────────────┐
│ 皮书数据库阅读**使用指南** │
└─────────────────────┘

总 报 告

General Report

B.1

2016～2017年长垣县经济
社会发展分析与展望

河南省社会科学院课题组[*]

摘　要：　2016年，长垣县经济社会发展呈现出"总体平稳、稳中向好"的良好态势。全县地区生产总值完成296亿元，同比增长9.5%，居省直管县第1位。各项改革加速推进，发展后劲持续增强，产业载体日益坚实，三产业态不断优化，新型城镇化进程加快，民生福祉明显改善，经济社会保持健康较快发展。2017年，长垣县将围绕全面建设富强、创新、精善、和谐长垣，坚持稳中求进工作总基调，突出以提高发展质量和效益为中心，突出以推进供给侧结构性改革为主线，

---

* 课题组组长：张占仓、袁凯声、秦保建；课题组主要成员：毛兵、王玲杰、范文卿、郑胜强等；执笔：王玲杰、赵执、王元亮。

突出以强化创新驱动、开放带动为动力，着力加快产业转型升级，着力提升新型城镇化质量，着力推进生态文明建设，着力改善民生，加快建设全面小康社会，努力打造县域经济强县。

关键词：　经济　社会　"四个长垣"　长垣县

一　2016年长垣县经济社会发展评析

（一）2016年长垣县经济社会发展总体态势

2016年是长垣县实施"十三五"规划的开局之年，面对繁重艰巨的改革发展任务和诸多困难挑战，长垣县主动适应新常态，把握稳中求进总基调，务实重干、奋力攻坚，各项改革加速推进，发展后劲持续增强，产业载体日益坚实，三产业态不断优化，新型城镇化进程加快，民生福祉明显改善，经济社会保持健康较快发展的良好态势。

2016年，全县地区生产总值完成296亿元，同比增长9.5%，居省直管县第1位；城镇居民人均可支配收入23147元，同比增长7%；农村居民人均可支配收入16296元，同比增长9%；全县公共财政预算收入16.8亿元，同比增长12.2%，居省直管县第4位；规模以上工业增加值完成133亿元，同比增长10%，居省直管县第2位；固定资产投资完成288亿元，同比增长2.8%；社会消费品零售总额完成77亿元，同比增长13%，居省直管县第1位。

（二）2016年长垣县经济社会发展主要特征

1. 发展动力持续增强

省直管县体制改革顺利推进。政府机构改革圆满完成，食品药品监督管理体制、交通运输执法体制、农电体制改革落实到位，不动产登记局挂牌成立，恼里镇被确定为省级经济发达镇行政管理体制改革试点镇。建立公布行政权力清单和责任清单，行政审批标准化试点改革扎实有效。农村集体土地所有权登记发证工作全面完成，农村集体经营性建设用地入市改革试点等农村综合改革有序推进。财税管理、医疗卫生、教育、文化等专项改革均取得积极进展。2014年以来，长垣县GDP增长稳中有升，总体态势良好（见图1）。

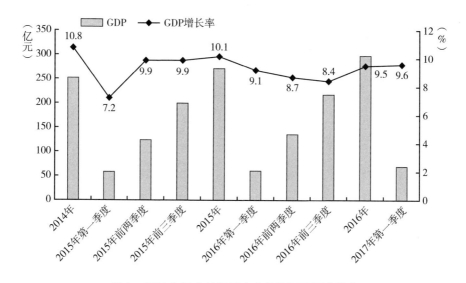

图1 2014年以来长垣县生产总值逐季累计增速

2. 产业结构持续优化

长垣县坚持调整结构、转型升级，发展质态更趋优化，三次产业实现协同增长的良好态势（见图2）。

农业持续增收增效。长垣粮食总产量实现"十二连增"，华大小米加工基地、水产养殖基地投入生产运营。长垣县被确定为国家畜牧产业类项目实施县，三阳畜牧在"新三板"成功上市，众和冬枣种植专业合作社被评为国家级农民专业合作示范社。

工业经济稳中提质。起重装备制造、卫生材料及医疗器械、汽车及零部件产业增加值分别增长9.5%、12.7%、6.8%；规模以上工业企业累计实

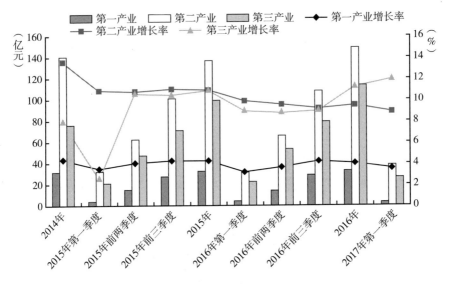

图2　2014年以来长垣县一、二、三产业逐季累计增速

现增加值127.6亿元，增长10%（见图3）；产业集聚区实现规模以上工业增加值100亿元，增长10.2%（见图4）；全国门桥式起重机械产业知名品牌示范区、省级高新技术开发区创建顺利通过验收。

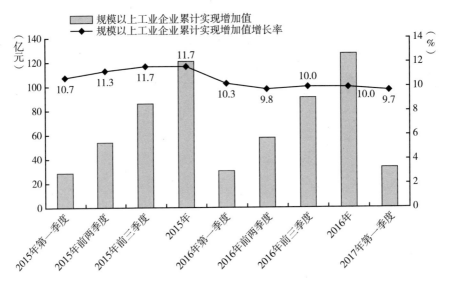

图3　2015年以来长垣县规模以上工业企业实现增加值及逐季累计增速

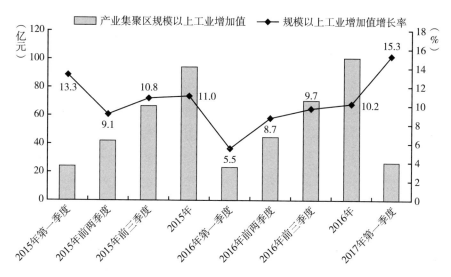

图4 2015年以来长垣县产业集聚区规模以上工业增加值及逐季累计增速

现代服务业快速成长。中国防腐材料博览城一期、中原新发地农副产品批发市场等一批商贸项目开业运营。阿里巴巴农村淘宝服务中心和42个村级服务站投入运行，发展京东电商130家，被确定为第二批全国电子商务进农村综合示范县。

3. 新型城镇化进程加快

2016年长垣县人口城镇化率较2015年提高2.1个百分点，新增城市建成区面积0.8平方公里，新开发商品房住宅面积85万平方米，新建改建市政道路17.7公里，升级改造背街小巷23条，新建改造公园游园13处，自来水厂扩建工程、污水处理厂扩建工程和第二污水处理厂建成运行，首期城区集中供暖57万平方米，完成镇区开发60万平方米，城市综合服务功能和承载力均得到快速提升。大力实施美丽乡村建设"四大工程"，建成美丽乡村住宅90万平方米，新入住社区7500户，新建农村道路141公里。创建农村人居环境达标村140个、示范村83个，新增省级生态乡镇1个、生态村8个，被确定为第二批国家新型城镇化综合试点。

4. 民生福祉不断改善

长垣县持续加大民生领域投入，扎实办好了便民服务平台、村级组织活

动场所等十件民生实事，各项民生支出达 29.3 亿元，占一般公共预算支出的 70%。农村安全饮水问题全部解决，在全国率先实施了民生托底保障制度、整县实施无创产前基因检测。城乡居民大病保险全面推开，社会养老保险参保率达 99%，新农合参合率达 100%。改扩建中小学校 50 所，教育云计算网投入试运行。县中医院综合病房楼主体落成，县妇幼保健院整体搬迁基本完工。全面推行社会治理网格化，集中开展安全生产 22 项行业（领域）专项整治，加强社会治安立体化防控，依法妥善解决群众利益诉求，人民群众的安全感和满意度均居省直管县第一位。

（三）2016年长垣县经济社会发展比较分析

从对长垣县与全省、省直管县主要经济社会指标的比较分析发现，长垣县多项指标和增速均位居前列，表现出较强的综合实力和竞争力。

1. 与全省的比较

2016 年，长垣县生产总值增速达到 9.5%，高于全省 8.1% 的平均水平（见图 5）。规模以上工业增加值增速达到 10%，高于全省 8% 的平均水平（见图 6）。社会消费品零售额增速达到 13%，高于全省 11.93% 的平均水平（见图 7）。

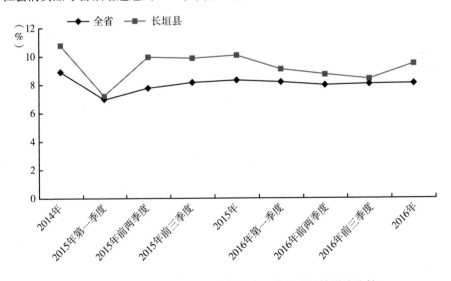

图5 2014 年以来长垣县与全省生产总值逐季累计增速比较

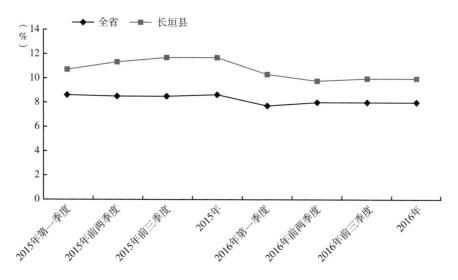

图6 2015年以来长垣县与全省规模以上工业增加值逐季累计增速比较

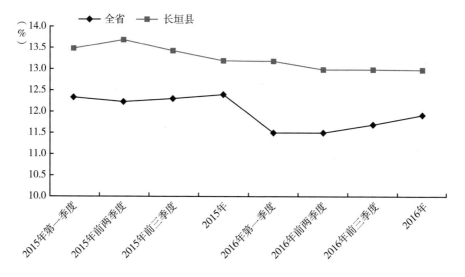

图7 2015年以来长垣县与全省社会消费品零售额逐季累计增速比较

2.与省直管县的比较

2016年,长垣县生产总值绝对值排在省直管县第5位,但增速排在第1位(与汝州市并列)(见图8、图9)。

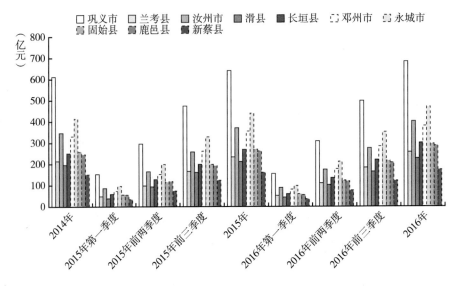

图8　2014年以来长垣县与省直管县生产总值逐季累计比较

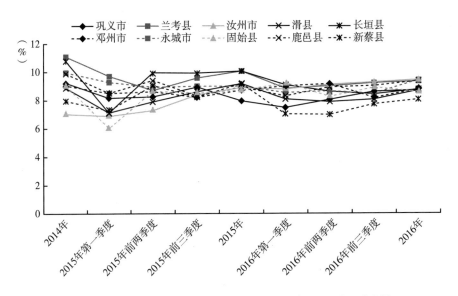

图9　2014年以来长垣县与省直管县生产总值增速逐季累计比较

2016年，长垣县规模以上工业增加值增速排在省直管县第2位，仅次于鹿邑县（见图10）。社会消费品零售额排在省直管县第9位，但其增速排在第1位（与兰考县并列）（见图11）。

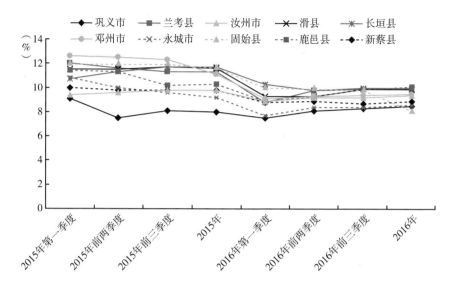

图10 2015年以来长垣县与省直管县规模以上工业增加值增速逐季累计比较

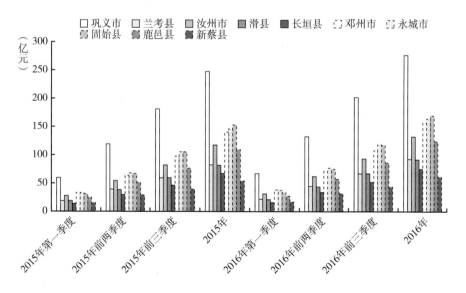

图11 2015年以来长垣县与省直管县社会消费品零售额逐季累计比较

2016年，长垣县财政收入排在省直管县第4位，次于巩义市、永城市和汝州市，增速排在兰考县、滑县和汝州市之后，位列第4（见图12）。进出口总值排在省直管县第6位，增速排在第6位（见图13）。

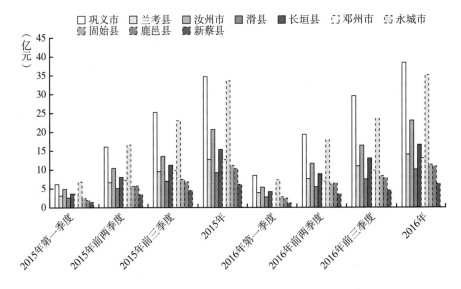

图 12　2015 年以来长垣县与省直管县财政收入逐季累计比较

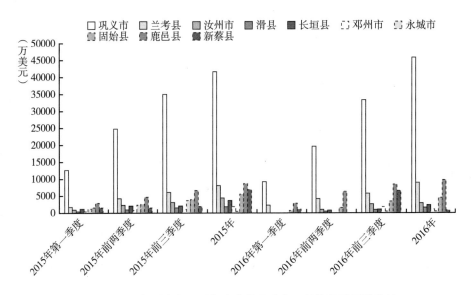

图 13　2015 年以来长垣县与省直管县进出口总值逐季累计比较

2016 年，长垣县城镇居民可支配收入排在省直管县第 6 位，增速排在第 6 位（见图 14）。农村居民人均纯收入排在省直管县第 2 位，仅次于巩义市，增速排在第 3 位，次于兰考县和滑县（见图 15）。

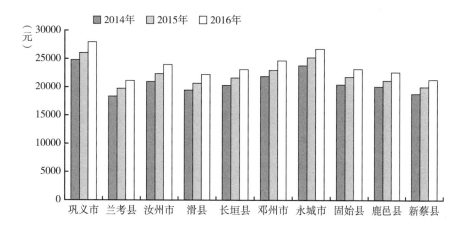

图14 2014年以来长垣县与省直管县城镇居民可支配收入比较

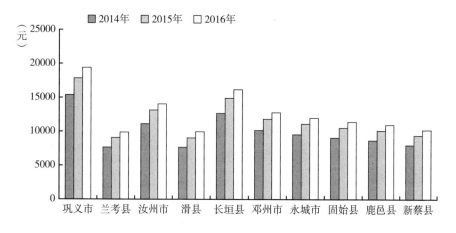

图15 2014年以来长垣县与省直管县农村居民人均纯收入比较

二 2017年长垣县经济社会发展展望

（一）2017年长垣县经济社会发展面临的形势分析

1. 供给侧结构性改革激发新活力

经济新常态下，长垣县围绕全面建设富强、创新、精善、和谐长垣，以

提高发展质量和效益为中心，深入推进供给侧结构性改革，坚持做强主导产业、做大新兴产业、做优现代农业、做特第三产业，持续推动起重行业向特色装备制造业升级，卫生材料行业向高端医疗器械拓展，防腐行业向新材料产业转型，传统农业向现代农业迈进，生态健康旅游、现代物流、电子商务、健康养老等高成长服务业蓬勃发展，全力打造区域特色产业升级版，努力建设河南省县域经济强县，为长垣县新时期实现新发展激发了动力活力。

2. 开放新格局带来发展新机遇

随着国家"一带一路"倡议进入全面实施阶段，郑州航空港经济综合实验区、中国（河南）自由贸易试验区、郑洛新国家自主创新示范区和中原城市群"三区一群"等国家战略密集落地河南，为全省开放型经济发展带来了前所未有的机遇。地处豫东北的长垣县，主动抢抓机遇、主动对接国家战略，积极融入区域经济发展新格局。同时，作为豫鲁交界区域性中心城市，随着对接环渤海经济区的济东高速黄河大桥开通、通用航空机场的批复建设，长垣将成为中原地区与沿海地区连接贯通的"桥头堡"、全省承接沿海地区产业梯次转移的先锋，将在深化对外开放合作、促进产业转型升级方面取得新的突破。

3. 新型城镇化拓展发展新空间

长垣加快推进国家新型城镇化综合试点建设，创新体制机制，力争在推进农村人口转移市民化、打造多元化可持续的投融资平台、科学推动城乡一体化发展等方面取得重大突破，促进县域经济发展，推动全域城镇化的建设。目前，全县以百城建设提质工程为抓手，统筹推进新区开发、旧城改造、棚户区改造等新型城镇化建设，完善产业集聚区、专业园区、乡镇创业园和商务中心区等载体功能，推进城乡基础设施建设和人居环境改造等，着力提高城市综合承载能力，提升城市发展质量水平，扩大城市知名度和品牌影响力，进一步优化长垣的发展环境，为长垣县促进产业升级和人口集聚，打造县域经济升级版拓展了发展空间。

4. 全面深化改革创新推动新突破

随着省直管县体制改革逐步深化，长垣县加快政府职能转变，不断提高行政效能，进一步激发了全社会创新潜能和创业活力，推动县域经济持续健康发展和地区性中心城市的建设。同时，长垣积极推进集体经营性建设用地入市试点工作，结合实际构建以入市管理办法为龙头、相关政策文件为支撑的"1＋12"政策体系，入市类型得到全面拓展，制度成效已经显现。大力推进科技体制改革，建成省特检院长垣分院、华大基因研究院长垣分院、深圳健康产业研究院长垣分院等机构，组建起重机械、卫生材料及医疗器械同业技术创新战略联盟，为产业发展提供技术和人才保障。随着全面深化改革、全力推动创新发展等一系列政策举措落地实施，长垣县也将在制度创新、政策创新、体制创新等方面实现新的突破。

（二）2017年长垣县经济社会发展存在的问题和挑战

1. 发展的均衡性有待提升

尽管长垣近年来大力推进全域城镇化，在城乡建设方面取得了一系列成就，但在医疗、教育、文化、体育等方面社会资源的均衡配置上仍有较大改进空间。再加上乡镇产业基础相对薄弱，农村生产生活方式转变相对滞后，城乡一体化发展仍然任重道远。尤其是一些偏远乡镇、黄河滩区，虽然经过政府多年努力，面貌得到较大改善，但由于公共服务设施欠账较多、产业发展较慢等原因，发展水平与群众的期盼还有一定距离，长垣在提升发展的整体性和均衡性方面任务依然艰巨。

2. 产业转型升级任务紧迫

长垣县主动适应"新常态"，大力推进供给侧结构性改革，调结构、促转型成效初显。但就目前发展而言，长垣经济总量还不大，要实现经济提速还缺乏重大项目、龙头企业的支撑。就三次产业来说，农业结构调整任务重，农业产业化龙头企业少；部分工业行业大而不强、特而不优，亟须提高自主创新能力和培育知名品牌；服务业占比低于全省平均水平，尚未形成引领区域高端制造、高端服务业的核心产业。提升现代工业、发展现代服务

业，已成为长垣新一轮产业发展的紧迫任务。

3. 资源环境要素约束趋紧

现阶段，长垣县现代服务业发展稍显薄弱，资源型工业产业仍占一定比重。随着新型工业化、城镇化进程加快，能源资源消耗和污染物排放还会增加，农村环境污染问题日益突出，资源支撑能力和环境承载能力面临严峻挑战。此外，长垣具有自主知识产权的品牌和核心技术依然欠缺，创新能力不强、高端人才短缺等因素也日益成为制约长垣经济社会快速发展的瓶颈。

4. 思想观念仍需转变提升

部分中小企业自主创新意识不足，网络营销理念和品牌塑造观念欠缺，亟须政府帮助企业梳理制约瓶颈，引导企业家解放思想、更新观念，进一步激发企业创新发展活力。长垣县近年来狠抓"四风"建设和群众反映强烈的突出问题，在改进干部作风和培养年轻干部等方面取得了显著成效。但在干部能力提升中还面临知识储备不足、攻坚克难能力不强等问题，需警惕不愿为、不敢为、不会为等现象，全面提升党员干部推动科学发展的能力。

（三）2017年长垣经济社会发展态势判断

2017年，是实施"十三五"规划的重要一年，是长垣加快实现转型发展、跨越发展的关键一年。全县围绕全面建设富强、创新、精善、和谐长垣，坚持稳中求进工作总基调，突出以提高发展质量和效益为中心，突出以推进供给侧结构性改革为主线，突出以强化创新驱动、开放带动为动力，着力加快产业转型升级，着力提升新型城镇化质量，着力推进生态文明建设，着力改善民生，加快全面建设小康社会，努力打造县域经济强县。力争地区生产总值增长9.5%左右；规模以上工业增加值增长9.5%以上；公共财政预算收入增长10%以上；固定资产投资增长15%以上；社会消费品零售总额增长13%；居民人均可支配收入增长与经济增长实现同步。平安建设、安全生产、节能减排指标控制在省定目标之内，成功创建全国县级文明城市。

三　全面建设"四个长垣"的对策建议

（一）坚持质量效益协同提升，打好发展转型攻坚战

1.聚焦制造业转型升级

发挥长垣"国家新型工业化产业示范基地"优势，坚持创新驱动、集群集聚、智能转型、绿色发展的理念，大力发展特色装备制造、健康、汽车及零部件、防腐蚀及建筑新材料四大超百亿产业集群。一是强化"互联网＋"新技术在四大主导产业中的应用，大力实施智能制造应用工程、服务型制造提升工程、绿色制造推广工程、质量品牌创建工程，以新技术新业态新模式推动长垣制造业转型升级。二是加大新能源、节能环保装备、工业机器人等资源消耗低、市场前景广阔的战略性新兴产业发展力度，着力培育未来长垣新的经济增长点。三是按照"五规合一""四集一转""产城互动"的要求，推动产业集聚区晋级国家经济技术开发区、专业园区晋级省级产业集聚区及乡镇创业园特色化发展，促进发展载体提质升级，增创人才、资金、技术等高端要素集聚新优势，加速推动长垣制造业向中高端迈进，建成全国特色先进制造业基地。

2.聚力服务业提质增效

大力发展现代物流、电子商务、金融、商务服务等生产性服务业，稳步提升现代商贸、健康养老、文化旅游、房地产等生活性服务业，推动长垣现代服务业大发展，促进全县产业结构转型升级。首先，对于生产性服务业的发展，一是围绕四大主导产业和优势农业资源，促进四大行业物流及农副产品物流、谷子物流的发展壮大，积极培育专业化物流企业，大力发展第三方物流；二是围绕四大主导产业、特色农产品、现代物流等领域建设行业电商服务平台，培育阿里巴巴长垣产业带，大力发展农村电子商务，加快农村淘宝网店建设，构建完善农产品网络营销体系；三是大力推进总部经济和楼宇经济发展，加快金融产品和服务创新，为优势产业及城镇建设提供优质金融

服务。其次，对于生活性服务业的发展，一是加强对老城区传统商贸业的改造提升，积极在新城区培育商业综合体、"一站式"购物中心等新型业态，打造高品质商业区；二是大力提升烹饪产业，深入挖掘和培育特色餐饮品牌和"老字号"企业，谋划建设厨乡小镇和餐饮特色商业街区；三是突出发展"黄河生态游、历史人文游、乡村休闲游、特色工业游"四大旅游品牌，加快发展烹饪餐饮与旅游相结合的生态健康旅游业。再次，要注重并加强"互联网＋"与物流、商业、金融、旅游等行业的融合互促，创新服务业业态、模式等，提升服务业发展水平。

3.聚合提升优势特色农业

发挥优势深入推进农业供给侧结构性改革，一是严格落实现代农业发展区域布局规划，扩大优质小麦、优质花生、小米、优质果蔬、苗木花卉等优势特色农产品的种植规模，加快发展绿色果蔬、苗木花卉、食用菌、肉牛养殖和良种繁育五大农业现代化产业集群，建设辐射全国的小米后加工基地；二是在县城周边、产业集聚区周围建设都市生态农业示范园区，以"绿色、科技、休闲、体验"为主题发展休闲农业，依托滩区、水渠坑塘等资源优势发展生态高效渔业；三是依法推进农村土地经营权有序流转，培育形成以农业产业化龙头企业、专业种养大户、农民专业合作社、家庭农场为骨干，其他组织形式为补充的新型农业经营体系，加快农业科技创新、农产品质量安全、特色农产品品牌、农业资金投入、智慧农业等服务体系建设，推动产、加、销一体化和农商、农工、农旅融合发展，整合资源打造优势农业。

（二）改革创新开放多轮驱动，全面激活发展新动能

1.持续深化重点领域改革

坚持用改革精神破解发展难题，加快重点领域改革步伐。一是持续深化"放管服"改革和行政审批制度改革，加快推进智慧政务建设。整合城市管理职能，建立相对独立、集中统一的综合行政执法机构，推进城市管理工作规范化、制度化、精细化和信息化。二是加快国家级农村改革试点建设，积极稳妥推进农村集体经营性建设用地入市、农村土地征收、集体土地抵押贷

款等农村土地改革。三是深化县域金融改革，建立完善多层次的资本市场，组建农村商业银行及探索建立农村金融服务超市，提供多元化的农村金融服务。设立产业发展基金，探索农业产业链贷款，为主导产业和重点骨干企业的发展提供有力的投融资服务。设立创新创业种子资金，开展天使投资、创业投资等，帮助科技型中小企业解决融资难问题。建立完善城镇建设多元化融资机制，引导社会资本以多种形式参与城市公共服务、市政公用事业等领域的建设和运营。四是加快推进教育、医疗、社会保障等贴近群众生活的公共领域改革。

2. 完善创新创业服务体系

深入实施创新驱动发展战略，大力推动"大众创业、万众创新"。一是积极培育国家级创新平台、省级以上工程技术研究中心，重点支持长垣县农业科学研究院、起重机械研究所、健康产业研究所、汽车及零部件研究所建设，促进创新链与产业链深度融合。二是强化企业创新主体地位，实施骨干企业创新能力提升行动、高新技术企业发展"双倍增"计划和产业技术创新战略联盟培育工程，鼓励企业加强产学研合作，建立各类技术研发中心。设立专项资金加大对专利发展的资金扶持，鼓励企业将具有自主知识产权、市场前景好的专利技术产业化发展。三是加快推进创客创新中心、中小科技企业孵化园建设，探索建立"互联网＋创业"的众创平台。设立创新创业投资引导基金，吸引高科技人才创办、领办科技型企业，力争培育一批具有自主创新能力的企业，推动产业链、创新链、资金链、政策链精准对接。四是力争列入郑洛新国家自主创新示范区拓展辐射区，享受更多政策红利，营造良好的创新创业氛围。五是建立长垣企业家数据库，搭建企业家、专家学者、政府官员交流的平台，组织企业家高端培训班，全面加强企业家队伍建设。深入实施高层次人才引进工程，着力引进长垣发展急需的高层次复合型人才和创新管理团队。

3. 深化区域合作开放招商

一方面，长垣县要创新发展理念深化区域合作，构建区域合作共赢发展新格局。一是充分发挥长垣起重机械名城、防腐蚀之都、厨师之乡等品牌优

势，支持卫华、河南矿山等骨干企业"走出去"，以共建跨境经济合作区、境外经贸合作区等形式，加强与"一带一路"沿线国家或地区的经贸合作。二是全面融入大郑州都市圈，加强与郑州市、郑州航空港经济综合实验区、郑洛新自主创新示范区的融合对接。三是充分利用自身联结贯通中原地区与沿海地区的区位优势，积极承接京津地区、沿海地区的高新技术产业、现代服务业等的转移，促进自身产业结构转型升级。另一方面，长垣要创新招商机制，转变招商方式，切实提高招商实效和项目质量。一是加强产业集聚区、六个专业园区和乡镇创业园的基础设施及公共服务设施建设，完善综合服务功能，推进发展载体提质升级，做实产业招商载体。二是以打造千亿主导产业集群为目标，紧盯长三角、珠三角、京津冀等发达区域及央企集中区，着力引进投资规模大、经济社会效益高、辐射带动作用强的世界500强、国内500强、行业龙头企业的重大项目。三是通过实施"回归工程""返乡工程"，全方位开展产业链招商、产业集群招商。四是积极探索PPP模式，以少量的政府资金撬动社会资本，激发民间有效投资活力。

（三）聚焦百城建设提质工程，塑造长垣发展新形象

1. 科学推进"全域城镇化"

深入实施国家新型城镇化综合试点，统筹城乡产业、用地、交通、公共服务设施、市政公用设施等的配置与空间布局，突出城乡公共服务均等化，持续做大做精县城，改造提升镇区，加快建设美丽乡村，着力构建布局优化、分工合理、功能互补、协同发展的现代城乡体系。一是以"多规融合"为引领，编制完善城乡总体规划、中心城区专项规划、乡镇总体规划、村庄规划等，实现城乡规划全覆盖，严格规划建设执法管理。二是积极争取上级资金和市本级财政资金，采用PPP模式撬动社会资本参与城市公共服务和市政公共事业的建设运营，完善城镇建设多元化融资机制。三是扩大中心城区建设规模，推动恼里镇、赵堤镇两大县域副中心建设，建设一批特色专业小镇，促进镇区扩容提质，打造县域承载农业转移人口的核心载体，引导人口向城镇聚集。

2. 做大做精做美中心城区

坚持节点拉动、精明增长，以百城建设提质工程为抓手，加快完善基础设施和公共服务设施，提升城市功能品质和辐射带动能力，加快打造50万人口的地区性中心城市。一是统筹新城开发和老城区改造，加快商务中心区、城南新区的开发建设，积极推进老城集中连片改造和内涵提升，提升城市综合承载能力。二是建设智慧城市信息云平台，加强智慧城市关键技术开发和推广应用，不断提升城市治理水平。重点推进濮黄铁路长垣段和长垣通用航空机场规划建设，谋划实施焦作—新乡—长垣—濮阳、开封—长垣—濮阳两条城际轨道交通项目。加快"中环"贯通、国道327改建等项目，构建"纵横相连、内外成环、城乡一体"的30分钟通勤圈。实施火车站改造升级、智慧公交全覆盖、城市慢行系统建设等项目，推进畅通城市建设。在新城区建设海绵型小区、道路、广场、公园等，在老城区结合棚户区改造、旧城更新等项目推进海绵城市建设。三是围绕产业集聚区、专业园区等周边区域，谋划实施一批生产性、生活性服务业项目，不断完善产城融合区功能，实现以产兴城，以城促产。四是加快建设会议会展中心、传媒中心、演艺中心、体育公园、青少年活动中心，启动职教园区项目，提升城市功能，打造宜业宜居环境。

3. 加快建设美丽宜居乡村

以强化产业支撑、推进公共服务均等化为重点，加快推进美丽宜居乡村建设。一是引导乡镇、村立足资源优势发展现代高效农业、商贸、旅游等产业，结合实际积极承接产业转移，力争实现"一镇一品，一乡一特"，构筑农村经济发展支撑点。二是以改善农村人居环境为重点，深入实施"村庄净化、住房安全、设施提升、村庄美化"美丽乡村"四大工程"，持续推动水、电、气、互联网、环卫保洁、污水处理等基础设施向农村全覆盖，全面实施乡村畅通工程，促进城乡公共服务资源互联互通、共建共享。大力推进美丽乡村示范创建和农村人居环境综合整治，实施农民安居和村庄美化亮化工程，完善医院、养老院、幼儿园、文化体育等公共服务设施，打造产业支撑有力、特色优势明显、服务管理完善、环境宜居和谐的美丽乡村。三是加

快推进黄河滩区迁建试点项目，扎实推进武邱乡和苗寨镇的摸底、筛选和移民迁建规划工作。四是加强对学堂岗村、杜沙邱村、大车村、蔡寨村等省级传统村落和古民居的保护力度，保持乡村风貌、民族文化和地域文化特色。

（四）加强生态建设环境保护，叫响绿色发展新名片

1.打造绿色宜居生态城市

以生态文明理念为引领，以公园游园、生态水系、道路以及城市小区、社区绿化美化等景观建设为着力点，全面提升城市综合承载能力和生活舒适度，打造长垣"城在林中、家在绿中、人在景中"的绿色生态宜居环境。一是加快推进王家潭公园、中央公园、体育公园、论语公园、卫蒲公园及街头绿化小品的建设改造，完成宏力大道、山海大道、景贤大道南延等主次干道路侧绿化，积极推进城区大体量建筑的空中绿化、立体绿化及小区庭院绿化，精心打造独具长垣特色的城市绿色景观。二是以创建海绵城市为契机，谋划实施县城周边"U"形水系和以护城河为中心的水系工程，加快推进连贯城乡水系工程和城区滨河景观的建设，积极开展河流坑塘生态功能修复和景观改造，进一步提升城市生态水系景观，着力打造"河畅、水净、岸绿、景美"的全域生态水系。

2.全面改善城乡环境质量

加强重点领域、重点区域的综合治理，提高生态环境承载能力，全面改善城乡环境质量。一是扩建提升第一污水处理厂，建成运行污泥综合处理厂，加强防腐蚀及建筑新材料、医疗卫材等重点行业水污染治理及农村生活污水治理，加强农村饮用水源地污染防治监管，加快实施排污权交易和有偿使用制度，确保城乡饮水安全，全面消除城乡黑臭水体。二是深入开展建筑工地和道路扬尘、烧烤餐饮油烟、秸秆垃圾焚烧、"小散乱差"企业、机动车尾气等专项治理，推广使用天然气等清洁能源设备。在起重装备、木制品加工等行业，全面推广使用环保水性涂料，持续推进大气治理攻坚。三是通过政府购买服务，健全"村收、乡运、县处理"城乡一体的垃圾处理网络，推进城乡环卫一体化。推进完成农村环境连片整治项目，开展农业面源和土

壤污染防治，加大畜禽养殖污染防治力度，认真落实农村环境卫生保洁机制，有效改善农村人居环境。

3.协同推进生态文明建设

加强政府引导，推动企业、社会组织、人民群众共同参与生态文明建设。一是多渠道开展宣传推广工作，扎实做好环境优化教育，深化社会大众对绿色发展的认识，培育生态文化、生态道德、绿色生活方式，增强人民群众的生态文明意识。二是强化制度建设，建立完善源头预防、过程控制、损害赔偿、责任追究的生态文明制度体系。严格执行环境影响评价和"三同时"制度，加强环境监测监控能力建设，健全生态环境保护责任追究制度和环境损害赔偿制度。三是坚持节约资源和保护环境的基本国策，积极转变资源利用方式，促进科学转型、绿色发展，坚持落实最严格的耕地保护制度，积极开展农村土地整理和宅基地拆旧复垦，高度重视存量建设用地内涵挖潜，提高土地节约集约利用水平；推广普及先进适用的节水技术，做好地下水保护工作，加快建设节水城市；支持各类园区开展碳体系、低碳产品认证试点，大力发展绿色循环低碳经济，争创国家农业可持续发展试验示范区、农业废弃物资源化利用试点。四是引导社会资本参与生态环境保护，鼓励环境非政府组织、人民群众加强对环境保护和生态文明建设的监督，增强社会公众参与生态建设的自觉性，多措并举争创国家级生态县。

（五）坚持发展为民共建共享，开拓和谐长垣新局面

1.深入推进社会治理创新

立足"共建共治共享"推进社会治理现代化，营造和谐稳定的社会环境。一是加强法治政府建设，完善行政监督和问责制度，重视行政机关法治机构及队伍建设，全面推进依法治县，创造安定和谐的发展环境。二是创新社会治理体制机制，建立完善党委领导、政府负责、社会协同、公众参与的社会治理格局。加强网格化和精细化管理，全面推进社区建设。三是加强推进信访稳定规范化，畅通和规范群众诉求表达、利益协调、权益保障渠道。完善矛盾纠纷多元化解机制，积极预防和化解各种社会矛盾。四是全面加强

安全生产应急管理和食品药品、医疗器械和化妆品的安全监管，切实提升全社会安全生产水平和食品安全保障水平。完善预防和减少犯罪工作体系，健全重大公共安全事件、群体性事件的预防预警和应急处置体系，持续推动平安建设常态化。五是规范运行"天网工程"，强化对网络虚拟社会的监测和管理，依法严密防范和严厉打击各类违法犯罪活动，坚决维护国家安全和社会平安稳定。

2. 共建共享改善民生

聚焦改善民生，继续加大民生财政投入，以"共建共享"为原则持续增进民生福祉。一是实施全民参保计划，健全医疗、职工养老、失地农民社会保障制度，实现社会保障人群全覆盖。建立多种形式的社会救助机制，加大社会福利事业投入，积极发展慈善事业、培育慈善组织，实现发展成果社会共享。二是以"大职教"理念做大做强职业教育，着力构建覆盖城乡、布局合理的学前教育公共服务体系，实施扩充城镇义务教育资源五年行动计划，推进优质教育资源向薄弱地区延伸，提升义务教育均衡发展水平。鼓励长垣一中、河南宏力创建优质高中，加快普通高中改造提升，推进高中阶段教育普及发展。建立健全教师队伍补充长效机制，加快长垣教育云平台建设，着力促进教育公平与均衡发展。三是优化医疗卫生机构布局，继续深化公立医院改革，强化二级医院与乡镇卫生院合作，加强专科医院建设。完善县、镇（街道）、村三级医疗卫生服务网络，提高基层医疗卫生服务水平。全面提高公共卫生预测预警和处理突发事件的能力，推动公共卫生服务均等化。大力发展健康产业，推动中医服务进社区，实施乡村（社区）健康工程，提高全民医疗健康水平。

3. 六联六问提升党建水平

加强和改进党的建设，提升党建工作的科学化水平。一是建立健全惩治和预防腐败体系，持续强化行政监察和审计监督，严格落实党风廉政建设责任制，做到有腐必反、有贪必肃、违规必究。二是持续整肃庸政懒政怠政行为，探索完善容错纠错机制，营造广大党员干部"愿干事、敢干事、干成事"的良好氛围。三是将联系乡镇、联系村庄、联系农户、联系企业（项

022

目）、联系学校、联系医院（养老院），问政于民、问需于民、问计于民、问效于民、问安于民、问廉于民的"六联六问"工作机制作为一项基础性、长期性工作抓好抓实，持续改进党员干部作风和工作能力，把党的政治优势、组织优势转化为发展优势和竞争优势。四是充分发挥新闻舆论和社会公众的监督作用。

4. 深入实施精准扶贫开发

大力实施"三区"精准扶贫开发，一是完善党政机关、发达乡镇、民营企业定点扶贫机制，严格执行县乡领导分包贫困村、贫困户制度，持续落实县直单位和第一书记驻村帮扶等工作机制。二是持续加大革命老区、背河洼地区、黄河滩区农村水利、电力、道路、通信等基础设施的投入力度，提高贫困地区医疗、卫生、文化体育等公共服务水平。三是搭建社会扶贫"互联网＋"平台，引导企业、各类社会组织和个人以多种形式参与扶贫开发。四是以整村推进为载体，以产业发展为抓手，结合实际分类实施精准扶贫。对具有特色农产品等产业发展基础、交通区位条件相对优越的贫困村实施产业扶贫，帮助建设产业园区并加强科技培训和就业技能培训；对于生态环境条件恶劣、不具备生产和发展条件的贫困村，实施易地整村搬迁脱贫；对丧失劳动能力的贫困户实施兜底性扶贫，对因病致贫的提供医疗救助保障，加强临时救济和社会救济，实现应保尽保，确保2017年实现全部稳定脱贫目标。

5. 促进文化事业繁荣发展

全面推动文化事业繁荣发展，大力提升市民现代文明素质和城乡整体文明程度，创建全国文明城市。一是加强社会主义核心价值体系建设，深化文明单位、文明乡镇、文明村（社区）创建，深入推进"诚信长垣"建设，营造民主公正的法治环境和公平诚信的市场环境及全社会崇德向善的浓厚氛围。二是完善县、乡、村三级公共文化服务体系，加快网络数字化进程，实施文化信息资源共享工程、文化惠民工程，提升文化馆（站）、博物馆、图书馆免费开放水平，加强文化基础设施建设，提升公共文化服务水平。三是持续推动"风物长垣"活动，开展村史编纂。加大对文艺创作的扶持力度，

努力形成一批具有鲜明长垣地方特色的文艺作品。大力开展公益性文化活动，提升全民文化底蕴。四是推进文化遗产保护传承和开发利用，加快建设酎酒非物质文化产业园，高度重视酎酒、黑虎丸、烹饪、落腔、皮影戏等非物质文化遗产的传承、保护和利用，切实保护城市历史文脉。

参考文献

1. 张占仓：《河南经济发展报告（2016）》，社会科学文献出版社，2016。
2. 长垣县统计局：《长垣统计年鉴》，2012～2016 年。
3. 长垣县人民政府：《长垣县国民经济和社会发展第十三个五年规划纲要》，2016。
4. 长垣县人民政府：《2017 年长垣县政府工作报告》，2017。
5. 耿明斋：《欠发达平原农业区工业化道路——长垣县工业化发展模式考察》，《南阳师范学院学报》（社会科学版）2005 年第 1 期。
6. 樊新生、李小建：《欠发达地区产业集群演化分析——以河南长垣卫生材料产业集群为例》，《经济地理》2009 年第 1 期。
7. 李利：《壮大县域经济　推进城镇化进程——新时期长垣县县域经济发展的思考》，《中国城市经济》2005 年第 4 期。
8. 张晴、王国辉、刘李峰：《城乡统筹发展水平评价指标体系构建探讨——以河南省长垣县为例》，《西北农林科技大学学报》（社会科学版）2011 年第 4 期。
9. 赵华杰、王敏：《长垣县多措并举全力推进生态水系建设》，《河南水利与南水北调》2017 年第 3 期。
10. 王小燕、李安然、赵越等：《地方政府在产业集群发展中的作用研究——以河南省新乡市长垣县为例》，《全国商情》2016 年第 8 期。

富强长垣篇

Prosperous Changyuan

B.2

构建长垣县现代产业体系研究

林风霞*

摘　要：　近年来，长垣县在产业结构优化、推动产业转型升级方面取得了一定成绩，但是产业发展仍然存在结构失衡、质量和效益不高、创新能力不强等问题。今后一段时期，长垣仍需把产业转型升级、构建现代产业体系作为提高经济竞争力的关键举措，着力推动产业创新、开放、智能、融合、绿色发展。

关键词：　现代产业体系　产业转型升级　产业融合　长垣县

加快构建结构优化、特色优势突出、科技含量高、开放度高、融合度

＊　林风霞，河南省社会科学院工业经济研究所副研究员。

好、集聚集约、绿色高效、可持续发展能力强的现代产业体系是目前和未来一个时期长垣县转变经济发展方式、提升发展质量和效益的一项重要的战略任务。

一 长垣县产业发展现状及存在的问题

经过多年的努力，长垣县在优化产业结构、推动产业转型升级方面取得了一定成绩，但是，三次产业结构失衡特别是产业结构内部失衡、产业发展质量与效益不高一直是长垣经济发展的软肋，产业转型升级迫在眉睫。

（一）长垣县产业发展现状及特点

1.产业结构逐步优化

"十二五"以来，长垣顺应产业发展规律，始终坚持以调整结构、转型升级为主要方向，努力探索经济从粗放发展向创新发展、集群发展、融合发展、智能发展、品牌发展转变的路径与模式，在以传统产业改造促进存量经济转型、以新兴产业发展引领带动增量经济转型、以重大项目建设支撑经济转型发展等方面取得了一些新经验，在推动起重行业向特色装备制造业基地转型升级、卫生材料行业向高端医疗器械领域拓展、防腐行业向新材料产业转型、传统农业向现代农业转变、第三产业业态创新等方面取得了一些新成绩，实现了第三产业比重的不断提升，产业内部结构也持续优化，三次产业结构由 2010 年的 15∶53∶32 优化为 2016 年的 11.1∶50.2∶38.7（见图 1、图2），2016 年二、三产业比重比 2010 年提高 3.9 个百分点。

2.现代农业稳步发展

一是持续实施现代农业产业化集群培育工程，组织设立特色农业发展互助资金，目前初步形成绿色果蔬、苗木花卉、食用菌、肉牛养殖、良种繁育五大农业产业集群，现代高效农业面积达到 38.9 万亩，现有设施农业4.5 万亩，标准化肉牛养殖小区达到 78 个，千亩以上现代农业示范园 39

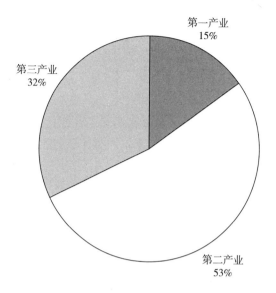

图1　2010年长垣县三次产业结构

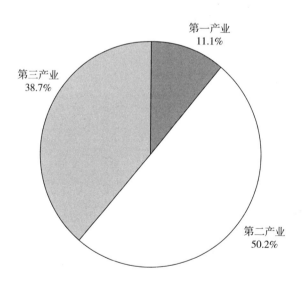

图2　2016年长垣县三次产业结构

个，200亩以上果蔬标准园53个，其中国家级果蔬（水产）标准园3个，被评为国家畜牧产业类项目实施县。二是持续实施高标准粮田"百千万"工程，已建成高标准粮田62.2万亩，粮食生产能力连续多年持续提高，

被评为"全国粮食生产先进单位""国家农产品质量安全县创建试点"。三是农产品加工业呈多元化发展格局，2016年全县农产品加工业产值达到18.7亿元。四是持续培育新型农业经营组织，目前，全县"三品一标"认证112个，"三品一标"基地面积达到42.1万亩；全县共有各类农业产业化组织840多个，其中，涉农龙头企业达到128家（国家级农业产业化重点龙头企业1家，省级8家），省级农业产业化集群2个；农民专业合作组织达到749家，其中，众和冬枣、蒲田食用菌等4家专业合作社被评为全国示范社。

3.工业经济提质增效

一是项目支撑产业转型发展取得显著成绩，2016年，实施亿元以上工业项目131个，新中益电厂等83个亿元以上项目竣工投产。二是大企业大集体培育取得新突破，对经济发展的带动力明显增强，目前，全县规模以上工业企业达到152家，年产值超亿元的企业达到47家。通过引导资本、人才等生产要素向优势企业倾斜，支持企业兼并重组或战略合作，卫华集团、河南矿山等6家起重企业均进入全国行业前十强，驼人集团、防腐蚀之都建设集团达到全国同行业领先地位。三是支柱产业稳步发展，起重装备制造、卫生材料及医疗器械、汽车及零部件产业增加值分别年均增长14.3%、17.8%、39.2%。四是创新驱动发展成效显著，组建了起重机械、卫生材料及医疗器械同业技术创新战略联盟，截至2016年年底，全县省级以上企业（工程）技术中心已经达到32家，国家级高新技术企业达到33家，专利授权量、驰名商标和著名商标数量均居全省县（市）第一位，高新技术产业增加值占规模以上工业增加值的比重达到87.5%，长垣县被确定为国家知识产权强县工程示范县。五是集聚发展效应初现，长垣县产业集聚区入驻"四上"企业已经达到176家，规模以上工业主营业务收入达到440.3亿元，三次进入河南省十强产业集聚区。六是品牌与质量建设出现亮点，门桥式起重机械产品知名品牌示范区、国家级出口起重机械质量安全示范区顺利通过验收。

4. 三产业态创新持续出现亮点

一是高成长服务业蓬勃发展，中原新发地农副产品批发市场、居然之家等一批商贸项目开业运营，生态健康旅游、现代物流、电子商务、健康养老等新业态发展迅速。二是服务业集聚发展态势已经形成，长垣国际万商城、中国防腐材料大市场、中原新发地大型农副产品批发市场、商务中心区等服务业大项目相继实施。三是大力实施了"互联网＋"行动计划，县政府与阿里巴巴集团合作在全县推进了电子商务进农村项目，建成村级电子商务综合服务站 144 个，京东商城、云书网、邮乐网、美团、苏宁易购以及各类微商等电商平台纷纷入驻长垣，2017 年 1～5 月，仅农村淘宝、京东商城在长垣交易额就达到了 2985.21 万元，长垣被评为国家电子商务进农村综合示范县。

（二）产业发展存在的问题

1. 产业转型升级压力仍然较大

现有产业结构、产业发展质量与经济发展的要求仍不相适应。从长垣县各产业占比来看，目前，特色装备制造业中传统起重装备仍占较大比重；新兴产业规模不大，尚没有形成主导支撑；服务业占比低于全省平均水平 4 个百分点，商贸服务业布局杂乱，现代物流、金融、科技研发、中介服务等生产性服务业比重仍然较低、业态水平不高，尚未形成高端制造、高端服务业引领区域发展态势。从产业发展质量来看，一产比较效益仍然较低，二产特色产业特而不强，三产带动力弱，品牌优势不突出，经济提速发展缺乏大项目、大企业支撑。发展先进制造业和现代服务业，已成为长垣县新一轮产业发展的紧迫任务。

2. 自主创新能力仍然不强

目前，长垣不少行业大而不强、特而不优，具有自主知识产权的品牌仍然比较少，多数企业缺乏核心技术储备，创新能力不强，迫切需要推动技术创新和商业模式创新等。经济提速发展缺乏大项目、大企业支撑，投资增长乏力、创新能力不强、高端人才短缺等短板问题突出。

3.可持续发展瓶颈制约明显

随着资源环境约束日益趋紧、生产要素成本持续上升，长垣资金、土地、高素质人才等要素制约趋紧，导致经济提速增长的后劲不足。土地、资金、人才等要素已经成为制约长垣经济社会持续快速发展的瓶颈。

二 构建长垣县现代产业体系的思路与重点方向

与全国一样，长垣经济发展也处于"增速换挡、结构优化、动力转换"的关键阶段，今后一段时间，长垣仍需要把产业转型升级、构建现代产业体系作为提高经济竞争力的关键举措，努力提升发展的质量与效益。

（一）构建长垣县现代产业体系的基本思路

围绕建设富强长垣，突出产业转型升级，努力构建结构优化、特色优势突出、科技含量高、开放度高、融合度好、集聚集约、绿色高效、可持续发展能力强的现代产业体系，着力做强主导产业，着力做大新兴产业，着力做优做精现代农业，着力做特做深第三产业，积极实施创新发展战略、开放带动战略、品牌质量战略、绿色发展战略，加快"互联网＋"深度应用，推进产业加快向中高端迈进，带动县域综合实力进一步提升。

（二）构建现代产业体系的重点方向

1.着力做强主导产业

以布局优化、创新驱动、集群集聚、智能转型、绿色发展为目标，发展壮大特色装备制造、健康产业、汽车及零部件、防腐蚀及建筑新材料等四大主导产业集群。其中，特色装备制造业要以特种化、轻量化、高端化、智能化、服务化为主攻方向，推动传统起重向欧式起重拓展、通用起重向特种装备转型，提升网络化协同制造水平；健康产业要打造以基因科技为支撑、以生物经济和健康产业为内核的县域经济发展新模板，重点支持华大基因大力发展基因工程、精准医学、生物经济等，积极推动传统医疗器械及卫生材料产品向高端医疗设备、高值医用耗材转型发展，加快向生物医药领域拓展；汽车及零部件产业要坚持整车发展与零部件配套并举，努力做大汽车起重机、高空作业车、医疗车等专用车规模，积极打造专业化、组件化和模块化的零部件产业集群，着力发展新能源汽车。防腐蚀及建筑新材料产业要强化"技术引领、产品提升、服务增值"发展理念，大力发展新型环保材料，积极向下游工程技术服务延伸，将长垣建设成为具有国际水平的防腐蚀及建筑新材料基地和工程服务基地。

2. 做大新兴产业

抓住新兴产业发展的政策机遇，加快培育产业基础优势明显、资源环境友好、发展前景广阔的新能源、节能环保装备、工业机器人等战略新兴产业，培育新的区域经济增长点。其中新能源产业领域重点支持光伏产业、风电产业、生物质能源等发展，大力发展太阳能电池组件及光伏发电系统，推广应用分布式光伏电站，积极利用黄河滩区风能资源优势，加快风力发电场建设，推动秸秆综合利用，加快发展垃圾发电、生物质制油等清洁能源；节能环保装备产业要瞄准我国行业龙头企业、法德荷等欧洲国家知名企业，加大招商引资力度，积极承接和发展高效节能电机、大气污染防治以及资源综合利用等产品与设备；工业机器人产业要引导支持卫华、河南矿山与国内外机器人领先企业开展战略合作，推进工业机器人等智能装备的制造与研发。

3. 做大做特现代服务业

把现代服务业作为经济增长的新引擎，优先发展现代物流、电子商务、金融、商务服务等生产性服务业，推动农业、制造业与服务业融合互动发展；促使生活性服务业提质增效升级，大力发展现代商贸、健康养老、文化旅游、房地产等新兴业态。其中，现代物流产业应围绕四大百亿主导产业集群，建设专业性的仓储物流园，同时，立足蔬菜、冬枣等特色农产品优势，建设特色农副产品物流园，积极培育专业化物流企业，大力发展第三方物流，实现现代物流业与制造业、农业的联动发展。电子商务产业要围绕主导产业、特色农产品、现代物流等领域，建设行业电商服务平台，提升企业电

子商务应用水平，同时，大力发展农村电子商务，支持新型农业经营主体和农产品、农资批发市场对接电商平台；金融业要加快金融产品和服务创新，探索推进"互联网金融云"服务平台，着力打造金融服务集聚区，为优势产业发展提供资金支持；商务服务产业要依托商务中心区，支持总部经济和楼宇经济发展，引导企业总部、中介服务、研发设计等集聚发展；商贸业要鼓励探索连锁经营、快递配送、线上线下等先进模式，加快老城区沿街商业改造提升，加快新城区商业综合体、"一站式"购物中心等新型业态建设，加快打造餐饮、文化、娱乐、服装等一批特色商业街；健康养老产业要通过产业延伸、品牌培育、集聚发展等向健康咨询、康复护理、养生保健、养老服务等领域拓展；文化旅游产业要依托长垣县黄河生态优势、历史人文优势、美丽乡村优势、产业基础优势等，突出发展"黄河生态游、历史人文游、乡村休闲游、特色工业游"四大品牌；房地产业要积极发展商业地产、文化地产、健康养老地产等新兴业态，加快发展健康住宅、绿色环保住宅和节能省地型住宅。

4. 做优做精现代农业

一是在县城周边、产业集聚区周围大力发展融休闲观光、三产融合、城乡一体等功能于一体的都市生态农业，如突出"绿色、科技、休闲、体验"发展理念，发展休闲观光农业；充分利用黄河滩区、天然文岩渠、坑塘等水资源，大力发展水产养殖和莲藕种植等生态高效渔业等。二是围绕绿色果蔬、苗木花卉、食用菌、肉牛养殖、良种繁育五大优势特色农产品，加快研、产、加、销一体化发展，强化与河南省豫丰公司、华大基因、河南省农科院等涉农企业、科研院校的创新合作，打造"全链条、全循环、高质量、高效益"的现代农业产业化集群，不断扩大产品技术优势与规模优势。三是有序推进土地流转，培育壮大农业产业化龙头企业、专业合作社、专业种养大户、家庭农场等新型农业经营主体，发展多种形式的适度规模经营。四是加强农业科技、农产品质量安全、特色农产品品牌、农业资金投入、智慧农业等服务体系建设，为现代农业发展提供有力支撑。

三　构建长垣县现代产业体系的对策建议

（一）把现代创新体系建设作为构建现代产业体系的核心动力

1. 强化企业的创新主体地位

围绕建设创新长垣，实施骨干企业创新能力提升行动和高新技术企业发展"双倍增"计划。支持行业骨干企业加快院士工作站、重点实验室、企业技术中心等研发机构建设，大力培育高新技术企业和科技"小巨人"企业，提高企业自主创新能力。推动人才、资金、土地等要素向创新企业集聚。

2. 实施产业技术创新战略联盟培育工程

重点围绕特色农业、四大主导产业发展，建立行业研究院，在共性技术、关键技术和前沿技术方面实施一批重大科技专项，为中小企业创新提供服务；依托产业集聚区规划建设一批中小科技企业孵化园，吸引高科技人才创办、领办科技型企业入驻，加快成果产业化步伐；顺应网络时代发展，建立"互联网＋创业"的众创空间，为大学生、科研人员等科技型人才提供创业服务。

3. 加大引技引智力度，推动开放型创新

围绕四大产业集群、现代物流、电子商务等领域，引导科研院所、"三个500强"和行业龙头企业在长垣设立研发机构和科技成果转化基地，大力引进集聚高层次复合创新型人才和创新管理团队。强化高端创新人才与区域产业发展对接、行业创新成果与本地企业对接，支持技术成果就地产业化，着力解决科技与经济结合不紧密的问题。

4. 打造良好的创业创新环境

加快发展科技金融，设立长垣创新创业种子资金，支持天使投资、创业投资等股权投资，破解科技型中小微企业融资难问题；实施"专利导航"工程，建立企业专利扶持资金，支持企业申请专利，推动专利技术产业化。

（二）以开放带动现代产业体系建设步伐

现代产业是开放的产业，必须实施开放带动战略，加强区域合作，加大引资招商，在全球范围优化配置生产要素和资源，以开放带动加快长垣县现代产业体系建设步伐。

1. 加强区域合作

一是全力对接融入大郑州都市圈。在产业、技术、人才、资本、交通等领域，主动加强与郑州对接，全面融入大郑州都市圈。二是紧抓京津豫协同发展机遇，积极承接北京、天津等地高新技术产业、现代服务业、现代农业科技等的转移，加强精准合作，提高产业承接质量。三是加强与"一带一路"沿线国家或地区战略合作。发挥长垣"中国起重机械名城""中国防腐蚀之都""中国卫生材料生产基地""中国厨师之乡"等品牌优势，加强与"一带一路"沿线国家或地区经济合作，共建跨境经济合作区、境外经贸合作区等各类合作平台。支持行业骨干企业扩大产品出口或走出国门发展，提升对外开放水平。

2. 全力推进开放招商

以发展四大超百亿主导产业集群、战略性新兴产业为主攻方向，加大招商引资力度。一是瞄准长三角、珠三角、京津冀等区域以及央企、省企集中区，重点针对央企、国内 500 强企业、世界 500 强企业、行业百强企业进行招商，着力引进投资规模大、经济效益好、利税贡献大、带动作用强的大项目；二是开展"补链""强链""延链"招商，提升主导产业产业链的完整性和独立自主性。

（三）发挥信息技术对现代产业体系的引领和支撑作用

1. 推动"互联网+"四大主导产业

以智能制造为主攻方向，制定实施长垣县"互联网+"行动计划，推动"互联网+"在四大百亿主导产业领域的深度应用。建设行业信息网络平台和电子交易平台，大力发展物联网技术，加快发展基于互联网的个性化定制、众包设计、云制造等新型制造模式和服务模式，以智能装备实现智能制造，延伸智能服务。

2. 推动"互联网+"服务业

积极应用新一代信息技术，大力推动"互联网+"在物流、金融、商业等领域的应用，培育新型服务业态，提升服务业发展水平。发展互联网高效物流，加快物流园区、仓储设施、配送网点的信息互联，开展物流全程监测、预警，提高货物调度效率。发展互联网金融，率先在特色装备制造、汽车及零部件等产业领域开展互联网金融试点，支持金融企业与云计算技术提供商合作开展金融公共云服务。发展线上线下商业融合发展，推动商业综合体、专业市场OTO联动的体验式消费试点示范，推动第三方移动支付的普及应用，鼓励移动支付、微信支付、线上店铺与实体店铺系统等融合，提供个性化线上体验、线下购物体验的模式。大力培育新兴服务业态，积极运用互联网思维，推动跨界融合发展，大力发展车联网、云制造、大数据、互联网金融、数字出版等新业态。

3. 实施"互联网+智慧农业"工程

积极推广智能节水灌溉、测土配方施肥、农机定位耕种、疾病自动诊断等智慧农业技术，大力发展农业电子商务，培育一批网络化、智能化、精细化的生态农业新模式。

（四）构建三次产业融合互动的现代产业体系

随着经济的全球化、网络化、信息化发展，产业之间的界限越来越模糊，产业融合协同互动发展成为普遍现象。加强产业间的纵向互动，构建三次产业融合互动的现代产业体系也是长垣破解产业结构失衡和效益不高问题的突破口。一是用工业理念发展农业，树立农工贸、种养加一体的产业链意识，大力培育农业产业化龙头企业和专业化组织，用现代科技装备武装改造农业，用现代经营形式服务农业；二是推动制造业和生产性服务业融合互动发展，鼓励制造企业服务外包，支持制造企业服务化转型成为专业化的服务提供商；三是瞄准第一、第二产业需求，发展研发设计、现代物流、电子商

务等生产性服务业，增强生产性服务业对先进制造业、现代农业全过程服务的保障能力，引导区域经济向价值链高端攀升；四是加强规划引导，优化产业布局，加强不同产业集群的连接。

（五）以绿色发展增强现代产业体系的可持续性

坚持绿色、循环、低碳、健康发展理念，把经济发展与生态建设结合起来，着力构建绿色现代产业体系，从生产和服务的源头减少污染物的产生和排放，统筹推进"绿色长垣"，增强现代产业体系的可持续性。一是推动农业绿色、低碳、循环发展，促进种植业的作物秸秆、林业生产的废弃物等的绿色利用；二是严格控制高耗能、高污染产业发展，推动工业逐渐向节约型、生态型转变，着力发展高新技术产业、高附加值环节，把循环经济发展理念贯穿于工业建设以及社会消费的各环节，鼓励传统企业技术改造，实现资源综合利用、循环利用和清洁生产；三是大力发展生态旅游、绿色物流、健康养老、金融等资源消耗低、污染小、效益高的现代服务业，使其成为绿色发展的新引擎；四是推动低碳发展，加大工业、建筑、交通、公共机构等领域的节能力度，支持产业集聚区、专业园区和乡镇创业园区开展低碳产品认证试点。

参考文献

1. 刘明宇、芮明杰：《全球化背景下中国现代产业体系的构建模式研究》，《中国工业经济》2009 年第 5 期。
2. 张耀辉：《传统产业体系蜕变与现代产业体系形成机制》，《产经评论》2010 年第1 期。
3. 刘钊：《现代产业体系的内涵与特征》，《山东社会科学》2011 年第 5 期。
4. 周权雄：《现代产业体系构建的背景条件与动力机制》，《科技进步与对策》2010年第 2 期。
5. 姜小莉：《构建现代产业体系要聚焦新技术新产业新业态新模式》，《常州日报》2017 年 4 月 13 日。
6. 河南省政府发展研究中心：《构建现代产业体系为全面小康提供重要支撑》，《河南日报》2016 年 1 月 13 日。

B.3
农业供给侧结构性改革下
长垣现代农业发展对策研究

安晓明*

摘　要：　作为传统的农业大县和重要的粮食生产基地，长垣发展农业
　　　　　的自然条件优越，在现代农业发展方面也取得了一定的成就。
　　　　　但是在新的历史阶段，与现代农业的发展需求相比，长垣现
　　　　　代农业发展仍存在一些矛盾和问题。未来，长垣农业发展应
　　　　　围绕农业供给侧结构性改革的主线，推动农业产业结构调整，
　　　　　培育新型农业经营主体，完善现代农业社会化服务体系，推
　　　　　动农业绿色化发展，加快农业信息化建设。

关键词：　供给侧结构性改革　现代农业　长垣县

随着经济发展进入新常态阶段，我国农业的发展环境也在发生重大而深刻的变化，农业的主要矛盾已经由过去的总量不足转变为结构性矛盾，突出表现为阶段性供过于求和供给不足并存，矛盾的主要方面在供给侧。习近平总书记在 2016 年 3 月曾经指出，"推进农业供给侧结构性改革，提高农业综合效益和竞争力，是当前和今后一个时期我国农业政策改革和完善的主要方向"。2017 年印发的中央"一号文件"提出"深入推进农业供给侧结构性改革，加快培育农业农村发展新动能"。作为传统农业大县，长垣依托丰富

---

* 安晓明，河南省社会科学院农村发展研究所助理研究员，经济学博士。

的农业资源，以促进农业增效、农民增收为目的，以实现"四优四化"为目标，着力于农业发展方式的转变，强力推进农业供给侧改革，取得了一定的成绩，但是与未来农业现代化的发展需求相比，问题和矛盾依然突出，在新的历史阶段，需要进一步聚焦"供给侧结构性改革"，加快培育农业农村发展新动能，开创农业现代化建设新局面。

一　长垣现代农业发展的基础情况

长垣位于河南省东北部，东临黄河，是黄河冲积平原的一部分，全境土层深厚，土质肥沃，水资源丰沛，具有良好的现代农业生产条件。近年来紧紧围绕"促农增效、带民增收"两个主题，积极培育龙头企业、农民专业合作组织、家庭农场、种植大户等新型农业经营主体，大力发展品牌农业、都市农业、生态农业，全县农业产业化发展保持了良好态势。

（一）粮食产量稳中有增

适宜的气候条件、肥沃的土地资源为长垣进行农业生产提供了得天独厚的条件。长年累月的黄河泥沙淤积，不仅有效增加了耕地面积，而且为长垣带来了农业生产所需的各种有机肥料，全县现有耕地面积69.34千公顷，其中水田4.37千公顷，水浇地64.89千公顷。作为国家重要的粮食生产基地，长垣一直把粮食生产摆在重要的位置，紧紧围绕河南省粮食生产核心区战略，大力开展了高产创建、示范方建设、良种繁育、测土配方施肥等活动，促进了粮食稳产高产。从2004年以来实现粮食产量"十二连增"，2015年粮食产量达到83.73万吨。近年来，长垣先后荣获国家粮食生产基地县、国家绿色农业示范区和全国绿色食品原料（小麦）标准化生产基地、全国粮食生产先进县、全国平安农机示范县、河南省林业生态县等荣誉称号。2016年，长垣县小麦种植面积81.5万亩，秋粮种植面积68.7万亩，其中玉米种植面积57万亩，水稻种植面积3.1万亩，花生种植面积21万亩，全年粮食总产量达到83.09万吨，平均单产达到553.2公斤。

（二）畜牧业快速发展

畜牧业是现代农业的重要组成部分，随着人们收入水平和生活水平的提高，消费结构也不断升级，对肉禽蛋奶等产品的消费快速增长，长垣县积极应对这一市场需求的变化，畜牧业在长垣得到快速发展，正日渐成为农民增收的重要渠道。近年来，通过狠抓良种引进与繁育，长垣基本形成了县、乡、村三级覆盖的畜禽改良网络，为全县畜牧业科学快速发展提供了有力支撑。通过提供优惠政策和资金扶持，长垣先后建成了河南予诺农业科技有限公司、长垣县三合肉牛养殖场、河南牧源春农业有限公司等一批规模化、现代化的肉牛企业，已建成标准化肉牛小区 78 个。2016 年，全县生猪存栏 17.28 万头，出栏 29.79 万头；牛存栏 0.65 万头，出栏 0.84 万头；羊存栏 6.19 万只，出栏 9.69 万只；家禽存栏 351.40 万只，出栏 913.52 万只；肉类总产 3.75 万吨；禽蛋产量 1.86 万吨；奶产量 0.0056 万吨。畜牧业对于促进农民增收具有重要的作用，已经成为长垣县脱贫致富的"新支撑"和重要途径。

（三）林业生态建设不断改善

长垣是典型的黄河冲积平原，林业生态建设是治理水土流失、改善生态环境以及进行农业生产的重要保障。长垣对林业生态建设尤为重视，过去几年里，先后实施了退耕还林补植补造及后续产业培育等国家林业重点工程和"百万千"农田防护林、生态廊道网络、防沙治沙、社区绿化美化、高速廊道绿化提升、森林抚育等省级林业重点生态工程。2011 年以来，全县共完成工程造林 4506 公顷，路、河渠绿化 1467 公里，全县农田林网控制率达到 95% 以上，全县 18 个乡（镇、街道办事处）全部达到平原绿化高级标准，全县农田林网控制率达 95% 以上，全部达到平原绿化高级标准，形成了较完备的农田防护林体系，有效遏制了干热风等自然灾害，全县沙化土地面积逐年减少，生物多样性得到有效保护。当前，长垣拥有林地面积近 30 万亩，森林覆盖率达到 18.3%，高效经济林面积 5.2 万亩，活立木蓄积 245 万立方

米，森林蓄积 150 万立方米。在保障全县生态安全的同时，林业总产值达到 12.5 亿元，呈现长大于消的良好态势。

（四）农业现代化体系加快构建

习近平总书记早在 2015 年就指出，构建现代农业产业、现代农业生产体系和现代农业经营体系是推进农业现代化的三个重点。长垣通过积极推动种植业、畜牧业、渔业和林业产业结构优化调整，大力发展农产品精深加工业、休闲农业和生态农业，初步形成了以绿色果蔬、苗木花卉、食用菌、肉牛养殖、良种繁育五大农业产业集群为主的现代农业产业体系；全县高效农业面积达到 38.9 万亩。持续加大农业基础设施投入力度，大力推进规模化经营、集约化管理，截至 2016 年底，全县累计土地流转面积 40.2 万亩，建成高效农业面积近 30 万亩、设施农业面积 5 万亩，苗木花卉培育面积 3 万亩。水产养殖异军突起，河南水投华锐水产受控式循环水集装箱石斑鱼、罗非鱼养殖，顺鑫农业南美白对虾工厂化养殖及鲈鱼流水槽养殖，赵堤螃蟹养殖等均在省内外处于领先地位。此外，以市场为导向，积极发展多种形式规模经营，培育壮大各种新型农业经营主体，截至目前，全县拥有涉农龙头企业 128 家，省级以上农业产业化重点龙头企业 9 家；农民专业合作组织达到 749 家，其中国家级 4 家、省级 5 家，蒲田食用菌等 5 家专业合作社被评为全国示范社。

（五）农产品质量安全持续加强

随着人们生活水平的提高，对农产品质量标准的要求越来越高，长垣人也深刻认识到这一市场需求的变化。以农产品质量安全监测体系建设为总抓手，积极开展标准化创建、农产品质量安全监测中心建设等工作，全县农产品质量得到显著提升，为保证人民舌尖上的安全做出了重要贡献。大力实施标准化创建工作，截至 2016 年末，全县共认证"三品"产品 121 个，其中，无公害农产品生产基地 84 个、农产品 96 个，绿色食品企业 4 家、产品 16 个，有机食品企业 4 家、产品 9 个；15 家企业获得了 ISO9000 等系列国际质量体系认证；全县"三品一标"基地总面积达到 42.16 万亩，占全县耕地面积的 49%。积极开展农产品质量安全监测中心"资质和机构"双认证工作，2016 年共检测蔬菜样品 4010 个，合格率达到 99.8%。此外，还积极配合永城市质检中心抽取监测样品 75 个批次，监测合格率达 98.7%；2016 年共检查涉牧企业 4076 家次，开展猪牛羊"瘦肉精"快速检测 12299次，抽取生鲜乳样品 24 批次，经检测全部合格。2016 年 5 月长垣被河南省农业厅命名为"河南省农产品质量安全县"，9 月又被河南省农业厅列入第二批"全国农产品质量安全县"创建单位。

二 长垣现代农业发展存在的主要问题

虽然长垣农业基础好，现代农业发展取得了一定的成绩，但是在新的历史阶段，长垣农业发展水平与现代化农业发展目标相比，还存在一定的差距。面对经济发展新常态、新型城镇化快速推进、农业国际竞争日趋加剧的大背景，长垣农业供给侧结构性改革仍面临一系列问题和挑战。

（一）农产品供求结构失衡问题日益突出

提高粮食产量是我国农业政策的重心所在，确保粮食安全是保障国家稳定的根基所在。经过连续多年的努力，我国粮食生产能力稳步提升，粮食产量稳定增长，粮食短缺问题已经得到解决，农业农村发展进入新的历史时期，农业主要矛盾由总量不足转变为结构性矛盾。随着人们温饱问题的解决，特别是随着我国城乡居民消费结构的不断升级，人们在吃得饱的同时，更加注重营养健康，对农产品的品质需求也在不断提升。从当前我们所面临的市场需求来看，中高端农产品的需求不断增加，价格持续攀升，而一些低端农产品的需求则不断萎缩，市场价格低迷。从长垣农业结构现状来看，仍以大田农业为主，种植业所占比重过高，向市场上供给的仍以原始产品为主，精深加工产品所占比例较低，市场需求旺盛的绿色有机农产品供给明显不足。2015 年全县农林牧渔业实现生产总值 57.74 亿元，其中农业产值

39.26 亿元，占比近 70%，虽然从稳定粮食产量保障国家粮食安全的角度来看长垣做出了巨大贡献，但是从长垣农业结构优化、农民增收的角度来看却存在明显不足。

（二）农业基础设施欠账多

受地理环境和农业发展资金不足等多重因素的制约，长垣农业基础设施薄弱的局面仍未得到根本改变，全县高效农业种植面积仅有不到 30 万亩，不到全部种植面积的一半，设施农业面积更是仅有不到 5 万亩，抵御自然灾害的能力依然较弱。受过去传统计划经济体制的影响，城乡二元结构仍未根本破除，政府固定资产投资的绝大多数仍投入到城镇基础设施建设，投入到农业和农村的占比较低，2015 年全县 288 亿元固定资产投资中，仅有 14.6 亿元投入到第一产业，占总投资的比例仅为 5%，农户投资也仅有 5.09 亿元。由于农业生产具有明显的周期性，投资周期长、见效慢，社会资本投入到农业领域极为有限，远不能满足农业现代化发展对资金的巨额需求。涉农中小企业融资难，农业龙头企业贷款需求与实际贷款还有很大差距，资金问题仍然是制约中小企业发展的瓶颈。全县农机装备水平不高，仅小麦、玉米等主要大田作物具备机械化耕种水平，而瓜果、蔬菜等经济作物机械化水平几乎为零。农业科技服务体系建设滞后，科技人才储备不足，新鲜血液补充缓慢，难以满足现代农业发展需求。

（三）新型农业经营主体培育仍显不足

市场经济实践早已证明，新型农业经营主体是农业先进生产力的代表，是推动农业现代化、推进农业供给侧结构性改革、带动农民增收的重要力量。当前，从中央到地方都已认识到培育新型农业经营主体的重要性，国务院办公厅也专门印发了《关于加快构建政策体系培育新型农业经营主体的意见》。经过近些年的培育和发展，长垣的新型农业经营主体已经有了一定的发展，但总体上，长垣农业经营仍以小规模家庭分散经营模式为主，"小农户"与"大市场"的矛盾依然广泛存在，农民持续增收的难度在不断加大。全县 13.24 万农户，35.9 万乡村劳动力资源，仅有涉农龙头企业 120 多家，而且多数龙头企业规模较小，生产技术和设备落后，主要从事农产品初步的筛选，精深加工能力不强，产品档次不高，市场占有率低。由于农村土地产权制度改革不到位，产权不够清晰，全县土地流转面积不到一半，不能适应规模经营的需求。虽然全县认证了无公害农产品 75 个、绿色食品 11 个、有机食品 9 个，但是精品名牌少，品牌影响力有限。

（四）农业发展方式粗放问题愈加凸显

当前，受城市生活垃圾和工业生产废弃物等污染向农业农村扩散、农业化肥过量使用、畜牧业污染问题加重等多重因素的影响，农产品质量安全问题更加突出，农业绿色可持续发展十分迫切。长垣可耕地资源有限，人均耕地面积少，在过去，为追求粮食增产，大量使用农药、化肥，所带来的农业面源污染已经非常严重。当前长垣的农业生产依然没有摆脱"大农、大水、大肥"的特征，仍处于主要依靠化肥、农药和大水漫灌来提高产量的粗放生产阶段。此外，随着农民收入状况的改善和生活水平的逐渐提高，农村生活垃圾更加多元化，垃圾产量也急剧增多，而由于受过去传统生活习惯的影响以及农村基础垃圾处理设施的短缺，农村的生活垃圾往往随意倾倒在田间地头、房前屋后，甚至直接倒入河流，由此带来的对农业农村环境的污染已不容忽视。当前，长垣的畜牧业进入快速发展阶段，农户养殖规模不断扩大，规模化养殖过程中产生了大量的废弃物，由于对畜牧业污染问题的忽视和建设资金的短缺，相应的畜牧业无害化处理设施却未能跟上，禽畜粪、污水等随意排放现象比较普遍，严重影响了农村生产生活环境，影响到农业健康持续发展。

（五）农业信息化建设滞后

当前，全球正在进入以信息化为主要特征的新一轮产业革命，互联网正在以前所未有的速度对经济社会资源进行重组优化，信息化成为驱动现代化建设的重要力量。信息社会的到来，为长垣这样的传统农业地区推动农业农

村信息化发展提供了千载难逢的机遇。然而，当前长垣仍处于由传统农业向现代农业转变阶段，各级农业部门对农业信息化建设的重要性认识有待进一步深化，支持农业信息化发展的氛围尚未形成，农业信息化建设也处于起步阶段，基础非常薄弱，发展相对滞后，总体来看信息化程度相对较低。主要体现在农业信息化服务平台建设滞后，广大农村地区网络基础设施建设落后，拥有个人电脑的农户比例较低，农村互联网普及率不高，农业大数据设施不健全，多数村级农业公共信息服务站建设滞后，服务能力不能满足现代农业发展需求；农业信息化人才短缺，往往是懂农业的不懂互联网，搞互联网的不懂农业，两者兼备的复合型人才非常紧缺，农村地区条件所限，难以吸引和留住农业信息化人才。

三 促进长垣现代农业健康发展的对策建议

长垣现代农业发展应当紧紧围绕农业供给侧结构性改革这一主线，以优化结构为重点，以农民增收为导向、以绿色发展为导向，着力培育现代农业发展新动能、打造现代农业发展新业态、扶持新型农业经营新主体、拓宽现代农业发展新渠道，加快推进农业转型升级，开创农业农村发展新局面。

（一）推动农业产业结构调整

在确保粮食生产大局长期稳定的基础上，围绕种植规模化、养殖标准化、经营产业化、生产机械化，以现代生态循环农业示范区建设为抓手，调整农业产业结构。大力发展都市生态农业，在县城周边、产业聚集区周围建设一批都市生态农业示范园区，努力打造集休闲观光、三产融合、城乡一体等功能于一身的都市生态农业。围绕优势特色农产品，推动产、加、销一体化发展，打造"全链条、全循环、高质量、高效益"的现代农业产业化集群。在未来几年，重点依托宏力、铭东、众和、四季青等龙头企业，在蒲东、蒲西、南蒲发展有机绿色蔬菜，在满村、丁栾、张三寨发展冬枣、葡萄，培育绿色果蔬产业集群；依托亿隆农林、中天园林、百盛园等龙头企业，在南蒲、常村、蒲北、樊相发展百合花、鲜切花等苗木花卉产业集群；依托翔宇、金农等龙头企业和农业专业合作组织，在蒲北、芦岗、蒲东发展食用菌产业集群；扶持牧源春、犇鑫等龙头企业，在滩区乡镇和沿黄大堤区域发展肉牛养殖，同时引导企业发展屠宰加工，拉长产业链条，发展肉牛养殖产业集群；依托华大基因，以华大谷子育种和示范推广为重点，加快推动连片和规模化种植，发展良种繁育产业集群。围绕华大小米延伸产业链条，加快推动小米育种、种植、加工、仓储、物流一体化发展，建立辐射全国的小米后加工基地。

（二）培育新型农业经营主体

规模较小的农户由于资金、技术、信息等方面的限制，在应对现代市场竞争方面具有天然的劣势，在今后的发展中应积极发展多种形式的适度规模经营，提升农业产业化经营水平。不断落实上级土地产权制度改革，有序推进土地流转，在稳定农村土地承包关系的基础上，依法推进农村土地经营权有序流转。在资金、政策等方面给予优惠倾斜，加快发展专业合作、股份合作等多种形式的农民合作社，不断提高农业经营组织化程度；积极发展家庭农场，按照依法自愿原则开展家庭农场登记，着力强化家庭农场的政策支持，鼓励发展规模适度的农户家庭农场。深入推进农业供给侧结构性改革，农村人力资源开发是基础保障。应当大力培育新型职业农民，依托农民培训和农业项目工程，围绕规模化、集约化、专业化、标准化生产技术和农业生产经营管理、市场营销等知识技能，开展农民创业培训，不断壮大新型职业农民队伍。

（三）完善现代农业社会化服务体系

农业社会化服务是农业现代化的重要标志，健全的现代农业社会化服务体系是现代农业发展的基础和保障。在今后的发展中，应当围绕现代农业发展方向，着力健全农业社会化服务体系，加强农业基础设施建设，深化农村土地制度改革，为长垣现代农业发展提供坚实支撑。推进农业供给侧结构性

改革，科技创新驱动是关键。首先，应当尽快建立健全农业科技服务体系，推进农科教结合、产学研协作，依托华大基因研究院成立长垣县精准农业中心，加快农业科技最新成果的转化和推广。其次，积极完善覆盖农业生产各环节的良种繁育、动物防疫、农资供应、农机服务、气象测报、农业保险和灾害防御等社会化服务体系。再次，加快推进重大农业水利工程建设，对全县范围内具有安全隐患的水库、水塘实施除险加固工程，推进以农田水利设施为基础的田间工程建设，提升农业基础支撑能力。积极健全农产品质量标准化生产经营控制体系，强化粮食、蔬菜、冬枣、畜禽产品和水产品等的品质和质量安全，构建完整的农产品质量安全可追溯机制。最后，完善农产品品牌创建体系，引导和鼓励专业合作组织、龙头企业等，积极创建农产品知名品牌，大力发展绿色、有机农产品，加强对地理标志、著名商标的规范管理，发挥名牌农产品对现代农业发展的联动效应。

（四）推动农业绿色化发展

绿色化发展是未来农业发展的必由之路，也是推进农业供给侧结构性改革的绿色路径。农业在未来的发展要坚持以优质、安全、绿色为导向，完善"县、乡（镇）、村"三级农产品质量安全监测体系建设，全面提升农产品质量安全水平。以"三标一品"认证工作为抓手，继续大力推进农产品无公害、绿色认证，积极创建农产品标准化生产示范基地。尽快建立覆盖所有乡镇的蔬菜农药残留快速检测点，全面建成农产品质量安全追溯系统，保证从田间到餐桌各环节的安全。逐步推广生物防治病、虫害技术以及新型无残留肥料和农药的应用，力求在未来全县所有的农产品都能达到化肥和农药低残留甚至无残留。全面加强畜牧业为主的废弃物无害化处理和清洁利用技术的推广普及，以实现畜牧业循环化、清洁化、无害化生产。加大农业生物科技、信息技术对传统农业进行技术改造的力度，推动新技术嵌入农产品生产、加工、流通等各环节，全面提升全产业链的绿色安全度。

（五）加快农业信息化建设

农业信息化是现代农业发展的重要标志，是现代农业发展的制高点，对于推动农业供给侧结构性改革具有重要的引导和驱动作用。从现实情况来看，长垣的农业信息化水平与现代农业发展需求相比，存在诸多问题和矛盾，与发达地区相比还有很大的差距。应紧紧抓住"互联网＋"的历史机遇，加快物联网、云计算、大数据等信息基础设施建设。确立政府在农业信息化建设中的主体责任，不断强化涉农部门的信息化意识，加大资金和人才投入，加大农业信息技术人才的引进和培养力度，组建一支既懂信息技术又懂农业生产的复合型人才队伍，为长垣农业信息化建设提供智力支持和技术保障。引导新型农业经营主体在畜禽水产养殖、农产品供销衔接、农机装备服务等方面加强信息技术应用，推动农业产业升级。引导和支持农业龙头企业、专业化合作组织、家庭农场等农业经营主体搭建垂直电商平台，或借助第三方平台加强市场营销推广。

参考文献

1. 姜长云、杜志雄：《关于推进农业供给侧结构性改革的思考》，《南京农业大学学报》（社会科学版）2017 年第 1 期。

2. 苏振锋、翟淑君：《构建现代农业经营体系须处理好五大关系》，《理论导刊》2015 年第 5 期。

3. 李娜：《河北省农业供给侧结构性改革的思考》，《合作经济与科技》2016 年第 5 期。

4. 杨璐璐：《农业现代化进程中政府行为的省际比较：河南与湖南》，《重庆社会科学》2012 年第 6 期。

5. 和龙、葛新权、刘延平：《我国农业供给侧结构性改革：机遇、挑战及对策》，《农村经济》2016 年第 7 期。

6. 安晓明：《巩义现代农业发展报告（2016）》，社会科学文献出版社，2016。

7. 包宗顺：《江苏农业供给侧结构性改革：挑战、任务与对策》，《经济动态及评论》2016 年第 2 期。

B.4
长垣县工业经济发展态势分析与展望

赵西三*

摘　要：　2016年以来，面对复杂严峻的经济形势，长垣县坚持发展为要、量质并举，坚持调整结构、转型升级，工业经济实现平稳较快增长，支柱产业竞争优势增强，龙头企业转型升级加速，产业创新能力继续提升，但工业企业盈利能力下降，工业投资增速大幅下滑，转型发展攻坚面临巨大压力。面向未来，长垣县应坚持"强化中间、拓展两端；培育平台、提升能级"的总体思路，打造河南转型发展攻坚先行示范区，形成以调结构促进稳增长、以新产品激发新动能、以新业态带动旧产业的发展新局面。

关键词：　工业经济　转型升级　长垣县

2016年以来，面对复杂严峻的经济形势，长垣县切实推进供给侧结构性改革，坚持发展为要、量质并举，坚持调整结构、转型升级，产业层次明显提升，发展质态更趋优化，工业经济实现平稳较快增长，新旧动能正在转换，为全县经济社会转型发展提供了强大支撑。

一　长垣县工业发展总体态势分析

（一）工业经济平稳较快增长

2016年，全县规模以上工业企业累计实现增加值127.6亿元，同比增

---

* 赵西三，河南省社会科学院工业经济研究所副所长、副研究员。

长10.0%，与2015年相比增速下降了1.7个百分点，但仍高于全省平均水平2.0个百分点，增速居10个直管县第2位。全县规模以上工业企业达到152家，年产值超亿元的企业达到47家。全年工业用电量达到6.9亿千瓦时，同比增长7.9%。

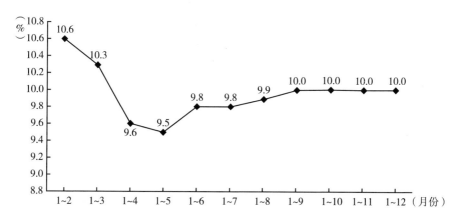

图1　2016年长垣县规模以上工业增加值同比累计增速

（二）支柱产业竞争优势增强

2016年，起重装备产业完成增加值84.3亿元，同比增长9.9%，卫生材料及医疗机械产业完成增加值22.1亿元，同比增长15.0%，两大支柱行业增加值增速分别比2015年加快0.4个和2.3个百分点，两大行业增加值占全县规模以上工业增加值的83.3%，比2015年提高0.5个百分点。2016年以来，起重装备产业受"一带一路"和基建带动持续好转，卫生材料及医疗机械受需求升级带动产品创新加快，两大支柱产业龙头企业持续加大研发投入和新产品开发力度，抓住了市场需求结构变化的机遇，竞争优势进一步增强。目前，长垣起重工业园区拥有整机生产企业126家，全国起重机行业前十强中河南省长垣县占据了5家，全国中小吨位起重机市场上长垣县也占据一半以上，全国门桥式起重机械产品知名品牌示范区、国家级出口起重机械质量安全示范区顺利通过验收，"长垣起重"品牌知名度和影响力进一

步提升。卫生材料及医疗器械产业拥有卫生材料及医疗器械生产经营企业 434 家，医用耗材、麻醉包等产品占全国市场份额的 60% 左右。卫生材料及医疗器械产业正在由一、二类低档产品为主向民用卫材、高端医疗器械拓展，长垣已成为国内卫生材料与医疗器械的重要集散地，被命名为"中国卫生材料生产基地"。

（三）龙头企业转型升级加速

在市场倒逼推动和需求升级拉动下，优势龙头企业转型升级明显加速。起重装备企业纷纷谋划向智能化转型，卫华自主研发的防摇摆精确自动定位控制技术把摇摆的幅度降低了 95%，控制精度达 2 毫米，自主研发的自爬式风电维修起重机，均填补了空白，拓展了"起重机器人"新领域；纽科伦（新乡）起重机有限公司自主研发成功的"架空式新型智能立体车库"为停车难的"城市病"带来了福音；河南中州智能设备集团有限公司成为集机械式停车设备的研发、设计、制造、销售、运输、安装于一体的大型企业集团；河南矿山实施了新型轻量化欧式起重机项目，一批高端智能装备的面世为全县起重机智能化转型注入新动力。2016 年驼人集团超声引导神经阻滞针等一批高端产品正式上市，带动了全县卫生材料及医疗机械产业高端化转型，驼人集团被认定为河南省首批创新龙头企业和长垣县"2016 年度转型升级成绩突出企业"。中国防腐之都建设集团与北京、沈阳等地多家高端科研机构和高等院校联合组建创新平台，依托防腐产业园打造集研发、制造、施工、维护等于一体的水漆产业基地，河南省水性漆检测中心落地，为长垣防腐产业转型升级提供了新平台新支撑。

（四）产业创新能力继续提升

创新驱动是长垣县工业转型发展的突出特色，长垣县企业对创新非常重视，目前，长垣拥有省级以上企业（工程）技术中心 32 家、国家级高新技术企业 33 家，专利授权量、驰名商标和著名商标数量均居全省县（市）第一位，被确定为国家知识产权强县工程示范县。2016 年，长垣县新增省级科技成果 45 项，被确定为省专利导航产业发展试验区，产业集聚区被评为省高新技术产业开发区。2016 年，长垣县高新技术产业增加值占规模以上工业增加值的比重达 87.5%，居省直管县第 1 位，中国驰名商标达到 11 件、河南省著名商标达到 105 件，数量均居全省县（市）第 1 位。

（五）企业利润增速明显放缓

受成本上升和需求变化影响，工业企业普遍增收不增利，营业收入稳定增长但是利润空间大大压缩。2016 年全县规模以上工业企业累计实现利润 51.1 亿元，同比下降 1.9%，而 2015 年全县规模以上工业企业累计实现利润 51.6 亿元，同比增长 8.1%。分月度看，2016 年工业企业利润增速明显放缓，从年初 1～2 月同比增长 26.1% 持续下降到 1～12 月累计同比增长 −1.9%，利润增长由正转负，表明工业企业盈利能力明显弱化。

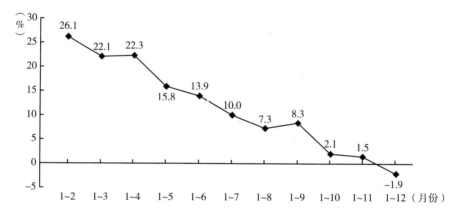

图 2　2016 年长垣县规模以上工业利润同比累计增速

（六）工业投资增速大幅下滑

2016 年，全县工业投资完成 137.0 亿元，同比下降 27.7%，而 2015 年全县工业投资完成 189.6 亿元，同比增长 40.5%，下滑幅度较大，表明工业企业投资意愿偏低。分月度看，2016 年上半年工业投资增速持续下滑，下半年以来降幅有所收窄。2016 年长垣县实施千万元以上工业项目 217 个，

计划总投资 364.3 亿元，年度计划完成投资 148.3 亿元，1~12 月完成投资 134.4 亿元。其中，续建项目 51 个，2016 年计划完成投资 44.3 亿元，1~12 月完成投资 45.9 亿元；新建项目 166 个，2016 年计划完成投资 104 亿元，1~12 月完成投资 88.5 亿元。截至 12 月底，共报送重点新开工项目 55 个，计划总投资 69.8 亿元，2016 年计划投资 43.1 亿元，2016 年 1~12 月完成投资 39.4 亿元。

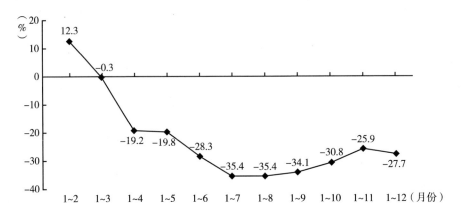

图3 2016 年长垣县工业投资同比累计增速

二 长垣县工业转型趋势展望

（一）面临的形势

从发展机遇和有利条件看，一是转型发展攻坚战政策效应逐步释放，河南省提出打好转型发展攻坚战，陆续出台了总体方案以及《河南省支持转型发展攻坚战若干财政政策》，后续仍将有专项方案和支持政策跟进，这些政策很有针对性，长垣县应加快深入研究，出台县域对接政策措施，争取县域转型项目获得省级支持，助推本地产业转型升级；二是对接郑州潜力巨大，郑州获批国家中心城市，未来将聚焦研发与核心制造环节，电子信息、医药及医疗器械、装备制造、家居等一般加工制造外溢，长垣承接优势明显，可以根据本地产业链情况积极对接，也可以谋划承接部分在郑州落地不易的省外大项目，为县域产业发展注入新动力；三是优秀企业家转型意愿强烈，企业家精神是长垣经济发展的原动力，长垣的竞争优势就在于有一批优秀的企业家，面对新一轮科技革命和产业变革，长垣企业家转型升级意愿强烈，近几年许多企业家带领企业向高端化、智能化、服务化转型，大力投入创新和新产品开发，拓展与域外科研院所和高等院校的研发合作，积极寻找新的创新空间和市场机会，取得积极成效，当前企业家转型意愿更加强烈，纷纷谋划新项目、新技术、新产品、新业态，这是长垣产业转型升级最为根本的强大动力。

从转型挑战和制约因素看，一是新动能支撑不足，当前区域经济都处于新旧动能转换的关键阶段，仅靠传统产品打市场的年代已经过去，哪个区域新技术、新项目、新产品、新业态活跃，哪个区域新动能就强劲，转型就快，近几年长垣县虽然涌现出一批新产品、新业态，但是总体上新项目、新产品支撑偏弱，尤其是近几年对我国经济增长带动作用较大的消费电子、新能源汽车等产业链领域，引入的新产业、新项目、新企业不多，本地企业转型项目难以支撑旧动能的弱化；二是高端人才支撑不足，长垣县政府和企业历来重视对人才的培养和引进，企业研发实力较强，但是，在当前新一轮科技革命和产业变革中，企业向高端化、绿色化、智能化、融合化转型，高端人才是关键，作为一个县对高端人才吸引力有限，这是县域产业转型升级面临的最为关键的瓶颈；三是资金约束问题，当前，长垣县企业处在转型发展的关键时期，创新需要在人才和设备等领域投入更多资金，有强大的资金支持企业就有可能站在新的更高的平台上，但企业融资难、融资贵现象仍较普遍，对于县域经济来说，如何为转型升级中的优质企业提供更便捷更低成本的融资渠道，是迫切需要破解的瓶颈之一。

（二）趋势展望

参考以上分析，把握产业发展趋势，长垣工业转型升级要找到本地产业

链优势与新技术、新业态的结合点，坚持"强化中间、拓展两端；培育平台、提升能级"的总体思路，打造河南转型发展攻坚先行示范区。所谓"强化中间、拓展两端"，就是强化中间核心制造能力，提高自动化、智能化水平，同时引导优势企业上下链接，左右拓展，跨界融合，向掌握研发、营销、设计、融资、技术、管理、结算等各产业两端环节的控制型经济发展，培育一批系统集成服务商和综合解决方案提供商，提高产业附加值。所谓"培育平台、提升能级"，就是重点培育研发平台、产业互联网平台等带动性、支撑性强的高端产业平台，引导优势企业立足细分行业打造一批产业链整合平台，发挥平台经济"强节点"的聚合效应，对本地优势产业链以及全国、全球相关产业链资源进行系统整合，提高产业能级，强化本地优势产业在全国、全球市场的竞争力和掌控力。

围绕这一思路，未来一个时期，长垣工业经济将能够获得新的发展空间，形成以调结构促进稳增长、以新产品激发新动能、以新业态带动旧产业的发展局面。总体上看，工业经济总体上仍将保持平稳增长，产业产品结构持续优化，新旧动能转换明显加速。分产业看，起重装备、卫生材料及医疗器械将继续保持较快增长，智能化、服务化转型取得积极进展，产业附加值明显提高，防腐产业向水漆领域转型，形成新的产业支撑。同时，依托信息技术和互联网平台，优势企业在新业态、新模式培育方面取得明显成效，形成一批新的产业增长点。

三　长垣县工业转型发展的对策建议

（一）打好攻坚战推动优势产业转型升级

深入研究谋划对接河南省转型发展攻坚战方案和政策，把长垣县产业转型升级与河南省转型发展攻坚战部署结合起来，聚焦优势支柱产业，逐个细分行业进行梳理谋划，针对产业链、价值链、创新链、资金链等关键环节拿出具体方案，破解瓶颈约束，加快产业转型升级步伐。建议：一是成立长垣县转型发展攻坚领导小组，由主要领导担任组长，领导小组就重大问题定期召开专题会议，进行研究部署，同时，在起重装备、卫生材料及医疗器械、防腐等产业领域设立若干特色产业攻坚小组，可以吸纳省内外产业专家担任成员，研究产业链、创新链、资金链以及招商引资中存在的问题，拿出具体方案；二是谋划创建转型发展攻坚先行示范区，发挥长垣县产业优势，出台创建方案，对接河南省支持转型发展攻坚战若干财政政策，实施长垣县转型发展攻坚一揽子政策措施，在转型发展上率先突破；三是谋划对接省级产业发展基金，河南省启动"千亿资本助力制造强省建设"行动，在省级层面谋划设立一大批各类型的产业发展基金，长垣县积极对接省级产业发展基金，为县域产业转型提供资金支撑，另外，加强与各类基金公司和金融机构合作，联合组建县级特色产业发展基金，拓展企业融资空间，破解产业转型升级中的资金难题。引导龙头企业牵头组建特色产业发展基金，支持企业以基金平台对产业链上中下游进行整合，提高本地产业能级。

（二）对接郑汴新谋划转型发展高端平台

近几年，河南省陆续获批国家战略，战略平台叠加效应明显，2017年3月河南省委常委会研究并原则通过《关于统筹推进国家战略规划实施和战略平台建设的工作方案》，提出河南省将强化国家战略规划平台统筹联动，放大政策集成效应，聚焦"三区一群"[郑州航空港经济综合实验区、中国（河南）自由贸易试验区、郑洛新国家自主创新示范区和中原城市群]，构筑河南未来发展的改革开放创新新支柱。郑汴新承载国家战略平台数量最多，郑州市获批创建国家中心城市，2017年5月郑洛新又获批"中国制造2025"试点示范城市群，战略平台叠加效应凸显，先行先试政策空间广阔，对高级生产要素和大型项目吸引力彰显。长垣县毗邻郑州、开封、新乡三市，可以积极对接三市，融入三市转型发展总体规划，借力借势提升产业能级。建议：一是谋划高端创新平台，郑州、新乡属于国家自主创新示范区，一大批国家级创新机构落地，长垣可以积极对接相关研发平台，联合创建产学研合作网络，引导长垣县龙头企业在郑州设立域外研发中心，吸引郑

州高级生产要素为长垣工业转型发展服务。二是融入郑州对接"一带一路",对接中国(河南)自由贸易试验区郑州和开封片区、中国(郑州)跨境电子商务综合试验区,承接部分当地难以落地的优质项目,借力郑州推动起重机械、防腐材料等优质产品融入"一带一路"基础设施建设,拓展国际市场。

(三)围绕新产品加快推动新旧动能转换

长垣优势产业突出,起重装备、卫生材料及医疗器械合计占规模以上工业增加值比重达到80%以上,对工业转型意义重大,一定要在这两大支柱产业中培育一批新产品,由于当前装备智能化快速提高,本地普通产品盈利空间被压缩,企业也在纷纷谋划新产品,这是区域新旧动能转换的根本动力。建议:一是聚焦新产品推进企业技术改造,新产品智能化程度高,对设备要求更高,对接省技术改造工程,出台对接政策措施,加快引导和支持企业围绕新产品开展技术改造;二是完善地方首台(套)重大技术装备奖励配套政策,河南省出台了首台(套)重大技术装备奖励政策,对经省认定的成套设备、单台设备和关键部件,对省内研发和购买使用单位按照销售价格的5%分别给予奖励,奖励总额最高不超过500万元;对经省认定的首台(套)重大技术装备投保产品,省财政按综合投保费率3%的上限及实际投保年度保费的80%给予补贴。长垣县可以根据情况出台配套政策,对进入省首台(套)重大技术装备支持范围的产品给予配套奖励。

(四)依托互联网培育制造业互联网平台

当前,产业互联网平台经济发展进入快车道,各类制造业企业谋划搭建细分行业的互联网平台,数据正在逐步成为制造业最为重要的生产要素,河南省也已经涌现出了一大批制造业互联网平台型企业,如世界工厂网、鲜易等,长垣产业互联网平台经济正在萌芽,如已经运营的起重汇,展望未来,产业互联网平台将成为产业链整合的核心以及产业转型的重要支撑,长垣起重机械、卫生材料、防腐等产业在全国拥有较高市场占有率,面临转型压力，需要借助互联网平台对产业链进行系统整合。建议：一是引导龙头企业培育提升产业互联网平台，一些本地龙头企业已经组建了电子商务部门或者子公司，引导它们从更高层面把电子商务部门提升到产业互联网平台的高度，创新制造业与互联网融合新模式，由为本企业服务到为全产业链上的企业服务，提高对整个产业链的服务能力；二是积极引入域外产业互联网平台，依托本地产业优势，吸引比较成熟的产业互联网平台入驻，为本地产业转型升级提供平台支撑，依托电子商务产业园打造产业互联网平台集群。

（五）聚焦服务化培育综合解决方案提供商

制造业服务化转型是大势所趋，也是制造型企业提高附加值的有效途径，河南制造业产业层次和竞争力不高的关键在于服务增值环节偏弱。近几年，河南省制造业向服务化转型提速，长垣龙头企业也纷纷向服务型制造转型，打造集研发、制造、安装、服务于一体的综合解决方案提供商。长垣要从战略高度总体谋划培育综合解决方案提供商，建议：一是进行企业家理念转变培训，组织企业家参观学习国内外服务型制造典型案例，邀请专家提供咨询，引导企业向系统集成服务商和综合解决方案提供商转型；二是支持本地企业与域外大型企业集团进行战略合作，共同组建新型企业集团，整合产业链上、中、下游资源，借助大企业集团围绕"一带一路"承接大工程大项目，开拓新市场新业务；三是引导龙头企业与中原资产以及各类产业基金形成战略合作，支持金融机构为大型企业集团承接"交钥匙"工程提供系统性资金方案。

（六）依靠企业家推进企业"二次创业"

长垣拥有一批优秀企业家，转型意愿强烈，打好转型发展攻坚战关键在企业家，面对新技术、新业态、新模式层出不穷的时代，企业家需要在新常态下进行"二次创业"，开拓新项目、新产业、新业态、新市场。建议长垣从总体上谋划"二次创业"，推进实施企业"二次创业"工程，出台关于实施企业"二次创业"的意见，征求企业家的建议，对新一轮产业转型发展

进行战略谋划，厘清优势产业和企业的转型方向、升级路径，有针对性地推
出政策措施，引导企业转型创新发展，力争 3 ~ 5 年内建成一批转型项目，
培育一批升级产品，增强工业发展后劲，形成一批新的产业支撑点，激发新
动力、新活力。针对长垣民营企业活跃的格局，推进新生代企业家培养，引
导"企业家二代"在新领域、新业态方面实现"二次创业"。

参考文献

1. 张占仓：《河南工业发展报告（2017）》，社会科学文献出版社，2017。
2. 金碚：《工业的使命和价值——中国产业转型升级的理论逻辑》，《中国工业经
   济》2014 年第 9 期。
3. 陈辉：《2017 河南省打响工业转型发展攻坚战》，《河南日报》2017 年 1 月 10 日。
4. 岳修科：《知识产权打造长垣县域经济"新名片"》，《河南科技》2016 年第 4
   期。

B.5
长垣县服务业发展态势分析及路径研究

杨梦洁*

摘　要：　长垣县近年来坚持把发展现代服务业作为优化经济结构、帮助经济转型升级、推进新型城镇化的重要举措，凭借在烹饪产业、绿色食品产业、旅游业等方面具备的资源优势，并利用"互联网+"带来的机遇，长垣特色休闲旅游、电子商务、现代物流、健康养老等高成长服务业蓬勃发展，第三产业比重显著提高，三产业态不断提升。未来要坚持打造长垣独特品牌、持续优化体制环境、吸引培育服务业龙头企业并贯彻创新发展战略，指导服务业进一步跨越发展。

关键词：　服务业　烹饪　旅游　长垣县

随着经济发展到一定程度，服务业在推动城镇化发展、促进制造业消化过剩产能、延伸完善产业链、支持经济转型升级等方面所起的作用也越来越凸显，它反映了我国经济发展方式显著和重要的结构变化，对供给侧结构性改革具有明显的促进意义。在政府政策推动及经济发展形势的带动下，服务业迅速成为国民经济增长的第一大推动力，2016年占GDP的比重为56.9%，比第二产业高出19.4个百分点。长垣政府近年来也将发展服务业作为重点工作来抓，立足自身优势，着力推动服务业发展提速、水平提升、比重提高。

---

* 杨梦洁，河南省社会科学院工业经济研究所助理研究员。

一 长垣服务业发展优势

长垣作为中国起重机械名城、中国卫生材料生产基地、中国防腐蚀之都、中国厨师之乡、中华美食名城、全国文明县城、国家卫生县城、国家园林县城、国家新型工业化产业示范基地、国家知识产权强县工程示范县，在发展服务业方面具备天然的产业优势。

（一）烹饪产业

长垣烹饪产业具有悠久的历史，自古便有崇尚厨艺之风，民间有"长垣村妇赛国厨"的说法。长垣烹饪始于春秋，历代不断发展精进，近代以来进一步得以发扬光大。长垣在漫长的烹饪历史上因厨师众多、技艺精湛著称，并以其烹饪文化博大精深而举世闻名。根据明清以来的历史文献记载，许多王侯官宦、文人学士都偏好选用长垣厨师。如光绪皇帝的御厨王蓬州、李鸿章的专厨陈发科，民国时期张学良的专厨乔久禄、冯玉祥的专厨王锡云等，均是长垣人。中华人民共和国成立以后，长垣厨师持续得到重用。北京钓鱼台国宾馆原首任总厨师长侯瑞轩也是长垣厨师的杰出代表，有"国宝级"烹饪大师之誉。2003年中国烹饪协会正式发文命名长垣为首个"中国厨师之乡"，并于北京人民大会堂举行了授牌仪式。据统计，目前长垣从事烹饪工作的专业厨师达2.3万人，其中国外1000余人，遍及46个国家和地区。有国家级烹饪大师4人、省级烹饪大师16人。年实现劳务收入亿元以上，烹饪业已经成为长垣经济发展的重要支柱产业。长垣还建成中国烹饪文化博物馆，是全国第一座以烹饪文化为主题的博物馆。

（二）绿色食品产业

长垣绿色食品产业以国家认证的16.5万亩绿色食品生产基地为基础，从1995年发展至今，是长垣烹饪产业的进一步延伸，属于长垣新兴优势产业。发展形成河南长远集团、金鑫公司等六家龙头企业，拥有十个国家许可使用绿色食品标志。先后实施翔宇食用菌深加工、月亮湾生态农林观光等千万元以上项目 70 个，总投资达 42.6 亿元。全县拥有 30 万亩现代农业基地，3.6 万亩设施农业基地，农民专业合作社 568 家，大力带动了长垣绿色食品产业的发展壮大，长垣绿色食品从河南逐步走向全国，影响力不断扩散，促进各类农业生态观光基地建设发展，为长垣旅游、物流业发展增加了有利筹码。

（三）健康旅游产业

长垣拥有黄河滩区生态游览区、长东黄河铁路大桥、学堂岗圣庙、小岗遗址等丰富的旅游资源。近年来生态健康休闲旅游的概念不断兴起，凭借烹饪产业与绿色食品产业得天独厚的条件，长垣健康旅游产业得以快速发展。黄河滩区占地 4.8 万亩，建筑面积 5 万平方米，生态游览区位于恼里镇境内，东临黄河，与山东省隔河相望，西临黄河大堤。游览区内设有乡村度假村，同时充分发挥绿色食品产业优势，建有传统农业博物馆、农业超市区、私家园林区、百菜园、百家园、百花园和中草药园、牧草区、人工湖 56 个连堤坝建成的民族风情园等园区。能够充分满足游客旅游观光、休闲度假、修身养性的需求，在投入大自然的怀抱，欣赏田园风光的同时，尽情品尝当地健康美食，既可领略黄河风情，又可了解黄河文化。

（四）电子商务产业

长垣县地处河南省东北，东隔黄河与山东省东明县相望，西邻滑县，南与封丘、兰考毗连，北与滑县、濮阳县接壤。新菏铁路横贯长垣东西，县域内有省道 308 线、213 线穿越，济东、大广两条高速公路十字交会于此。交通位置便利，便于开展电子商务。电子商务人才储备也具备一定基础，长垣政府利用海报、横幅、广播、电视、报纸等多种渠道对电子商务进行宣传，使电子商务进农村工作广泛为当地居民熟识，为全民参与农村电商发展提供了可能。通过宣传全县先后有 5650 多名青年报名参加电子商务村级服务站合伙人竞选，并从中择优选拔了 144 名年龄在 18～40 岁、高中以上文化程

度、有追求且熟悉互联网及网购网销的农村青年成为长垣县电子商务村级服务站合伙人,为长垣农村电商发展储备了充足的人力资本。

二　长垣服务业发展的举措与成效

凭借在烹饪、旅游等产业上具备的天然优势,长垣政府多年来大力整合服务业发展资源,长短结合、统筹兼顾,坚持把发展现代服务业作为优化经济结构、推进新型城镇化的重要举措,以拓宽领域、优化结构、提升业态、增加就业为目标,不断提高服务业的比重和水平,发展质态更趋优化。2015年,三次产业分别实现增加值32.7亿元、137.3亿元、100亿元,分别增长4.3%、10.9%、10.9%。五年来,三次产业比重由15:53:32优化为12.11:50.84:37.05,三产业态不断提升,"互联网+"方兴未艾,特色休闲旅游、电子商务、现代物流、健康养老等高成长服务业蓬勃发展。

(一)发展壮大生产性服务业

防腐产业是长垣优势产业之一,为改变产业链条短、新材料研发支撑不足的局面,长垣发展生产性服务业以促进产业链条延伸,提升产品附加值。目前拥有从业人员10万多人,国家一级防腐资质企业37家、国家二级资质企业14家,施工遍及国内30多个省、区、市,以及沙特阿拉伯、德国等10多个国家和地区。当前总投资47.2亿元集总部经济、科技研发、生产销售、仓储物流于一体的防腐新材料研产销基地将很快发挥作用,投资15亿元的上海亿丰防腐材料博览城等一批重点商贸项目也在加快推进。同时充分借助长垣绿色食品和烹饪产业的优势,发展相应服务业,吸引更多的商户和游客购买长垣的绿色农副产品与美食。中原新发地农副产品批发市场已经快速建成并于2015年11月30日盛大开业,目标是建成优秀的农产品平台管理及配套服务提供商。河南豫建规划设计院已经完成对占地1500亩的长垣县食品加工产业园的设计,即将投入建设。此外,金融服务业也得到了充分发展,目前成功引进了浦发银行、郑州银行等,全县入驻商业银行达11家。

2015 年各金融机构存、贷款余额分别为 257.5 亿元、148 亿元，分别较年初增加 32.6 亿元、9 亿元。2016 年各项金融机构存、贷款余额分别为 291.1 亿元、160.5 亿元，分别较年初增长 13.1%、8.5%。长垣荣获"河南省优秀金融生态县"称号，为经济发展注入了新鲜血液。

（二）改造完善生活性服务业

生活性服务业能够直接向居民提供物质和精神消费品，在促进产城互动、推进城镇化过程中起着重要的作用。长垣政府近年来着力推进商务中心区、特色商业区和盛世联华城市综合体等项目建设，成功引进投资两亿元的大商金博大、投资两亿元的沃美来等现代商贸企业，居然之家等一批商贸项目也开业运营，生产服务业和居民生活密切相关，其快速发展大大改善了长垣当地居民的生活条件，同时促进附近农村居民就地就近向三产转移就业，稳定增加三产就业和居民收入。

（三）提升培育特色休闲旅游业

得益于对现有优势资源的充分整合，长垣特色休闲旅游业发展迅速。依托烹饪产业、厨师之乡、绿色食品、起重机械名城等产业优势，以及黄河游览区等沿黄自然生态、湿地景观优势和历史文化优势，长垣打造了"县城—食博园—起重工业园区"和"蒲北晟道园—上善园—如意园—容园—三善园—亿隆森林公园—天然文岩渠生态休闲园"两条观光旅游线路，天然文岩渠生态观光走廊、天鹅湖沿黄生态农业园、莲文化生态示范园等项目也在加快推进。其中投资近 7 亿元的食博园吸引了"好世界""小背篓""湘豫情"等国内知名餐饮品牌企业入驻，还设有奥斯卡影视城、洗浴中心、体育馆等一应娱乐设施，是河南及周边省市休闲度假的热门选择，饮食上全县累计有 12 家餐饮企业被授予"河南餐饮名店"称号。住宿上从五星级五洲大酒店、四星级银河国际大酒店到经济型酒店、农家乐等一应俱全，满足不同人群消费需求。具有长垣特色的休闲旅游水平持续提高，并形成了一定的品牌效应，正吸引越来越多的游客，影响力也在逐步扩大。

（四）大力实施电子商务计划

长垣近年来一直致力于加强农村电商内生力培育，坚持顶层设计、整合资源、园区集聚、突出重点与活动载体四种意识，选好发展农村电商项目带头人，结合实际制订《长垣县电子商务村级服务站建设规划》，组建全方位多层次的管理团队，立足通过电商带动产业升级。形成了农村电商发展的新模式，走出长垣"4＋1＋1＋1＋1"兼务实与创新于一体的长垣农村电商新道路，助力长垣农村电商驶入快车道，并呈现出势不可挡的发展局面。2016年在行业整体呈现滑坡趋势的情况下，通过网路销售仅卫华集团、驼人集团就分别实现销售收入（起重机械、卫生材料）1.5亿元、1.7亿元，保持销量不减；长垣特色绿色农产品如赵堤大米、李小勇香油、高村粉皮、丁栾冬枣、宏力葡萄、绿豆挂面等，均已实现网络销售。2016年，长垣县农村产品共计网销0.7亿元，同比增长86%，带动了78个传统商贸企业转型升级。当前长垣共有阿里巴巴农村淘宝服务中心和42个村级服务站投入运行，发展京东电商130家，建成村级电子商务综合服务站144个，2015年被评为第二批全国电子商务进农村综合示范县。

三 当前服务业发展整体形势

当前国内外经济形势复杂多变，但在充分发挥市场和政府双重作用以及供给侧结构性改革深入推进的情况下，中国整体服务业发展形势向好，继续呈现上升趋势。

（一）服务业对经济发展支撑作用持续增强

从服务业占比及增速来看，2010年全国服务业在GDP中占比44.2%，到2016年为51.6%，在工业转型升级攻坚克难的阶段，服务业撑起了经济发展的半壁江山。近几年服务业正处在发展提速阶段，其增速约比工业增速高出1.4个百分点。2016年国内生产总值增速为6.7%。分产业来看，第一产业增加值 63671 亿元，增长 3.3%；第二产业增加值 296236 亿元，增长 6.1%；第三产业增加值 384221 亿元，增长 7.8%。从三产就业情况来看，服务业对于就业的贡献稳步提高。服务业在整体就业中占比从 2012 年到 2015 年分别为 36.1%、38.5%、40.6%、42.4%。2010 年服务业就业人数首次和农业就业人数持平，此后便保持这一趋势成为第一劳动就业部门。

（二）固定资产投资吸引力不断上升

虽然服务业总体相对是一个轻资产行业，但是受到近年来国家政策鼓励以及不断上升的服务业发展趋势，服务业固定资产投资热度不断升温。如图 1 所示，从 2011 年到 2016 年服务业固定资产投资占比明显上升。

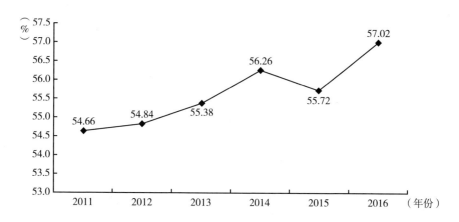

图 1　2011～2016 年全国服务业固定资产投资占比

服务业固定资产投资增速也远远超过第二产业。在 2016 年的固定资产投资中，第二产业增速仅为 3.5%，第三产业增速则为 10.9%，服务业成为固定资产投资的热门选择。

（三）外资偏好度显著提高

我国第三产业实际利用外资规模长期低于第二产业，随着服务业发展势

头上扬，这一局面在 2011 年出现了转变，这一年第三产业实际利用外资规模为 583 亿美元，高于第二产业的 557 亿美元，此后第三产业这一数值一直保持高于第二产业的趋势，并不断提高，如图 2 所示。

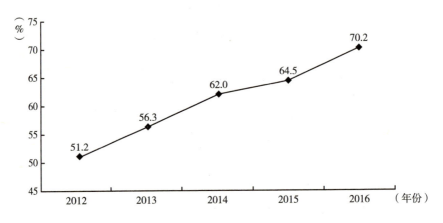

图 2　2012～2016 年全国服务业利用外资占比

出现这一局面主要是由于近年来我国服务业发展迅速，对外资有较强的吸引力，同时过去服务业发展基础薄弱，存在较大的发展空间。

（四）服务业新模式不断涌现

"互联网＋"为各行各业带来了更多创新的可能，也为服务业创新发展提供了新的道路，以共享经济、分享经济为代表的服务业正呈现出蓬勃发展之势。根据国家信息中心在 2017 年 2 月发布的《中国分享经济发展报告（2017）》，2016 年据估算我国分享经济市场交易额约为 34520 亿元，与2015 年相比增长 103％，约有 6 亿人规模参与到分享经济中来，比 2015 年迅速增加 1 亿人之多，为服务业发展注入了新的生命力和活力。

四　长垣服务业发展建议

长垣服务业凭借自身具备的资源优势以及正确的政策方针引导，近年来发展成效显著，加之国家整体服务业正处于稳步上升阶段，抓好这一时期带来的发展，有助于长垣服务业更上一层楼。2017 年长垣政府工作报告中指出要建设精善长垣，并提出到 2021 年，常住人口城镇化率达到 53% 以上，力争达到全省平均水平；产业结构进一步优化，二、三产业比重达到 92% 以上，第三产业增加值占 GDP 比重达到 48% 以上的发展目标。要实现这些发展目标，长垣服务业还需要从以下几方面作出改进。

（一）打造长垣独特品牌

当前全国各地都把发展服务业作为重点工作来抓，纷纷出台政策鼓励相关行业发展壮大，要在激烈的竞争形势中脱颖而出，则必须要拥有自己的独特产业优势。从长垣拥有的发展资源来看，长垣厨师闻名天下，在国内知名度最高的是烹饪产业，以及近年来基于此发展形成一定规模的绿色食品产业等，都存在资源特殊性。未来应继续抓住这一独特优势，突出发展特色休闲旅游业，重点发展长垣特色餐饮，以绿色化为标准，坚持餐饮业提挡升级，同时以黄河滩区生态环境、田园景观和黄河文化为支撑，加快建设一批农业休闲观光园、绿色作物采摘体验园、洗浴娱乐中心。规划魏庄、赵堤养老健康休闲园等项目，吸引中高低档宾馆酒店入驻周边，满足不同消费层次的多样化消费需求，着力打造集黄河观光、养生康体、美食娱乐、农产品消费、健康养生于一体的黄河湿地观光度假休闲旅游区，树立长垣在特色休闲旅游业上独一无二的品牌优势，形成更具吸引力的品牌效应。

（二）持续优化体制环境

良好的体制环境是保障服务业发展活力、营造生态化发展环境的重要保障。一方面要坚持放宽市场准入条件，鼓励非公有制经济参与到服务业发展中来，打破行政垄断和市场管制，参照市场准入负面清单，以此为标准，设立公开明确的准入标准，吸引广大的社会资本进入服务业这个领域中来。另一方面要推进服务企业平台建设，为企业发展创造良好的社会化服务体系，突出政府工作的服务职能，积极了解并协调解决企业生产经营中出现的问

题，通过平台帮助企业协调发展资源，提高企业生产管理及销售效率，实现供需平衡。

（三）吸引培育龙头企业

长垣服务业大中小企业众多、资源丰富，但是缺乏在国内具有很大影响力的龙头企业，不利于形成产业集聚效应以及实现服务业的快速跨越发展。一方面，要抓住国家整体服务业快速发展的历史机遇，利用国内固定资产投资及国外资本参与热度高的机会，积极开展招商引资工作，特别是吸引技术含量高、符合绿色化标准的国际龙头企业入驻发展，以此形成磁铁效应，促使相关配套企业来长垣落户，既可以提高长垣服务业知名度，也能够完善产业链，形成产业内部生态化发展模式。另一方面，积极整合本地大中小企业，鼓励企业通过兼并重组等方式扩大规模或跨界融合发展，培育其中效率高、具有品牌效应和发展特色的企业成为龙头企业或集团，植根长垣并积极向外寻求合作，扩大长垣服务企业影响力。

（四）贯彻创新发展战略

创新是新时期促使服务业呈现快速多样化发展的重要保障。一方面，要注重技术领域的创新。服务业研发投入比重上升是一大趋势，特别是随着互联网技术的广泛运用，改变了过去服务业多为劳动密集型产业的局面，并且为服务业带来了新业态、新模式、新领域的更多创新，例如分享经济的快速兴起就是新兴服务业的一种，在加大服务业研发投入的同时，要关注并鼓励多种新型服务业态发展，为服务业增添活力。另一方面，要注重对创新人才的吸引和培养。快速发展的服务业需要以创新人才为引领，特别是对于一些发展基础薄弱的创新领域，要积极营造有利于创新人才发展的宽松环境，从外部吸引具备经验或发展思路的先进人才，同时从当地挑选得力人员组织学习或培训，为创新发展建立坚实的人才储备库。

参考文献

1. 夏杰长：《当前服务业发展形势分析与改革建议》，《中国发展观察》2017 年第 5 期。

2. 李虎成：《长垣：四大产业实现华丽转身》，《河南日报》2015 年 8 月 25 日。

3. 河南商务之窗：《长垣打造农村电商发展新模式》〔DB/OL〕，http：//henan. mofcom. gov. cn/，2017 - 03 - 16。

4. 李博、张文忠、余建辉：《服务业发展、信息化水平与全要素碳生产率增长——基于门限效应的实证研究》，《地理研究》2016 年第 5 期。

5. 姜长云：《关于发展农业生产性服务业的思考》，《农业经济问题》2016 年第 5 期。

6. 刘志彪：《现代服务业发展与供给侧结构改革》，《南京社会科学》2016 年第 5 期。

B.6
长垣县特色产业集群发展
态势与提升对策研究

刘晓萍*

摘　要：　2016 年以来，长垣县突出以产业集聚区、商务中心区为引
　　　　　领，加快防腐产业园、健康产业园、参木装备制造、恼里装
　　　　　备制造、芦岗再制造等 5 个专业园区集群化发展，推动 12 个
　　　　　乡镇创业园区特色化发展，产业集群效应持续增强，这主要
　　　　　得益于长垣县在产业链招商、示范创新、平台建设、作风转
　　　　　变等方面的扎实工作。面向未来，长垣县需要推进制造业与
　　　　　服务业联动发展、新兴产业与传统产业互动发展、工业化与
　　　　　信息化融合发展、产业链与创新链无缝对接，打破传统产业
　　　　　边界，推进跨界融合发展，提升产业链整体竞争力，打造特
　　　　　色集群转型发展的"新型长垣模式"。

关键词：　产业集群　转型升级　长垣县

2016 年以来，长垣县突出以产业集聚区、商务中心区为引领，加快防
腐产业园、健康产业园、参木装备制造、恼里装备制造、芦岗再制造等 5 个
专业园区集群化发展，推动 12 个乡镇创业园区特色化发展，产业集群效应
持续增强，有力支撑了县域产业转型升级和经济社会健康发展。

* 刘晓萍，河南省社会科学院工业经济研究所副研究员。

一 长垣县特色产业集群发展的现状与态势

(一)产业集聚区发展稳中有进

2016 年,产业集聚区围绕县委、县政府的总体部署,以打造先进特色装备制造业基地为目标,坚持"三个协同发展",转型升级、招商引资、创新驱动、产城互动、服务平台建设等各项重点工作取得积极进展。2016 年产业集聚区入驻"四上"企业 176 家,配套经营企业 1000 余家,从业人员8 万多人,完成规模以上工业增加值 100 亿元,占全县规模以上工业增加值的 78.4%,产业集聚区规模以上工业增加值同比增长 10.2%,高于全县规模以上工业增加值增速 0.2 个百分点;实现规模以上工业主营业务收入440.3 亿元,同比增长 7.2%,呈现出稳中有进、稳中向好的发展态势。主导产业转型升级明显提速,卫华集团在大型挖泥船、游艇吊、矿用机械设备,纽科伦公司在风电维修专用吊、船用甲板起重机,河南矿山在单双梁全自动生产线,东起公司在自主产权智能欧式起重机,中州集团在立体停车库等转型升级方面都取得重大突破,集聚区高新技术增加值占工业增加值的比重达到了 10% 以上,转型升级带动能力不断增强。但是,产业集聚区工业企业效益下降,投资后劲不足,2016 年产业集聚区实现规模以上工业利润37.0 亿元,同比下降 10.6%;实现规模以上工业利税 43.4 亿元,同比下降11.8%,固定资产投资完成 131.5 亿元,同比下降 23.5%,其中亿元以上固定资产投资项目完成 121.9 亿元,同比下降 26.1%。

(二)商务中心区服务支撑能力明显提升

商务中心区突出发挥"中国起重机械名城""中国防腐蚀之都""中国卫生材料生产基地"等产业品牌效应,服务于特色装备制造、汽车及零部件、防腐蚀及建筑新材料、高端医疗器械及生物医药等优势产业,以商贸带动商务、商务助推产业发展为主线,努力打造商贸与商务兼容、产业发展与

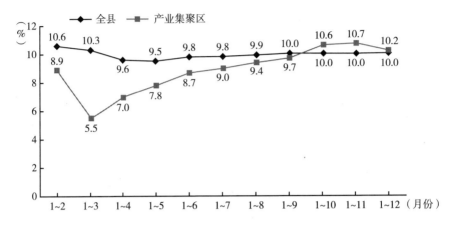

图1 全县及产业集聚区规模以上工业增加值累计增速

居民消费兼顾的服务业集聚中心，谋划了医药仓储物流园、水性涂料检测中心、食药品检测中心、省特检院长垣分院、五金机电商城、祖厨小镇等重点项目，初步形成了与产业集聚区以及专业园区联动发展的格局，为本地优势产业转型升级提供支撑。截至2017年6月，长垣县商务中心区建成区面积0.83平方公里，完成投资5.2亿元，入驻企业21家（规模或限额以上服务企业13家），个体工商户502家，共吸纳就业1576人，实现主营业务收入4.4亿元，税收收入0.34亿元。

（三）专业园区转型升级步伐加快

五大专业园区转型升级步伐加快，创新发展意识不断增强，高端化延伸化项目陆续落地，特色优势产业链不断完善。防腐蚀及建筑新材料产业园积极引进河南省水性漆检测中心，实施晨阳水漆、固特公司高性能防腐涂料等升级项目，产业升级步伐加快；健康产业园引进实施华大基因产业化示范园、亚都高科技医疗器械产业园、冠康公司微创介入医疗器械等高新技术项目，产业规模持续扩大；恼里装备产业园引进实施中原科技公司风电塔筒、凯源公司欧式车轮组、河南亿博电力设备等项目，转型工作有力推进；参木装备产业园龙头企业自主创新主导作用更加凸显，河南矿山实施了新型轻量化欧式起重机、单梁起重机自动化流水线改造等技术升级项目。

（四）乡镇创业园基础支撑能力明显增强

按照"资源整合、主业突出、绿色发展"的原则，12 个乡镇创业园紧紧围绕壮大乡镇主导产业、特色产业，立足"一乡一业"，解决小而全、小而散的问题，推进差别化发展，培育特色品牌，做精做特乡镇优势产业。2016 年 12 个乡镇创业园新建标准化厂房 8.5 万平方米，新入驻项目 32 个，投产项目 21 个，完成投资 5.6 亿元。

二　长垣县特色产业集群转型发展的举措与经验

（一）突出产业链招商

围绕发展壮大特色主导产业，完善产业链招商图谱，针对主导产业集群缺失及薄弱环节，通过实施"百日攻坚"招商活动，大力开展"强链、延链、补链"产业承接招商活动。2016 年，产业集聚区签约主导产业项目 22 个，完成签约资金 27.9 亿元。建立招商项目协同推进机制，加强落地项目后续服务，提高招商引资项目合同履约率、项目开工率、资金到位率和竣工投产率，使落地率、开工率分别达到 78% 和 65%。加强对外宣传，不断扩大对外开放招商，筹备举办了"2016 中国（长垣）起重产业文化节"，组团参加了 2016 中国（上海）国际重型机械装备展览会、第十一届鄂尔多斯国际煤炭能源工业博览会。

（二）突出示范创建

以创建一流品牌为目标，大力推进品牌示范区创建；深入推进"质量兴县"战略，不断完善质量安全体系；健全政府创新引导机制，建设科技创新核心区。2016 年先后通过国家质检总局对"全国门桥式起重机械产业

知名品牌示范区""长垣国家级出口起重机械质量安全示范区"的验收，被河南省政府批准为"河南长垣高新技术产业开发区"，被河南省知识产权局列为"河南省专利导航产业发展实验区"。

（三）突出平台建设

以服务平台建设为载体，提升产业集聚区的服务内力。促进龙头制造企业的采购销售平台向行业电子商务平台转型，引导第三方工业电子商务平台向网上交易、技术服务、大数据分析等综合服务延伸，提升工业电子商务平台；落地北起院河南分院，运行汽车及零部件研究所、起重机械研究所，壮大创新服务平台；运行河南特检院长垣分院，扩建长垣配件检测中心，完善了检验检测服务平台；完成"国家级长垣出口起重机械质量安全示范区"创建，搭建了出口绿色通道平台。

（四）突出作风转变

始终坚持培养政治坚定、业务精通、作风过硬、业绩一流、务实清廉的党员干部队伍，树立开放、创新、务实、高效、廉洁的良好形象。2016年，产业集聚区深入开展"两学一做"学习教育活动，要求党员干部严格对照"五查五促"，联系正反典型"两种教材""两面镜子"，检身正己，认真查摆在践行宗旨方面存在的差距。不断强化"四个意识"，针对问题严格整改，使机关干部队伍综合素质得到了新提高，作风实现了新转变，企业服务质量明显提高，有力推动了各项工作的落地实施。

三 长垣县特色产业集群转型提升发展的对策建议

（一）打造特色集群转型发展的"新型长垣模式"

立足产业集聚区、商务中心、专业园区和乡镇创业园联动发展，优化全县产业布局，着力做强主导产业，着力培育战略新兴产业，着力发展生产性服务业，推进制造业与服务业联动发展、新兴产业与传统产业互动发展、工业化与信息化融合发展、产业链与创新链无缝对接，打破传统产业边界，推进跨界融合发展，提升产业链整体竞争力，打造特色集群转型发展的"新型长垣模式"。

（二）实施集群提质转型创新发展行动

按照适度差异、协同互补的原则，实施园区提质转型创新发展行动。突出产业集聚区、商务中心区，积极发展壮大防腐蚀新材料、健康产业、参木装备制造、恼里装备制造、芦岗再制造等 5 个专业园区；在产业集聚区优先布局整机项目和龙头企业，增强产业辐射带动和产业链引领功能；在专业园区重点提升加工组装、零部件制造和产业配套服务功能，打造上、下游衔接的区域产业链，形成以产业集聚为主导、专业园区联动推进的千亿产业集群培育机制。推动乡镇创业园特色化发展，吸引中小企业入驻，壮大镇域外经济，构筑县域经济发展新增长点。

（三）加快向两端高附加值环节延伸

按照"提升中间、拓展两端"的总体思路，大力发展生产性服务业，引导企业加快向研发、检测、服务等高附加值环节延伸，支持企业发展服务型制造，培育一批综合解决方案提供商。一是推动研发机构、检验检测机构尽快入驻运转。跟踪督导河南特检院长垣分院的尽快建成并投入使用，要促使北起院河南分院加快建设进程，要尽快促成中国出口起重机械质量技术促进委员会落户长垣，开展出口起重机械技术标准的研讨与制定，使这些生产性服务业成为起重产业集聚和提升的利器。二是促进企业由生产销售型向现代制造服务复合型转变。改变现有的离合式营销、简单售后服务模式，从明确客户所需产品开始，开展相关规划和咨询服务，进而进行设计研发，并在制造、交货之后开展从调试到培训、电话待命、安全检查、备件、检查和保养、维修、分析和咨询、全面检修、现代化翻新改造等产品全生命周期服务。引导卫华集团的智能生产线项目向外输出，引导河南矿山投资 5000 万

元、新科公司投资 3000 万元的全周期服务项目尽快实施。对接"一带一路"发展路桥起重设备的租赁服务。三是大力发展生产性服务业，做好制造型服务业发展引导和培育服务工作，要引导有条件的企业向服务业延伸，发展维修服务、设备租赁、劳务输出、人员培训等装备制造的延伸链条；同时，对现有的钢材经销、配件服务等装备制造生产服务企业要督促引导完成注册登记，规范运行，依法合理纳税，把产业集聚区和专业园区服务业做大做强。

（四）实施"互联网+产业"行动

积极对接国家以及河南省实施的"互联网+"行动、制造业与互联网融合发展等战略，实施县域"互联网+产业"行动，聚焦优势产业，引导企业积极发展基于互联网技术的远程控制智能起重机械产品，既提高了产品的安全性，又增加了用户方对供货企业服务的依附性。同时发展工业品的在线网上交易和跨境交易，建设起重汇电商产业园。大力发展产业互联网平台经济，引导龙头企业培育提升产业互联网平台，支持企业将电子商务部分转化为产业互联网平台，培育一批制造业与互联网融合发展的新模式，由为本企业服务发展到为全产业链上的企业服务，使长垣成为若干个细分优势产业的数据资源、资金、创新资源的互联网中心。

（五）培育壮大五大特色专业园区

聚焦五大特色产业园区，加快项目建设，实现特色差异化发展。一是健康产业园。按照"限一类、控二类、倡三类"的发展导向，加快推动传统卫生材料及医疗器械产品向高端医疗设备和生物医药升级，加快商贸、医疗器械、生物医药、保健养生、创新研发五大片区建设。重点抓好投资 15 亿元的亚都集团科技园、投资 4.5 亿元的冠康医疗器械有限公司微创介入医疗器械、投资 1.4 亿元的驼人血液透析器等 8 个亿元以上转型升级项目。2017年，争取实现规模以上工业主营业务收入 15 亿元；完成固定资产投资 12 亿元；新引进亿元以上项目 5 个，实际利用省外资金 2.5 亿元。二是防腐蚀及建筑新材料产业园。围绕建设中原最大的水漆生产基地，大力发展水性涂料、特种防腐材料、包装材料等新型环保材料，全面启动防腐博物馆、防腐蚀学院、河南省水性涂料质量检验中心、防腐蚀与防腐设备检测中心建设，加快推进投资1.2亿元的固特公司年产5000吨高性能防腐涂料、投资1.1亿元的耐泰公司年产1万吨防火涂料等12个重点项目建设。2017年，争取实现规模以上工业主营业务收入20亿元；完成固定资产投资14亿元；新引进亿元以上项目7个，实际利用省外资金2亿元。三是参木、恼里装备制造专业园。按照与产业集聚区差异化经营、错位化竞争的发展理念，引导发展风电设备、轻量化减速机、节能电机、智能化电器等配套零部件，大力培育标准件、异型件专业生产加工项目。参木专业园重点抓好投资1.2亿元的黄河水工年产10万只高铁缓震器、投资2.2亿元的中原奥起年产500套电动汽车自充式智能车库等8个重点项目建设；2017年，争取实现规模以上工业主营业务收入50亿元；完成固定资产投资11亿元；新引进亿元以上项目5个，实际利用省外资金2.3亿元。恼里专业园重点推进总投资1.1亿元的河南亿博绿能电力设备有限公司路桥起重设备生产项目、总投资1.2亿元的众发公司堆垛机生产项目等7个重点项目建设；2017年，争取实现规模以上工业主营业务收入22亿元；完成固定资产投资12亿元；新引进亿元以上项目5个，实际利用省外资金3亿元。四是再制造产业园。根据市场需求导向，大力发展铸造件、锻压件等装备制造配套产品。重点推进投资2.2亿元的河南科特尔机械制造有限公司年产200台的焙烧多功能天车、投资10亿元的二手车交易市场及废旧汽车拆解回收等8个工业及产业配套项目。2017年，争取实现规模以上工业主营业务收入10亿元；完成固定资产投资10亿元；新引进亿元以上项目3个，实际利用省外资金5亿元。

（六）强化特色集群转型发展要素保障

一是设立特色集群发展基金。《河南省支持转型发展攻坚战若干财政政策》中提出，2017～2019年，省财政每年安排科学发展载体建设专项资金25亿元，其中20亿元与社会资本合作设立产业集聚区发展投资基金（总规

模 600 亿元、首期 200 亿元），通过直接投资或与市、县级政府合作设立子基金等方式，对产业集群龙头骨干企业转型升级、公共服务平台建设等给予资金支持；其余 5 亿元用于对发展快、提升快、质量好的产业集聚区、服务业"两区"（商务中心区、特色商业区）给予奖励，推动科学发展载体提质转型发展。长垣应超前谋划，积极对接，用好相关基金，争取率先设立县域子基金，推动本地产业集群转型提升发展。二是完善科技创新体系。支持企业科技创新。围绕产业链部署创新链，通过加大投入、政策扶持，引智引技激发内力，弥补短板，释放创新动力。建议县政府尽快出台"加强创新驱动促进产业振兴发展实施意见"，建立健全用户、企业、高校院所及金融机构的对接平台，定期沟通交流，构建以终端需求为导向的灵敏动态的产业创新系统。强化企业自主创新。着力构建以企业为主体的技术创新战略联盟、产业技术研究院、企业研发中心、科技企业孵化器等各类服务平台有机结合的产业（集群）技术创新体系。鼓励企业加大科技创新投入，支持骨干企业加强科研队伍和研发中心建设。2017 年内组织申报国家高新技术企业 10 家以上、国家科技支撑 3 项以上、国家级创新平台（主要指孵化器）2 家以上、河南省创新龙头示范企业 1 家以上、省级研发中心 6 家以上，争取培育 2~3 家年营业收入超亿元的"科技小巨人"企业、3~5 家"科技小巨人培育"企业。深入实施专利导航试点工程，提升企业创造和运用专利的能力，产值专利密度达到 2 件/亿元以上。深入实施品牌战略。搭建品牌营销推介、保护和信息等公共服务平台，培育国家驰名商标、河南省著名商标，争取被批准为河南省商标品牌培育示范基地。提高高新技术对产业发展的贡献率，争取达到国家级高新技术产业开发区的标准，确保长垣县产业集聚区顺利晋升为国家级高新技术产业开发区。三是强化招商引资。运用好招商引资的奖惩机制，围绕发展壮大特色主导产业，以需求升级趋势为导向，瞄准行业前端，紧盯产业重点地区，利用产业链招商、中介招商、回归工程招商、展会招商等模式，争取每年引进投资 10 亿元以上项目 1 个、5 亿元以上项目 2 个、3 亿元以上项目 3 个、亿元以上项目 20 个以上。加强在谈项目跟踪对接，积极促成长垣县电商产业园、巨人集团与北京国能电池科技有限公司合作车用电池组件等 11 个重点在谈项目签约；强化签约项目后续服务，确保卫特公司与杭州中能汽轮动力有限公司工程专用车、杭州铁蹄机械有限公司汽车冲压焊接件等 5 个重点签约项目尽快落地建设。不断提高对外开放水平，积极承接（办）国家特种设备演练、长垣起重文化节等活动。四是开展"项目年"活动。发挥有效投资稳增长调结构的关键作用，抓好新签约项目，不断提高项目履约率和资金到位率；抓好在建项目，强化分工调度和要素保障，加快项目建设进度；抓好已投产项目，优化政务服务，推动竣工项目尽快达产达效；抓好项目储备，积极对接"十三五"规划投资方向，加强项目谋划。重点抓好卫华集团矿机生产、卫特公司智能物流装备制造、河南矿山端梁自动化、纽科伦公司船用甲板起重机、北起院河南分院等 63 个亿元以上重大产业项目建设，争取年内完成投资 72.8 亿元。

（七）完善企业精准服务长效机制

一是落实企业服务长效机制和重点项目分包服务机制。建立服务窗口和多部门协同服务联席会议制度，落实企业问题办理、项目协同推进、破解要素制约、优化发展环境等工作机制，进一步完善长垣县中小企业公共服务平台功能，利用网络平台互联互通优势，开展产销、银企、用工、产学研等四项对接，提升新常态下服务企业、服务发展的能力和水平。二是开展"政策落实进企业"活动。以政策落实和要素保障为重点，组织专业人员深入企业，分类、分级、分业指导帮助企业用足用活各项惠企政策，打通政策落实"最后一公里"。三是完善企业资金应急处置机制。构建政府牵头、银监引导、协会会商、企业自救、银行帮扶的"五位一体"工作框架，切实解决企业发展中的融资难问题。四是建立健全产业集聚区和专业园区运行监测制度。由产业集聚区管委会牵头，对产业集聚区和专业园区的主要经济指标完成情况以及企业产业转型升级和重组情况，每月进行监测分析。

（八）实施一批产业转型升级重点项目

特色集群转型发展关键要落实到重点项目上，龙头型项目可以带动强化

产业链优势环节，完善特色产业链条，提高产业集群竞争力。一是实施一批
高端化项目。以提升起重装备产业创新能力为目标，以企业为导向，统筹技
术开发、工艺提升、标准制定、市场应用等环节，实施起重装备产业创新发
展工程，突破关键基础技术，推进核心部件的研发和产业化，实现成套装备
的集成创新。重点实施卫华集团智能制造生产线重大科技支撑项目、投资
1.5 亿元的河南矿山起重机配套件模压碾制工艺技术改造项目、投资 1 亿元
的河南矿山与北起院合作双梁流水线作业项目、13 家企业的机器换人自动
化生产项目和投资 1.5 亿元的北起院河南分院项目等，实现制造服务化、商
务平台化、流程智能化。加速推动生产制造工矿领域用起重装备产品向生产
制造建筑、港口、海洋工程、军工等领域用起重装备产品扩展。二是实施一
批专业化项目。围绕产业链进行强链、补链，在做强做优骨干企业的同时，
鼓励中小起重装备制造企业在"专业化、精细化、特色化、新颖化"发展
道路上专注于细分行业发展，逐步由本区域的细分市场领袖升级为全国的细
分市场领袖，并进而发展成为全球的细分市场领袖。通过建立合理的产业组
织体系实现规模经济和分工效应，建立资源高效利用的竞争秩序，促进产业
发展方式的根本性转变。重点实施华北吊钩的标准化改造、投资 1.2 亿元的
崇陵电机公司年产 50 万千瓦起重电机、投资 2.2 亿元的科特尔公司年产
200 台焙烧多功能天车和蒲瑞公司的减速机扩产等项目。三是实施一批关联
性项目。引导起重装备制造向关联产业发展，重点实施投资 1.8 亿元的格瑞
泰克公司精密减震器杆及减震器总成项目、投资 2.6 亿元的卫特公司年产
800 辆中置轴挂车项目和轧瓦机项目、投资 1.6 亿元的德隆公司年产 300 辆
环卫车及环卫设备项目、投资 1.2 亿元的黄河水工年产 10 万只高铁缓冲器
项目、投资 2.2 亿元的中原奥起年产 500 套电动汽车自充式智能车库项目和
投资 5000 万元的权进常子母泵生产项目等。四是实施一批整合型项目，重
点推动起重装备企业承接产业转移，实施战略重组，抢抓发达地区起重装备
制造产业向内地转移的机遇，引导企业跨区域兼并重组和投资合作，嫁接成
熟的起重机械技术、品牌和专利成果，实现自身质的提升，重点推动东起集
团兼并上海起重机械制造有限公司。实施一批战略性新兴产业项目。加快培

育技术含量高、市场容量大、需求弹性小的新能源和新能源汽车及高端装备业等新兴产业，努力建设新的主导产业集群。重点实施投资 5.3 亿元的巨人集团电池材料及车用电池组件、投资 5 亿元的华东公司增程式新能源汽车动力及整车控制系统产业化、投资 1.1 亿元的权进常研究院静水发电等亿元以上项目。

参考文献

1. 张占仓:《河南工业发展报告（2017）》，社会科学文献出版社，2017。
2. 刘东勋:《产业集群产生与演化中的知识共享机制：兼论河南长垣模式》，《学习与实践》2012 年第 12 期。
3. 方薇薇:《"互联网 +"背景下传统产业集群转型升级研究》，《商业经济》2017 年第 1 期。
4. 杨惠玲:《向"中国起重机高地"进军》，《中国质量报》2017 年 6 月 30 日。

B.7
长垣县"互联网+产业"发展思路研究[*]

王中亚^{**}

摘　要：　互联网是改造传统产业的重要工具。长垣县积极贯彻落实
　　　　　"互联网+"行动计划，推动"互联网+"四大产业集群建
　　　　　设，实施"互联网+智慧农业"工程，加快发展"互联网+
　　　　　服务业"。互联网与传统产业融合发展共识已经达成，但在认
　　　　　知水平、体制机制和要素支撑等方面仍存在瓶颈。未来，要
　　　　　着力于观念更新、政策支撑、企业培育和数据共享，推动长
　　　　　垣县"互联网+产业"实现又好又快发展。

关键词：　"互联网+"　传统产业　县域经济

　　互联网是改造传统产业的重要工具。"互联网+"包括两方面内容，互联网技术嵌入和互联网手段使用。其中，前者属于技术措施，而后者是制度措施。"互联网+产业"，利用互联网技术和手段改造传统产业，不仅仅是技术革新，同时也意味着制度变迁。互联网时代，随着移动互联、物联网、云计算、大数据等一系列核心技术的运用，数据信息交流、使用的范围和价值得到了极大程度的提升，为长垣县产业转型升级带来了机遇，提供了有效的技术手段。

---

　*　本文系河南省社会科学院基本科研费项目（编号：17E05）的阶段性研究成果。
　**　王中亚，河南省社会科学院工业经济研究所副研究员。

一 长垣县"互联网＋产业"发展现状

当前，我国经济发展进入新常态，经济增长驱动力正在发生深刻变革，加快推动互联网与传统产业融合发展，势必成为推动经济持续稳步增长，促进传统产业结构转型升级的重要举措。《长垣县国民经济和社会发展第十三个五年规划纲要》明确提出，推动"互联网＋"四大产业集群，实施"互联网＋智慧农业"工程，加快发展"互联网＋服务业"。

（一）"互联网＋制造业"促进传统产业转型升级

近年来，长垣县采取有效措施，促进龙头制造企业的采购销售平台向行业电子商务平台转型，引导第三方工业电子商务平台向网上交易、技术服务、大数据分析等综合服务延伸，提升工业电子商务平台。创办于1999年8月的中国起重机械网，是目前国内最大的起重机械行业电子商务平台和第一网络媒体。自创办以来的近二十年时间里，中国起重机械网以"关注起重行业动态，引领企业市场营销、预测行业未来走向"为己任，秉承"打造网上起重设备专业市场、服务全国行业企业"理念，全方位推动行业企业信息化建设，在电子商务与传统产业的融合中，促进并带动传统行业的转型升级。截至2016年，中国起重机械网用户达到186936人，优质企业客户3000多家。与英威腾电气、伟肯变频器、工久电气、禹鼎电子、恒远集团、重科集团、豫中集团、真牛起重、中锐传动、瑞通电梯等行业知名企业建立了战略合作伙伴关系。根据第三方统计，中国起重机械网日平均访问IP22000以上，日平均页面浏览量达到107214网页。起重机、起重机械、起重设备、起重等行业关键热词在百度、谷歌、搜搜等搜索工具中，自然排名均居第一或第三。

（二）"互联网＋农业"提升农业现代化发展水平

在服务农业、农民和农村方面，在蒲联小微企业创业园建立了县级电子

商务综合服务中心。该中心主要承担的职责包括：为农村产品网络销售提供增值服务，提供以农业生产技术指导为核心的农资电商服务；为农民、农业合作社、涉农企业提供生产经营贷款等金融服务；为县域实体经济提供电子商务综合性服务，加速实体经济的转型升级等。当前，已入驻阿里巴巴、京东2个电商平台，入驻长垣县恒翔电子商务有限公司、长垣县诺佰惠电子商贸有限公司2个电商服务企业。截至2017年5月底，已为农民免费检测土壤、水质40余次，涉及耕地十万亩，网销化肥1万吨；开展旺农贷业务4笔，解决贷款40多万元，为农民生产经营融资难问题提供了解决方案。长垣县电子商务发展聚焦农村电商，被评为"2015年国家第二批电子商务进农村项目综合示范县"。2016年以来，长垣县充分利用示范县体制优势，不断加强农村电商内生能力培育，形成了良好的电商发展"大生态"，走出了一条"五个一"（即做好一个顶层设计、选好一个人、建好一个基础体系、组建一个团队、带动一个产业）的农村电商发展的新路子。截至2017年6月，全县电子商务交易额实现8.3亿元，同比增长125%；网络销售额实现5.6亿元，涉及产品210个，同比增长436%；累计培训电子商务人才6430人，带动创业就业15800人。

（三）"互联网+服务业"激发县域经济发展新动能

互联网时代，长垣县新型商贸业态不断涌现。随着流通现代化进程加快，市场格局发生了明显的变化，物流配送、电子商务等新型业态快速发展，为县域经济发展注入新动能。县政府与阿里巴巴集团合作在全县推进电子商务进农村项目，为农村电子商务的发展起到了积极作用。京东商城、云书网、邮乐网、美团、苏宁易购以及各类微商等电商平台纷纷入驻长垣，彻底改变了以往零售业柜台、专卖店、超市等传统模式，给人民群众带来更加丰富的商品选择。2017年1~5月，仅农村淘宝、京东商城在长垣交易额就达到了2985.21万元。随着长垣县县域经济规模不断扩大，对外经贸往来日益密切，电子商务、网络购物等新型服务业态发展迅猛，区域间信息交流、物品递送和资金流通等活动日趋频繁，快递业得到了较快发展。2015年以来，快递业派件量每年以 50% 以上的速度增长，收件量每年以 15% 以上的速度增长。2017 年 1~5 月，长垣全县派件 320 万件、收件 65 万件。

二 长垣县"互联网＋产业"发展存在的问题

在社会各界，加快推动传统产业与互联网融合发展的共识已经达成。但是，不容忽视的事实是，以互联网促进传统产业转型升级，助推"富强长垣、创新长垣、精善长垣、和谐长垣"建设，也面临着认知水平、体制、技术、保障等方面的瓶颈。

（一）对"互联网＋产业"发展规律的认知水平有待提升

"互联网＋产业"时代到来，产业发展趋势呈现一些新趋势，生产服务小型化与平台渠道大型化并行不悖，数量众多的从事生产和服务的中小微企业、创业创新团队利用行业相对成熟的大型渠道和平台，顺应消费者需求向细分产业、细分市场和细分产品差异化发展趋势，中小企业尤其是微型企业，已经成为产业发展的主力军，同时知识和智力对企业发展的重要性日益凸显。"互联网＋产业"背景下，中小微企业发展值得社会各界，尤其是应该引起地方政府的关注，中小微企业在创新创业活动中扮演着不可或缺的角色。但在现实生活中，县域经济发展在招商引资过程中仍然热衷于大项目、大资本，产业集聚区、产业园区、开发区等各类发展载体对项目投资规模有着十分苛刻的要求，智力型、知识型和精细化的中小微企业和创新创业团队得不到应有的重视，发展空间受到挤压，在一定程度上违背了"互联网＋产业"时代创新创业活动小型化、微型化的趋势。

（二）现行体制机制对"互联网＋产业"融合发展有一定制约

在一定程度上，"互联网＋产业"是一种新兴事物，新兴事物发展需要打破原来条条框框的约束，而现行的行政审批、监督管理等方面的制度安排相对落后，不能适应新经济发展的要求，信息生产力难以最大限度地发挥作

用。比如，促进大数据流动与共享的政策相对匮乏，只有信息技术投资的预算制度；购买云计算云服务方面的财政支持政策力度不够强；在互联网金融监督管理方面，不能适应信息技术发展的现实需要。再比如，互联网企业设立涉及很多部门，包括文化、新闻出版、工业和信息化、工商行政管理、通信管理等，而"互联网＋制造业"波及面更广，现行体制对于各种经济发展新情况应对不足，必然对互联网与制造业融合发展带来一定程度的束缚和阻碍。

（三）适应"互联网＋产业"发展的人才队伍建设相对滞后

当前，与低技能的劳动者相比，适应"互联网＋产业"发展的相关专业人才十分短缺，人才结构不合理，劳动力供给与需求的结构性矛盾非常突出。尤其是在移动互联网、电子商务、互联网金融等新兴产业领域，人才的培养模式、培养机制与市场需求脱节现象很突出。从河南省十个直管县分行业就业人员数可以看出，2015 年，长垣县信息传输、软件和信息技术服务业从业人员数为 3036 人，占全部就业人员 547367 人的比重为 0.55%。在十个直管县中，长垣县信息传输、软件和信息技术服务业从业人员数总数居第 6 位，新蔡县、滑县和固始县居前三位，就业人数分别为 29758 人、13786人和 8773 人；长垣县信息传输、软件和信息技术服务业从业人员数占总从业人员数的比重居第 5 位，新蔡县、滑县和固始县仍然居前三位，就业比重分别为 3.99%、1.73% 和 0.86%。

三 长垣县"互联网＋产业"发展重点

未来一个时期，长垣县"互联网＋产业"发展重点领域集中在制造业、农业和服务业三个方面。

（一）制造业四大主导产业

紧密结合长垣县特色优势产业集群，制定实施长垣县"互联网＋"行动计划和年度方案，把"互联网＋"应用于产业转型升级全过程，大力发展物联网技术，推动其在特色装备制造业、健康产业、汽车及零部件、防腐蚀及建筑新材料等四大百亿产业领域的深度应用。

围绕特色装备制造业集群，建设长垣装备制造业信息网络平台，加快发展基于互联网的个性化定制、众包设计、云制造等新型制造模式，推动与长垣国际万商城联动发展，实现线上线下一体化发展，打造全国起重机械装备行业的设计、研发、制造、交易和定价中心。

围绕健康产业集群，加快建设基于互联网的大数据平台，围绕居民消费需求变化优化提升产品结构，推动向预防控制、智能监测、远程诊断、健康管理等领域拓展延伸。

围绕汽车及零部件产业集群，依托汽车产业园建立长垣汽车信息网，加强与中国汽车工业协会、汽车龙头企业互联网对接，发展网上展示、订单、结算与销售等业务。

围绕防腐蚀及建筑新材料产业集群，建立防腐蚀及建筑新材料信息网和网上交易平台，加快向咨询、设计、安装、维修等工程服务领域拓展，推动与长垣防腐蚀材料博览城联动发展，建设全国防腐蚀及建筑新材料生产、交易和物流中心。

（二）智慧农业

实施"互联网＋智慧农业"工程。积极推广智能节水灌溉、测土配方施肥、农机定位耕种、疾病自动诊断等智慧农业技术，大力发展农业电子商务，培育一批网络化、智能化、精细化的生态农业新模式。加强农业气象、防灾减灾服务体系建设。

积极开展农业物联网应用示范，加快农业基础设施、装备与信息技术融合，加强农业生产环境及防灾减灾监控、农业投入品监管及农产品生产流通环节监测，建立农资和农产品追溯体系，保障农产品有效供给和质量安全。将云计算技术引入农业信息服务，将零散资源整合成大规模的数据库云，实现多种信息资源的便捷获取和全面共享，提高农业信息服务的水平和质量。

大力发展农业电子商务，构建以特色农产品交易为核心的农业电子商务服务体系，发展城乡一体的现代流通方式和新型经营业态。加强农村信息员队伍建设，开展农村信息化知识和技能培训，提高农村信息技术教育普及率。

（三）现代服务业

大力推动"互联网＋"在物流、金融、商业等领域的应用，培育新型服务业态，提升服务业发展水平。

发展互联网高效物流。积极应用新一代信息技术，规划建设长垣货运车联网，加强与长垣起重机械物流园、健康产业园仓储物流园等物流园区、仓储设施、配送网点的信息互联，开展物流全程监测、预警，提高货物调度效率。

发展互联网金融。率先在特色装备制造、汽车及零部件等产业领域，开展互联网金融试点，支持金融企业与云计算技术提供商合作开展金融公共云服务，提供多样化、个性化、精准化的金融产品。

发展线上线下商业。推动商业综合体、专业市场OTO联动的体验式消费试点示范，发展第三方移动支付的普及应用，发展移动支付、微信支付、线上店铺与实体店铺系统等，提供个性化线上体验、线下购物体验的模式。

大力培育新兴服务业态。积极运用互联网思维，推动跨界融合发展，大力发展车联网、云制造、大数据、互联网金融、数字出版、3D打印等潜力巨大的新业态。

四 积极推进长垣县"互联网＋产业"发展的对策建议

展望未来，要着力于观念更新、政策支撑、企业培育和数据共享，推动长垣县"互联网＋产业"实现又好又快发展。

（一）高度重视"互联网＋产业"发展

互联网经济是内生驱动的新经济形态，也是解决经济长期增长的新范式。与传统的农业经济、工业经济相比，建构在互联网基础上的"互联网＋产业"的生产要素、基础设施、经济形态和竞争规则等很多方面都发生了颠覆式变革。互联网技术广泛应用，有效破解信息不对称难题，提供交流合作平台，降低交易成本，缩短交易时间，稳步提升专业化分工，提高劳动生产率。在经济新常态背景下，全面实施"互联网＋产业"启动计划，将有效推动县域经济持续、高效融合发展。

（二）制定实施"互联网＋产业"激励政策

加快出台长垣县鼓励"互联网＋产业"发展激励措施，完善制度和政策体系。随着"互联网＋产业"集聚发展态势逐步形成，要把"普降细雨"的普惠制政策转变为"下透雨"的产业扶持政策，制定出台扶持"互联网＋产业"发展方面的具体政策，重点培育壮大电子商务、科技服务、金融服务等行业。要适时制定和完善支持互联网与传统产业融合发展的相关配套政策，保障长垣智慧城市建设健康有序发展。

（三）积极培育"互联网＋产业"中小微企业

在电商平台上，大多数为小微企业。"互联网＋产业"小微企业虽然规模不大，但创新能力很强，充满创新和变革活力，在未来经济发展进程中也必然发展演变为创新型企业，为县域经济繁荣和社会和谐做出重大贡献。在"互联网＋产业"治理中，地方政府应该坚持最小干预原则，让市场这只"看不见的手"充分发挥作用，对"互联网＋产业"企业在工商行政管理、税收、市场监管等方面，采取减税降费、"放水养鱼"策略，扶持中小微企业做大做强。

（四）加快推进"互联网＋产业"数据资源共享

开放数据资源，加快建设统一的数据资源网，推动公共信息资源向社会开放。加强居民信息消费引导，丰富信息产品供给。扩大信息消费，遵循"企业出一点、政府补一点、平台让一点"原则，普遍推广企业信息化基础

应用。先行开放交通出行、医疗健康、教育文化、食品安全、空间位置、资格资质、经济统计等与改善公共服务和支撑经济发展密切相关的数据资源，并逐步扩大开放范围数量。加大服务采购，普遍推行基于云计算和公共服务平台的信息服务外包，大幅减少政府和企业自建数据中心。

参考文献

1. 宋伟：《"互联网＋"促进中部地区产业转型升级的思考》，《中州学刊》2016年第11期。
2. 邓洲：《"互联网＋"在北京传统产业改造中的应用》，《北京经济管理职业学院学报》2017年第1期。
3. 张兆安：《实施"互联网＋"战略推动传统产业升级》，《宏观经济管理》2015年第4期。
4. 马祥建、戴晖：《"互联网＋农业"是农业产业转型升级的新引擎》，《农业科技管理》2017年第2期。

B.8
长垣企业家精神弘扬研究

赵志浩*

摘　要：　长垣的企业家精神是长垣人在摆脱恶劣生存环境及生存压力的过程中造就的，也是在长垣人走出家乡向外界开放和学习的过程中逐步形成的。长垣企业家在长期的创业实践中所形成的务实、开放、创新和冒险等精神品质，在长垣地区摆脱贫困、长垣企业发展壮大等过程中起到至关重要的作用，应通过包括政府、媒体、文艺作品等在内的各种传播主体弘扬长垣的企业家精神。在现阶段，还应根据时代发展和人类的普遍精神追求及价值诉求，升华长垣企业家的整体精神面貌，孕育出新一代具有较高精神追求和较高人文素养的企业家。

关键词：　企业家精神　驼人集团　亿隆集团　长垣县

位于河南省东北部的长垣县属于典型的平原县，因地理条件等因素也被称为"零资源"县。由于地处黄河故道黄泛区，自然灾害频繁发生，尤其是改革开放前，几乎是"十年九淹"，自然条件十分恶劣。土地贫瘠，地下无矿藏、地上无资源，加之交通和信息闭塞，基础设施落后，可以说没有任何区位优势，很多人因此不得不外出打工谋生。

穷则思变，越是不利的自然条件和外部环境，越能够激起人们改变现状的决心和勇气，在恶劣的生存条件下，不少长垣人开始思考谋生和发家致富

---

* 赵志浩，河南省社会科学院哲学与宗教研究所副研究员。

的手段，对于长垣人来说，"零资源"也意味着零负担，一切都从"无"开始，所以能够轻松上阵，较少顾虑，比如一些人为了养家糊口，断然离开农业生产，尝试从事小商品推销。20世纪80年代以后，在国家的改革开放政策环境下，不少人便开始大胆自主创业，化不利为有利，勇往直前，形成了一批以代理经销为主体的销售人员队伍，这些人成为长垣的第一批企业家群体。在营销和跑市场的过程中，一些企业家开始投资建厂，开办加工企业，出现了不少家庭作坊式的企业，在外地就业的人员也逐渐回到家乡，在政府的引导下，不少民营企业也发展起来。长垣的企业家及企业家精神是在民营企业的成长、发展和壮大过程中孕育出来的。

一　长垣企业家精神的主要特征

在市场经济条件下，各式各样的企业成了市场的重要主体，企业要获得市场竞争的优势，离不开优秀的企业家和企业家精神，企业家精神对一个企业的盈利及形象有着正向的影响，当然对企业的发展和成长也有着至关重要的作用。企业家精神是经济发展的动力源泉，经济的转型发展和创新发展都离不开企业家精神的引领。伴随着长垣大型工业和特色产业的发展壮大，长垣成长起了众多的企业家并孕育出了长垣的企业家精神，长垣企业家精神是长垣地理条件和人文环境的产物，而与多数的企业家精神具有共通之处，很值得我们学习和借鉴。

（一）务实进取的价值观念

恶劣的自然环境和生存压力迫使长垣人走出闭塞的家乡，游走于他乡从事泥瓦匠、补锅盆、厨师等传统职业养家糊口。离开家乡使他们了解到外面的世界，并认识到非农行业在发家致富上的价值。"驼人集团"的王国胜1988年跟随自己的哥哥外出做推销工作，后来把经销范围定在医院、防疫站的医疗器械用品上，在重庆、佛山、珠海、海口等地推销医疗器械，在此过程中他看到了国内医疗器械市场的广阔前景。1993年他研制出了第一根气管导管囊，并逐步代替了进口产品，获得省级科研成果奖。1997 年王国胜注册了"驼人"商标，1998 年投资百万元建成新厂。2002 年，他在老家投资 1000 多万元，建了 20 亩地的厂房，2004 年扩建达 100 亩，最终在2005 年成立了"驼人集团"公司。今天的"驼人集团"，总资产超过 7 亿元，拥有 6 家子公司、1 个科研中心、2 个基地和 261 个全国营销服务网点。在企业经济效益提高和经济实力增强的基础上，王国胜积极并广泛参与社会公益事业，成了拥有 7 亿元资产又有着"慈善家"名声的集团公司董事长。

"驼人集团"在长期的发展过程中，形成了"顽强拼搏、锐意进取"的"驼人精神"，实际上代表了一种务实进取的精神。务实就是讲究实际，从实际出发，而进取则意味着立意进取、奋发向上、有所作为。一个企业的发展离不开务实与进取精神，务实与进取对于一个优秀的企业家来说，也是不可缺少的精神品质。长垣"豫中起重集团有限公司"董事长韩宜增认为，"豫中靠的是以'实'取胜，即实实在在的技术、实实在在的质量和实实在在的服务。没有质量就没有市场，没有质量就没有明天"①。这就是一种务实精神。长垣的环境条件让当地成长起来的企业家更加注重实际，他们大多都从最不起眼的小生意做起，然后逐步办厂办企业，在企业经营过程中注重搜集市场信息，不少农民企业家都是从业务员和跑市场做起，这让他们了解了外地的信息，保证了较强的市场竞争力。在了解外界信息的基础上，长垣民营企业家充分利用当地人力资源的优势，注重发展低成本和薄利多销的集群产业，发展出起重机、厨师、防腐、卫材等行业。

（二）创新冒险的精神面貌

1978 年以来，市场经济体制的确立和逐步完善为企业发展提供了有利的外部环境，长垣的不少农民利用这种制度优势，逐步脱离种植业走向市场，在市场经济的大潮中找到自己的用武之地，很多人借助以往做小生意的

---

① 《豫中集团：以实取胜谋发展》，《中国质量万里行》2008 年 10 月。

经验，将传统的修补锅盆等技能发展成为防腐产业，组建了国内最早的防腐企业。1988年以后，一些富有冒险精神的长垣人开始涉足起重机和卫材行业，在没有政府资金支持的情况下，长垣人依靠自身的力量创新企业发展模式，逐步走向现代公司的模式。当地政府也积极配合企业的转型发展，从"政府本位"转向"企业本位"，帮助和扶持那些具有创新冒险精神的企业家，推动了长垣企业家的成长。

创新离不开冒险，冒险孕育着创新。做任何事情都不可能有百分之百的把握，但冒险创新以求发展总比坐以待毙强，如果面对失败能够及时总结经验教训，不弃不馁，就能够转败为胜，最终走向成功。卫华集团的创始人韩宪保最初以卖爆米花起家，挣了一些钱后便开始跑长途运输，主要是到外地拉一些生、熟铁边角料卖给本村螺丝厂，随后又干起了打铁生意，成立"打铁厂"。1977年，韩宪保开始转入起重机行业，1988年当私营经济被政策允许时，他在长垣县魏庄乡汉了村建立了新乡市卫华起重机厂，经过20多年的努力，发展成为集起重机械研发、设计、制造、销售、安装、服务、进出口业务于一体的大型企业集团，成为"中国机械500强企业""河南省百家重点企业"，是拥有"省级起重机械装备工程技术研究中心"、"国家级技术检验测试中心"及国家级"职业技能鉴定所"的高新技术企业。卫华集团的发展之路与韩宪保不满足于现状的冒险创新精神是密不可分的，如果缺乏创新与冒险精神，没有尝试新事物的勇气，就只能停留在最初的温饱阶段。

如今的长垣县拥有厨师烹饪、起重机械、防腐建筑、医疗器械和医用卫材等产业，成为"中国中部经济百强县""中国起重机械之乡""中国防腐蚀之都""中国建筑之乡""中国医疗器械之乡""中国厨师之乡"，是河南乃至全国发展县域经济的先进典型，这些成果的取得与一大批具有创新冒险精神的民营企业家的努力是分不开的，他们果敢、不惧挑战的冒险创新精神成了当地人的一笔精神财富。长垣企业家的敢闯、敢试、敢干和敢冒险的精神，造就了长垣的财富群体，成为供全省乃至全国学习和借鉴的宝贵经验。

（三）紧跟时代潮流的改革意识

长垣的企业家紧跟时代潮流，根据现代企业制度和现代市场竞争的要求，把家庭经营企业模式改造为集团化发展模式，将以市场为导向的经营模式转变为以资产经营、品牌经营为主导的经营模式，并依靠网络技术的发展，用网络营销替代了以往的推销员推销的方式。前面提到的卫华集团创始人韩宪保，为了克服家族式企业的封闭性，大胆突破，改革企业的组织管理模式，实行分层授权管理，将财产所有权与经营权分离，构建开放式的企业管理模式，让优秀人才进入企业，使有能力者脱颖而出，最大限度地保证了集团的活力。这些改革和突破，与企业家的危机意识和紧跟时代潮流的意识是分不开的。不管是一个国家还是一个企业，乃至于一个人，能够紧跟时代潮流，与时俱进，才能不被时代抛弃。

"亿隆实业集团"的创始人许全堂是长垣县城关镇菜南村人，1994年开始创业，1995年建立了长垣县第一个家具厂——"老板家私厂"，面对全国房地产开发热潮，许全堂瞄准了这一机遇，大胆作为，卖掉了"老板家私厂"，创立了长垣县建筑安装有限公司。2001年他进军房地产业，建设"亿隆花园"，2002年在利用房地产开发建设资金的基础上，许全堂无偿投资建设了长垣城市广场——"亿隆广场"，成功地开发了"亿隆商业街"。随后，"亿隆国际城""亿隆购物广场""亿隆新天地""亿隆欧洲小镇"等系列住宅和商业项目相继推出，这些项目的挖掘与许全堂的改革意识是紧密相关的。

企业家许全堂思路敏捷、视野开阔，有敏锐的市场洞察力和清晰的市场开拓意识，由于他善于把握时代发展趋向，锐意进取，抓住机遇，大胆改革，使"亿隆房地产公司"一跃成为2005年度"河南省房地产开发企业综合实力50强"之一，2007年再度成为"河南省房地产开发企业综合实力50强"之一。2007年12月，"亿隆房地产开发有限公司"整合旗下三家子公司，注册成立了河南省"亿隆实业集团"，实现了向集团型企业发展的历史性跨越。改革意识既是一种忧患意识，也是一种开放意识，实践证明，如果

对市场信息缺乏应有的敏感，不思外界变化，贻误时机，不但无法改变以往所形成的格局，还会在以后的发展中处于被动局面，并逐步拉大与别人的距离，最终将被后来者赶超。长垣人在改革开放初期就突破了小农意识的束缚，跑遍全国，在推销买卖中了解了外面的世界，使他们能够紧跟时代潮流而不是被潮流甩在后面，这种放眼世界的精神造就了长垣企业家的改革进取意识，使其永远走在时代的前列。

二　弘扬长垣的企业家精神

各地企业的发展情况和运行模式各不相同，而在企业发展过程中孕育出来的企业家精神，则大多具有普遍的借鉴和启发意义。弘扬和传承企业家精神，对于指导企业家开展创业和鼓励人们突破难关、战胜困难等，都是至关重要的。李克强总理在 2017 年的政府工作报告中提出要"激发和保护企业家精神"，说明国家对培育培养企业家精神的重视。对于地方各级党委、政府来说，应制定出相应的政策措施，并与国家、地方和企业的人才战略相结合，积极培育培养企业家精神，造就一批具有传统精神品质、国际视野和充满时代精神的优秀企业家队伍，同时通过各种手段和渠道弘扬企业家精神，使宝贵的精神财富得以延续和扩大。

（一）党委、政府引导鼓励

长垣县政府非常清楚当地资源缺乏的实际情况，因此在得不到国家投资和支持的情况下，主动改变"政府本位"为"企业本位"，主动扶持非农产业发展，支持具有创新冒险精神的企业家创业，激励帮扶一些具有开拓精神的农民，鼓励民营企业家带头致富，使当地具有投资或经商头脑的人士脱颖而出。当地政府还给予企业家较高的政治地位，任命一些有突出贡献的企业家担任乡镇甚至县级领导。长垣县政府的这些做法，无疑调动了长垣企业家的积极性。而在现阶段，大多数企业家已不再像过去那样为了活命而挣钱，政府除了用利益、荣誉及政治地位对企业家进行激励之外，还应在社会责任、创新发展等方面对企业家进行鼓励引导，倡导优秀企业家对经济社会的发展多做贡献，推动当地企业文明、企业文化向更高的层面发展，使本地的企业家精神成为当地的一面旗帜，并在全省乃至全国具有示范作用，比如可以把中原文化、儒家文化等融入长垣的企业家精神中，在原有企业家精神的基础上形成一种更高层次、更具普遍意义的精神文化品格。

中国的改革开放使得一大批企业家群体迅速崛起，他们为中国经济的发展做出了重大贡献，在过去很长一段时间内，对企业家的主要评价指标仅仅着眼于所领导企业创造的利润或经济总量层面，这样不但造成企业和企业家的畸形发展，而且不利于企业的创新转型发展。市场经济也是法治经济和道德经济，企业家的社会担当、道德担当和精神追求也应是企业家精神的最主要内涵，一个优秀的企业家应具备正确的财富观、成功观、伦理观、价值观、人生观等精神内涵，一个成功的企业家不仅应在财富创造上成为强者，还应在精神上活出自我、照亮他人。我们注意到，卫华集团的创始人韩宪保特别讲究"诚信"，做人做事皆以"诚信"为本，对朋友、员工、顾客皆以诚待之，促进了卫华各阶段的发展，并带动和影响了广大员工。还有像"东方集团"的主要负责人都热心公益事业，比如积极保护生态环境、谋求社会福祉、捐资助学、修桥铺路、支援农村等，始终奉献爱心于社会。他们的做法对企业形象和企业家个人都产生了正向影响，拓展了长垣企业家精神的内涵。因此，党委、政府应在企业家成长的精神价值、人生境界等方面有所倾向地加以引导和宣传，培育出新一代具有较高品质和较高素养的企业家。

（二）新闻媒体宣扬推介

传播积极健康的精神，能够对社会风气起到重塑的作用，而无论传播和宣扬何种精神或品格，都需要借助于一定的媒介。广播、电视、报纸、网络等新闻媒体覆盖面广、影响力强，特别是网络媒体越来越受到社会大众的关注，网络新闻媒体的正确舆论引导会起到教育群众的效果。对于企业家精神的宣传和弘扬，各种新闻媒体的作用和责任都很重大。一些企业如卫华集

团，有自己的报纸，其中专门有一个栏目"卫华人"，介绍和报道集团内部的一些成功人士和各色各样的普通人物，从各个角度、各个层面折射着卫华集团所倡导的精神文化和行为文化，起到了宣传教育的效果。这样的对内宣传使员工有了更加强烈的归属感和认同感，使得每个员工为自己是"卫华人"而自豪，对于集团内部员工的共同成长与和谐发展无疑是大有裨益的。从较为深远的角度看，对企业家精神的宣传推介不应只局限于企业内部，还应该朝向外界，在全省、全国乃至全世界扩大其社会影响，让更多的人了解企业家在创业过程中的主要活动和精神面貌，从而给各个领域的人们以启迪和启发。

新闻媒体在宣传推介长垣企业家精神的过程中，首先应注重报道有代表性的优秀团队和典型人物的典型事迹，从他们身上彰显长垣企业家精神的整体面貌，让外界了解先进企业家的精神世界和处世情怀，弘扬正面、人文和积极向上的企业家精神，倡导诚实、善良、坚韧等优良品质，以此来激发世人积极有为、奋发向上，进而提升人们的道德境界和精神信仰。可以说新闻媒体具有传播社会正能量的天然使命，现代社会的信息是庞杂的，这既需要新闻媒体坚持正确的价值观念，还需要借助于较高水平的宣传手段，注重受众群体的认识层次和认知水平，让人们易于和乐于接受正能量的宣传。其次，还应站在时代前沿宣扬和跟踪报道那些与时代精神相吻合的优秀企业和企业家，比如在科技创新、生态保护、企业转型升级等层面有突出贡献的企业家，应给予重点报道推介，这对于引导老企业转型发展和新型企业创新发展都具有重要作用。

（三）文艺影视作品宣传

艺术作品是社会生活的形象反映，它能够以生动的形象感染、教育和塑造人，是传播人类道德和人类精神等的工具，优秀的文艺作品对人们心灵的震撼和启发作用是巨大的。《卫华集团产业发展之路》《驼人传奇》等著作介绍了长垣创业人物的创业故事，接近于纪实性报道，其中描述的企业家精神给人以很强烈的启迪。相比于纯粹的纪实性描述，文学艺术作品对于广大受众来说更具影响力，比如长篇传记小说《长垣秘密》讲述了长垣优秀儿女的创富故事，解读了长垣财富人物"穷则思变"的心路历程，让人读后在感动之余，还能够获得强烈的感染。长垣县筹划拍摄的80集电视连续剧《大长垣》，展示了长垣的烹饪文化，其中涉及当地的企业家精神，看了之后同样让人回味无穷，并能从中受到不少启发。

人们认识世界有多种形式，比如可以抽象、概括地认识世界，也可以形象、感性地认识世界；可以科学地认识世界，也可以审美地认识世界。文艺作品是艺术地再现世界的一种方式，文艺作品这种以审美、艺术的眼光认识世界的方式，能够满足人们对完满性的追求。因此，相比于抽象的理论说教，具有动感、直观画面的文艺影视作品更容易让人接受，更能够起到打动人心的效果，更能起到"润物细无声"的客观效果。好的文艺作品能够陶冶情操，让人们为实现某种理想或信仰而坚定信念，推动和激励人们为实现自己的奋斗目标而努力。因此，弘扬长垣企业家精神离不开文艺影视作品的宣传。

在文艺作品中，企业家精神是在对具体人物的细节塑造中体现的。针对弘扬长垣企业家精神，建议从以下几个方面进行艺术性地宣传：一是组织人员调查考察或访谈长垣企业家创业史，编辑出版反映长垣企业家精神的报告文学作品。二是创作和拍摄一部反映长垣企业家创业历程的纪录片，全面反映长垣企业家精神的整体面貌。三是有针对性地编排一些文艺节目、话剧、电影作品等，反映长垣某个或多个企业家创业、改革等的历程，描述他们面对困难时的表现，重点刻画长垣企业家人物形象的心理状态和心路历程。四是编写一部长垣企业家传记文学作品。

三　几点启发

第一，越是艰难的环境，越能激发人的斗志，穷不可怕，环境恶劣不可怕，外部条件恶劣从来都不是成功路上的羁绊，相反，恶劣的环境有可能会变作奋发有为的动力。长垣企业家的成功向我们诠释了成功的根本要素不是

外部条件，更重要的在于坚忍不拔的精神支撑。在强大精神品格的支撑下，没有克服不了的困难。优秀的企业家和企业家精神都是在艰难困苦和艰难险阻的条件下产生的，克服困难和阻力中表现出来的各种优秀品质和精神，成为企业家精神的主要内涵。长垣无数企业家成长的例子表明，当困难出现时，积极面对而不是逃避的心态是非常重要的。当苦难摆在眼前，退却与逃避都无济于事，企业家精神体现在战胜困难的过程中，没有对困难的克服就没有所谓企业家精神的出现，没有对困难的克服也没有所谓的成功。

第二，欲摆脱身处其中的困境，需要具备开放的眼光，放眼外面的世界，并积极地"走出去"。面对恶劣的自然地理条件，不少长垣农民走出家乡，到外地搞销售，从而领略了外面的世界，并从中积累了不少经验，从销售产品到投资办厂办企业，都源于当初勇敢走出去的决心。树挪死，人挪活，当想办法走出不利的环境时，光明的世界才会出现。不局限于一处，才能够发现广阔的天空。"走出去"既需要勇气，又需要有学习的心态。积极勇敢地走出去，了解和学习外面的世界，学习别人的长处，发现自身的不足，锻炼自身，最终壮大和成就自身，并成就一番事业，这便是长垣企业家成长的路径。可见长垣企业家精神的形成过程是向外界学习、克服自身困难并逐步成长的过程。

第三，在企业家成长和企业家精神的孕育过程中，政府的主动帮助和扶持是必不可少的外部条件，企业家成长需要支持和鼓励。政府作为强有力的社会组织，是其他社会组织替代不了的，长垣不少企业在成长发展过程中，当地政府给予了政策上的松绑和扶持，不仅使不少农民企业家渡过了创业初期的难关，还使得当地的不少企业发展成为全省乃至全国首屈一指的龙头企业。长垣的企业家精神在长垣各地政府的帮扶下催生出来，并成为本地和外地借鉴学习的精神资源。在进一步提升长垣企业家精神的过程中，同样离不开政府的帮助、扶持和引导。

总之，通过考察长垣企业家精神产生的过程及特征，挖掘并弘扬其中蕴含的丰富、宝贵经验和具有普遍意义的精神品质，对于指导企业创新转型发展、指导企业家创业成长等，都具有深刻的借鉴和启发意义。

参考文献

1. 吕军书：《"长垣现象"及其对国有企业产权改革的启示》，《学习论坛》2004 年第 5 期。

2. 王理：《欠发达平原农业区工业化过程中企业家生成机制探讨——以长垣县为例》，《南阳师范学院学报》2005 年第 1 期。

3. 何云景、晋民杰、李才超：《河南"长垣模式"的探秘与发展研究——基于支持理论的视角》，《科学决策》2013 年第 6 期。

4. 赵振华、韩宪保主编《卫华集团创新发展之路》，中共中央党校出版社，2015。

5. 安琪：《驼人传奇》，文心出版社，2015。

6. 长垣县委县政府相关部门和单位、长垣县发展和改革委员会提供的文献资料。

创新长垣篇

Innovative Changyuan

B.9
建设创新长垣的思路和对策研究

李钰靖*

摘　要：　党的十八大以来，以科技创新为核心的全面创新发展成为国家发展全局的核心。长垣县将创新驱动作为撬动区域发展全局的核心动力，作为调整经济结构、转变发展方式、引领经济社会发展的核心支撑，已经取得了显著成效。然而，发展中面临的困难和瓶颈也比较突出，长垣要充分认识区域经济实施创新驱动发展战略的紧迫性和艰巨性，以开放的视野统筹规划、以创新的思维寻求提升之道。主要在深化"产学研用"协同创新体系建设、完善服务平台、加快科技型企业投融资体系建设、营造良好的创新环境以及加强创新人才队伍建设等方面做出突破。

＊李钰靖，河南省社会科学院科研处科研人员。

关键词： 创新驱动 科技创新 创新创业 长垣县

党的十八大以来，以科技创新为核心的全面创新发展成为国家发展全局的核心，县域经济实施创新驱动发展，也在积极参与并融入这场科技变革中。长垣县高度重视科技创新，紧密围绕实施创新驱动发展战略，加快推进以科技创新为核心的全面创新。

一 长垣实施创新驱动发展战略的实践成效

近年来，长垣以全面深化改革为主线，不断推动体制机制创新，释放发展潜在动能，把创新驱动作为撬动区域发展全局的核心动力，作为调整经济结构、转变发展方式、引领经济社会发展的核心支撑，在实施创新驱动发展战略中取得了明显成效。

（一）科技创新能力持续提高

2016 年，全县科技进步贡献率为 62%，研究与实验发展经费投入强度为 5.0%，规模以上工业企业平均研发投入与主营业收入比例为 2.5%，高新技术产业增加值占工业增加值的比重达到 87.5%，均提前超额完成全省2020 年规划目标。专利申请保持强劲增长势头，申报专利数由 2003 年的 23件上升为 2016 年的 1776 件，申请发明专利 306 件，授权专利 987 件，其中授权发明专利 54 件，实用新型专利 873 件，外观设计专利 60 件，专利授权量、驰名商标和著名商标数量均居全省县（市）第一位，被确定为国家知识产权强县工程示范县。成功获批"河南省专利导航产业发展实验区"，驼人、大方、黄河防爆、远洋粉体科技 4 家企业通过了"企业知识产权管理规范"认证。通过大力培育高新技术企业和科技"小巨人"企业，企业自主创新能力和高科技水平不断提高。2016 年，引导企业进行科技型中小企业备案入库的 21 家，获批省科技型中小企业 10 家，"科技小巨人"（培育）

企业5家、"科技小巨人企业"2家。目前，卫华集团、驼人集团、远洋铝业、亚都公司等一批企业已与国内知名高校、科研院所进行深度合作，其中卫华集团"产学研"项目被评为"省级产学研合作试点项目"。

（二）创新驱动载体提质升级

按照"五规合一""四集一转""产城互动"的总体要求，长垣大力推动产业集聚区、专业园区、乡镇创业园提质升级。一方面，产业集聚区快速壮大。在考虑长垣现有产业基础、功能分工、资源环境承载能力等因素的基础上，特色装备制造产业集群、健康产业集群、汽车及零部件产业集群、防腐蚀及建筑新材料产业集群等四大百亿产业发展布局已初步形成。长垣大力发展百亿产业集群，建立了起重工业园、健康产业园、汽车产业园、防腐蚀及建筑新材料产业园四大园区，产业集聚区入驻"四上"企业176家，规模以上工业主营业务收入达到440.3亿元，两次进入河南省十强产业集聚区，被评为河南省二星产业集聚区、省创新型示范集聚区。另一方面，乡镇创业园快速发展。为了提高农民创业就业机会、繁荣乡镇经济、城乡统筹发展，长垣县委、县政府于2010年在经济发展相对缓慢、距离产业集聚区较远的12个乡镇实施创业园建设工作。经过几年的发展，从最初的规划布局、产业定位、水电路等基础设施建设，到项目引进、建成达产，创业园建设取得了显著成效。截至目前，12个乡镇创业园共入驻项目173个。其中，郑州娅丽达服饰宇达制衣项目、梦舒雅服装生产项目、华裕医疗器械有限公司纺纱项目、康尔健医疗器械有限公司血液透析项目、华派厨卫等110个项目已建成投产，累计建设标准化厂房46.3万平方米，累计完成投资31.6亿元，2015年实现就业10000人。

（三）研发平台建设不断完善

农业领域继续加强与深圳华大基因研究院、中国农科院等科研机构的合作，启动建设新品种动植物分子育种中心、国家基因库黄河流域种质资源中心。工业领域围绕推进主导产业技术创新，建立防腐蚀及建筑新材料技术研发培训中心、卫生材料及医疗器械产品检测与技术研发中心。服务业领域着力推动商业模式创新，以电子商务为牵引，大力发展平台经济。积极引导卫华、驼人、江河等骨干企业加强"产学研"合作，重点加强院士工作站、博士后科研工作站、重点实验室、企业技术中心等研发机构建设，建设创新型制造业基地；引导科研院所、"三个500强"和行业龙头企业在长垣设立研发机构和科技成果转化基地，打造产业创新基地；注重北京起重运输机械设计研究院河南分院、河南省特种设备安全检测院长垣分院等服务平台建设。2016年，长垣县获批国家高新技术企业10家、省级以上工程技术中心5家，目前，省级以上企业（工程）技术中心达到32家，国家级高新技术企业达到33家。

（四）创新人才培养成效显现

为进一步创新引才聚才机制，发展壮大长垣人才队伍，构筑加快创新驱动，振兴主导产业的高层次战略人才高地，推动"四个长垣"建设和省直管县强县战略实施，长垣县重点引进现代农业、金融、电子信息、特色装备制造、健康产业、汽车及零部件和防腐蚀及建筑新材料等重点领域的急需人才，并给予政策扶持和生活保障。一方面，长垣县着眼于培养高层次创新型科技人才。通过设立杰出人才创新基金项目，瞄准技术前沿领域和战略性新兴产业，重点支持县科技优先发展领域的优秀人选进行申报，重点培养一批具有发展潜力的科技创新领军人才、创新型企业经营管理人才和创新型科技后备人才。另一方面，长垣县着力培养创新型科技团队。通过设立创新型科技团队项目，围绕长垣县"十三五"科技发展规划制定的优先发展领域、优势主导产业和重点学科建设，重点支持和培养一批在自然科学领域从事基础研究、应用研究和产业开发的创新团队，形成优秀人才的团队效应和资源凝聚。

（五）创新发展环境不断优化

为了深入实施创新驱动发展战略，多年来，长垣县不断健全机制，积极

营造科技兴县的良好氛围，创新发展环境不断得到优化。长垣县人民法院通过强化主动服务意识、加大创业者权益保护力度、健全司法建议工作机制、搞好法制宣传教育活动等途径，端正司法指导思想，规范司法行为，充分发挥审判职能，全力支持全民创新创业。2015 年，共审理涉及创新创业群体的各类案件 1584 件，诉讼标的 7920 万元，当事人满意率为 98.8%，形成了支持创新创业、保护创新创业、激励创新创业的良好司法环境。长垣支持发展重大科技专项，对有重大技术创新、对行业或产业发展和技术进步有较大推动作用、可形成核心自主知识产权的重大关键技术，对能够促进农业经济结构调整和推进农业科技创新的重大关键技术，对节能减排和资源能源高效利用的关键技术或重大科技成果予以大力支持。长垣不断完善激励科技创新的政策，设立科技重大专项资金、发明专利奖励资金、企业创新平台建设专项补贴资金和"双百人才"专项资金，推动"大众创业、万众创新"与"互联网＋"融合互动发展。2016 年，政府拨付资金 1500 万元，用于产业集聚区基础设施、规划展馆及服务平台建设，提高集聚区承载能力；筹措资金 1898 万元，落实工业经济转型升级激励政策；拨付先进制造业发展资金823 万元，支持 3 家企业实施技术改造、1 家企业发展信息产业。

二 长垣实施创新驱动发展面临的突出问题

国家实施创新驱动发展战略以来，长垣在推动创新驱动发展方面做出了许多努力，成绩十分显著，但也存在一些突出问题，"产学研用"协同创新程度较低、企业自主创新能力不足、创新创业环境仍需完善、创新人才对外依赖程度较高成为制约长垣创新发展的主要因素。

（一）"产学研用"协同创新程度较低

目前，长垣"产学研用"协同创新的程度还比较低，"产学研"结合不够紧密，协同创新流于形式，科技和经济"两张皮"现象比较突出。首先，创新资源共享程度较低。企业、学校、科研院所的科技资源普遍采取封闭式管理，对外开放和共享程度不足，它们在减少资源浪费和重复建设、降低创新成本和提高创新收益方面还有很大的发展空间。其次，科技成果转化方面尚未形成稳定的合作机制。由于缺乏促进科技成果转化的价格机制和市场指导，企业与高校以及科研单位之间无法形成良性的供需关系，直接影响了科技成果的转化率。第三，科技服务中介机构发展滞后。现有科技服务中介机构规模不大、专业化程度不高、服务范围窄化，不能满足科技创新发展的需求，成为创新服务体系建设中的一块短板，水桶效应凸显。第四，政府作用发挥不到位。作为协同创新政策的制定者和创新活动的协调者，政府对多元创新主体的引导和协调工作有待进一步加强，其作用不仅要体现宏观层面的指导，还要具备严密的逻辑推理与演绎的过程，强化动态解释和协调机制。

（二）企业自主创新能力有待提升

自主创新是推动科学技术发展的基础，是支撑技术变革和产业结构调整的重要环节。近年来，长垣科技发展水平和产业结构的技术构成都发生了重大变化，创新能力薄弱的问题更加凸显，主要表现在两个方面，一是原始创新能力不足，二是集成创新能力有待加强，这已经成为制约长垣发展的重要瓶颈。2015 年，全县公共财政预算支出 395590 万元，其中科学技术支出 7537 万元，占比 2%。研发经费投入强度尚未达到全国平均水平，与北京、上海、天津等经济发达地区相比更是差距明显。全县高层次创新人才比较缺乏，亟须加强内部培养或通过外部引进，增加创新人才数量、提升质量。现有的创新服务平台普遍规模较小、管理体制机制不完善、软硬件配套不足、专业化程度较低等问题明显，无法为自主创新提供良好的支撑。企业的专利保护意识薄弱，企业内部缺乏专门的专利管理机构和专业化的管理人员，对科技创新的激励措施不健全，对我国的知识产权保护制度缺乏信心，互联网知识侵权现象时有发生，知识产权和专利保护工作仍需进一步加强。

（三）创新创业环境仍需完善

全民创新创业是催生经济新活力、厚植发展新优势、拓展发展新空间的

重要保障，蕴藏着无穷的智慧和无限的财富。长垣创新发展取得了显著的成效，这得益于地方政府出台了很多普惠性政策和引导性政策，激励了"大众创业、万众创新"。然而，在经济下行压力持续加大和转型发展需求迫切的背景下，长垣创新创业环境仍需不断完善，以匹配本地区发展新经济、培育新动能、寻找多元创新动力的需要。首先，优化"双创"政务环境。要持续推进行政管理改革，进一步简政放权、转变政府职能；积极增强服务意识、提升行政效能，化解影响"双创"工作的各种疑难杂症；强化监督检查、严格责任追究，为"双创"工作保驾护航。其次，优化"双创"政策环境。进一步完善产业、财税、教育等方面的政策扶持体系，加强政策协调配套；充分发挥财政资金撬动社会资本的杠杆作用，加快健全多层次资本市场体系，不断拓展"双创"融资渠道；完善科研人员双向流动机制，调动积极性，激发"双创"活力。第三，优化"双创"文化环境。深入挖掘创业的典型人物和先进事迹，积极树立创业典范，营造良好的舆论环境；从文化层面提升社会对创业创新者的认可和尊重，让鼓励创新、支持创业、宽容失败成为社会价值取向。

（四）创新人才对外依赖程度较高

为促进"四个长垣"建设和省直管县强县战略实施，为了打造科技创新先行县，从2014年的《长垣县引进"双百人才"实施办法》（即引进百名技术人才和百名管理人才），到2017年的《长垣县引进高层次人才实施办法》，再到"十三五"期间引进科技创新杰出人才100名以上、科技创新团队10个以上的发展目标，创新人才队伍建设已经成为长垣实施创新驱动发展战略的重要工作。然而，如果长期并孤立地沿用这种人才建设机制，会导致创新人才对外依赖性过大。要加强本土人才、当地人才的培养，不断增强内生动力。一方面，要规范本土人才发展机制。重视本土人才的开发管理、成长激励与培养储备工作，建立本土人才动态管理台账，真正做到不唯身份、不唯学历、不唯职称、不唯资历，克服只论资排辈不重视创造力、只唯文凭不重视实际技能的不良作风，不拘一格选才用才。另一方面，要注重教育的引导作用。借助国内外高等学府的优质教育资源，建立政校企联合培养模式，加强对本土人才的继续教育工作，提升职业素养和技能水平。充分发挥已引进的高层次技术人才在引领支撑创新发展和带徒传技方面的作用，建立师徒培养模式，将带团队和培养人作为引进高层次人才的一项需求列入实施办法，建立配套的考评和监督机制。

三　长垣深化创新驱动发展的对策建议

长垣要积极应对实施创新驱动发展战略过程中遇到的各种问题和困难，要充分认识区域经济实施创新驱动发展战略的紧迫性和艰巨性，以开放的视野统筹规划、以创新的思维寻求提升之道。

（一）深化"产学研用"协同创新体系建设

"产学研用"是实施创新驱动发展战略的关键环节，强调所有科技创新主体要协同配合，补充短板。长垣加强"产学研用"协同创新体系建设应着力抓好以下几方面重点工作：一是强化企业的主体地位。长垣要遵从市场运作原则，着力发展企业研究院、院士专家工作站和博士后工作站，对获得国家、省、市级认定的企业研发中心和技术中心，予以鼓励和支持。引导企业正确认识自身的创新主体地位，要提升内外部协调创新能力，提高原始创新能力，加大创新团队培养能力，从而稳固自身在科技创新中的主体地位。企业和企业家要积极参与创新决策与标准制定，不断探索技术创新、管理创新以及商业模式创新的新机制。二是强化高校对科技创新的支撑作用。大力支持长垣烹饪职业技术学院、长垣职业中等专业学校等地方院校的科学定位、特色发展，支持它们设立契合市场需求的创新项目，鼓励人员交流学习，提升办学水平和研发能力。支持国内外著名高等学府在本地建立职业教育院校或定向培养项目，共享优质教育资源，大力培养本土创新型人才，为创新发展提供可持续的人才储备。三是发挥政府引导协调作用。加快转变政府科技管理职能，建立完善服务型政府。政府要侧重于搭建平台、营造

环境、协调监督，通过建立统一的科技管理平台，健全统筹协调的科技宏观决策机制，加强部门功能性分工，统筹衔接基础研究、应用开发、成果转化、产业发展等各环节工作；要引导企业、高校、科研院所以及广大用户群体采用市场化的方式，形成互补发展、利益共享、风险共担的协同创新机制。

（二）持续完善创新创业服务平台

完善区域创新创业服务体系建设，既是实现科技资源共享共建的需要，也是加快经济发展方式转变、促进产业集聚发展的时代要求。长垣加快推进创新创业服务体系建设要把握好以下几方面的问题。首先，加快培育科技服务中介机构。科技中介机构是联系沟通科技创新各主体的重要环节，对于实现创新资源配置、技术扩散、成果转化、科技评估、决策和管理咨询具有十分重要的作用。长垣要重视培育科技服务中介结构，鼓励其不断创新服务方式、服务手段和组织形式，不断拓展经营范围和服务领域，充实服务项目的技术内涵，从而满足更加多样化和高层次的服务需求。其次，加快各类科技创新平台建设。科技创新平台具有整合创新资源、培育创新主体、提升服务能力等功能，应成为地方政府科技部门服务企业的核心抓手。长垣要加快推进"一院三所"和科技孵化园建设，为入孵企业提供资金、管理、培训等多种便利；要深化与知名高校、科研院所的合作，不断拓宽深化"产学研用"合作的广度与深度；要加快建设发展新型产业技术创新平台；要依托现代互联网技术，组建由创新相关者共同组成的网络服务平台。第三，加快产业集聚区和乡镇创业园建设。产业集聚区和乡镇创业园作为当代产业融合发展的一种有效的组织形态，在实现资源集约利用与合理配置、集聚生产要素提高整体效益以及营造良好的产业生态环境方面都发挥着重要作用。长垣产业集聚区和乡镇创业园的规模不断壮大，已形成的四大产业园区176家入驻企业以及12个乡镇创业园173个入驻项目都需要更加完善的配套设施和服务来支撑其发展。因此，建设一批与产业集聚区和乡镇创业园相匹配的公共创新技术服务平台迫在眉睫。

（三）加快科技型企业投融资体系建设

长垣科技型企业投融资体系已经具备了某些基础框架，要不断完善相关规章制度，通过拓展创新资金来源、拓宽技术创新的融资渠道、加强对资本运作的监督管理加快科技型企业投融资体系建设。首先，扩展创新资金来源。基础研究方面，政府财政是主要的提供者，且财政科技投入的增长幅度应高于本级财政经常性收入的增长幅度。而在科技成果的资本转化方面，财政投入要以引导为主，充分发挥财政科技资金的杠杆作用，吸引更多的返乡创业资本，撬动更多的社会资本。同时，要注重调整资本投入配比，重视科技成果转化并产生工业化生产利润的过程，推动科技资本投入进入良性循环阶段。其次，拓宽技术创新的融资渠道。发挥金融创新对技术创新的助推作用，引导金融机构积极拓展融资服务、丰富金融产品创新，形成各类金融工具协同支持创新发展的良好局面。完善知识产权质押融资服务体系建设，完善评估手段、建立市场化风险补偿机制、简化质押融资流程，鼓励企业或个人以合法拥有的专利权、商标权、著作权作为质押物，向银行申请融资。第三，加强对资本运作的监督管理。地方科技型中小企业投融资体系的管理者要坚持市场导向，对金融风险做好最基本的监督，对投融资做好双向监管。要明晰行政监管的责权划分，重视对投资活动进行准确的投入产出分析，对于那些可以产业化、有市场的科技型中小企业项目给予适宜的资助，对多元化、多层次、多渠道的科技创新投融资体系给予有效监管。

（四）积极营造良好的创新环境

当前，长垣的创新环境已经取得了长足的进步，面向未来，要进一步增强创新政策的针对性，营造更加优质的创新环境，激发大众的创新热情，形成创业创新蔚然成风的良好局面。首先，加大知识产权保护力度。知识产权制度是激励创新的基本保障，也是营造良好创新环境的重要一环。长垣县要充分借助媒体力量以案释法，加强知识产权舆论宣传，着力提升公众的维权意识；要不断创新和完善司法服务体系，重点解决关键领域关键环节的知识

产权保护问题，加强互联网、电子商务、大数据等新业态新领域的知识产权保护；推进快速维权，为权利人提供便捷、高效、低成本的维权渠道；要鼓励企业内部设置专门的维权机构，积极应对企业保护知识产权的需求。其次，完善创新驱动导向评价体系。建立科技创新、知识产权与产业发展相结合的创新驱动发展评价指标，将创新驱动发展成效纳入对各级领导干部的考评内容，纳入对各级政府部门绩效评价和目标责任考核体系，并将考评结果作为干部选拔任用的重要依据。要逐渐削弱以国企为主导的科技资助和管理政策，鼓励民营企业加大科技创新在经营管理中的比重，加大研发投入在销售收入中的比重，将创新成果作为衡量企业发展潜力以及给予科技资助的重要指标，形成鼓励创新、宽容失败的考评机制。第三，营造创业创新良好氛围。创新是在社会的每个角落都可能发生的事情，要大力弘扬敢闯、敢试、敢为天下先的创业精神，引导社会形成尊重创新、敢为人先、勇于探索、宽容失败的文化精神，鼓励本土创新和草根创新。引导企业建立以创新为核心价值观的企业文化，鼓励企业高层管理人员不断增强自身的商业判断力和洞察力，洞悉经济发展形势，进行产品创新、渠道创新；鼓励基层工作人员关注细节，不断进行工作流程创新和工作方法创新。

（五）加强创新人才队伍建设

人才是最具活力的发展要素，长垣要提升区域创新能力，推动产业集群的持续、快速、稳定发展，人才支持是关键。长垣应着力构建创新人才高地，提升企业技术水平和自主创新能力，具体来说，一方面，要不断完善创新人才管理机制。要加大科技人员激励力度，强化尊重知识、尊重创新的机制，充分体现智力劳动价值的分配导向，让科技人员在创新活动中得到合理回报，适当提高科技负责人、科技骨干人员的收益比例。完善科研人才双向流动机制，支持科研人员双向兼职、鼓励科研人员离岗创业，为科研人员在事业单位、科研机构、高校和企业之间双向流动提供更多便利条件和配套政策。深化高端创新人才引进机制，稳步推进人力资源市场对外开放，降低外资人才中介服务机构的入场门槛，围绕重点产业和重点领域急需紧缺人才，大力引进创新人才和创新团队。另一方面，要坚持本土培养与外部引进相结合的原则。大力度引才引智是长垣推动创新驱动发展的"加速器"，要积极对接国家"千人计划"，加快落实相关优惠政策，为人才提供优质的配套服务和创新创业环境，以最好的空间、最好的政策、最优的服务广纳天下英才。同时，要注重内外兼修，本土人才具有较好的稳定性，留住人才的成本较低，要把培养和用好本土人才作为提升长垣人才资源开发的基础，充分发挥本地职业院校的作用，提高培养针对性，加大培养力度，让本土优秀人才能够脱颖而出，英雄有用武之地。

参考文献

1. 〔美〕曼昆：《经济学原理（第 6 版）·宏观经济学分册》，北京大学出版社，2012。

2. 郎加明：《创新驱动世界：制创新权与金三极创新思维》，人民出版社，2014。

3. 〔美〕约瑟夫·熊彼特：《经济发展理论》，何畏等译，商务印书馆，1990。

4. 李丽：《基于企业需求的区域创新驱动力研究——以资源型地区为例》，山西财经大学博士学位论文，2016。

5. 叶恩华、布鲁斯·马科恩：《创新驱动中国》，中信出版社，2016。

6. 张来武：《创新驱动城乡一体化发展的理论思考与实践探索》，《中国软科学》2015 年第 4 期。

7. 长垣县人民政府：《长垣县国民经济和社会发展第十三个五年规划纲要》，2016。

B.10
长垣县创新驱动产业转型
升级现状与对策研究

杨志波*

摘　要：　长垣县近年来积极推动创新发展战略，连续 10 多年取得"全省知识产权系统先进集体"称号，是河南省首批知识产权优势区域县和国家知识产权强县工程示范县。在多年的创新发展中，取得了宝贵经验，但也存在企业创新主体意识和创新能力有待加强、支撑产业转型升级的人才结构有待优化、创新环境和统筹机制有待完善等不足。面对经济发展新常态下的趋势变化和特点，长垣县必须增强紧迫感，进一步把创新驱动置于发展的核心战略地位，加快完善创新配套措施，强化政府服务意识；加强创新体系顶层设计，增大政策支持力度；加快推动技术市场健康发展，促进科技成果转化；加快完善发展载体，强化发展平台建设。

关键词：　创新驱动　转型升级　长垣县

一　长垣县创新驱动发展的举措和成效

近年来，长垣县政府及县科技局等有关部门重视创新驱动发展，采取了

* 杨志波，河南省社会科学院工业经济研究所助理研究员。

一系列有效措施，推动科技创新和产业转型发展，取得了良好成效。主要表现在以下几个方面。

（一）创新氛围日益浓厚，政策扶持力度不断加大

近年来，长垣县深入贯彻中央、省委和市委决策，把创新驱动作为推动经济发展及产业转型的核心发展战略。先后出台了《长垣县科技型中小企业创新资金管理办法》、《关于印发长垣县科学技术进步奖励办法的通知》（长政〔2012〕39号）、《关于印发长垣县工业经济转型升级的激励政策的通知》（长政〔2015〕10号）、《长垣县专利申请资助资金管理办法》、《长垣县加强创新驱动促进产业提升发展实施意见》等一系列鼓励创新的激励政策。同时创新财政金融等支持措施，实施"科技创新、质量品牌建设、企业上市、企业家素质提升"四大工程。重点加大对省著名商标、国家驰名商标、高新技术企业、高科技人才引进、专利商业化等领域奖励力度，为创新发展战略实施营造良好的氛围。如对国家发明专利、实用新型专利、外观设计专利每件分别奖励150000元、2000元、1000元。长垣县财政逐年加大科技投入，成为全县科技事业发展的重要推手。仅2016年一年，县财政科技支出便达6278万元。2016年筹措资金1898万元用于工业经济转型升级激励。支出先进制造业资助资金823万元。2016年，长垣县完成专利申请1776件，其中发明专利306件，完成发明专利授权54件，总授权987件。

（二）创新能力日益增强，成果转化渠道不断打通

目前，长垣县科技成果转化率高达80%，科技对经济发展贡献率达49%。通过"个性化定发展目标、协商式定扶持政策"的创新方式，选定了多家重点培育企业进行"对等性、个性化、协议式"培育试点，目前长垣县已与百余所省内外著名大专院校和科研单位进行了合作，全县规模以上大中型企业中拥有国家级企业技术中心1家、国家级高新技术企业29家、院士工作站2家、博士后工作站2家、省级工程技术研究中心及企业技术中

心 28 家。此外，长垣县极其重视技术交易平台的建设，一直致力于培育集"展示、交易、共享、服务、交流"于一体的科技大市场，重点打造了位于长垣县高新技术创新服务中心的起重汇展厅，作为起重行业首家连锁品牌，起重汇尝试用连锁经营商业模式，打造全国最大的起重机一体化采购与销售平台。同时，也为加盟合作的伙伴提供电子商务、供应链、售后、信息发布、融资等服务。

（三）科技园区日益壮大，创新创业体系不断完善

长垣县产业集聚区先后被批准为河南省二星级产业集聚区和创新型示范产业集聚区，是河南省十强产业集聚区之一。2016 年，产业集聚区实施基础设施及公共服务设施项目 37 个、亿元以上工业项目 63 个，固定资产投资比上年增长 18%，规模以上工业主营业务收入增长 11%。健康产业园、防腐蚀及建筑新材料产业园、静脉产业园、再制造产业园、循环经济产业园等专业园区的基础设施正在逐步完善。垃圾焚烧热电联产、华大基因产业园、废旧汽车回收利用等项目快速推进。为了更好地促进科技创新，加强组织领导保障能力，2007 年，长垣县知识产权局正式成立。从 2010 年起，各乡镇、园区开始建立健全知识产权工作网络，骨干企业均配备了专利联络员。魏庄镇、恼里镇、丁栾镇等已成立了知识产权科，目前长垣县 18 个乡（镇）中已有 6 个乡（镇）成立了知识产权科，配备知识产权工作人员，充实了知识产权管理队伍。

二 长垣县创新驱动发展存在的问题

（一）企业创新主体意识和创新能力有待加强

企业作为创新主体，其研发投入的高低，直接影响全社会研发水平的提高。长垣县企业的研发投入虽逐年增长，但总体占比较低。据了解，目前，全县规模以上企业 R&D 内外部支出总额占主营业务收入的比重仍在较低水

平徘徊。尤其是近段时间，由于国内外环境复杂，长垣县经济下行压力没有根本缓解，部分企业在计划新上的项目投资上更加谨慎，持观望、等待的态度，预备的高新产业大项目、好项目不多，且进展缓慢。受自身资源和管理水平的影响，大多数中小企业由于能力有限、规避风险、创新意识不到位和缺乏战略眼光，对创新活动的参与缺乏动力，创新水平相对较低。此外，还有一些企业意识不到和产业及学术界科技合作的重要性，缺乏与研究机构和高校之间的合作，仅靠自身的技术积累和人才从事科技活动，开放式创新的理念需要进一步推动。

（二）支撑产业转型升级的人才结构有待优化

科技创新的关键是人才，人才培养又是系统工程。近年来，随着长垣以加快整合产业链为重点，加快结构调整，淘汰落后产能，进一步巩固起重机械、卫生材料及器材、防腐蚀及建筑新材料、汽车及零部件产业的市场领先地位，进一步推动烹饪文化等历史经典产业传承创新发展，县域产业结构升级所带来的人力资源结构变化正逐步凸显，对高端人才总的需求不断加大，同时也对从业人员职业技能提出新的要求。调研发现，近年来虽然长垣县大力引进了创业类、创新类、专家类领军人才，但总体上看，高层次创业创新型人才尤其是领军人才依然不足。

（三）创新环境和统筹机制有待完善

一是创新驱动合力不强。尽管相比较而言，长垣在创新驱动方面走在前列，但是政府仍旧需要继续营造鼓励尝试、容忍失败、尊重创新创业人才的环境，全方位宣传创新人才的典型事例，鼓励在外工作的长垣人才回乡创业并提供一定的资金支持。二是科技创新体系有待完善。受县域经济等客观因素影响，长垣县科技中介服务起步晚、发展慢、总量不大。尤其是创新创业的必备要素金融服务机构比较匮乏。三是统筹协调力度需要强化。不同部门之间缺乏统筹设计、通盘考虑，没有一个统一的管理平台，影响创新发展政策的落实和科技创新项目的建设等。如在科技项目申报上，容易引起信息不

对称而导致科研项目多头申报，也容易引起主管部门和项目申请单位重计划立项、轻过程监管和产出评估的现象。

三　促进长垣县创新驱动产业转型升级的对策建议

当前，长垣县正处于由投资驱动向创新驱动转型的新征程。在新常态下，面对新一轮科技革命的重大机遇，必须进一步强化创新驱动在经济发展中的地位，以科技进步推动长垣县经济转型升级和社会发展。为此，提出如下建议。

（一）加快完善创新配套措施，强化政府服务意识

一要完善创新配套政策。认真落实中央关于创新的各种文件精神，进一步深化科技体制和创新管理体制改革，在人才引进、公共科技服务、资金支持等方面出台相关支持文件。二要优化行政审批体制。做好服务科技创新的"仆人"，简化与科技创新相关的手续，尝试科技创新链服务模式。对本地的创新产品，在合乎法律法规的前提下，加大政府支持力度，帮助企业桥接市场。三要营造有利于创新创业的良好氛围。定期开展金企对接、校企对接、创新创业大赛等活动，并对获奖人员给予一定的奖励。借助传统媒体与网络新媒体，及时宣传科技创新政策和创新典型，打造良好的创新创业环境。

（二）加强创新体系顶层设计，增大政策支持力度

结合长垣县现有基础，围绕"4+2"产业（特色装备制造、医疗器械、防腐蚀及建筑新材料、烹饪、旅游、现代服务业），深入分析国内外产业的发展现状、特点和趋势，分析研究长垣县产业在全省、全国的地位和发展空间，挖掘长垣县地理位置、交通条件、基础设施、人才环境、技术水平、产业集群、管理体制机制等方面的优势，制订产业发展规划，明确产业发展的目标、路径、措施和时限。围绕科技成果应用转化、金融支撑科技发展、高技术人才引进等重点工作，有针对性地研究制定相关支持政策。同时应在创

新制度层面进行创新，改革项目和经费管理机制，在企业层面推动股权激励、技术入股等促进技术创新的激励制度改革。在人才集聚方面，推行引进与培育相结合，实行柔性人才管理机制，建立创新容错免责机制，形成包容失败、鼓励创新的创新人才生存环境，激发各类人才创新的积极性和主动性。努力提升创新要素配置效率，防止政策碎片化的现象出现，形成发展合力。加大对重大科技创新成果、典型创业创新事迹和人物的宣传，营造有利于创新创业的氛围和环境。

（三）加快推动技术市场健康发展，促进科技成果转化

一要围绕长垣县特色装备制造、医疗器械、防腐蚀及建筑新材料、烹饪、旅游、现代服务业等产业，建设产业技术转移中心，并积极与全国技术交易体系对接，打造内联外引、互联合作的技术提升双平台。充分发挥科技中介服务机构的作用，鼓励科技中介服务机构向正规化和专业化方向发展，提升科技中介服务机构对科技创新的支撑力。二要健全技术交易机制。认真落实国家有关税收优惠政策。严格规范技术交易活动，创新技术交易模式，力保技术交易市场健康快速发展。三要创新财政支持模式。加大财政资金对创新的支持力度，强化财政科技资金竞拍式分配制度。

（四）加快完善发展载体，强化发展平台建设

坚持以创新驱动、项目带动、招商推动、服务联动为主抓手，不断完善集聚区载体功能和支撑配套体系，规范运行八大公共服务平台，争创国家级高新技术产业开发区、河南省三星产业集聚区、十强产业集聚区。按照省级产业集聚区标准，发展壮大防腐蚀及建筑新材料产业园、健康产业园、恼里参木装备制造园区、再制造产业园区、循环经济产业园区、静脉产业园等专业园区。按照"资源整合、主业突出、绿色发展"的原则，增强要素保障，建设乡镇特色创业园。大力实施"高层次人才引进"战略，完善人才激励政策，加大政策、资金扶持力度。积极建设创新创业孵化平台、科技企业孵化器、众创空间，为双创企业和个人提供低成本、使用方便、全流程的开放

式综合服务平台。积极推进科技与金融结合，完善科技型企业投融资机制，鼓励发展各种私募投资和天使基金等投资资金支持科技小微企业发展。设立科技创业投资引导基金，创新银行对科技型企业信贷支持的制度改革，破解科技型中小企业贷款难题。优化重点实验室、工程实验室、工程（技术）研究中心布局，构建有利于广大中小企业共享的有效开放机制，鼓励研发平台独立运营，充分激发研发人员创新活力。建立"一会五平台"，争取建立出口起重机械质量技术促进委员会，建成国家桥架类及轻小型起重机械质量监督检验中心长垣试验基地、北起院河南分院、省起重设备配件产品质量监督检验中心、省水性涂料产品质量检验中心、省食品药品医疗器械和农畜产品检验检测中心等5个检验检测技术平台。

参考文献

1. 张志元、李兆友：《创新驱动制造业转型升级对策研究》，《中国特色社会主义研究》2015年第4期。
2. 张素芳：《创新驱动河南省制造业转型升级对策研究》，《洛阳理工学院学报》（社会科学版）2016年第4期。
3. 杨磊：《创新驱动研究综述》，《江苏商论》2016年第14期。
4. 李柏洲、朱晓霞：《区域创新系统（RIS）创新驱动力研究》，《中国软科学》2007年第8期。
5. 屈韬、向航：《基于波特模型的集群创新驱动力研究》，《广东财经大学学报》2013年第2期。
6. 李小妹：《河南省创新驱动发展研究》，《黄河科技大学学报》2015年第2期。
7. 孙志鹏：《中国经济新常态下的创新驱动发展研究》，《中国高新技术企业》2015年第7期。
8. 李丽：《基于复杂适应系统理论的区域创新驱动力研究》，《经济问题》2016年第5期。
9. 方健雯、朱学新、张斌：《江苏省科技创新驱动力研究》，《集团经济研究》2007年第8期。
10. 任宝旗：《"互联网＋"视阈下河南省创新驱动发展研究》，《吉首大学学报》（社会科学版）2016年第1期。

B.11
全面提升长垣县开放发展水平研究

王元亮*

摘　要：　"十二五"期间，长垣县开放发展取得了显著成就，为进一步开放发展奠定了良好基础。"十三五"时期，面对世界发展环境深刻变化和我国经济发展进入新阶段，长垣县必须坚持把开放发展作为推动繁荣发展的主引擎，坚持"引进来"和"走出去"相结合，积极对接"一带一路"倡议，全面提升长垣县开放发展水平。

关键词：　开放发展　"一带一路"　长垣县

"十二五"以来，面对复杂多变的国内外经济环境，长垣县认真贯彻落实中央和省委、省政府的决策部署，按照建设"四个长垣"发展思路，用足用好全面深化改革开放的政策措施，着力提高经济发展质量和效益，经济社会发展健康平稳，综合实力大幅跃升。长垣县先后被命名为"国家新型工业化产业示范基地""国家知识产权强县工程示范县""中国起重机械名城""中国卫生材料生产基地""中国防腐蚀之都"等。

一　长垣县开放发展的基本现状

近年来，长垣县委、县政府深入贯彻落实党的十八大和十八届三中、

---

* 王元亮，河南省社会科学院科研处助理研究员。

四中、五中、六中全会精神，积极发挥区位交通、生态资源以及人力资源等方面比较优势，加快推进全方位、多层次、宽领域的对外开放，开放型经济发展态势良好。目前，长垣县已经成为国内外客商在河南投资热点地区之一。

（一）体制机制改革不断深化

长垣县紧抓省直管县体制改革试点机遇，全面推进140余项重点领域和关键环节改革，顺利实现全面省直管。有序推进农村综合改革，稳步实施国家级农村集体经营性建设用地入市试点改革和农村集体土地产权制度改革。深化行政审批标准化试点改革，实现了行政审批事项全部进驻县行政服务中心集中办理，审批时间平均缩短80%以上。加快转变政府职能，行政资源不断优化。医疗卫生、民生保障、社会治理等改革成果丰硕，被评为"国家新型城镇化综合改革试点""河南省医药卫生体制改革先进县"。

（二）开放招商引资成绩斐然

长垣县把招商引资作为调结构、促转型、增后劲的重要动力，持续实施引资项目双带动战略，围绕建链抓项目、补链抓关键、强链抓创新，加快培育产业链条，形成结构合理、特色鲜明、效益优化的产业体系，推动长垣县提质发展、转型发展和创新发展。数据显示，2015年至今，长垣县已经签约亿元以上项目185个，总投资达344.71亿元。"十二五"期间，累计实际利用省外资金170.9亿元、境外资金3.9亿美元；实施千万元以上项目1114个，新引进新中益电厂、特雷克斯汽车起重机、驼人健康科技园等亿元以上项目211个；总投资1282.1亿元。

（三）科技创新能力不断提升

长垣县依托国家级研究院、区域性产业前沿科研院所，建成省特检院长垣分院、华大基因研究院长垣分院、武汉理工大学长垣专用汽车研究院、深圳健康产业研究院长垣分院、中国防腐学会长垣防腐新材料研究院。"十二五"末，建立博士后科研工作站 2 家，省级以上企业技术中心达到 23 家，国家级高新技术企业达到 28 家。高新技术产业增加值占规模以上工业增加值的比重达到 84.3%，科技进步贡献率达到 52%，专利授权总量、驰名商标和著名商标数量均居全省县（市）第 1 位，名牌产品数量居省直管县第 1 位。

二　长垣县全面提升开放发展水平的基本思路

围绕建设"富强、创新、精善、和谐"长垣，深入贯彻落实党的十八大，十八届三中、四中、五中、六中全会和习近平总书记系列重要讲话精神，按照"五位一体"总体布局和"四个全面"战略布局，以全面融入全省、全国发展大格局为目标，转变思想观念，打破内陆地区思维定势，把开放发展作为繁荣发展的必由之路，在交通、产业、科技等领域深度对接"一带一路"倡议和郑州航空港经济综合实验区，全面融入大郑州都市圈和中原城市群。

三　长垣县全面提升开放发展水平的主要任务

（一）着力扩大开放招商

围绕调结构、促转型，继续实行分园区、分产业、分领导、分部门的定向招商责任制，全力开展产业链招商、产业集群招商。认真落实项目筛选论证、预审会商、联审联批、规范履约和项目督导考评等工作机制，切实提高项目合同履约率、资金到位率、开工建设率、竣工投产率。积极谋划实施千万元以上项目，力争引进亿元以上项目和"三个 500 强"、行业龙头企业，力促中威公司汽车悬架系统等 23 个亿元以上工业项目竣工投产。

（二）培育四大超百亿产业集群

瞄准长三角、珠三角、京津冀等区域以及央企、省企集中区，重点针对

央企、国内 500 强企业、世界 500 强企业、行业百强企业进行招商，着力引进投资规模大、经济效益好、利税贡献大、带动作用强的项目。

实施特色装备制造业招商工程。实施"补链"招商，重点承接和发展汽车起重机、减速机、电机、电器控制及其配套产品。实施"强链"招商，积极注入科技、信息化和品牌元素，推进现有产业链更新和精细化。实施"延链"招商，紧抓国家高铁、地铁等建设对铁路架桥机械及相关设备需求快速增长机遇，大力发展轨道交通设备，积极发展水工、军工等专用装备产品。

实施健康产业招商工程。依托健康产业园和丁栾、满村、张三寨等乡镇创业园，全方位加强与华大基因合作，推动华大基因科技成果就地产业化；瞄准台湾、上海、深圳等医疗器械比较集中的区域，紧盯国内行业 100 强，大力发展高端类医疗器械和生物医药等产品。

实施汽车及零部件产业招商工程。依托汽车产业园，大力发展高空作业平台车、市政环卫车、货运轻卡等特种车辆，积极承接和发展新能源汽车，加强与宇通、郑州日产、郑州海马、开封奇瑞等企业合作，注重引进与其生产配套的关联性零部件项目。

实施防腐蚀及建筑新材料产业招商工程。发挥"中国防腐蚀之都"和在外经济能人优势，加强与中国腐蚀与防护学会、中船重工七二五研究所等的战略合作，积极引进节能门窗、节水洁具、外墙外保温等绿色节能产品，加快发展耐蚀非金属及废金属复合压力管道、特殊涂料等产品，提升长垣防腐产业的竞争力和品牌影响力。

（三）积极融入"一带一路"建设

把基础设施互联互通作为参与"一带一路"建设的优先领域，加强基础设施规划、技术标准体系的对接，抓好交通、能源、通信等基础设施的关键节点和重点工程，逐步形成比较完善的区域基础设施网络。深化教育合作，引进沿线优质教育教学资源，鼓励合作开设国际学校，共同实施中外职业院校合作办学项目和海外师资培训计划，培育一批具有国际竞争力的职业院校。增强文化交流，参与国家"丝绸之路影视桥工程""丝路书香工程"，与沿线国家和地区互办文化节、艺术节、电影节、图书展、文艺演出等活动和重要体育赛事。加强生态环保合作，共同开展新能源、大气污染防治、水生态治理等方面的研究。

四 长垣县全面提升开放发展水平的对策建议

（一）加强组织领导

成立招商工作小组。选择年富力强的优秀干部，组成招商促进小组，以引进高端项目和重大项目为核心，大力开展针对性招商选资，不断提高项目质量和水平。定期召开产业集聚区工作例会。要求职能部门充分对分局授权，在集聚区实行联审联批，集中办理审批事项，集中解决项目建设中遇到的各种问题。着力强化项目落地协调服务机制，实施全程跟踪服务、代办相关手续，确保工作无缝对接、项目及时落地，帮助企业尽快投产。创新招商引资方式。发挥产业集聚区载体功能作用，实施链式招商、选择招商。

（二）深化体制机制创新

深化财政体制改革。推进中期财政规划管理，建立健全财税法规制度，强化预算绩效管理，完善财政资金监督机制。积极推进县乡财政体制调整，逐步建立财权与事权相匹配、事权与支出责任相适应的乡镇财政管理体制。推进投融资体制改革。着力推进财政改革，持续增强科学管理能力。规范政府性债务管理，建立政府性存量债务消化机制，化解存量债务，保障财政经济安全运行。优化债务期限结构，积极争取债券资金用于置换政府性债务，缓解集中偿债压力。对现有专项资金进行全面梳理，加大整合力度，确保专项资金支出充分体现工作重点和部门职能。加大统筹力度，建立盘活财政存量资金与预算编制、执行等挂钩机制，发挥财政资金的保障性作用。创新融资模式。积极发挥多层次资本市场的融资功能，扩大企业融资的多元化渠

道，支持符合条件的企业上市融资，提高股权市场直接融资比重。大力发展
债券市场，稳步推进企业债券、公司债券、短期融资券和中期票据发展，满
足发展阶段企业的发展需求。

（三）加大政策扶持力度

主动融入"一带一路"倡议，继续简政放权，加大政策扶持力度。一
是财政政策。每年从财政安排一部分资金，建立主导产业发展引导资金，主
要用于重点基地与园区、技术创新平台、科研成果产业化项目和投融资平台
建设。二是税收政策。对国家重点扶持的高新技术企业，减按15%的税率
征收企业所得税。符合小型微利企业规定的，按20%的税率征收企业所得
税。三是土地政策。改进用地审批制度，合理向知名企业、科研机构建设生
产研发基地安排用地指标，将涉及的重点建设项目纳入用地审批绿色通道单
独组卷报批。

（四）营造良好的开放环境

环境是开放发展的基础。发展环境的好坏直接关系到对外开放的水
平。全面提升开放发展水平，必须始终把改善和优化环境作为开放发展的
重要环节，根据新的竞争态势，努力营造一个富有竞争力的发展环境。一
是营造公正高效的政务环境。开展社会治理网格化，加强社会服务管理；
积极推进数字化城市管理建设，提高城市管理水平；共享资源，拓宽发现
问题渠道。二是营造规范有序的市场环境。促进市场要素实现自由流动、
良性竞争；依法整顿和规范市场秩序，严厉打击破坏市场秩序的违法行
为，切实保护经营者和消费者的合法权益。三是营造公平正义的法治环
境。优化执法、司法、治安环境，规范执法行为，促进司法公正，整治园
区和企业周边环境，及时查处侵害企业合法权益的不法行为。四是营造优
美和谐的城市环境。以百城建设提质工程为抓手，完善城市基础设施，建
设宜居和谐之城；凸显城市特色文化，建设现代文明之城；从安居到宜
居，建设绿色宜居生态之城。

参考文献

1. 李忠平、槐文军:《构建咸阳"一带一路"开放发展格局》,《陕西发展和改革》2016 年第 1 期。

2. 张玉良:《拓宽发展空间,投身"一带一路"建设》,《建筑》2015 年第 18 期。

3. 刘纯志:《构建我国中部开放新格局》,《统计与决策》1992 年第 4 期。

4. 孙超、安玉兴、沈艳丽:《辽宁老工业基地融入"一带一路"战略的优势及路径选择》,《党政干部学刊》2016 年第 9 期。

5. 马友君:《利用政策机遇构建对外开放新格局》,《北方经济》2017 年第 1 期。

6. 郭晓先、刘子晨:《河南省加快融入国家"一带一路"战略的思考》,《河南工程学院学报》(社会科学版) 2016 年第 1 期。

7. 徐建伟:《我国比较优势新变化与对外开放新格局的构建》,《经济研究参考》2015 年第 61 期。

8. 刘卫东:《"一带一路"战略的科学内涵与科学问题》,《地理科学进展》2015 年第 5 期。

9. 袁新涛:《"一带一路"建设的国家战略分析》,《理论月刊》2014 年第 11 期。

10. 蒋希蘅、程国强:《"一带一路"建设的若干建议》,《西部大开发》2014 年第 10 期。

B.12
加快金融创新提升长垣县
融资水平的对策建议

李国英[*]

摘　要：　近年来，长垣县政府在集聚银行、保险、证券等机构，打造
金融服务集聚区，积极建立政府投融资平台，争取金融机构
贷款，发行企业债券，吸引社会资本等方面做了大量工作，
并取得了显著成效。但在城乡区域统筹发展过程中还存在一
些投融资上的问题亟待解决。因此必须树立通过金融创新驱
动主导产业发展的观念，创新投资和融资模式，推广政府和
社会资本合作，积极开展天使投资、创业投资等股权投资，
才能够建立起稳定、可持续、风险可控的金融保障体系，进
而实现县域经济的跨越式发展。

关键词：　金融创新　融资水平　PPP 资产证券化　普惠金融

金融作为现代经济的核心，是促进实体经济质量提升与规模扩张的重要
推动力。要实现长垣县域经济的跨越发展，离不开金融的支撑与保障。目
前，从全国范围来看，县域经济面临着一些共性的难题：经济规模偏小且面
临经济下行压力；金融风险突出；资金流失严重；金融结构不合理，直接融
资偏弱；金融对县域主导产业支持力度不够；中小企业依然受到融资难、融

＊ 李国英，河南省社会科学院农村发展研究所副研究员。

资贵问题的困扰。总结各地在县域经济发展过程中金融创新提高融资能力所取得的经验，无疑有助于长垣这些问题的解决。

一 经济新常态下长垣县融资模式面临的新形势

"十三五"期间，长垣县进入了转型升级、弯道超越的关键时期。新型城镇化建设、打造长垣经济升级版，实现长垣更高水平的可持续发展，需要大量的资金支持，但是财政转移支付和"两项资金"很难满足各级政府特别是县级政府在相关领域的投资需求，不得不更多地依赖各种非税收入和政府借贷。开始于2003年的"土地财政"虽然在某种程度上缓解了地方财政资金紧张的状况，但土地资源毕竟是有限的，加之作为县级城市房地产去库存形势严峻，单纯依靠出售土地的收入来维持大规模的相关领域投资的模式已不可持续。同时，由于地方政府的债务规模也在持续扩大，政府债固有的风险有可能进一步转化扩大引发财政、金融和市场风险进而使公共财政安全受到挑战。因此，必须寻找新的资金来源来解决相关领域建设资金不足的问题。

（一）土地财政难以为继，地方政府举债融资机制需要创新

2016年度的中央经济工作会议明确强调"房子是用来住的、不是用来炒的"的定位，同时继2016年7月末首次提出抑制资产泡沫后，本次会议更是明确提出抑制房地产泡沫，尽管会议仍强调三、四线城市去库存，坚持分类调控，因城因地施策，但政策基调已明显偏紧。特别是近年来长垣县商品房及土地市场成交情况不甚理想，土地财政已经出现拐点。地方政府对"土地财政"的依赖受到抑制，地方财政能力进一步受限。加之财政部、国土资源部、中国人民银行、银监会四部委联合发布的《关于规范土地储备和资金管理等相关问题的通知》中明确规定，自2016年1月起，各地方政府不得再向银行业金融机构举借土地储备贷款，这使得以往的各地方政府以土地为抵押获取银行贷款为城乡发展融资的模式被迫转变。而新《预算法》的实施，对地方政府债务的管理日益严格和规范，也使"举债融资"面临

较多限制。为了能够筹集到足够的建设资金并保证各地方政府对基础设施的有效控制，必须创新融资模式，比如政府与社会资本在基础设施领域的"合作融资"模式。

（二）新时期长垣智慧城市、美丽乡村建设急需大量资金

"十三五"期间，以集约、智能、绿色、低碳为发展目标的新型城镇化战略的实施，使得智慧城市的建设如火如荼。目前城市的发展面临着人口膨胀、交通堵塞、环境恶化等不利因素，人们也寄希望于智慧城市解决上述问题，让城市成为一个舒适、便捷、环保的人类聚集地。但智慧城市建设属于民生工程，周期长、投资巨大的特点与政府特别是县级政府有限的财政预算资源存在严重冲突，所以智慧城市促使公共部门鼓励采用政府与社会资本合作（PPP）模式，引导私营机构参与智慧城市项目的投资、建设和运营管理。PPP模式被认为是破解智慧城市建设资金困局的一剂良药。而且它不仅是一种颇具吸引力的项目建设模式，也是一次行政、财政和投融资体制机制的变革。

（三）互联网金融的崛起为普惠金融的实现提供了重要途径

长期以来，我国金融体系一直表现出金融抑制和金融制度外生供给性的突出特征，落后地区和普通民众由于交易成本的高昂而无法顺利进入社会金融服务体系。金融抑制是处在经济转型中的国家和地区的普遍现象，有利于实现国家对整个金融市场的控制和影响。但长期的金融抑制与金融制度外生性必然会导致"中央金融垄断、地方正规金融压抑、民间金融脆弱"的地区金融发展格局，主要表现为：一方面传统金融机构有上百万亿元的存款资源沉淀和大量的民间资本积蓄寻找投资渠道，而另一方面众多中小微企业急需资金支持，却不容易从金融机构得到贷款。

互联网金融的兴起，形成了对传统金融行业业务的有益补充和延伸，它凭借互联网技术与特有的金融创新机制优势，拓展了金融服务的广度和宽度。一方面互联网金融凭借移动智能终端的广泛应用打破了传统金融机构业

务范围受制于营业网点的局限，便捷地将资金需求方与资金供给方匹配在一起；另一方面互联网金融降低了金融服务的准入门槛，其高效率的支付手段、包容性的发展理念以及大众、平民、长尾化的特性具备了明显的普惠特性。

同时互联网时代云网端、大数据、社会化分工成为互联网金融发展的核心动力。大数据、云计算等技术可以帮助挖掘用户精准化需求，解决了金融定价问题。

深层次的数据挖掘技术可以降低信息甄别成本、搜集成本，更加准确地评估企业、个人的信用水平，提高风险管理的效率；大数据技术下的风险控制具有覆盖广泛、信息广谱多维、数据实时鲜活的特征，可以有效提升资源的配置效率，缓解金融营利性和普惠金融之间的矛盾，确保互联网金融发展的可持续性。

二 有助于提升长垣县融资水平的金融创新模式

基于金融创新理论，县域金融创新大体可分为自上而下的政府推动型金融创新如 PPP、农村土地经营权流转履约保证保险；自下而上的引致性金融创新如互联网金融、普惠金融和政府推动与市场内生并存型金融创新三种。

（一）PPP 模式（公共私营合作制）

在"三期叠加"和财政紧缩运行常态化的新形势下，使市场在资源配置中起决定性作用和更好发挥政府作用成为新型城镇化建设的指导思想。政府和社会资本合作（PPP）作为新型城镇化建设的"合作融资"模式在我国迅速推开。

PPP 是一种新型的项目融资模式，但并非是新生事物，早在 2014 年财政部、发改委发文推进政府与社会资本合作之前，BOT（特许权投融资）等方式已在基础设施建设领域得到了运用，从 PPP 的运用领域看，主要集中在基础设施及公共服务领域项目的建设与运营上。在没有 PPP 之前，传统

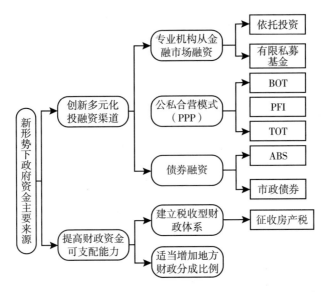

图1 新形势下新型融资模式类型

的基础设施及公共服务领域项目的建设与运营，除了预算内资金外，主要依靠地方政府融资平台来进行，地方政府融资平台依靠与政府千丝万缕的联系，通过银行贷款、信托、券商基金资金管理、城投债等方式获得资金，以政府委托代建等方式进行基础设施建设。

目前我国经济下行压力持续加大，民间固定资产投资增速下行趋势明显，在这种情况下，政府通过PPP模式，发挥杠杆作用撬动更多的社会资本，尤其是带动民间投资，加大公共基础设施项目建设，能够以财政的方式助力智慧城市、智慧农村相关基础设施、公共服务领域的发展，同时也为相关企业参与项目后续运营、实现盈利模式转型提供了机遇。

地方政府的融资方式从融资平台到PPP，从顶层设计角度看或希望有如下改变：

1. 将地方政府债务由原先融资平台的隐性债务显性化；

2. 通过PPP合同及其公示，使地方政府在PPP项目周期内的支出及债务通过固定的计算方法得以确定；

3. 从中长期的发展趋势来看，这种模式可以大大提高公共服务的效率，使得基础设施及公共服务的提供市场化。从近期财政部 PPP 中心公布的报告中可以看出，无论从项目数量还是项目金额上，都体现出 PPP 项目投向基础设施及公共服务的特性。

从发展趋势来看，PPP 专项债、PPP 资产证券化以及 PPP 专项债 + ABS 可能是 PPP 未来发展的主要方向和模式。

特别要强调的是，基础设施建设项目投资期限长，社会资本在投资基建项目时存在严重的期限错配，需要完善的退出机制作支撑，而 PPP 资产证券化是完善退出机制的最佳选择。2017 年 5 月 4 日，国家发改委制定并印发《政府和社会资本合作（PPP）项目专项债券发行指引》，明确指出鼓励 PPP 项目公司、社会资本方和上市公司及其子公司发行专项债券用于以特许经营、购买服务等 PPP 形式开展项目建设运营，现阶段重点支持交通运输、水利、环保、文化等传统基础设施和公共服务领域的项目。

从国际经验来看，社会资本退出基建项目的主流方式有资产证券化、股权转让、政府回购、项目公司（SPV）上市等。由于政府与社会资本合作往往设立股权锁定期，股权转让市场建立难度大。从监管来看，资产证券化产品发行从审核制改为注册制，从配套服务来看，证券评级机制也在逐步完善，因此 PPP 资产证券化是短期内社会资本退出机制建设的最佳选择。

随着 PPP 专项债强力解决了融资难痛点，项目落地或将进一步加速。"PPP 专项债 + ABS"开启了 PPP 新时代，融资模式优化助推项目高增长：（1）过去由于 PPP 项目运营时间和回报周期长、资产流动性较低、长期回报率低和投资性现金流差等行业长期痛点，相当一部分社会资本仍持观望态度；"PPP 专项债 + ABS"有力地提高了 PPP 资产流动性，解决了资产期限错配的问题，优化资产结构，全面优化资金退出渠道以及项目盈利模式，"PPP 专项债 + ABS"将开启 PPP 项目模式新时代。（2）PPP 项目专项债的发行可极大支持项目建设期的融资需求，解决 PPP 项目进入问题；PPP 资产证券化可解决投资者退出需求，二者将形成"前端 + 后端"的有效互补。规范地方政府举债将保障 PPP 持续发展，PPP 专项债的推出将与 PPP 资产证券化及 PPP 资产交易平台共同形成完整的 PPP 生态圈，企业 PPP 项目的落地将进一步加速。

（二）农村土地经营权流转履约保证保险

2017 年 2 月，中共中央、国务院印发《关于深入推进农业供给侧结构性改革加快培育农业农村发展新动能的若干意见》，明确提出要"针对加快土地流转进行适度经营、加快农村金融创新，推进两权抵押贷款试点"。根据全国人大常委会 2015 年 12 月 27 日表决通过的决定，河南省长垣县、浚县等 9 县市入选农村承包土地的经营权抵押贷款试点县。

农村土地流转是大家所熟悉的一种农业生产规模经营形式，新的农业生产经营主体（农业企业、合作社、家庭农场、种粮大户等）从传统承包户手中租用土地，在租用的土地上实现了规模生产，这种形式在农业实践中已较为普遍。

土地流转对农村金融提出了巨大的需求。近年来涉农金融机构已经通过采取多种措施，有效缓解了农业规模化经营的融资难、融资贵等难题，但调查显示，现有的金融服务与农村土地承包权流转还存在着土地流转权益与金融机构信贷体制硬约束、经营主体多样性与金融机构信贷产品单一化、对贷款需求及期限的"中长期"性与金融机构贷款信贷额度和期限的限制、农业经营规模扩大导致农业风险增加与金融机构风险控制等方面的诸多矛盾并没有得到有效改善。

基于以上的实际情况，由地方政府出资建立"农村土地经营权流转履约保证保险"，对在土地流转过程中农地经营主体因各种灾害产生的损失进行补偿，这样既可以保证农地承包者可以及时给付承包经营费用，减少土地流转经营业主的损失，也为涉农金融机构针对农地流转权的贷款提供保障，消除涉农金融机构因农业生产的天然风险性而不敢发放贷款的后顾之忧。

同时还可通过财政补贴、担保、贴息贷款等措施鼓励农地使用权的有效运转，对开展规模经营的农户给予补贴，这在一定程度上可以保障农户权益，增强农民参加土地流转的信心，有利于进一步盘活农村产权资源，构建农村土地承包权、经营权良性流转机制，促进农业现代化发展。

（三）"互联网 +"普惠金融

普惠金融是完善金融体系、改变金融服务甚至金融进一步发展最重要的一环，而普惠金融发展最核心的问题就是提升它的普惠性。普惠金融的理念就是立足于金融服务具有公共产品的属性和商业模式市场化可持续原则，以可负担的成本为有金融服务需求的社会各阶层和群体提供价格合理、方便快捷、持续有效的金融服务。

基于特定的经济发展阶段，长期以来我国金融体系的抑制性特征十分明显，各类金融机构虽然较多，但仍有很大一部分群体的金融需求很难得到传统金融服务体系的有效供给。从中低收入人群、小微企业的资金需求角度来看，普惠金融的市场容量在 10 万亿元以上。

作为一种新兴的金融创新模式，互联网金融的兴起为普惠金融的实现提供了重要手段和途径，满足了普惠金融的巨大需求。互联网金融对金融的创新点在于提供了更便捷的金融工具，而普惠金融主要从客户角度出发，二者有着高度的相容性和天然的契合性，协同效应非常明显。

与传统的金融模式相比，互联网金融有着参与门槛低、覆盖范围广、运营成本低、服务速度快的天然优势，借助互联网金融普惠、平等、包容、高效的特点，普惠金融可以更好地实现它的可获得性、可使用性和便利性，在满足小微企业、中低收入阶层投融资需求，提升金融服务质量和效率，引导民间金融走向规范化等方面可以发挥独特功能和作用。

2016 年初，国务院印发了《推进普惠金融发展规划（2016～2020年)》，首次从国家层面确立了普惠金融的实施战略。政策的刺激将助力普惠金融在长尾信贷与财富管理方面得到长足发展，在大数据、云计算和人工智能等创新技术的强力支撑下，长尾信贷迎来黄金发展期，也标志着我国迎来普惠金融发展的历史交融点。

2016 年 9 月，在杭州举行的 G20 第十一次峰会上，数字普惠金融被列为重要议题之一，代表着普惠金融的发展趋势。会议通过了《G20 数字普惠金融高级原则》、《G20 普惠金融指标体系》升级版及《G20 中小企业融资

行动计划落实框架》三个文件。其中《G20 数字普惠金融高级原则》是国际社会首次在该领域推出的高级别的指引性文件,标志着数字金融成为实现普惠金融发展的真正路径。

2016 年 4 月,网贷监管办法经法律法规逐步确认,市场对不合规金融企业的淘汰进程加速,互联网金融逐步走上了规范化、注重产品技术性创新的良性发展模式。2017 年互联网金融将以科技金融为主旋律蝶变,业务模式将从专注小贷资产、租赁资产、债权转让交易转型为以提供综合金融服务的互联网金融平台为主力军,加速走向互联网金融 3.0 时代。

同时,随着"互联网 + 产业 + 金融"的快速融合,金融与实体经济的结合将更加紧密,有利于普惠金融模式的创新。而随着"互联网 + 征信"体系的建立与完善,社会诚信环境的营造,联合惩戒机制的建立,为小额信贷等普惠型金融产品的普及提供了良性的生态环境。

（四）产业链金融生态系统

2014 年 6 月习近平总书记提出要"围绕产业链部署创新链、围绕创新链完善资金链",产业链、创新链和资金链"三链协同"成为我国实施创新驱动发展战略的关键途径。从金融学角度来看,"围绕产业链部署创新链、围绕创新链完善资金链"内含着两种金融模式——产业链金融和科技链金融,用简单的公式表示,即:产业链 + 资金链 = 产业链金融;产业链 + 创新链 + 资金链 = 科技链金融。

产业链金融 3.0 时代,构建了智慧供应链金融生态。作为供应链金融的"将来式",不仅仅是产业供应链与金融的结合,更是"互联网 + 产业供应链 + 金融"三个要素的高度融合,搭建起了依托三大产业的智能和智慧供应链、物联网和互联网相融合的金融生态平台。具体的运营方式包括通过平台链接的智慧供应链、基于云计算和大数据创建的金融生态体系,使得金融能真正服务于整个智慧供应链的各类主体。在产业链金融 3.0 时代,借助基于互联网的智慧供应链金融平台,则可通过较少的投入对接供应链体系,除了实现商流、物流、资金流、信息流的"四流"归集与整合,充分获得基

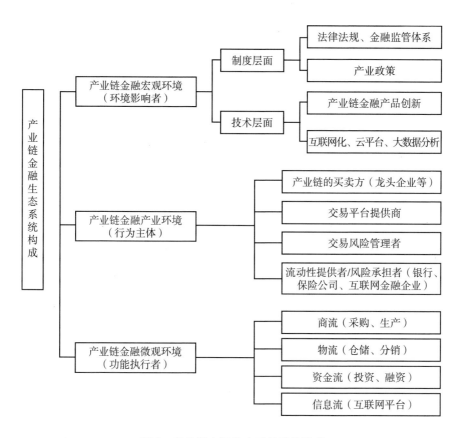

图2　产业链金融生态系统融资模式

于供应链的征信、融资、结算、理财等"端到端"的综合金融服务，通过金融也推动了智慧供应链的发展，同时借助于智慧供应链运营也实现了金融生态的拓展和增值。

（五）城镇化发展基金

在2014年9月发布的《国务院关于加强地方政府性债务管理的意见》的框架下，地方政府原有的平台融资渠道受到限制，具有股权融资性质的、以服务城市建设为对象的城镇化发展基金就成为各地方政府基建融资的次优选择。在2016年1月22日李克强总理主持召开的国务院常务会议上特别提

137

到要完善土地、城镇住房等制度，鼓励各级地方政府利用财政资金和社会资本设立城镇化发展基金。

所谓城镇化发展基金实际上是一种融资媒介，其实质就是由地方政府出资成立种子基金以撬动风险资本，以联合股权形式运营并由第三方机构管理的一种融资形式，而其投资方向主要是一些特定的城镇基础设施和公共服务领域的建设，具体运行模式可参见图3。

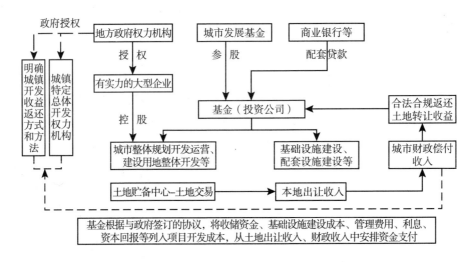

图3　城镇化发展基金

在供给侧结构性改革的大背景下，通过制造业托底和基础设施投资拉动稳增长就成为地方政府制定政策的重要方向。在政府融资平台受限和土地融资约束的前提下，城镇化发展基金由于其灵活的形式和汇集资本的功能，越来越多的地方政府平台通过该种模式吸引各类社会资本以解决融资问题。

（六）引入资源补偿项目（Resource Compensate Project, RCP）融资模式

在城乡统筹发展过程中，城市绿化、生态环境、城市防灾建设等提供的是纯公共产品，属于非经营性基础设施项目，具有非排他性和非竞争性的特

点，建设过程中进行项目融资非常困难，因而 PPP 模式、BOT 模式和 TOT 模式都不太适合，这类基础设施建设通常要特别突出政府投资的主导地位，可以考虑采用 RCP 模式。

RCP 项目运行模式中的各方包括融资主体（例如项目运营公司）、投资主体（包括为项目提供资金的政府部门、各类社会资本或金融机构）、担保主体（也就是为项目融资提供担保的政府、社会组织或个体）。

RCP 融资模式的提出，为纯公益项目的融资提供了新的方式，具有减轻政府财政压力、提高项目运作效率和加速资源开发等优点。通常来说，欠发达地区的资源相对丰富，而财政实力却比较薄弱。RCP 这种新兴项目融资模式的运用将有利于降低这些地区在基础设施建设上对中央财政的依赖程度，对解决基础设施/公用事业项目建设资金不足、加快建设具有重要的现实意义。

（七）加强农村金融创新

长垣县是国家粮食生产基地县和绿色农业示范区，农业生产地位非常突出，加强农村金融创新对长垣县经济的助力作用尤为重要。根据全国人大常委会 2015 年 12 月 27 日表决通过的决定，河南省长垣县、浚县等 9 县市入选农村承包土地的经营权抵押贷款试点县。

2015 年 7 月，财政部、农业部、银监会联合印发了《关于财政支持建立农业信贷担保体系的指导意见》，指出要加快农村金融创新，强化激励约束机制，确保"三农"贷款投放持续增长。目前我国涉农的金融机构尚难以满足农村的金融需求，银行体系的信贷资源很难与农村的金融需求衔接。部分农村的金融需求仍借助于民间借贷、村民互助、民间金融等方式，因此农村的金融创新有助于农村民间金融浮出水面，使得农村居民享受正规、便利、低成本的金融服务。由于农业和农村外溢效应明显，资金投入农业和农村的直接收益并不显著，建立财政支农投入机制，有助于农村获取稳定的财政资金支持，并且撬动社会资本进入农村；探索农村集体组织以出租、合作等方式盘活利用空闲农房及宅基地，不仅有利于增加农民财产性收入，对于

农村闲置资源的利用也是帕累托改进；农村人居环境治理和美丽乡村的建设，将使得农村的基础设施建设再上一个新台阶。

三　提高长垣县融资水平的对策建议

根据长垣县"十三五"规划中建设智慧城市、海绵城市、生态园林城市、畅通城市，建设生态宜居家园、做优做精现代农业的发展目标，结合县域发展实际，对当前长垣县投融资模式提出如下对策建议。

（一）创新县域基建融资模式

无论是建设智慧城市、海绵城市还是统筹新城开发和老城区改造、建设生态园林城市，基础设施建设、公共产品和服务供给方面，都需要大量的投资，在"土地财政"难以为继、地方政府采用 BT 模式进行基础设施建设被"叫停"的情况下，可采用 PPP（政府与社会资本合作）模式，把社会资本引入公共服务领域，让公共服务和社会资本相结合，以达到两者权益的最大化。对政府而言，通过引进社会资本，可以高效利用政府财政资源，提高公共产品和服务供给的效率和质量，而从社会资本的角度看，在当前资产荒以及十年期国债收益率低至 2.8% 的背景下，其具有政府 20 年刚性兑付预期 6%~7% 收益率的 PPP 项目相对较高，即使扣除发行磨损后 4%~5% 的净收益率也具备一定的吸引力。

对于经济实力不足地区，还可采取 PFI（民间主动融资）模式，发挥社会资本在资金、人员、设备技术和管理等方面的优势，利用各种政策手段鼓励其主动参与到基础设施项目的开发建设和经营中来。

目前长垣县在 PPP 项目方面已有了一定的发展基础、取得了一定成效，截至 2017 年 5 月共谋划 PPP 项目 11 个，预计总投资 71.21 亿元，涉及市政工程、体育、生态建设和环境保护、水利、交通、医疗六大行业。9 个项目进入省财政厅 PPP 推介库（其中长垣县体育场人防工程综合体 PPP 项目、长垣县污水污泥处理设施 PPP 项目进入财政部 PPP 示范库）。在 2017 年 4

月 27 日国务院办公厅发布的《关于对 2016 年落实有关重大政策措施真抓实干成效明显地方予以表扬激励的通报》中，长垣县被列入"推广政府和社会资本合作（PPP）模式成效明显、社会资本参与度较高的市、县（市、区）"，荣获表彰。

在此基础上，长垣县要尽快组建县级 PPP、PFI 中心，并积极争取国家开发银行和农业发展银行的开发性金融支持，建设重点项目库。PPP、PFI 中心可会同行业主管部门，对潜在项目进行筛选评价后，进入各级 PPP、PFI 中心项目库。通过 PPP、PFI 中心能力建设，组建 PPP 技术援助中心，组织专家团为项目落地、实施、运营等提供咨询和决策辅助等服务。

（二）培育和优化县域金融生态

金融生态环境的优与劣，直接关系到金融业能否快速健康发展。而促进县域金融的持续发展，必须建立完善的金融服务体系，不断优化促进金融创新的软环境。一是要通过财税、货币、产业等政策的协调配合，优化支持县域金融发展的政策环境。二是要优化金融组织体系。依托河南省实施的"金融豫军""引金入豫"两大工程，出台配套优惠政策，以吸引各类金融机构特别是县域融资性担保机构、担保基金等信用服务中介在本县范围内落户。三是可以按照"政府搭台、金融唱戏、服务企业"的思路，将企业、银行、担保、典当等各类组织及金融机构集聚起来，开办"金融集市"，组建县域金融服务中心，让长垣金融大厦在探索推进"互联网金融云"服务平台，加快金融产品和服务创新方面真正发挥作用，为优势产业发展和城镇基础设施建设提供有力支撑。四是要推进县域农村信用体系建设，完善征信系统，为县域金融创造优良的信用环境。县级法院要加强与县域金融部门的合作，定期发布信用红色预警，建立起失信惩戒机制以有效保护金融机构特别是农村信用社的债权，以提高县域金融市场的吸引力。

（三）创新产业链金融体系

以移动互联网、云计算、大数据为基础的"互联网＋"介入各产业，

在提升各行业的集中度和产业链一体化方面显著改善了各产业，促使各产业链形成全新的商业模式。在行业集中度不断提升的进程中，龙头企业利用其在产业链中的核心地位和充裕的资金可为全产业上下游提供金融的投融资、网上支付等服务。就目前各行业龙头企业在构建产业链金融体系的经验而言，有以下几种模式可供选择：（1）依托P2P平台，对接优质资产，以自有资金为主，向上、下游企业直接发放贷款，以获得利息收入；（2）设立担保公司，为上、下游企业增信，以方便其获得金融机构贷款，通过担保费获得收入；（3）建立P2P平台，连接有融资需求的企业和理财需求的个人，通过手续费、服务费方式赚取利差；（4）对于涉农龙头企业，可通过打造一体化生态圈，为生态圈内新型经营主体、上下游企业提供类金融服务；（5）鼓励金融机构、龙头企业大力发展订单、仓单质押等产业链、供应链金融；（6）稳妥推进试点地区农村承包土地的经营权、农民住房财产权等农村产权融资业务，拓宽抵质押物范围，加大特色产业信贷投入。

（四）加大对农业保险支持力度

现代农业经营属于专业化、规模化经营，投资较大。发达国家的农业保险在规模化农业中发挥着重要的作用，而我国还相差较远。新型农业经营主体的崛起对农业保险分散化解风险的渴求更为强烈，恶劣气候更凸显出农业保险的重要性。

种植业小额保证保险贷款业务就是一种银行与保险合作的创新金融业务，是加强金融合作、改善金融服务的积极尝试。该业务主要为家庭种植大户、农场、农民专业合作社等新型农业经营主体提供农业生产贷款融资服务。具体操作方式如下：借款人向保险公司投保，保险公司承保贷款保证保险，金融机构以此作为主要担保方式向借款人发放贷款。通过银保合作，有效解决了新型农业经营主体抵押担保物不足、授信额度低等问题，贷款的额度进一步扩大，贷款的资格准入、操作程序进一步简化；同时，保险费用由银行承担，降低了融资成本。金融机构作为贷款方，具有资金授信管理、风险处置等优势；保险公司作为承保方，具有对客户真实经营情况掌握全面、处置保险事故能力专业等特点；双方的合作，形成优势互补，收益与风险共担。

同时要积极发展特色产品保险，探索开展价格保险试点，鼓励保险机构和贫困地区开展特色产品保险和扶贫小额贷款保证保险等。

（五）利用资本市场提升直接融资能力

经济转型讲求的是创新型、服务型融资方式的变化，未来服务实体经济发展将更有赖于资本市场，而非传统金融机构。长垣县的经济、社会发展决定了其对金融资源的需求，同时也决定了需要与之相匹配的融资模式及特点。加快金融创新，提高金融服务实体经济效率。积极培育公开透明、健康发展的资本市场，提高直接融资比重，降低杠杆率是其发展的主要途径。

以提升县域贷存比为核心，以推动企业进行股份制改造并发展到多层次资本市场融资为突破口，增加县域金融供给，提高县域金融的可获得性。

县域金融工程重要抓手是四板市场。可运用政府的资源来设立奖励基金、产业基金、担保基金和风险基金，使企业几乎零成本地走进资本市场。而企业一旦走进了四板市场，便可以建立现代企业制度，拓宽融资渠道，为企业转板升级创造更为广阔的空间。企业发展了，产业便壮大了，新型城镇化便有了基础，县域经济便能可持续发展。

（六）以"互联网金融云"服务平台为着力点，加快金融产品和服务创新

在大力发展互联网普惠金融方面，要着力解决互联网金融发展的环境问题，特别要加强对城乡居民进行互联网金融知识的普及，鼓励探索利用移动支付、互联网支付等新兴电子支付方式开发贫困地区支付服务市场；支持县域内龙头企业借力中小银行，构建互联网金融生态闭环。在直销银行、市民卡工程、供应链金融、互联网营销、互联网运营推广、互联网金融企业资金存管等相关平台、产品和服务领域建立长期稳定的战略合作伙伴关系，为优势产业发展和城镇基础设施建设提供有效支撑。

（七）创新城乡统筹发展投融资机制

在推进城乡区域统筹过程中，加大采用 PPP 模式引入社会资本参与基础设施建设的力度，形成可持续、常态化的资金供给链，盘活社会存量资本，激发民间投资活力，有效缓解地方政府短期投资压力，降低地方政府短期投入所承受的财政风险，增强县域经济增长的内生动力，突破县级政府在城乡建设过程中资金不足的瓶颈。同时，要尤其注意明确界定县级政府投融资领域。所遵循的原则可以是：（1）对于准公共物品如城乡道路交通、城市污水、垃圾处理等基础设施建设和公共服务设施等社会效益大且有一定经营效益的项目可由政府进行建设性投资；对于一般竞争性、营利性项目政府应退出，充分发挥民间资本的投资力量，并尽量减少行政干预，真正发挥市场的主体作用。

同时，在 PPP 项目合作已取得显著成效的基础上，争取 PPP 项目资产证券化落地，助力拓展融资新渠道。

参考文献

1. 胡娟：《县域金融发展的着力点》，《光明日报》2016 年 5 月 29 日。

2. 田霖：《互联网金融与普惠金融的耦合与挑战》，《光明日报》2016 年 11 月 5 日。

3. 李国英：《论供应链金融与 P2P 平台融合》，《开放导报》2015 年第 5 期。

4. 本刊编辑部：《关于金融助推脱贫攻坚的实施意见》，《当代农村财经》2016 年第 5 期。

5. 王君：《普惠金融与金融精准扶贫的关系研究——基于湖南湘西州的实践》，《武汉金融》2017 年第 3 期。

6. 李国英：《金融抑制、金融创新与互联网金融发展边界——基于与传统金融机构竞合的视角》，《区域经济评论》2015 年第 4 期。

7. 于德良：《京东金融战略投资聚土网试水百万亿元土地流转市场》，《证券日报》2017 年 5 月 13 日。

8. 本刊编辑部：《关于金融助推脱贫攻坚的实施意见》，《当代农村财经》2016 年第 5 期。

精善长垣篇

Good Changyuan

B.13
长垣县推进新型城镇化
试点的回顾与展望

柏程豫 *

摘　要: 自2015年12月入选第二批国家新型城镇化综合试点,长垣县结合自身实际确定了推进新型城镇化试点建设的总体思路与目标。围绕试点任务,长垣县在加快农业转移人口市民化进程、创新城镇化建设投融资机制、谋划重大项目夯实产业基础、持续加强城乡基础设施建设、保障和改善民生、加快推动农村土地制度改革工作、推进社会信用体系建设等方面探索实践,综合试点工作取得阶段性成效。未来,按照推进新型城镇化试点的既定目标,长垣县还要开展更为深入细致的工作,努力形成现代城镇体系,形成现代产业体系,继续

* 柏程豫,河南省社会科学院城市与环境研究所副研究员。

深化投融资体制改革，进一步提升城乡公共服务均等化水平，农村集体经营性建设用地入市改革取得实质性进展。为顺利实现目标，需要从组织领导、资金支持、宣传引导和考评机制等多个方面制定保障措施。

关键词：　新型城镇化　农业人口转移　长垣县

长垣县属河南省直管县，位于河南省东北部，同濮阳县、滑县、封丘县接壤，与兰考县、山东省东明县隔黄河相望，地域面积1051平方公里，耕地86万亩，辖11镇2乡5个街道办事处、1个省级产业集聚区，600个建制村，88万人。2015年12月长垣县入选第二批国家新型城镇化综合试点。

一　长垣县推进新型城镇化试点的总体思路与目标

按照《国家新型城镇化综合试点总体实施方案》提出的总体要求，各试点地区需要重点在促进农民工融入城镇、加快产城融合、培育新生中小城市、促进开发区转型、推进城市（镇）绿色智能发展、对城市低效用地实施再开发利用、带动新农村建设等领域，结合本地发展的实际情况，积极探索新型城镇化发展路径。长垣县立足自身现有基础条件、比较优势和地区特色，确定了推进新型城镇化试点建设的总思路：围绕把长垣县建设成为区域性中心城市的目标，以人的城镇化为核心，以提升质量为关键，积极探索建设与新型城镇化发展相适应的新体制和新机制，为全省提供可复制、可推广的新型城镇化改革经验和发展模式。按照这一总体思路，长垣县制定了具体发展目标。

——到2017年，基本形成与常住人口规模相挂钩、事权与支出责任相匹配的农业转移人口市民化成本分担机制；政府投融资平台建设取得显著进展，社会资本参与城市建设投融资比重不断提高；建立城乡统一的户籍登记和管理制度，全面消除城乡户籍和管理的"二元"结构。2016年和2017年两年完成农业转移人口市民化人数累计达到3.6万人，全县人口城镇化率达到54%。

——到2020年，形成财政资金、投融资平台、社会资金等多方参与的多元化可持续的投融资机制；城乡一体化发展机制基本形成，推动城乡公共服务均等化取得显著进展，基本实现城乡建设和管理一体化。累计完成农业市民化人数9万人，全县人口城镇化率达到60%。中心城区建成区面积达到53平方公里，人口达到50万人以上，成为集聚农业转移人口的核心载体。

二　长垣县推进新型城镇化试点的工作回顾

自国家新型城镇化综合试点工作启动以来，长垣县紧紧围绕试点任务，扎实推进，积极探索，大胆实践，综合试点工作取得阶段性成效，为全面深入推进奠定了坚实的基础。

（一）加快农业转移人口市民化进程

一是制定农业转移人口市民化年度成本分担和投入方案。组织各相关部门测算农业转移人口市民化有关成本。据测算，2016年农业转移人口人均成本约7.6万元（参加职工社保）、5.0万元（参加居民社保）；2017年农业转移人口人均成本约8.0万元（参加职工社保）、5.2万元（参加居民社保），其中政府、企业和个人承担市民化成本分别约占66%、21%和13%。二是建立城乡统一的户口登记制度。加快户籍制度改革，进一步放宽了落户条件，凡在城镇具有合法固定住所（包括租赁房屋）的，不受房屋面积限制，均准予入户。全面放开了对高校毕业生、技术工人、中职学校毕业生、农村升学学生和参军进入城镇者、留学归国人员的落户限制。合理设立了集体户口，方便符合条件但无个人合法房屋产权的人员进城落户。三是努力实现城镇基本公共服务常住人口全覆盖，出台了《关于进一步放宽户口迁移

政策深化户籍制度改革的通知》，2017年第一季度办理转移城镇人口1800余人；保障农业转移人口随迁子女入学，根据中小学学籍管理规定和相关招生政策办理学籍异动和中招报名手续；持有居住证的人员可以享受长垣县养老服务、社会福利、社会救助待遇；目前正在研究制订"村改居"实施方案；278名流入人口全部建档立卡，与本地常住居民享受同等医疗、计划生育基本公共服务。四是积极帮助农民转移就业，2017年第一季度共发放贷款1385万元，扶持创业人员185人，带动555人就业；共开发公益性岗位587个，农村劳动力转移再就业3315人；城镇新增就业711人，离校未就业高校毕业生实名制登记445人，大学生就业见习补贴到3月底发放约20万元。

（二）创新城镇化建设投融资机制

一是组建规范高效的城镇基础设施投融资平台。注册资金7.6亿元组建的长垣县投资集团目前已发展为投融资的改革创新平台、国有资本投资运营主体、开展公私合作（PPP）的政府授权载体，重点支持城镇基础设施、产业集聚区、商务中心区的经营性和准公益性项目建设与运营。近年来实现信贷融资21.3亿元，主要用于河道综合治理、保障性安居工程统贷统还、三善园公园建设等。此外，长垣县投资集团已与国都证券签订发行企业债券的承销协议，企业债券发行工作正在稳步推进。二是积极争取新型城镇化发展基金。试点工作开展以来，长垣县争取省级新型城镇化转移支付资金1780万元，目前已拨付容园建设546万元、投融资平台注入资金1094万元、随迁子女就学奖励140万元；争取城乡一体化转移支付资金2000万元，已拨付2000万元用于城市基础设施和重点镇建设。三是推广运用政府与社会资本合作（PPP）模式。长垣县共谋划PPP项目13个，总投资55.73亿元，涉及市政工程、体育、生态建设和环境保护、水利、交通、医疗等六大领域。其中6个项目进入省财政厅PPP推介库（其中2个进入财政部PPP示范库），剩余7个项目均进入省财政厅PPP项目意向库。截至目前共落地PPP项目8个，实施融资22.24亿元。政府购买服务拟实现融资34.37亿元，其中：2017年市政道路路网建设、市政绿化项目、省道308至省道213

（鲁山村）道路改建项目、2017年县乡道路打捆项目已完成政府购买程序，银行正在审批。

（三）谋划重大项目夯实产业基础

一是农业持续增收增效，粮食总产达到65.4万吨，新发展设施农业面积4500亩、良种繁育3万亩、家庭农场5家，新增高效农业面积1.5万亩，达到35万亩。新获"三品一标"认证3个，达到124个，被评为"省级农产品质量安全示范县""河南省首批全程机械化示范县"。林业生态建设居直管县第1位。华大基因小米后加工基地、集装箱水产养殖基地投入运营。二是工业经济稳中提质。实施驼人健康科技产业园、晨阳水漆、汽车配件联盟、河南矿山新型轻量化欧式起重机等亿元以上工业转型升级项目67个，完成投资106.3亿元。建立华大基因研究院长垣分院、武汉理工大学长垣专用汽车研究所等5家科研院所和省级高新技术创新创业服务中心，省级以上企业（工程）技术中心达到35家。新增省级科技成果45项，申请专利1613件，卫华集团和河南矿山荣获省科技进步奖，大方重型、驼人集团被评为国家工业品牌培育示范企业。高新技术产业增加值占规模以上工业增加值的比重达87.5%，居省直管县第1位。卫华集团、驼人集团2家企业入选全省首批30家科技创新龙头企业。新增中国驰名商标1件，总数达到11件；新增河南省著名商标10件，总数达到105件，驰名商标、著名商标数量均居全省县（市）第1位。三是现代服务业快速成长。"互联网＋"行动计划全面实施，国际万商城二期、居然之家等一批服务业项目开业运营。2016年第三产业实现增加值115亿元，增长11.2%，占比达到36.8%。累计引进金融保险机构38家，兴办托幼养老机构298家。阿里巴巴农村淘宝服务中心投入运营，建成村级服务站78家，发展京东电商230家，被评为"全国电子商务进农村示范县"。

（四）持续加强城乡基础设施建设

一是以文明城市创建为抓手，按照规划提质、管理提优、统筹提升的整

149

体思路，新建改建市政道路 31.6 公里，新铺设供水管网 22 千米、燃气管道 17.5 千米、污水管网 20.6 千米，自来水普及率、燃气管网覆盖率、生活污水处理率分别达到 97.1%、94%、90.5%，累计铺设供热管网 83 千米，城区集中供暖覆盖面积达到 950 平方米；新建改造公园游园 14 处，城市绿地率达到 38.5%；6 个棚户区 3626 套安置房改造续建项目基本建成；新增城市建成区面积 1.5 平方公里，新增城镇人口 1.8 万人，城镇化率提高 2 个百分点；启动智慧城市建设，被确定为省"宽带中原"示范县；实施镇区基础设施和公共服务设施项目 89 个，完成投资约 4 亿元。二是推动城镇基础设施向农村延伸，建设美丽乡村社区面积 62 万平方米，新入住农户 5500 户，被确定为"省开展美丽乡村建设示范县"；加强农村环境卫生综合整治，建立并规范运行村收集、乡运输、县处理的垃圾收集机制，率先在全省实现了全县域垃圾无害化处理，创建农村人居环境达标村 100 个、示范村 80 个，创成省级生态乡镇 1 个，农村人居环境不断优化。三是启动黄河滩区居民迁建工作，河南省第二批黄河滩区迁建试点涉及长垣县武邱乡罗寨、罗家两个行政村，共计 856 户 3316 人，以集中安置为主，集中安置区规划在长垣城区蒲东办事处，规划占地面积 107.7 亩，迁建安置总建设面积 13.9 万平方米，安置区主要规划建设内容包括小高层住宅楼、商业设施、社区服务中心、幼儿园、卫生室以及垃圾转运站等配套基础设施。

（五）保障和改善民生

2016 年全县用于教育、卫生、就业等各项民生支出达 34.9 亿元，占公共预算支出的 76.4%。大"110"便民服务平台规范运行。率先整县实施无创产前基因检测，直接受益群众 5.9 万人；宏力医院被评为"全国优秀爱婴医院"；县人民医院北区改造、县中医院新建病房楼、县妇幼保健院整体搬迁项目基本建成，升级改造村级卫生室 248 所，被评为"全省医养结合试点县"。新增城镇就业再就业 8256 人，城镇登记失业率控制在 3.3% 以内。建成保障性住房 2000 套。改造中小学校舍 55 所，新增校舍面积 5.9 万平方米；重视学习内涵素质的提升，建成养成教育示范性学校 50 所；优化整合公办职业教育资源，组建长垣职业中等专业学校；县体育场建成并投入使用。城乡居民大病保险全面推开，社会养老保险参保率达到99%，新农合参合率达100%；已实现全省及部分外省的异地就医结算；借鉴先进地市缴存经验，并结合本县实际，正在制定农民转移人口、个体工商户、自由职业者住房公积金缴存使用细则。

（六）加快推动农村土地制度改革工作

农村集体经营性建设用地入市试点，先后出台12个相关配套政策文件，形成了一整套完备的政策体系；征地制度改革的9个相关配套制度已拿出初稿，目前正在征求县相关部门意见。已入市出让9宗218.63亩农村集体经营性建设用地，成交总金额2423.1万元，农民集体获取收益2172.8万元，政府收取调节金250.3万元；新确定11宗约160亩入市地块，目前正在做入市前的各项准备工作。农村集体土地所有权确权登记发证已全面完成，农村土地承包经营权确权登记颁证基本完成。农村产权交易中心成功组建。农村土地承包经营权抵押贷款试点，共发放贷款53笔8600万元。

（七）推进社会信用体系建设

正在筹建长垣县社会信用信息数据库共享平台、长垣信用网站，行政许可、行政处罚"双公示"工作已正式运行，位于省直管县（市）前列。

三 长垣县推进新型城镇化试点的未来展望

按照长垣县推进新型城镇化试点的既定目标，到2020年长垣县要累计完成农业市民化人数9万人，全县人口城镇化率达到60%，成为集聚农业转移人口的核心载体，则未来必须在以下几个方面开展更为深入细致的工作。

（一）形成现代城镇体系

一是初步成为地区性中心城市。未来长垣县要继续扩大县城规模，完善

基础设施和公共服务设施,提升城市管理水平。到2020年,中心城区建成区面积达到53平方公里,人口达到50万人。二是形成一批承载力强、特色突出的生态小城镇。建设两大副中心县城,恼里镇要紧抓省级经济发达镇行政管理体制试点镇机遇,创新公共服务供给模式,推动产城融合发展,为全国小城镇发展改革探索示范经验,到2020年,镇区人口超过3万人;赵堤镇要发挥邻近黄河的优势,做好水产养殖及有机农产品种植,积极发展绿色食品加工业,打造"绿色、宜居、优美"水乡小镇,到2020年,镇区人口超过2万人;建设省级中心镇,常村、樊相、张三寨、丁栾、满村、孟岗等要发挥邻近中心城区优势,大力推动镇区与中心城区产业、交通、基础设施和公共服务等对接融合、共享共建,积极承接产业转移,大力发展医疗器械及卫生材料、安全防护用品、新型建材、家具制造、商贸物流等,实现"一镇一品、一乡一特",建设中心城区卫星镇和中心镇,力争到2020年,形成2~3个省级中心镇;建设一批特色镇,芦岗、武邱、苗寨、方里、佘家等作为中心城区辐射带动区,立足资源条件和发展基础,加快推动创业园与镇区融合发展,突出发展农副产品加工、服装加工、防腐材料、观光旅游等产业,发展成为面向周边农村的生产生活服务中心,到2020年建成一批专业特色镇。三是形成一批美丽乡村。以改善农村人居环境为重点,持续实施基础设施提升、农民安居、村庄美化亮化工程,开展农村人居环境达标村和示范村创建活动,加强基础设施建设和社会事业发展,完善基本公共服务。到2020年,全县500个村庄达到省级农村人居环境达标村标准,300个村庄达到省级农村人居环境示范村标准,建成一批各具特色的美丽宜居村庄。

(二)形成现代产业体系

一是构建完善的主导产业体系,形成以龙头企业为引领、产业链条完整的主导产业集群。到2020年,特色装备制造、健康产业、汽车及零部件、防腐蚀及建筑新材料等主导产业产值力争分别达到500亿元、300亿元、100亿元、100亿元。二是培育发展战略性新兴产业。提升产业集群竞争优势和规模效应,力争到2020年战略性新兴产业规模占工业比重超过30%。

三是大力发展现代服务业。把现代服务业作为转型升级的新引擎，大力发展生产性服务业，稳步提升生活性服务业，推动服务业大发展。到 2020 年，服务业增加值占生产总值比重力争达到 45%。四是加快推进农业现代化。大力推进都市生态农业，持续壮大农业产业集群，培育新型农业经营主体，健全农业服务体系，加快农业发展方式转变，实现农业转型升级、提质增效。围绕优势特色农产品，推动产、加、销一体化发展，围绕绿色果蔬、苗木花卉、食用菌、肉牛养殖、良种繁育五大产业，打造"全链条、全循环、高质量、高效益"的现代农业产业化集群。到 2020 年，农业基础地位更加巩固，农业产业化水平达到或超过全省平均水平。

（三）投融资体制改革继续深化

以建立完善多层次资本市场、专项基金、农村金融、PPP 融资等为重点，提升金融服务实体经济的能力。在资本市场融资方面，引导和鼓励行业龙头企业利用主板、创业板、新三板、区域性股权交易市场等多层次资本市场融资。建立涉农企业数据库，加快推进涉农企业在中原股权交易中心挂牌，为涉农企业直接融资提供便利。在金融组织机构方面，积极争取各类银行扩大在长垣信贷规模，推动农商行组建运营，探索设立一批一站式、社区型、综合化农村金融服务超市，贴近群众，方便快捷办理业务。在专项基金方面，设立产业发展基金，重点支持四大百亿级产业集群和新兴产业发展。设立小米产业发展基金，重点支持集装箱养鱼精准扶贫开发、小米经济发展等。在"三农"及小微企业信贷投入方面，探索农业产业链贷款模式，积极开展政府、担保公司、龙头企业、保险公司和农户多方参与的养殖产业信贷模式和粮食生产融资模式试点。在 PPP 融资方面，重点在基础设施、公共服务、资源环境、生态保护等领域实施一批 PPP 项目。

（四）城乡公共服务均等化水平进一步提升

一是实现城乡社会保障一体化。完善城乡社会保障机制，推进城乡居民养老、医保并轨，实现统一参保范围、统一缴费标准、统一财政补助政策、

统一保障待遇、统一社保卡"五统一"。二是完善城乡一体社会救助体系。进一步完善以城乡居民最低生活保障制度为基础，以教育、医疗、住房、就业、灾害、法律等专项救助为辅助的城乡社会救助体系。

（五）农村集体经营性建设用地入市改革取得实质性进展

紧抓全国农村集体经营性建设用地入市试点机遇，完善土地征收制度、农村集体经营性建设用地入市制度、农村宅基地制度，在符合规划和用途管制前提下，允许农村集体经营性建设用地出让、租赁、入股，实行与国有土地同等入市、同权同价，形成城乡统一的建设用地市场。积极开展农村"两权"（农村土地承包经营权和宅基地使用权）抵押贷款，推动金融机构明确将"两权"纳入抵（质）押担保范围。

四 长垣县推进新型城镇化试点的保障措施

为顺利实现长垣县推进新型城镇化试点工作的既定目标，必须从组织领导、资金支持、宣传引导和考评机制等多个方面全方位制定一系列保障措施。

（一）加强组织领导

成立由县级领导组成的新型城镇化试点工作协调推进领导小组，负责制定推进新型城镇化试点工作的政策措施、协调重大问题、监督检查、工作落实等。领导小组办公室设在县发改委，负责日常工作。新型城镇化试点工作协调推进领导小组各成员单位则需结合各自职能，围绕新型城镇化试点工作，细化支持措施。

（二）加大资金支持

将城镇化建设纳入经济社会发展规划，建立城镇化建设资金投入联席会议制度。资金分配依据年度综合考评结果，分等次确定补助标准，在次年采取以奖代补方式下达。各部门要按照职责分工，在现有资金渠道优先支持城镇化试点，对列入试点方案的项目予以倾斜。县政府按照事权和支出责任相适应的原则，探索建立多元化的投融资机制，鼓励和支持各类社会资金参与城乡基础设施和公共服务设施建设。

（三）强化宣传引导

大力宣传推进新型城镇化建设中的好经验、好典型和新思路、新举措，使新型城镇化建设成为全社会高度重视、广泛参与的共同行动，为新型城镇化试点工作营造良好氛围。县政府组织相关部门赴先进地区学习新型城镇化试点工作先进经验，及时总结借鉴，推动全县新型城镇化不断向纵深发展。

（四）建立考评机制

按照分级负责的原则，建立健全新型城镇化试点工作考核评价机制。试点工作情况纳入年度绩效考核范围，考核结果作为评价各乡（镇）、街道办事处和有关县直部门领导班子和领导干部实绩的重要依据之一。新型城镇化试点工作协调推进领导小组将定期对城镇化试点工作进展情况开展督查，工作进展快的要通报表彰，进度落后的要通报批评。

表1　长垣县推进新型城镇化试点的回顾与展望

工作回顾	加快农业转移人口市民化进程
	创新城镇化建设投融资机制
	谋划重大项目夯实产业基础
	持续加强城乡基础设施建设
	保障和改善民生
	加快推动农村土地制度改革工作
	推进社会信用体系建设
未来展望	形成现代城镇体系
	形成现代产业体系
	城乡公共服务均等化水平进一步提升
	农村集体经营性建设用地入市改革取得实质性进展
	投融资体制改革继续深化

续表

保障措施	组织领导
	资金支持
	宣传引导
	考评机制

参考文献

1. 《国家新型城镇化综合试点总体实施方案》。

2. 《河南省新型城镇化规划（2014～2020年）》。

3. 《中共河南省委关于科学推进新型城镇化的指导意见》（豫发〔2014〕1号）。

4. 《国家新型城镇化规划（2014～2020年）》。

5. 《2017年长垣县政府工作报告》。

6. 《2016年长垣县政府工作报告》。

7. 《长垣县国民经济和社会发展第十三个五年规划纲要》。

8. 张占仓、王建国：《河南城市发展报告（2016）》，社会科学文献出版社，2016。

B.14
长垣县城市设计和风貌管控研究

左　雯*

摘　要： 当前城市发展正处于转型阶段，但是由于城市设计制度的不
完善，城市建设中"千城一面""万楼一貌"的现象日益突
出，有些城市盲目地求大求新，忽略了城市历史文化的传承
和对青山绿水的保护。长垣县是河南省较早开展城市设计的
城市，长期以来持续进行城市设计的探索，城市设计编制体
系日益完善，城市面貌显著改善，城市建设和管理水平走在
全省县市前列。2017年住房和城乡建设部出台了《城市设计
管理办法》，明确了城市设计的法定地位，城市设计要体现系
统性，注重城市文脉的保护与传承，重视城市的可持续发展
和持久性。在这样的发展理念指导下，提出了长垣县推进城
市设计和风貌管控的建议，主要有明确城市定位、打造城市
特色识别区、提升建筑设计水平、强化城市生态空间管控等。

关键词： 城市设计　城市风貌　长垣县

　　我国新型城镇化建设加速推进，城市发展正处于转型阶段，由粗放型向
集约型转变，由规模扩张向质量提升转变，但是由于城市设计制度的不完
善，城市建设中"千城一面""万楼一貌"的现象日益突出，有些城市盲目
地求大求新，忽略了城市历史文化的传承和对青山绿水的保护。2015年中

---

* 左雯，河南省社会科学院城市与环境研究所副研究员。

央城市工作会议提出，要加强城市设计，提高城市设计水平；2016 年出台了《中共中央国务院关于进一步加强城市规划建设管理工作的若干意见》；2017 年，住房和城乡建设部出台了《城市设计管理办法》，城市设计工作的重要性日益提高、紧迫性日益凸显。长垣县是河南省较早开展城市设计的城市，通过城市设计和对城市景观要素的控制，提高了城市空间的环境品质和生活质量，促进经济与社会的和谐发展，塑造长垣县独有的城市景观形象，使长垣县城市建设和管理水平走在全省县市前列。在新的城市设计发展理念和新的风貌管控要求的背景下，要重新梳理和审视近年来长垣县在推进城市设计和风貌管控中取得的经验和存在的不足，以新的城市发展理念为指导，进一步提升城市建设水平，塑造长垣县风貌特色。同时，以期对河南省其他城市的城市设计工作有所借鉴。

一 长垣县城市设计和风貌管控的探索和成效

长垣县是河南省较早开展城市设计的城市之一，长期以来持续进行城市设计的探索，积极运用城市设计来引领和指导城市建设。

（一）城市设计编制体系日益完善

长垣县正在形成以城市总体设计为总纲，包括重点地区详细性城市设计、专项城市设计等涵盖不同层级、不同类型的城市设计规划，对全县的空间形态、风貌分区、绿地景观、历史文化等系统提出详细的控制引导。

城乡总体规划修编工作积极开展。作为城市设计的指导性规划，《长垣县城乡总体规划》完成修编工作，2017 年 1 月向省政府报批。规划长垣总体发展目标是"建设生态宜居的复合型现代城市，打造全国一流县城"，全县规划控制区面积为 411 平方公里，2030 年城镇化率为 72%。规划对长垣县的城市性质定位为"豫鲁交界区域性中心城市、特色装备制造与医疗器械生产基地、中国厨乡"，2030 年中心城区人口达到 73 万人，建设用地 77 平方公里。提出了以"存量规划"为主、"增量规划"为辅、内涵发展为主、外延拓展为辅，城市由内向外发展的空间发展策略；"三轴、七片区"的中心城区空间结构。科学设定了城市发展边界，控制城市开发强度，完善了各项基础设施的规划布局。

总体城市设计编制完成。总体城市设计是长垣县城市设计的第一个层级。早在 2012 年，长垣县编制了《长垣县城市景观风貌规划》，将中心城区划分为六个景观风貌区：传统蒲城景观风貌区（蒲风古韵）、东部生活景观风貌区（绿色家园）、中部综合景观风貌区（蒲中新象）、南部商务景观风貌区（活力商城）、蒲西产业景观风貌区（功力蒲西）、南部起重产业景观风貌区（朝阳南蒲），并对每个景观风貌区的风貌定位、整体风格、空间形态、道路景观、建筑风格、建筑高度进行了规划设计；对城市风貌的重点领域开敞空间系统、建筑风格与色彩、建筑高度系统、景观视廊及眺望系统、主要道路门户与"窗口"、标志物系统、夜景系统等方面进行了规划设计。可以看出，长垣县的城市设计起步早、起点高、理念超前，在 2012 年就对城市建筑的色彩、高度、标志性建筑、景观视廊甚至城市天际线等方面进行了超前规划，保证了长垣县城市建设的高起点、大视野。

《长垣县总体城市设计》编制工作于 2017 年 3 月完成，提出了"黄河洲沚，田园蒲城"的城市形象定位，建立"双廊抱城、两心耀城、八水绕城、绿脉连城"的空间形态，建设长垣古城文化风貌区、商务核心风貌区、现代时尚风貌区、都市产业风貌区四大风貌片区和"城河互融"的历史空间格局，通过打造高度分区系统、绿地景观系统、开敞空间系统、慢行交通系统等，明确城市建筑色彩和天际轮廓线，形成清晰有序、识别度高的城市整体风貌。

开展重点区域详细城市设计。作为城市设计规划体系的第二个层级，结合区域特点、功能需求等方面的综合考虑，分为公共中心区、城市公园及广场周边地区、历史文化街区和特色居住区等，开展不同层级的城市设计工作。长垣县积极开展城市重点区域的空间规划和控制性详细规划，2016 年，开展老城改造、南关大三角、火车站站台等城市重要区域的规划设计工作；完成东湖公园景观方案设计工作并严格引导建设，目前该公园已建成投入使

用；完善修改了论语园景观规划设计方案。

专项城市设计进展有序。专项城市设计作为城市设计编制体系的第三个层级，是城市重要空间系统整体编制的城市设计，主要有慢行系统、景观视廊系统、生态系统、海绵城市、夜景系统等。近年来，长垣县完成了23项城市专项规划，在2016年7月启动了《长垣县海绵城市建设专项规划》《长垣县城市综合防灾减灾专项规划》《长垣县中心城区地下综合管廊专项规划》《长垣县排水（雨水）防涝专项规划》《长垣县电动汽车充电设施专项规划》《长垣县中心城区地下空间利用专项规划》《长垣县中心城区六线专项规划》7项专项规划的编制工作，于2017年6月全部完成。配套编制了《城市色彩专项规划》《老城区街景整治改造规划》等，专项城市设计进一步完善。

（二）城市面貌显著改善

城市设计是促进城市发展转型的有效规划手段和方法，不是目的和目标，旨在通过城市设计，促进存量用地高效节约使用，改善城市的生态环境，补足城市的发展短板，增强城市的宜居性。长垣县按照总体城市设计的指导，将总体设计落实为现实的城市建设，取得了突出的成绩。优化了城市的交通系统，围绕建设"海绵城市、智慧城市、生态城市"，深入实施"3015"民生工程（30分钟通勤圈、10分钟生态休闲圈、5分钟生活服务圈），构成了"九纵十四横"、内外环贯通、辐射周边的30分钟通勤圈。改善提高了城市的生态系统，大力实施了"一路一树，一街一景"工程，高标准绿化城市道路58条，建成如意园、三善园等公园游园47处，城市绿化覆盖率达到38.5%，城市亮化做到"一街一灯"，亮化率达98%以上，构成了10分钟生态休闲圈。形成了一批标志性的建筑，投入运营了中国烹饪文化博物馆、体育馆、游泳馆、五洲大酒店、盛世联华广场、金博大购物广场等一批具有特色建筑风格的公共设施和商业设施，建成了宏力新村、亿隆国际城、欧洲小镇等26个错落有致、环境优美、配套齐全的精品住宅小区。改善了城市面貌，提高了城市形象。

（三）城市精细化管理水平显著提高

好的城市设计需要城市建立来落实，更需要高效的城市管理来保障。长垣县在城市精细化管理方面走在全省前列，被评为河南省精细化管理先进城市。长垣县积极探索城市管理执法体制改革，成立城市管理综合执法局，综合行使城市规划、市政、绿化、市容环境卫生和道路交通秩序等方面的行政管理执法权。推行网格化管理，建设运行集民生服务、治安综治、城市综合执法等功能于一体的大"110"综合服务平台，健全城市管理的问题发现、反应、处理机制，城市管理效能大幅提高。推进城市保洁社会化改革，道路清扫保洁达到"四净五无"标准，保洁率达100%。

二 城市设计与风貌管控的发展趋势和重点

城市设计一般来讲是对城市形态、空间环境所作的总体构想和安排，而城市风貌是其区别于其他城市所彰显的个性特征，有高度的识别性和标识性。城市设计既不同于城市规划，也不同于建筑设计，它是落实城市规划、指导建筑设计、塑造城市特色风貌的有效手段。

（一）明确城市设计的法定地位

住房和城乡建设部发布的《城市设计管理办法》明确提出，"重点地区城市设计的内容和要求应当纳入控制性详细规划，并落实到控制性详细规划的相关指标中。重点地区的控制性详细规划未体现城市设计内容和要求的，应当及时修改完善"。"单体建筑设计和景观、市政工程方案设计应当符合城市设计要求"。"以出让方式提供国有土地使用权，以及在城市、县人民政府所在地建制镇规划区内的大型公共建筑项目，应当将城市设计要求纳入规划条件"。但是，城市设计仍为非法定规划，不能直接作为指导和管理城市建设的法律依据。一些地区对此进行了探索，运用地方的立法权，在地方法规的层面确保了城市实际的法律地位。

（二）加快构建系统性城市设计体系

过去的城市设计的编制形式多为规划项目，一般是在城市的某些特色区域和重点区域进行，没有通过地方的城市立法形成规范性的文件，也没有从城市整体设计、重点区域设计、专项设计到管理实施细则的体系。目前，住房和城乡建设部发布的《城市设计管理办法》明确提出城市设计分为总体城市设计和重点地区城市设计，以及需要编制重点地区城市设计的区域和城市设计的管理、实施、监督等方面的内容，系统性的城市设计体系正在形成。此外，城市建筑与规划脱节的现象将得到改变，城市设计和风貌管控将和地方控制性详细规划相结合，在现有的城市设计和风貌管控的体系下，出让土地的建筑形态、色彩、符号、天际线和规划理念在出让时已经被确认，开发商在城市整体设计和控制下调整建筑形态。

（三）注重城市文脉的保护与传承

城市文脉是城市生命力的体现，是城市性格特质的体现，是一个城市精神的传承，是以往人们生产、生活所凝结出的文化记忆和文化传承，只有将城市过去的文化和现代的文化相承接，才能代代延续形成城市文脉，城市才能持续发展。新的城市设计理念要求保护和传承好历史文脉，既要尊重历史，又要有所创新，反映城市时代特点，在城市设计和建筑创作中融入历史文化基因，延续城市文脉，塑造富有地区特色的建筑风格和城市风貌。

（四）重视城市的可持续发展和持久性

城市的自然环境既是城市赖以生存的基础，也是制约城市发展的因素之一，城市的地形、水容量、植被和气候等都是影响城市设计的条件。城市设计不仅要考虑现实的可行性，更要考虑城市的长久发展，必须要加强城市设计的可持续性才能保证城市更长久更好地发展。可持续发展的城市设计不仅要考虑建筑风貌，更要注重和自然环境的结合，形成独特的城市自然风貌。

三 长垣县推进城市设计与风貌管控的建议

（一）明确城市定位

长垣县的城市设计中也对长垣进行了总体定位，但是城市发展定位不准确，对长垣历史文化底蕴挖掘不够，在文化内涵、功能布局、主题色调等方面，还没有形成长垣独有的城市风格。长垣的城市基础设施建设较为完善，档次较高，这是城市发展的硬件，而城市总体定位和城市发展战略是软件，城市的大发展不仅要有良好的硬件条件，更要有城市的灵魂和发展主线。目前，长垣的城市名片很多，厨师之乡、起重机、医疗器械等，要选取最独特、最具代表性、体现未来发展方向的城市总体定位。

（二）加强城市设计

充分发挥城市设计在完善城市布局形态、塑造城市特色风貌、提升城市品质、增强城市活力等方面的作用，持续推进长垣县城市设计。在总体城市设计基础上，围绕城市中心、历史文化街区、核心功能区等重要区域，快速通道、滨水廊道、景观视廊等主要轴线，主要公园、广场、重要建筑等关键节点开展城市设计工作。推进老转盘、南关大三角、黉学商场、火车站站台等重要节点、区域的提升改造方案设计，做好高速口城市迎宾厅、出入市口等城市重要节点的设计。积极开展高层建筑布点研究，加强城市轮廓线设计。建立城市设计与城市规划挂钩的管理体制和工作机制，将城市设计成果纳入相关控制性详细规划，并在建设项目规划许可中予以落实。

（三）打造城市特色识别区

长垣县要在对城市历史、文脉研究的基础上甄别自身独特的城市符号、城市特色和可识别性，找到城市最重要的可识别的符号，保护城市脉络肌理，沿着城市肌理进行城市设计，重视城市风貌的管控和引导，改变"千

城一面""万楼一貌"的现象。城市设计和风貌管控不能搞"一刀切",将城市最核心、最有特色和识别性的区域重点设计,重点打造城市的特色识别区,合理规划城市天际线,保护区域城市色彩、城市文脉和城市肌理。以城市设计引领重要地段、重点节点的规划实施,打造城市亮点,例如,实施长垣县老城区改造行动计划和城镇旧房改造工程,按照明清传统建筑风格,分区域、分片区、分条块推进老城区改造,同步完善老城区基础设施,打造独具长垣特色的老城街景风貌。另外,城市设计和风貌管控是根植于城市,而不是简单地照搬和复制,现在许多城市的标志是高耸的高层建筑、超大规模和豪华的基础设施建设。而长垣是一个县级城市,城市设计要从自身实际出发,符合自身发展需要,不能"摊大饼"和追求高层建筑。

(四)提升建筑设计水平

城市建筑是有生命的机体,在进行城市建筑设计时要充分考虑建筑物的周边环境,避免单个建筑游离在整体环境之外,将建筑物和周边建筑、整体环境融为一体,做好城市设计和建筑方案设计的衔接。坚持"适用、经济、绿色、美观"的新时期建筑方针,扭转"贪大、媚洋、求怪"的建筑乱象。充分发挥建筑师在建筑项目中的主导作用,鼓励引导其融合历史文化传统、先进设计思想和技术,在工程实践中大胆创新,进行精品设计。加快完善建筑设计方案竞选制度,健全大型公共建筑方案公众参与和专家辅助决策机制,增加设计方案中文化内涵的比重。

(五)强化城市生态空间管控

遵循"尊重自然、顺应自然、保护自然"的理念,积极开展城市"双修",城市"双修"是以生态修复和城市修补为目标,有计划、有步骤地对城市生态环境、功能、空间秩序进行修补完善,促进城市内涵式发展,有序推进水系规划和老城改造规划。以建设"城在林中、家在绿中、人在景中"的生态绿色城市为目标,重点推进公园游园、生态水系、道路以及城市小区、社区绿化美化等景观建设,精心打造独具长垣特色的城市景观。规划建设以县城周边"U"形水系和护城河为中心的水系工程，重点建设连贯城乡水系工程和城区滨河景观，升级改造王家潭、王堤沟等景观水系；积极推进城区大体量建筑的空中绿化、立体绿化及小区庭院绿化，美化软化城市硬态建筑景观。全面引入绿线管理制度，对城市绿线内的用地进行严格管理，对侵占绿地、擅自改变绿地性质等违法行为加大检查和执法力度。

（六）加大管控力度

首先要结合国家相关规范要求和长垣县规划要求，完善《长垣县城乡规划技术管理规定》，对各项规划技术指标提出具体要求，促进城市规划设计、管理的标准化、规范化。按照权责分明、各负其责的议事原则，出台《关于规划审议事权分级管理的意见》，进一步明确县规划委员会和规划局业务会审会职责权限，提高工作效率。其次要严格规划审批。成立规划技术攻坚小组，审查把关规划局业务，进一步提高规划的管控能力，提高各项修建性规划的设计标准。

参考文献

1. 杨震：《总体城市设计研究述评与再思考：2004～2014》，《城市发展研究》2015年第4期。
2. 段进、季松：《问题导向型总体城市设计方法研究》，《城市规划》2015年第7期。
3. 吴松涛、薛睿：《风貌·秩序·活力——地方视角的城市设计实施回顾与思考》，《城市规划》2016年第12期。
4. 杨昌新：《城市风貌研究的历史视野》，《城市问题》2014年第4期。
5. 王建国：《21世纪初中国城市设计发展再探》，《城市规划学刊》2012年第1期。
6. 高源：《美国城市设计导则探讨及对中国的启示》，《城市规划》2007年第4期。
7. 陈晨：《城市设计与详细规划》，《城市规划学刊》2016年第4期。

B.15
长垣推进美丽乡村建设的实践与思考

陈明星*

摘　要：　美丽乡村建设是改善农村人居环境、建设美丽中国的有效载体。近年来，长垣县围绕打造服务完善、管理有序、环境优美、特色明显、可持续发展的美丽乡村，着力提升农村基础设施，完善公共服务功能，强化环境综合整治，在推进美丽乡村建设方面进行了卓有成效的探索，并对其他地区在拓展思维、创新思路等方面提供重要的启发意义和借鉴价值，即树立系统思维、强化规划引领、夯实投入保障、倡导农民参与以及优化推进机制等。

关键词：　美丽乡村　示范镇区　示范村　长垣县

一　主要做法

2016 年，长垣县深入实施包括净化、硬化、亮化、绿化、文化等内容的"村庄净化""住房安全""设施提升""美化村庄"等四大工程，积极推进示范镇区建设和农村人居环境改善，不断提升农民生产生活环境。

（一）着力推进示范镇区和示范村建设

2016 年，长垣县将赵堤、恼里、常村、樊相等 4 个镇区作为全县的示范

---

* 陈明星，河南省社会科学院农村发展研究所副所长、研究员。

镇区，对四个镇区整体风格风貌进行了重新规划设计，重点加强道路建设、临街墙体美化、街道和出入镇区部位绿化、游园广场等方面的建设力度。如：常村镇加强镇区秩序整顿，对车辆停放、广告牌放置等进行规范，推进镇区街道命名和道路指示牌制作、匡亭路等3条街道路肩铺砖及绿化等工作，开展商业街楼体墙面提升、镇区沿308线两侧绿化及封丘县交界处100米标准段施工；恼里镇投资1800万元，对镇区9条道路进行临街高标准绿化、临街墙体高标准改造、部分路段微地形绿化、景观小品打造；赵堤镇区完成金堤大道、白鹭大道、林海路、栖霞路、稻香街的绿化提升和东湖湿地景观、中原水乡小镇一条街、入镇口景观改造等。同时，长垣县着力推进美丽乡村示范村建设，首批83个美丽乡村示范村在设计和建设上突出人文特色和乡土风格，先后实施了环境绿化、坑塘整治、广场（游园）建设、墙体立面整治等，累计硬化街巷36条、绿化街巷200条、整治美化墙体30万平方米、新建农村健身广场和小游园90个、整治坑塘39个。如八里张村20亩废旧坑塘、鲁山村300亩废旧坑塘等，已改造成为集养殖、种植、群众休闲观光于一体的场所。

（二）着力推进农村垃圾无害化处理全覆盖

一是建设覆盖全县农村的垃圾清扫收集运输处理体系。针对过去农村垃圾就地填埋容易造成二次污染的问题，长垣县按照"五有"（户有垃圾桶，巷有垃圾箱，村有保洁车，乡有运输车、中转站）标准，对各乡镇环卫车辆配置，保洁设施的数量、布局、规模等统筹规划和建设，做到"方便投放、集中收集、密闭运输、统一处理"。投资3600万元，在城区外所有乡镇建设了14座高标准的农村垃圾中转站，建成后移交乡镇使用。在管理上，结合中转站自动记录设备每月记录的垃圾进站量、出站量，按照核定标准对乡镇予以补贴；在清运车辆和工作人员配置上，采取以奖代补方式，鼓励各乡镇购置垃圾收集车辆110辆、标准垃圾收集箱2100个，配备垃圾收集人员300名，保证了农村垃圾的日产日清。二是探索农村垃圾分类减量的路子。按照"无害化、资源化、减量化"要求，采取政策引导、利益激励等措施，在蒲东、蒲西、南蒲、蒲北、魏庄5个街道开展试点工作，探索并建

立"农户初步分类，村组街分拣收集，乡镇压缩运输，县城集中处理"的模式，最大限度实现生活垃圾分类减量化。三是建立健全垃圾无害化处理长效机制。在对垃圾无害化处理场进行扩容的同时，强化运行管理，实现垃圾处理场全天候运转、垃圾中转站 12 小时运转和保洁员 8 小时工作制，确保农村垃圾及时进站，中转站垃圾满箱即运的目标，提升垃圾无害化处理场运行质量。同时，针对垃圾处理场库容或将满容的可能，积极谋划、启动建设垃圾发电场项目，将垃圾发电项目作为今后消解垃圾的重要途径。

（三）着力推进农村市场化保洁全覆盖

在 2015 年实现 5 个办事处农村保洁市场化的基础上，长垣县积极引导一部分有条件的乡镇，通过向社会公开购买农村保洁服务的方式，实现大面积农村环卫保洁市场化，让农村保洁工作更加到位。目前，丁栾、方里、孟岗、赵堤、佘家、樊相、恼里、满村、张三寨、苗寨等 10 个乡镇均由专业保洁承包农村保洁，每天定时对农村的垃圾进行处理和转运。在保洁经费上，实行三级分担制，县财政补贴、乡镇筹集、群众自筹相结合，对实行市场化保洁的乡镇（街道），县政府将原来的改善农村人居环境人均奖补 10 元的标准提高到 15 元，同时根据各乡镇垃圾中转站垃圾运输量，提高垃圾运输补贴，县财政分担比例基本达到 50%；乡镇自筹 40%，各村收取卫生保洁费占 10%。此外，引入市场竞争，完善农村长效保洁机制。在明确乡村环卫设施配备标准、保洁员配备标准和农村保洁标准的前提下，指导各乡镇以协议、合同承包的方式确立环卫作业市场经济关系，通过公开招投标的方式，择优选出独立、专业的环卫保洁公司承担具体作业实施并接受县、乡考评，促使保洁公司强化内部考核和管理，不断提高作业水平，提高资金使用效能。

（四）着力推进新型农村社区遗留问题全面整改

针对新型农村社区建设的遗留问题，长垣县对全县 67 个社区进行了摸排，在此基础上，制定整改方案，明确整改时限、整改方式、目标任务、责任单位和责任人，完成了《河南省新型农村社区信息录入系统》的录入工作。目前，正在逐社区制定具体的整改方案，同时先期协调一部分奖补资金，建设和完善碱场、黄河、吉祥、参木等社区水电路等基础配套设施，目前 13 个社区基本整改到位。

（五）着力推进农村环境卫生整治

2016 年，长垣县加强农村环境卫生整治力度，扩大农村环境卫生整治范围，将村道、村内企业、住户建筑工地、家畜家禽圈养、村内明沟、坑塘、排水沟渠、路边、田间和村内乱涂乱画、乱拉乱挂、乱搭乱建、乱停乱放、店外经营、马路市场纳入整治范围，先后取缔店外经营、马路市场 11 个，治理不规范广告匾牌 500 余个，整治村内外坑塘 55 个、沟渠 55 条，14 个乡镇成立了城管工作站负责集贸市场的管理。

二 主要成效

通过加强美丽乡村建设，目前全县 14 个农村垃圾中转站全部维持正常运行，全域城镇化农村基础设施提升工程迅速推进，完成人居环境达标村 120 个、示范村 100 个，创成省级生态乡镇 1 个，逐步实现了农村保洁由粗放到精细的提升，基础设施由量到质的提升，景观由乱到美的提升，打造出一批风景如画、内涵丰富、村民宜居的美丽乡村，农村居民生产生活环境明显优化。

（一）乡村清洁工程促进了村庄净化

长垣县以提高垃圾处理场运行质量和完善乡镇垃圾中转站运转机制为依托，以"村收集、乡运输、县处理"垃圾清运模式和农村长效保洁机制为支撑，着力推进农村垃圾集中处理全覆盖，促进了农村环境的净化。2016 年，县乡财政累计投入资金 1.8 亿元（其中县财政投入 1.54 亿元），用于改善农村人居环境各项工作。新建、改建城区垃圾中转站 18 座、乡镇垃圾中转站 14 座，"村清扫、乡运输、县处理"的生活垃圾收集处理模式逐渐

成形。全县共清运垃圾 240 万余吨，先后配备垃圾桶 14.6 万个、保洁员 2843 人、小型保洁车 2629 辆、垃圾运输车 543 辆、垃圾箱 1437 个，覆盖全县的垃圾清扫收集运输处理体系基本形成，全县 600 个行政村基本达到了无垃圾堆放、无污水横流、无杂物当道、日常生产生活物品堆放规范的"三无一规范"标准。

（二）农村人居环境不断优化

按照"通""净""绿""亮""文"的五字方针，长垣县打造了一批各具特色的改善农村人居环境示范村、达标村，如蒲西街道的米屯、云寨、宋庄，蒲东街道的徐楼、八里张，赵堤镇的后小渠、瓦屋寨、大浪口等，这些村庄道路硬化畅通、环境整洁、绿树成荫、街道亮化、村风文化建设氛围浓厚，得到了广大群众的一致好评。从 2016 年 9 月起，长垣县在实施全域城镇化农村基础设施提升工程中，先期对 86 个行政村按照城区标准进行再提升，透水面包砖人行道的铺设、高标准粉饰的墙体、形式多样的文化墙建设，促使这些村庄面貌发生了根本性变化。

（三）农民生产生活更加便利

通过对 4 个示范镇区、83 个示范村和部分主要交通道路及节点的综合整治和基础设施的完善提升，使全县农村基础设施功能更加完善，农村人居环境更加优美。仅 2016 年，全县新增街道硬化村 86 个、街道亮化村 38 个、街道绿化村 200 个、墙体美化村 280 个，新建农村健身广场和小游园 90 个、坑塘整治 39 个；赵堤、恼里、常村、樊相等 4 个示范镇区先后实施基础设施项目 23 个，镇区风格风貌初具特色，尤其是赵堤镇区，环境面貌有很大改观，被命名为省级园林城镇。

（四）农村居住条件进一步改善

2016 年，全县建设美丽乡村社区面积 62 万平方米，新入住农户 5500 户，被确定为省美丽乡村建设示范县。累计改造危房 2000 户，1 万多户群众住进安全舒适的新居。在整改新型农村社区遗留问题上，长垣县在稳妥推进新型农村社区建设的同时，加大对各种类型遗留问题的整改力度，先后完成社区基础设施配套项目 35 处、新增住宅面积 50 万平方米，同时初步整改社区入住率低、配套设施不足等问题 9 个。

三　启示与思考

尽管由于农村基础设施建设历史欠账较多、农民保洁意识不强等方面的原因，长垣县在推进美丽乡村建设方面还存在一些亟待解决的问题，但其在推进美丽乡村建设方面的探索实践，对其他地区拓展思维、创新思路具有一定的启发意义和借鉴价值。

（一）树立系统思维

美丽乡村建设惠在乡村，但在具体推进过程中，视野、理念、思路等绝不能仅仅局限于乡村，而必须树立系统思维和全域城镇化理念，在城乡共治、城乡一体的视野下审视和推进美丽乡村建设。因历史欠账较多，长垣县农村基础设施和公共服务设施薄弱现象普遍存在，大部分村庄仅有主街道进行了硬化，背街小巷仍然是土路，更谈不上绿化美化。因此，长垣县围绕打造服务完善、管理有序、环境优美、特色明显、可持续发展的美丽乡村，着力提升农村基础设施，完善公共服务功能，强化环境综合整治。着力推动城镇基础设施向农村延伸，加强农村环境卫生综合整治，建立并规范运行村收集、乡运输、县处理的垃圾收集机制，率先在全省实现了全县域垃圾无害化处理。同时，大力实施蓝天绿水工程，与中海油合作建成大型农作物秸秆沼气厂，全县农作物秸秆利用转化率达到 95% 以上，垃圾发电项目也通过立项并启动建设。农作物秸秆的综合利用，使村庄周边环境明显改观，赵堤、恼里、樊相、常村等乡镇成为美丽乡村建设试点，其中赵堤镇还被确定为省级生态先进乡镇。此外，长垣县积极完善公共服务提供机制，2016 年全县用于教育、卫生、就业等各项民生支出 34.9 亿元，

占公共预算支出的 76.4%。率先整县实施无创产前基因检测，直接受益群众 5.9 万人。

（二）强化规划引领

规划是美丽乡村建设的灵魂和抓手，要突出特色、因地制宜，既要加快农村经济社会发展，又要保护自然生态、彰显乡村特色，积极传承历史文脉和地域文化，因此，要融入多规融合理念，使村庄规划与城市总体规划、产业发展规划、土地利用规划、生态建设规划等相衔接、相协调，真正打造既适应现代发展进程又"望得见山、看得见水、记得住乡愁"的美丽乡村。长垣县在推进村庄规划编制中，提出针对中心村、传统村落、一般村等不同类型，按照"区别对待、试点先行、逐步推进"的原则，分批分类开展好村庄规划编制工作，引导好村容风貌建设和产业发展，确定建设控制和设施配建要求，推进村庄有序建设。

（三）夯实投入保障

投入是美丽乡村建设的保障，要坚持政府主导、农民主体，在有效调动农民积极性和创造性的同时，积极整合资金，建立有效的引导激励机制，鼓励社会力量通过结对帮扶、捐资捐助和智力支持等多种方式参与农村人居环境改善和美丽乡村建设。长垣县将改善农村人居环境工作纳入县乡财政预算，确保乡村保洁员待遇和垃圾清运处理设施的维护经费，解决保洁员配备不足、保洁员兼职以及垃圾清运处理不及时等问题。同时，积极争取金融部门改善农村人居环境融资项目，解决农村基础设施提升工程的投入问题，加快完善农村道路、电力、污水处理、绿化等项目建设。

（四）倡导农民参与

农民是美丽乡村建设的主体，美丽乡村建设应充分发挥农民的主体作用。长垣县结合改善农村人居环境工作内容，抓好广播电视、报纸、微信等媒体宣传，开展文明乡镇、文明村组、文明家庭评选，营造改善农村人居环境的浓厚氛围，激发全县农民群众参与改善农村人居环境工作的责任感和主动性。广大群众参与度明显提升，一些群众积极投入到保洁工作上来，如孙庄村干部群众在集会当天义务清扫市场、赶集群众主动规范存放垃圾，甚至一些群众为清洁工程的实施出主意、想办法，出工出力，积极为改善农村环境做贡献。

（五）优化推进机制

美丽乡村建设是一项动态推进的系统工程，需要不断完善长效机制。如长垣县积极探索政府向社会公开购买农村保洁服务的方式，引导各乡镇推进农村市场化环卫保洁工作，实现环境卫生管理与作业分离，建立健全市场经济条件下的农村环境保洁管理新机制，确保农村保洁能够达到全天候、全覆盖。同时，建立县、乡、村三级联动工作机制，采取明察与暗访相结合、日常督查与重点抽查相结合、观摩点评与综合考核相结合的办法，对农村保洁进行不定期督查和定期考核，财政补贴资金与考核结果挂钩、星级文明村创评与考核结果挂钩，扭转了农村保洁不彻底、垃圾清运不及时、坑塘路边无人管理的局面。如：督查分半月督查、月督查和季观摩督查，年终总评，对推进力度大、达标村和示范村整治标准高的乡镇，在经济上给予重奖，在项目上给予倾斜；对行动迟缓、推进不力、在半年和年终综合考核中排名靠后的乡镇，予以责任追究的同时，对本年度奖补资金使用情况进行审计。

B.16
长垣新型城镇化与城乡
发展一体化问题研究

李三辉*

摘　要： 长垣县在推进新型城镇化和城乡发展一体化建设中取得了重
要成就，这对长垣深化改革开放、推进经济发展方式转变，
加快建设"四个长垣"，率先全面建成小康社会意义重大。
但长垣县城乡一体化建设在城乡规划、土地管理、基础设施、
公共服务、统筹发展、新农村建设等方面还存在不少困难和
问题。需要继续完善城乡发展一体化体制机制，统筹城乡发
展，实行城乡规划管理一体化，加快推进农业转移人口市民
化，大力提升新农村建设水平和加快农村社会事业发展。

关键词： 新型城镇化　城乡一体化　长垣县

　　目前，我国正处在全面建成小康社会的最后三年决胜阶段，河南省也处
在增强人民群众在决胜全面小康、让中原更加出彩中的获得感的关键时期，
处于工业化、新型城镇化的快速发展阶段。推进新型城镇化和城乡发展一体
化，对长垣深化改革开放、推进经济发展方式转变，加快建设"四个长
垣"，率先全面建成小康社会具有重大现实意义和深远历史意义。

---

　　* 李三辉，河南省社会科学院社会发展研究所实习研究员。

一 长垣推进新型城镇化与城乡发展
一体化的背景与现状

（一）国家层面的战略部署

在全面建成小康社会的决定性阶段，应运而生的《国家新型城镇化规划（2014～2020年)》（以下简称"规划"），提出了推进新型城镇化和城乡发展一体化的基本原则，即以人为本、公平共享，四化同步、统筹城乡，优化布局、集约高效，生态文明、绿色低碳，文化传承、彰显特色，市场主导、政府引导，统筹规划、分类指导。规划按照走中国特色新型城镇化道路、全面提高城镇化质量的新要求，明确了未来城镇化的发展路径、主要目标和战略任务，从有序推进农业转移人口市民化、优化城镇化布局和形态、提高城市可持续发展能力、推动城乡发展一体化、改革完善城镇化发展体制机制等方面做出了具体统筹，是指导全国城镇化健康发展的宏观性、战略性、基础性规划。[1] 2016年3月《国民经济和社会发展第十三个五年规划纲要》（以下简称"纲要"）也提出要推进新型城镇化，坚持以人的城镇化为核心、以城市群为主体形态、以城市综合承载能力为支撑、以体制机制创新为保障，加快新型城镇化步伐，提高社会主义新农村建设水平，努力缩小城乡发展差距，推进城乡发展一体化。纲要也从加快农业转移人口市民化、优化城镇化布局和形态、建设和谐宜居城市、健全住房供应体系、推动城乡协调发展等方面做出了具体部署。[2]

2017年6月12日，我国出台了首个国家层面的城乡社区治理纲领性文

---

[1] 《国家新型城镇化规划（2014～2020年)》，中华人民共和国国家发展和改革委员会网站，http：//www.ndrc.gov.cn/fzgggz/fzgh/ghwb/gjjh/201404/t20140411_606659.html，2014年4月11日。

[2] 《中华人民共和国国民经济和社会发展第十三个五年规划纲要》，新华网，http：//news.xinhuanet.com/politics/2016lh/2016-03/17/c_1118366322.htm，2016年3月17日。

件《中共中央国务院关于加强和完善城乡社区治理的意见》，提出到 2020 年，基本形成基层党组织领导、基层政府主导的多方参与、共同治理的城乡社区治理体系，城乡社区治理体制更加完善，城乡社区治理能力显著提升，城乡社区公共服务、公共管理、公共安全得到有效保障。再过 5 ~ 10 年，城乡社区治理体制更加成熟定型，城乡社区治理能力更加精准全面，为夯实党的执政根基、巩固基层政权提供有力支撑，为推进国家治理体系和治理能力现代化奠定坚实基础。[①]

（二）全省范围的统筹规划

为了落实中央精神，释放内在潜能，助推经济社会发展，加快推进新型城镇建设步伐，根据《中共河南省委关于科学推进新型城镇化的指导意见》，河南省制定了《河南省新型城镇化规划（2014 ~ 2020 年）》，指出要正确处理好四对关系（政府与市场，城乡，新型城镇化与新型工业化、信息化、农业现代化，领导与群众），重点抓好"三个一批"，解决"五个问题"，围绕六个关键领域，实施重大专项，从促进农业转移人口市民化、强化城镇产业支撑、优化城镇化布局、推进城乡一体化等方面进行了统筹规划，明确了 2020 年常住人口城镇化率达到 56% 左右，新增 1100 万左右农村转移人口，基本形成以"米"字形为主体的城镇化空间格局，完善现代城镇体系，明显改善人居环境，力争基本形成城乡发展一体化格局等的城镇化发展目标。[②]

（三）长垣新型城镇化与城乡发展一体化的实践与成效

1.国家和省级试点政策机遇

长垣县有 4 个国家级改革工作试点，分别是新型城镇化综合改革、农村

---

① 《中共中央国务院关于加强和完善城乡社区治理的意见》，新华网，http：//news. xinhuanet. com/politics/2017 - 06/12/c_ 1121130511. htm，2017 年 6 月 12 日。

② 《河南省人民政府关于印发河南省新型城镇化规划（2014 ~ 2020 年）的通知》，河南省人民政府门户网站，http：//www. henan. gov. cn/zwgk/system/2014/07/30/010487963. shtml，2014 年 7 月 30 日。

集体经营性建设用地入市改革、农村承包土地经营权抵押贷款、电子商务进农村，这些都与新型城镇化和城乡发展一体化有密切关系。就全国农村土地制度改革试点工作而言，十八届三中全会时，中央高层就决定开展农村土地征收、集体经营性建设用地入市和宅基地制度改革工作，之后 2014 年 12 月 31 日，中办、国办联合印发了《关于农村土地征收、集体经营性建设用地入市、宅基地制度改革试点工作的意见》，决定在全国选取 30 个左右县（市、区）行政区域展开试点工作。2015 年 2 月 27 日，经国务院提请全国人大常委会审议，长垣县被确定为全国农村土地制度改革试点之一，明确在符合规划、用途管制和依法取得的前提下，允许存量农村集体经营性建设用地使用权出让、租赁、入股，实行与国有建设用地使用权同等入市、同权同价。[1]

而对于国家新型城镇化综合试点工作，长垣县则在 2015 年 11 月 16 日被列为第二批国家新型城镇化综合试点地区，要求重点在农民工融入城镇、新生中小城市培育、城市（镇）绿色智能发展、产城融合发展、开发区转型、城市低效用地再开发利用、城市群协同发展机制、带动新农村建设等领域，因地制宜地开展国家新型城镇化综合试点任务。[2]

2. 本地制定的政策文件

新型城镇化综合改革方面。为紧抓国家新型城镇化综合试点机遇，全面推进新型城镇化进程，2016 年 5 月长垣县印发《长垣县推进新型城镇化综合改革试点实施方案（2016~2020 年）》，以稳妥推进新型城镇化改革试点工作。

土地改革方面。为推进土地制度改革，长垣县先后出台《长垣县 2015 年度农村集体经营性建设用地入市试点工作推进方案》《长垣县农村土地制度改革试点工作推进方案（2016~2017 年度）》等，制定了地块甄选、

---

① 《全国 33 县市区拟试点农村土地制度改革》，新华网，http：//news. xinhuanet. com/house/cs/2015 - 02 - 26/c_ 1114434777. htm，2015 年 2 月 26 日。

② 《关于公布第二批国家新型城镇化综合试点地区名单的通知》，中华人民共和国国家发展和改革委员会网站，http：//www. ndrc. gov. cn/gzdt/201511/t20151127_ 759921. html，2015 年 11 月 27 日。

完善配套制度、推进深化改革、总结提炼等阶段性目标以推进试点工作。与改革试点相适应，改革用地审批制度，出台了《长垣县人民政府关于落实农用地转用审批权有关问题的通知（试行）》；建立集体经营性建设用地入市土地增值收益分配机制，出台《长垣县农村集体经营性建设用地入市收益分配指导意见（试行）》；在入市地块所有权人确定方面，出台《长垣县农村集体经营性建设用地使用权抵押登记办法》；在入市收益使用监管方面，出台《长垣县土地增值收益调节金征收使用管理暂行办法》。长垣县在全省率先启动永久基本农田划定暨土地利用总体规划调整工作，2016年11月省政府批复《长垣县县乡两级土地利用总体规划（2010~2020年）调整方案》。

产业发展方面。2016年5月13日，为激发社会各方投资现代农业的积极性，促进五大主导产业转型升级，推动现代农业快速健康发展，加快"四个长垣"建设，根据长垣县现代农业发展的实际需要，出台了《长垣县人民政府关于鼓励现代农业发展的意见》。

户籍制度政策方面。为进一步落实2014年11月出台的《河南省人民政府关于深化户籍制度改革的实施意见》，深化户籍制度改革，河南省政府办公厅在2016年12月出台了《关于进一步放宽户口迁移政策深化户籍制度改革的通知》，长垣县人民政府出台了《关于深化户籍制度改革的实施意见》，长垣县公安局在2017年3月给各科所队室下发了关于进一步放宽户口迁移政策、深化户籍制度改革的通知，结合长垣县实施情况看，2017年第一季度已办理转移城镇人口1800余人。

人居环境方面。为推进全域城镇化工作，提升美丽乡村建设新形象，切实改善农村人居环境，2016年12月16日，长垣县出台《长垣县推进全域城镇化加快农村基础设施提升工作实施方案》，2017年3月7日，长垣县人民政府又印发《2017年改善农村人居环境工作推进意见》，以加快提升全县农村人居环境水平，便利居民生产生活，统筹城乡健康发展。

文卫计生事业方面。为深化文化体制改革，出台了《关于做好政府向社会力量购买公共文化服务工作实施意见》，完善了文化设施免费开放保障机制，制定了《关于加快推进我县公共文化服务体系建设的实施方案》，全面推进基层综合性文化服务中心建设。2017 年印发了《长垣县开展分级诊疗建立合理有序服务体系实施方案（试行）》《长垣县县级公立医院综合改革示范县创建方案》，促进全国县级公立医院综合改革，为建设"健康长垣"、保障人民群众健康权益、全面建成小康社会助力。

3. 取得的成效

（1）城乡建设步伐加快。2012 年以来，长垣县坚持以人的城镇化为核心，有序推动农业转移人口就地城镇化，人口城镇化率年均增长 2 个百分点，被确定为第二批国家新型城镇化综合试点。2016 年人口城镇化率达到 53%，新增城镇人口 1.8 万人，较 2010 年提高 20 个百分点，新增城市建成区面积 1.5 平方公里。截至 2017 年 3 月，累计完成镇区开发面积 293 万平方米，余家实现撤乡建镇，魏庄镇改设街道办事处，恼里镇、丁栾镇分别被确定为国家重点镇、河南省首批重点示范镇。持续实施"3015"民生工程，城区通车里程达到 266.2 公里，形成了"九纵十四横"的市政交通路网。同时，新建农村公路 638.6 公里，开通运营城乡公交客运线路 25 条，方便群众出行。自来水普及率、生活污水处理率、燃气管网覆盖率均达到 90% 以上，集中供暖覆盖面积达到 950 万平方米。

（2）城乡面貌明显改善。目前，长垣县已建成三善园等公园游园 47 处，城市绿化覆盖率达到 38.3%，成功创建国家园林县城、省级生态县，全国县级文明城市创建测评连续 2 年名列全省首位。同时，深化系列文明创建，先后被确定为"全国文明县城""全国县级文明城市提名城市"，县检察院、恼里镇分别荣获"全国文明单位""全国文明村镇"称号。实施蓝天、碧水、乡村清洁三大工程，成功创建国家级生态乡镇 6 个、省级生态乡镇 16 个、省级生态村 41 个，建成美丽乡村住宅面积 1060 万平方米，完成农村危房改造 2.5 万户、户厕改造 800 户、坑塘整治 135 个，被确定为河南省开展美丽乡村建设示范县。

（3）农村集体经营性建设用地入市试点工作稳妥推进。关于农村集体经营性建设用地入市试点工作，该项工作目前已取得阶段性成果，省委主要

领导多次听取专项汇报，作出批示和安排，国土资源部、省国土资源厅领导也多次亲临长垣县调研指导，在稳步推进该项工作的基础上，国土资源部又新增加长垣县土地征收制度改革试点任务，与农村集体经营性建设用地入市改革试点统筹推进，制定了《农村集体经营性建设用地入市和土地征收制度改革试点工作实施方案》并已上报国土资源部备案，初步形成了长垣县改革工作的特色和亮点以及可借鉴、可复制、可推广的经验和做法。

（4）覆盖城乡的公共服务、社会事业取得新进展。"十二五"期间，长垣县统筹推进公共服务均等化，各项民生支出累计达到116.7亿元，年均增长23%，城镇居民人均可支配收入和农民人均纯收入年均分别增长12%和14%，分别是2010年的1.8倍和1.9倍。协调发展社会事业。实施农村中小学校舍维修改造项目295个，新建校舍面积41.8万平方米。成立职教集团、幼教集团，推进职业教育和幼教事业规范发展。设立乡村教师生活补贴，建设乡镇教师公寓，鼓励教师扎根农村。健全城乡公共文化服务体系，中国烹饪文化博物馆、医学博物馆、图书馆、文化馆等建成开放，长垣县被命名为"河南省文化先进县"，实现农家书屋全覆盖。完善城乡医疗基础设施，新建改建标准化卫生室309所。

（5）社会保障体系日趋健全。扩大新农合、养老、医疗等社会保险覆盖面，城乡居民社会养老保险、城镇居民医保参保率分别达到99%、98%，新农合参保率达到100%。建成保障性住房9803套，改造农村危房2.3万户，危房改造工作获全省一等奖。五年来新增城镇就业再就业5万人以上，转移农村富余劳动力20万人次，抓好滩区、老区、背河洼地区扶贫开发，实现稳定脱贫2.8万人。农村饮水安全问题全部解决。所有乡镇（街道）均建成了标准化敬老院，城区之外的13个乡镇建成了垃圾中转站和消防站。

（6）全面加强城乡社会治理。在全省率先实现社会治安技防体系县域全覆盖，建成集民生服务、治安综治、城市综合执法等功能于一体的大"110"综合服务平台。实行网格化治理模式，建立服务管理长效机制，为群众创造安定有序的生产生活环境，群众的安全感、满意度均居省直管县第一和全省前列，被评为"河南省信访工作先进县""河南省安全生产工作先进县""河南省平安建设工作先进县""河南省卫生应急综合示范县"。

在肯定成绩的同时，也要清醒地认识到，长垣县城乡一体化建设在城乡规划、产业布局、基础设施、公共服务等方面还存在不少困难和问题。一是产业结构不尽合理，产业发展质量不高。现代农业产业化水平不高，工业转型升级任务艰巨，现代服务业发展潜力尚未充分释放，新兴产业支撑能力不强，在一定程度上制约长垣县经济社会发展水平的提升。一产比较效益较低，二产特而不强，三产支撑较弱，推进供给侧结构性改革仍需持续加力。二是区域发展不均衡。城乡之间、乡镇之间发展不平衡。城乡发展差距有进一步拉大的趋势，统筹发展的任务仍非常艰巨。乡镇产业基础较差，农村基础设施相对薄弱，城乡一体化步伐亟待加快。三是要素制约问题亟待突破。人才、土地、资金等要素制约依旧突出；投资特别是工业和民间投资增长乏力，经济下行压力依然较大。四是财政刚性支出压力加大，教育、卫生、文化、体育等社会事业发展还不能满足群众需求，生态建设、安全稳定等工作任务艰巨。

二 长垣新型城镇化与城乡发展一体化的重点与难点分析

（一）长垣推进新型城镇化与城乡发展一体化的重点分析

1. 持续深化国家新型城镇化综合改革试点工作

遵照长垣县的经济社会发展规划，"十三五"末全县户籍人口城镇化率要达到42%，全县常住人口城镇化率达到60%。对照2016年53%的常住人口城镇化率和国家新型城镇化综合改革试点，长垣县要继续深化完善"一基本两牵动三保障"长效机制，率先在城镇投融资机制、公共服务、农业转移人口市民化等领域进行突破，创造可复制、可推广的经验和模式，最大限度地推进农业转移人口市民化。

表1　长垣县城乡发展"十三五"指标目标值

指标名称	2015 年完成值	2020 年目标值
常住人口城镇化率(%)	50	60
户籍人口城镇化率(%)	26.5	42
五年新增城镇就业人数(万人)	5	6
城镇居民人均可支配收入(元)	21633	38130
农村居民人均可支配收入(元)	14950	26350
新增劳动力平均受教育年限(年)	10.2	10.5

建立城镇建设多元化融资机制。在争取上级资金和市本级财政资金的基础上，积极采用政府与社会资本合作模式。引导社会资金通过直接投资、与政府合作投资、政府购买服务，以及购买地方政府债券、投资基金、股票等形式，参与城市公共服务、市政公用事业等领域的建设和运营。

建立健全公共服务保障机制。完善公共就业服务体系。将农业转移人口有序纳入城镇基本养老保险范围。推动城镇基本医疗保险与进城农民工新农合的高效衔接。将进城农民工纳入城镇失业保险覆盖范围。保障农民工随迁子女平等享有受教育权利，推进农民工融入城市，建设包容性城市。

优化推进户籍制度改革。长垣县要按照省级层面出台的《关于深化户籍制度改革的实施意见》《关于进一步放宽户口迁移政策深化户籍制度改革的通知》，配合本县制定的具体实施意见，切实建立城乡统一的户口登记制度，扫清因户籍制度限制而未能市民化的人群在政策上的障碍，为消除城乡壁垒、推进城乡发展一体化创造有利条件。

推动农业转移人口有序向城区集聚。扩大中心城区建设规模，完善服务功能，提升城市品位，建设县域承载农业转移人口的核心载体。加快有条件的镇区建设，成为集聚人口的重要补充。

2. 提升城镇综合承载能力

（1）稳定就业。人口城镇化不是简单的户籍归属区域变动，还需要保障进入的人口能在城镇稳定就业和生活，这是对城镇就业承载能力的严峻考验，特别是在我国经济新常态背景下，增速放缓的经济和待转型升级的产业对就业岗位产生压缩，而长垣产业结构优化不足也未能释放出吸纳就业的预期能力。如何稳定就业、增强城镇就业承载力是目前急需做出应对的问题，就业是促进人口市民化的基础条件。促进农业转移人口充分就业，首先要尊重"人随就业走，就业跟随产业"的发展规律，一方面要在原有产业基础上，推进工业园区或产业集聚区，合理规划以发挥规模优势和集聚效应，但杜绝拔苗助长；另一方面要优化产业升级，大力发展服务业以挖掘吸纳就业的潜能。

（2）城镇基础设施和公共服务完善。不仅要加快城镇道路、通信、电力、供水等基础设施建设，吸引各地资本到城镇来投资兴业，而且要加快教育、医疗、文化等公共服务设施建设，加快社会保障体系的完善，让各地包括农村居民在内的劳动力能够进得来、留得下。完善的城镇功能不仅要能够满足城镇自身的需要，而且要加快向农村延伸，为农村的生产生活提供服务。

3.分类推进新农村建设，协调好新型城镇化和新型农村社区的关系

新型城镇化强调走以人为本、优化布局、四化同步、文化传承、生态文明的建设道路，追求大中小城市、小城镇、新型农村社区协调发展和互促共进。而新型农村社区建设一方面要凸显新型，超越传统农村建设方式，与城市社区有所对接，另一方面也要防止将城市社区建设模式复制于新型农村社区之上。这就要求我们妥善处理好"两新"关系。根据现实情况，一方面，确实有的地方经济条件较好，公共基础设施比较完善或二、三产业比较发达，其新型农村社区基本定位可直接纳入城镇体系；另一方面，有些经济和产业条件尚不成熟的地区，新型农村社区可定位于城乡之间的过渡形态；第三种情况是一些欠发达地区根本不具备条件的，可依然保持原有的乡村格局。

要因地制宜推进美丽乡村建设，加强农村基础设施和公共服务设施配套，建设美好家园。一是完善提升新农村社区。因地制宜发展现代高效农业、商贸、旅游等产业，加强水、电、路、互联网等基础设施建设，完善医院、幼儿园、文体设施等公共服务设施，打造产业支撑、服务完善、管理有序、环境优美、可持续发展的新农村社区。比如，重点抓好常村同悦社区和赵堤东堤社区全国试点、恼里中心社区省级试点等建设。二是加快建设美丽

乡村。以改善农村人居环境为重点，开展农村人居环境达标村和示范村创建活动，加强基础设施建设和社会事业发展，完善基本公共服务，建成一批各具特色的美丽宜居村庄。三是推进滩区移民迁建工作。首先加快推进已纳入省黄河滩区居民迁建第二批试点的迁建工作，其次压茬推进摸底、筛选和移民迁建规划工作，确保实现黄河滩区两万人的搬迁目标。四是加强历史文化传统村落保护。加强对省级传统村落和古民居的保护，推动保护性修复，保持乡村风貌、民族文化和地域文化特色。

4. 统筹城乡发展，均衡区域发展

目前，城乡发展尚不均衡，城镇公共基础设施不够完善，农村生产生活方式转变相对滞后，新型城镇化建设仍需加快，政府仍需加大对城镇基础设施及公共服务设施建设的资金支持力度。同时，尽管近年来长垣县不断加大对偏远乡镇、滩区的财政投入，通过县乡两级的共同努力，黄河滩区面貌有所改善，但由于公共基础差、产业发展慢、财政支撑弱等原因，黄河滩区的发展与群众的期盼还有一定差距，统筹发展的任务仍非常艰巨。

（二）长垣推进新型城镇化与城乡发展一体化的难点分析

1. 完善规划编制，优化城乡规划设计

城乡规划在城市发展中起着战略引领和刚性控制的重要作用，是城市发展的蓝图，着眼于长垣的"十三五"规划及今后更长一个时期的发展，长垣县编制了《长垣县城乡总体规划（2016～2030）》，将以建成地区性中心城市为目标，以建设智慧城市和海绵城市为标准，加快推进新型城镇化，构建布局优化、分工合理、功能互补、协同发展的现代城乡体系。同时，确定了"建设生态宜居的复合型现代城市，打造全国一流县城"的总体目标。

围绕建设地区性中心城市，研究如何统筹推进新区开发，在结合城市功能分区的基础上合理规划商业、居住、绿地景观、公共服务等功能以做优做美新区；如何推动老城集中连片改造和内涵提升，有序推进旧住宅小区综合整治、危旧住房和非成套住房改造，全面改善人居环境；如何率先在人社、公安、校园、交通、养老、城建、医院等领域开展智慧城市建设试点，创建国家海绵城市试点，加快宜居城市建设和推进产城融合发展。着眼城镇发展格局，要按照"中心集聚、区域协同、分工协作"原则，形成"一主两副六环绕五提升"的县域城镇空间结构，突出城市特色，丰富城市内涵，完善城市功能，增强集聚和辐射带动能力，加快农业转移人口市民化。

结合实践来看，长垣县在加快规划编制、优化城乡规划设计的过程中存在一些问题需要解决。一是城市建设特色不明显。对城市发展定位不高，对长垣历史文化底蕴挖掘不够，在文化内涵、功能布局、主题色调等方面，没有形成长垣独有的城市风格。二是规划监管有待加强。部分规划成果达不到规定深度，存在照搬抄袭、粗制滥造现象。在批建项目管理中还存在细节上监督不到位现象。三是镇村规划实施不到位。个别乡镇总体规划修编，镇区控规、修规编制进展缓慢，大多不按程序进行评审和报批。经批准的规划不能做到严格实施，在镇区开发和社区建设过程中，不能严格落实县里确定的传统民居建筑方案，造成建筑风格凌乱。四是村庄规划编制推进慢。按照政策要求，村镇规划工作重心由社区规划建设转移到村庄规划建设上来。长垣县社区建设主要是整合村庄，现有村庄的现状建设用地指标调整到镇区或社区，在编现状村庄规划将与社区规划及土地利用规划冲突。

2. 新农村社区遗留问题

从实践看，上一个时期的新型农村社区建设很大程度上有盲目性，长垣县在这场推进就地城镇化的运动中也未能幸免，将新型农村社区打造成为城镇体系第五级的定位偏离了实际，终因超越了发展阶段而终止、流产，遗留了许多"半拉子"工程等待善后，也涉及许多社会矛盾和敏感问题需要化解。因此，如何稳妥有序开展新型农村社区遗留问题的整改工作是长垣县推进新型城镇化和城乡发展一体化建设所需解决的问题。问题的解决可从社区本身的性质着手，对有条件继续推进的社区，要在尊重农民意愿、征求农民意见的前提下，加快推进住宅和基础配套设施建设，确保社区建设与农民入住同步进行；不能续建的社区，要按照工作方案要求，抓好现有住宅的腾退转化工作，妥善解决社区遗留问题。

从长垣县展开的社区遗留问题整改工作看，按照县委新型农村社区遗留

问题整改工作会议的安排，2016 年对全县 67 个社区进行了摸排，在此基础上，制定整改方案，明确整改时限、整改方式、目标任务、责任单位和责任人，完成了《河南省新型农村社区信息录入系统》的录入工作。目前，正在逐社区制定具体的整改方案，同时先期协调一部分奖补资金，建设和完善碱场、黄河、吉祥、参木等社区水电路等基础配套设施。

3. 深化土地管理制度改革

在推进新型城镇化的进程中，伴随着人口城镇化、新型农村社区建设、就业转移等工程，流出和流入的人口也撬动着生产要素的流动。无论是农村进行农业生产和居住生活，还是城镇开展建设规划，土地都是最为关键的要素。处在社会转型和人口流动大背景下的农村，农村土地制度和宅基地制度是广大人民最为关切且一直在进行探索完善的制度。

在推进新型城镇化建设和城乡发展一体化中，一方面要按照管住总量、严控增量、盘活存量的原则，实行最严格的耕地保护制度和集约节约用地制度；另一方面又要创新土地管理制度，优化土地利用结构，提高土地利用效率，合理满足城镇化用地需求。因此，如何建立城镇用地规模结构调控机制，健全节约集约用地制度，深化国有建设用地有偿使用制度改革，推进农村土地管理制度（三权、宅基地、土地流转等）改革，深化征地制度改革和耕地保护制度，势必成为下一步急需讨论的议题。

4. 城乡社会文化融合问题

城乡一体化要求实现城乡要素平等交换、自由流动和公共资源均衡配置，它要达到的是城乡之间经济、政治、文化、社会、生态共同协调发展的一种状态。以户籍制度、土地制度、金融体制和社会保障等为发力点的改革是推进城乡规划、城乡基础设施和城乡资源配置一体化的重要措施，而城乡规划、基础设施和体制架构等制度性一体化是城乡一体化建设的物质性层面。与之相对，城乡居民在教育、价值观、理想信念和思想文化等方面差异的逐渐消除则是城乡一体化建设的非物质性层面，相对而言，社会组织、社会制度之类的物质性社会结构容易发生变迁，较易实现一体化设计，而价值观、思想文化等非物质性结构发生革新的难度较大，过程较为漫长。也就是说，推进农业转移人口素质市民化、提升全民素质、转变居民思维方式与行为方式具有滞后性、艰巨性和长期性。

如果将"城乡一体化"比作一块浮在海面上的"冰山"，那么可见的那部分就类似于"社会体制"，而处于和隐藏于深层的则是"社会文化"。显而易见，单靠社会体制机制的设计，无法带来真实的城乡一体化建设，社会文化的融合程度才是城乡一体化建设的稳定托盘，只有二者"相互依存"和"通力合作"，才能实现城乡一体化在整体意义上的达成。否则，单方面的转变带动不了整体的前进。是否可以这样理解，只有当以思想文化为代表的非物质性社会事实达到了城乡一体化水平，当城乡之间、人口自由流动之时消除了文化隔膜，实现了文化融合，才真正达到了城乡统筹发展，迎来了城乡一体化时代。

三 推进新型城镇化和城乡发展一体化的政策建议

（一）完善城乡发展一体化体制机制

推进城乡发展一体化，必须要破除城乡二元结构，尤其是体制机制上的二元性，只有加快在户籍制度、土地制度、金融体制和社会保障等方面的改革与创新，才能为城乡一体化扫除障碍。

深化户籍制度改革，弱化户籍与享受公共服务的关联度。一直以来，公共资源配置和基本公共服务供给等优先向城镇和城镇居民倾斜，而农村得到的公共资源和农民享有的公共服务明显滞后于城镇和城镇居民，甚至会有数量和质量上的缩水，这是由二元体制结构造成的，此种体制和资源分配思维必须尽快剔除，让民众平等地参与现代化进程，共享发展成果。

深化土地制度改革，建立城乡统一的建设用地市场。十八届三中全会明确提出要建立城乡统一的建设用地市场，在符合规划和用途管制的前提下，允许农村集体经营性建设用地出让、租赁、入股，实行与国有土地同等入市、同权同价。这为长垣县加快构建城乡统一的建设用地市场确立了方向。

关于构建路径，一是要在中央顶层设计之下做足长垣探索创新；二是推进集体建设用地入市所需要的制度建设，培育和发展相关服务机构，如市场信息、地价评估、交易代理机构等；三是完善县域空间规划体系，划定城乡生产、生活和生态功能区范围。

加快金融体制改革，以金融支持与创新推动城乡一体化发展。目前农村金融依然面临供求失衡、融资难、金融服务产品缺乏等问题，特别是中小微型企业信贷、农户基础金融服务供给相对不足。下一步，要继续完善政策性银行的支农功能，引导商业银行回归农村市场，加快培育村镇银行、农村资金互助社等新型金融机构以扩展支农力量。完善农村支农贷款保险机制，加快构建小额贷款公司、民间互助组织等机构的各级监管体制，建立和实施金融动态监测与风险预警制度。此外，进一步引导民间金融健康发展，鼓励民间资本参与基础设施建设。

均衡城乡社会保障资源配置，推进城乡公共服务一体化。推进城乡要素平等交换和公共资源均衡配置，才能让广大农民共享现代化成果。长期以来，以城市为中心的社会保障制度建设和资金注入造成了城乡社会保障资源配置的失衡，尽管农村社会保障资金的投入近年来有所加大，但城乡失衡的消弭依然任重道远。长垣县应尽快建成公平、统一、规范的城乡居民养老保险制度，全面实施统一的城乡居民医保制度。

（二）统筹城乡发展，实行城乡规划管理一体化

结合长垣"十三五"规划和《长垣县城乡总体规划（2016～2030）》的规划设想，优化完善全县城乡总体规划、控制性详细规划及城市设计，完成中心城区地下综合管廊、海绵城市等专项规划；完善乡镇总体规划、控制性详细规划，开展村庄规划编制，实现城乡规划全覆盖；严格城镇规划建设执法管理，坚决遏制违法违规建设行为。

一是完善城乡基础设施。进一步健全城际、城区、城镇（乡）、镇村四级交通路网，加快构建"纵横相连、内外成环、城乡一体"的30分钟通勤圈。加快推进国道改建、下穿隧道涵洞工程，全面实施乡村通畅工程，科学

新建改建农村公路。加快完善城乡公共交通服务体系，建立城市公共自行车系统。开展城乡"全光网"综合布线工程，增加4G基站、汇聚机房，实现城乡4G通信网络全覆盖，加快有线电视数字化建设步伐，推进各项基本公共服务和社会服务网络向农村覆盖。

二是提高城乡精细化管理水平。严格落实城乡环境卫生网格化、数字化、精细化管理机制，持续推进"数字城管"向"智慧城管"转变。规范网格化管理，坚持网格化管理月评会制度，实行三级考评机制，将考评结果纳入政府目标管理和行政效能监察体系，实现制度化、规范化管理。持续开展洁净城市创建，实行政府购买环卫保洁服务，将城区环卫保洁、垃圾清运收集等环卫工作外包，实行城区机械化清扫、湿法作业全覆盖。建立城乡环卫长效管理机制，创新镇区综合管理机制，组建乡镇专业城管队伍，突出抓好镇区环境卫生、交通秩序、市场秩序、户外广告、店外占道经营等专项整治，着力营造洁净、优美、文明、有序的镇容村貌。

三是统筹实施新城开发和老城区改造。围绕建设文明城市、健康城市、生态城市、智慧城市、海绵城市，以全国文明城市创建为载体，以百城建设提质工程为抓手，着力完善基础设施，加强生态建设，提升城市内涵。加快推进商务中心区、产城融合区建设，实施老城区改造行动计划和城镇旧房改造工程，扎实推进棚户区改造项目，按照明清传统建筑风格，分区域、分片区、分条块推进老城区改造，同步完善老城区基础设施，打造独具长垣特色的老城街景风貌。

（三）加快推进农业转移人口市民化

突出产业为基、就业为本，在加快产业发展、以就业带动促进人口集聚的同时，强化住房、教育牵动，完善社会保障、农民权益保障、基本公共服务保障，促进农村人口向城镇转移。

一是实现城镇基本公共服务常住人口全覆盖。全面放开县城和建制镇落户限制，实行城乡统一的户口登记制度，严格执行以居住证为载体、与居住年限等条件相挂钩的基本公共服务提供机制，确保居住证持有人在住房保

障、公共教育、劳动就业、医疗卫生、计划生育、养老服务、社会福利、社会救助、公共文化、证照办理等方面享有与户籍人口同等权利。同时，加强城市社区管理和"村改居"工作。

二是充分保障农民转移就业。鼓励科研人员、大学生、返乡务工人员自主创业，以创业带动就业，争创农民工返乡创业示范县。完善就业援助制度，进一步开发公益性岗位，优先扶持和重点帮助高校毕业生、就业困难人员，将进城农民工纳入城镇失业保险范围，注重妥善解决困难人群就业。全面做好全省培训实名制信息系统建设试点工作，整合各类培训资源，完成农村劳动力、高校毕业生专业技能等的培训。充分发挥综合性就业和社会保障服务平台作用，推动实现更加充分、更高质量的就业。

三是保障进城落户农民权益。严格落实国务院《关于实施支持农业转移人口市民化若干财政政策的通知》和《长垣县国家新型城镇化综合试点工作方案》，统筹做好进城落户和失地农民安置保障工作，完善促进农民进城购房、就业等方面的鼓励性政策措施，认真落实对农民进城购买新建商品住房财政补贴政策，推动有可能在城镇稳定就业和生活的农业转移人口举家进城落户，保留进城落户农民集体经济收入分配权、土地承包经营权、宅基地等原有物权不变，积极解决"三个一批人"城镇化问题，让进城农民真正融入城镇生活。

（四）大力提升新农村建设水平

新农村建设是统筹城乡发展的结合点、推进城乡一体化的切入点、促进农村发展的增长点。一是加快建设宜居乡村，投资新建续建镇区基础设施，扩展实施镇区开发面积，支持特色小镇建设，鼓励有条件的乡镇创建省级以上重点镇或示范镇，推动副中心城镇向小城市方向发展。妥善解决新型农村社区遗留问题，按照"一区一策"原则，完成整改任务，支持有条件继续推进的新型农村社区加快实施进度；加强农村危房改造、农村公路的新建改建，持续推动供电、供水、供气、环卫保洁、污水处理等基础设施向农村全覆盖。二是切实建设美丽乡村。深入实施"村庄净化、住房安全、设施提升、村庄美化"美丽乡村建设"四大工程",着力提升农村基础设施,完善公共服务功能,强化环境综合整治。改善镇(乡)道路、供排水、绿化、亮化等基础设施和公共服务设施,加快推进乡镇燃气和污水处理工程项目,按照城区标准重点提升樊相、常村、恼里、赵堤等镇区基础设施和公共服务设施,打造各具特色的镇区风貌。着力开展农村户厕改造专项活动,同步加强农村环境卫生综合整治,全面改善农村人居环境。

(五)加快农村社会事业发展

一是合理配置教育资源。建立教育发展基金,加强教育软硬件设施建设,推动教育事业均衡化、特色化、优质化、规范化、信息化发展。注重发展学前教育,均衡发展义务教育,扎实推进义务教育学校标准化建设,优质发展普通高中教育,持续改善普通高中办学条件。提质发展职业教育,建立职业教育联席会议制度、县域人才与职校人才交流机制,在全社会营造人才投身职教、发展职教的浓厚氛围,推动县职专升格为高职高专院校。办好特殊教育和民办教育,加强特殊教育学校建设,鼓励社会力量和民间资本提供多样化教育服务。加强农村教师队伍建设,提升乡村教师待遇水平和保障条件。

二是大力发展卫生计生文化等社会事业。以建设健康长垣为导向,研究制订健康村镇发展规划,开展健康城市、健康村镇试点工作。深入推进医药卫生体制改革,建立完善分级诊疗制度、现代医药管理制度、基本医保管理制度、药品供应保障制度,争创全国公立医院综合改革示范县。优先建设发展县级医院,完善以县级医院为龙头、乡镇卫生院和村卫生室为基础的农村三级医疗卫生服务网络,向农民提供安全价廉可及的基本医疗卫生服务。加强乡镇综合文化站等农村公共文化和体育设施建设,推动全面建设和全面健康深度融合,谋划建设体育公园和老年健身康乐园,建设综合文化艺术中心、老干部活动中心、青少年文艺培训中心、乡镇办事处综合文化服务中心,县图书馆申报国家一级图书馆,提高文化产品和服务的有效供给能力,丰富农民的精神文化生活。

三是加强社会救助和保障工作。完善城乡居民临时救助制度，强化城乡自然灾害救助，实行城乡社会救助信息化管理，实现社会救助"应保尽保、应退尽退、应补尽补"。完善农村最低生活保障制度，健全农村留守儿童、妇女、老人关爱服务体系。积极推行社会保障"一卡通"工程，实现社会保障服务对象全覆盖，探索城镇企业职工基本养老保险和城乡居民养老保险之间的转换衔接办法，扩大养老保险和住房公积金覆盖范围。

参考文献

1. 新华网：《关于深入推进农村社区建设试点工作的指导意见》，http：//news. xinhuanet. com/2015 – 05/31/c_ 1115463822. htm. ，2015 – 05 – 31。

2. 河南省人民政府：《河南省人民政府关于印发河南省新型城镇化规划（2014~2020 年）的通知》，http：//www. henan. gov. cn/zwgk/system/2014/07/30/010487963. shtml，2014 – 07 – 30。

3. 李亦楠、邱红：《新型城镇化过程中农村剩余劳动力转移就业研究》，《人口学刊》2014 年第 6 期。

4. 《长垣县 2017 年政府工作报告》，长垣县第十五届人民代表大会第一次会议，2017 – 03 – 28。

5. 《长垣县国民经济和社会发展第十三个五年规划纲要》，2016 – 03 – 28。

6. 《长垣县国家新型城镇化综合试点 2016 年总结及 2017 年计划》，2017 – 02。

7. 中共长垣县委全面深化改革领导小组：《2016 年全县全面深化改革工作总结报告》，2017 – 03 – 02。

8. 长垣县发展和改革委员会：《关于长垣县 2016 年国民经济和社会发展计划执行情况与 2017 年计划（草案）的报告》，长垣县第十五届人民代表大会第一次会议，2017 – 03 – 28。

9. 《长垣县城乡规划局 2016 年工作总结及 2017 年工作谋划》，2016 – 12 – 27。

10. 《长垣县城乡总体规划（2016~2030)》，2017 – 01。

B.17
长垣县特色小镇建设研究

李建华*

摘　要：　特色小镇建设作为新型城镇化的带动力量，将为河南新型城镇化持续健康发展注入新动能。目前，从中央到地方纷纷出台文件推进特色小镇发展，面对国内兴起的特色小镇建设浪潮，长垣县应该抓住政策和市场机遇，找准特色产业定位，加快规划布局特色小镇，推动长垣城乡高质量、高水平发展。主要在发挥政府与市场的最大合力、因地制宜选择特色产业、完善设施服务、制定配套扶持政策、推进社会治理创新等方面做出努力。

关键词：　特色小镇　新型城镇化　长垣县

特色小镇是新型城镇化的重要载体，对于促进发展模式转变，破解城乡二元结构、推进城乡一体化等方面都有重要作用。当前，从中央到地方都在推动特色小镇的建设。国家"十三五"规划明确提出，要发展特色县域经济，加快培育中小城市和特色小城镇。《关于开展特色小城镇培育工作的通知》中也提出到"十三五"末要培育1000个特色小镇的建设目标。河南省也提出了特色小镇建设目标，到2020年，要重点培育100个左右特色示范小镇。长垣县也提出了要建设祖厨小镇。特色小镇以其小空间承载了一个地区转型发展的大战略，特色小镇有望在未来成为拉动地区经济发展的新引擎。

---

* 李建华，河南省社会科学院城市与环境研究所助理研究员。

一 特色小镇概念及特征

特色小镇是一个包容性的概念，目前在官方和理论界还没有一个统一、明确的定义。《关于开展特色小城镇培育工作的通知》中明确指出，特色小镇要有特色鲜明的产业形态、和谐宜居的美丽环境、彰显特色的传统文化、便捷完善的设施服务、充满活力的体制机制，由此可知，特色小镇具有特色鲜明、产业发展、绿色生态、美丽宜居等特征。另外，这份文件还指出了在特色小镇规划建设培育中一般要选择建制镇（县城关镇除外），优先选择重点镇，尤其是全国重点镇。但在浙江省的实践探索中，特色小镇不限于行政区划单元上的建制镇，而是按照创新、协调、绿色、开放、共享发展理念，形成"产、城、人、文"四位一体有机结合的重要功能平台。

综上所述，"特色小镇"的概念特征可总结为：特色小镇是一个具有相对独立发展空间、特色鲜明的产业、独特文化内涵、特色旅游和社区功能的发展空间平台。特色小镇可以依托传统的建制镇，也可以是较大的村庄，或者是城市内部相对独立的区块和街区。

目前，北京、天津、云南、江西、贵州等地都提出建设特色小镇的具体目标，国家也公布了首批特色小镇名单，全国共有127个特色小镇，河南四个镇入选，分别是赵堡镇、神垕镇、太平镇、竹沟镇。

表1 部分省市建设特色小镇目标及首批特色小镇数目

省份	目标	首批国家特色小镇数目
北京	在平原地区打造一批企业总部镇、高端产业镇、大学镇；在西北部山区乡镇打造一批健康养老镇、休闲度假镇，还将规划建设环球影城小镇、科技信息小镇等功能性特色小镇，共计划建设42个特色小镇	3个
河北	"十三五"期间培育建设100个特色小镇，特色小镇具有产业特色鲜明、人文气息浓厚、生态环境优美、多功能融合、体制灵活的特征	4个
四川	实施"百镇建设行动"，每年遴选100个小城镇重点培育	7个
浙江	全省重点培育和规划建设100个左右产业特色鲜明、体制灵活、人文气息浓厚、生态环境优美、多功能叠加的特色小镇	8个

续表

省份	目标	首批国家特色小镇数目
江苏	到 2020 年全省形成 100 个左右地域特色鲜明的特色镇,培育 50 个特色旅游小镇	7 个
广东	到 2020 年全省将建成约 100 个省级特色小镇	6 个
甘肃	用 3 年时间重点建设 18 个特色小镇,特色小镇均要按 3A 级以上旅游景区标准建设,其中旅游类特色小镇的建设要达到 5A 级旅游景区标准	3 个
贵州	建设 100 个示范小城镇,建设一批旅游小镇、白酒小镇、茶叶小镇	5 个
河南	到"十三五"末,重点建设培育 100 个左右特色示范小镇,其中有 30 个以上要建成示范性国家特色小镇	4 个

二 长垣发展特色小镇的重要意义

(一)建设特色小镇有利于推进供给侧结构性改革

特色小镇主要聚焦特色产业和新兴产业,长垣县特色小镇主要针对汽车产业、高端医疗器械、烹饪等特色产业,集聚高端发展要素。特色小镇建设有利于要素流动和再配置,能够促进土地、设备和人才等生产要素流向有效需求领域和中高端领域,提高要素配置效率。这种要素流动从供给侧和需求侧两方面同时发力,一方面提供了高端要素资源配置所需的空间载体,另一方面满足了人们多元化的差异性消费,是推进供给侧结构性改革的重要途径。

(二)建设特色小镇有利于破解城乡二元结构

在城镇化发展过程中,很多地方还是沿袭过去城市膨胀式发展道路。许多农业转移人口进入城市,农村土地、劳动力等要素资源低价被城市汲取,城乡二元结构依然存在,而且这种道路会进一步加剧农村的凋敝。长垣特色小镇建设就是按照"以人为本"的新型城镇化要求,在长垣县城周边规划建设,如祖厨小镇,就是依托两所职业教育学校,紧邻县城中心城区。特色

小镇发展特色产业，有利于农村剩余劳动力就近就地就业，还可以享受到城市的公共服务，既优化了区域的产业结构，也有力地促进了产城融合与城乡融合。

（三）建设特色小镇有利于推进创新创业

"大众创业、万众创新"是实施创新驱动发展战略、增强发展新动力的重要举措。但是，现在大城市受高房价影响，人们在大城市创新创业的成本日益高涨，阻碍了一些人创新创业的行动计划。特色小镇大多分布在城市周边，与中心城区交通便利，能够以创业成本较低、环境宜居、机制灵活、公共服务完善等特征吸引那些科技含量高、资金相对不足的年轻创业者。特色小镇为创业创新者提供广阔的空间平台，营造了"大众创业、万众创新"的浓厚氛围，促进了创新创业蓬勃发展。

（四）建设特色小镇有利于推进产业融合

融合发展是未来区域经济发展的趋势和主要特征。特色小镇能够推动三次产业的深度融合，推动农业现代化、新型工业化、新型城镇化、信息化的"四化"同步发展。特色小镇既有产业功能，又有历史传承、文化旅游和社区功能，具有融合发展的鲜明特点，一方面体现了三次产业之间的融合，另一方面也体现了产业内部的融合，还体现了产业发展和城镇空间布局的完美融合发展。

（五）建设特色小镇有利于传承地方历史文化

以往"摊大饼"式的粗放型城镇化模式，使很多城市在大拆大建中割裂了城市的历史文脉，丢掉了自己的城市文化。而现在的特色小镇建设则把高度重视小镇发展的历史传承和文化特色表达放在重要的位置。在特色小镇规划建设中，将地方特色的历史文化元素融于产业发展、街区和社区建设之中。长垣县特色小镇以烹饪文化为特色主题，能够促进历史文化传承与文化、旅游产业的有机统一。

三　长垣建设特色小镇的资源优势

长垣县古称蒲，远在秦朝时就已经设县，境内有仰韶文化遗址、多处龙山文化遗址、仲子墓、学堂岗圣庙等遗迹，具有历史文化资源丰厚优势，长垣县自古就有尚厨之风，民间有"长垣村妇，赛国之厨"的说法。长垣县有食博园、中国烹饪文化博物馆，拥有中国厨师之乡、中华美食名城等城市名片。长垣拥有专业厨师2.3万人，其中，有200多人在国外从事厨师工作，长垣烹饪职业技术学院拥有多位国家级烹饪大师担任老师，每年培养大批精通厨艺的学生，具有得天独厚的烹饪文化资源优势。长垣县是国家粮食生产基地县、国家绿色农业示范区、全国绿色食品原料（小麦）标准化生产基地，高效农业面积达22.6万亩，长垣县融合黄河滩区自然生态资源和现代农业田园景观的生态旅游资源，有天然文岩渠综合休闲观光走廊、月亮湾、晟道园等一批休闲旅游设施，有农业生态休闲旅游资源优势。

长垣县委、县政府根据长垣县的资源条件，提出建设祖厨特色小镇。祖厨特色小镇以长垣县两所职业教育学校搬迁为契机，依托长垣厨师之乡所拥有的丰厚厨师资源及久远的厨艺文化背景来进行规划建设。目前，祖厨特色小镇建设还处于起步阶段，还没有完成特色小镇规划。在当前省内外各地都在建设特色小镇的热潮中，长垣县急需抓住政策和市场机遇，加快特色小镇规划建设进程。

四　长垣建设特色小镇应注意的几个问题

国内特色小镇建设在各地都有成功的案例，但也出现了一些不健康的苗头和问题，长垣县特色小镇建设尚处在起步阶段，更要注意以下几方面的问题，避免在建设中走弯路。

（一）避免生搬硬套省内外先进地区发展模式

目前，各地特色小镇建设还处在探索阶段。浙江省在特色小镇探索实践

中走在了前列，成为我国特色小镇建设的标杆，欧美发达国家在特色小镇建设上也有很多成功的经验可借鉴。因而，国内一些地方在建设特色小镇过程中倾向于学习借鉴浙江和欧美的成功经验。但是在借鉴过程中，要充分考虑当地的经济发展实际情况，不能本末倒置，舍弃自身特色，简单模仿和照搬欧美小镇和浙江的经验做法。长垣县在特色小镇建设中一定要立足自身的现实条件和资源特色，避免贪大求洋、舍近求远和生搬硬套，避免在没有产业基础的地方强行招商引资。

（二）避免注重房地产开发忽略配套设施建设

在房地产业调控越来越紧的环境下，一些房地产企业转型发展把重点转向了特色小镇，希望特色小镇建设成为房地产企业新的"掘金点"。现在一些特色小镇建设基本上还停留在空间建设上，偏重于房地产开发建设，房地产商往往将特色小镇包装成一种纯粹的卖点进行赢利，并不会关注村镇本身的发展需求，对产业、文化、社区等多种功能的融合考虑不足。产业发展和创新都需要较低的成本，特色小镇的房地产化倾向会提高生产和创业创新成本，限制小镇吸引人才创业创新的功能，影响特色小镇的良性发展。长垣县特色小镇建设要避免以传统思维谋划，要把房地产企业的投入产出与特色小镇的长期收益回报捆绑起来，引导房企参与基础设施建设和服务实体经济发展。

（三）避免产业缺乏特色动力不足

从各地特色小镇的实践探索经验中可以得知，经济功能是特色小镇建设的一个重中之重，特色小镇体现的是特色经济，而特色经济是依靠特色产业来支撑发展的。一旦特色小镇没有自己的特色产业作为支撑，特色小镇就会因为自身缺乏"造血"功能而失去发展动力。长垣县特色小镇建设必须要突出产业特色、创造产业优势。以烹饪、医疗器械等核心产业和产品为重点，吸引相关企业、资金、人才进入，通过高度发达的专业化分工和更好的服务为特色产业发展提供更大的发展空间，创造出新的竞争优势。

（四）避免体制僵化活力不足

特色小镇之所以有发展的动力和活力，不仅是因为有特色产业，更重要的是有灵活的体制。传统的建制镇发展主要靠党政部门主导的招商引资与强制性管理，在一些地方的特色小镇建设中，也还是沿用了这个模式。浙江的特色小镇成功实践经验表明，特色小镇的发展更需要的是市场力量驱动。传统的单纯依赖党政主导部门进行规划管理与招商引资的特色小镇，往往容易体制僵化，活力不足。长垣县特色小镇建设要吸引大企业和民间资本参与特色小镇建设。

五　加快推进长垣特色小镇发展的对策建议

（一）发挥政府与市场的最大合力，有效推进特色小镇建设

在特色小镇建设中，要明确政府和市场的定位分工，按照政府引导、市场主导、多元化主体参与的原则，共同形成合力，推动特色小镇建设。一方面，政府要积极引导，要在规划制订和修编、文化资源开发传承、生态环境建设、基础设施配套等方面发挥顶层设计、政策支持等作用；另一方面，也要严格执行市场配置资源的基本规则，充分调动企业的积极性，发挥企业主体作用，在入驻企业选择、企业项目选择、企业启动风险资金引入等方面都要运用公开透明的市场原则来完成，让企业全程参与特色小镇的设计、规划、建设、管理等重要环节，真正让企业成为特色小镇开发运营的主体。

（二）因地制宜选择特色产业，强化特色小镇产业支撑

根据长垣县资源禀赋和现有产业发展基础，合理规划布局特色产业。目前，长垣县依托厨师之乡所具有的丰厚厨师资源和深厚的的厨艺文化，建设祖厨小镇，要大力发展烹饪饮食文化产业，积极培育餐饮龙头企业，拉长餐饮产业链条，树立长垣餐饮品牌，推进传统餐饮产业向创意、个性、时尚、精致等方向发展，提升长垣餐饮业的竞争力和影响力。医疗器械及卫生材料

也是长垣的优势产业，长垣卫生材料及医疗器械产品种类丰富，获得"中国卫生材料生产基地"的称号。长垣也可以利用卫生材料的产业优势，选择在张三寨、丁栾、满村等地建设特色小镇，大力发展卫生材料、安全防护用品和医疗器械产业，推动卫生材料产业向精细化、高端化发展。

（三）完善设施服务，营造特色小镇宜居环境

按照适度超前、综合配套、集约利用的原则，加快基础设施和公共服务建设，全面提升特色小镇建设水平和群众生活质量。积极支持特色小镇完善道路、水、电、气、暖、垃圾和污水处理、通信网络等基础设施，提升综合承载能力和公共服务水平。加强特色小镇信息基础设施建设，推动光纤入户，加快实现 WiFi 全覆盖。加强特色小镇道路环境治理和生态建设，提高特色小镇人居环境质量。合理配置和布局教育、医疗、文化、体育等公共服务设施，提高特色小镇集聚人口的能力。

（四）制定配套扶持政策，提高特色小镇要素保障能力

政府要为土地、资金等相关要素资源集聚提供配套扶持政策，满足特色小镇长期可持续发展需要。满足特色小镇用地保障。在全县建设用地指标上优先考虑特色小镇需要，根据特色小镇规划建设需要，及时调整修编土地利用总体规划和城乡规划。落实三权分置政策，将农村土地的经营权有效流转，鼓励农民探索以土地经营权作价入股等方式参与特色小镇项目建设，获取合理收益。强化特色小镇建设资金要素保障。整合各类与特色产业小镇相关的专项资金，统筹用于特色小镇镇区基础设施和公共服务设施建设。加大金融机构支持力度。积极利用政策性、开发性、利率低的信贷资金支持特色小镇建设。拓宽特色小镇融资渠道，探索产业基金、私募股权、PPP 等融资路径，积极引导多元化市场主体参与特色小镇建设。

（五）推进社会治理创新，提升特色小镇运营管理能力

特色小镇建设的重点不仅仅是在硬件设施方面，还应包括特色小镇的运

营管理方面。特色小镇高效运营离不开社会治理创新。特色小镇是一个多方共赢的创新空间和生活空间,推进特色小镇社会治理创新就是要统筹政府、社会、市民三大主体的积极性,促进政府治理和群众自治的良性互动。要激发社会各界建设特色小镇的热情,鼓励企业和其他社会组织者积极参与特色小镇的投资、建设和管理,增强特色小镇从业者、居住者的主人翁意识,使特色小镇成为一个新型的众创空间和生活空间。

参考文献

1. 卫龙宝、史新杰:《浙江特色小镇建设的若干思考与建议》,《浙江社会科学》2016 年第 3 期。
2. 闵学勤:《精准治理视角下的特色小镇及其创建路径》,《同济大学学报》(社会科学版)2016 年第 5 期。
3. 翁建荣:《高质量推进特色小镇建设》,《浙江经济》2016 年第 8 期。
4. 冯奎、黄曦颖:《准确把握推进特色小镇发展的政策重点——浙江等地推进特色小镇发展的启示》,《中国发展观察》2016 年第 18 期。
5. 周鲁耀、周功满:《从开发区到特色小镇:区域开发模式的新变化》,《城市发展研究》2017 年第 1 期。
6. 张鸿雁:《论特色小镇建设的理论与实践创新》,《中国名城》2017 年第 1 期。
7. 路建楠:《上海推进特色小镇发展的政策思路及典型案例研究》,《科学发展》2017 年第 1 期。
8. 斯兰:《特色小镇 核心在产业》,《中国改革报》2017 年 3 月 27 日。
9. 曾江、慈锋:《新型城镇化背景下特色小镇建设》,《区域与城市经济》2017 年第 4 期。

B.18
长垣县城乡生态文明建设研究*

吴旭晓**

摘　要：　推进城乡生态文明建设是长垣县全面建成小康社会的战略任
　　　　　务之一。本文在厘清生态文明内涵和总结城乡生态文明相关
　　　　　理论的基础上，分析了长垣县城乡生态文明建设概况和面临
　　　　　的问题，最后从提升生态资本运营能力、推动能源发展转型、
　　　　　发展生态经济、强化成效考核、建设生态水系等纬度提出长
　　　　　垣县城乡生态文明建设的对策建议。

关键词：　生态文明建设　城乡一体化　长垣县

目前，长垣县正处于产业转型升级的攻坚期，全面建成小康社会的决胜
期，打造绿色长垣、美丽长垣的战略机遇期。随着城镇化、工业化的迅猛推
进，资源约束日益趋紧、环境污染日益严重、生态系统不断退化、城乡生态
环境差距拉大等问题成为长垣县全面可持续发展的瓶颈。推进城乡生态文明
建设就成为目前长垣县的战略任务。全面系统推进长垣县城乡生态文明建
设，构建城乡生态文明建设一体化模式，积极策应全县整体社会经济健康发
展，对长垣县早日建成产业生态化、生态环境资本化、人与自然和谐、城乡
生态公平的"国家生态文明建设示范县"具有十分重要的现实意义。

---

*　本文是2017年河南省社会科学院基本科研费项目（项目编号：17E07）的阶段性成果。
**　吴旭晓，河南省社会科学院城市与环境研究所副研究员。

一 城乡生态文明建设的理论探索

（一）生态文明的基本内涵

国内外不同的专家学者从不同的视角对"生态文明"的内涵进行界定。归纳起来，生态文明的基本内涵主要包括3个方面的内容，一是人与自然的关系，如俞可平（2005）认为生态文明表征着人与自然相互关系的进步状态；杨伟民（2012）认为生态文明是人与自然和谐的社会形态；马凯（2013）认为生态文明的核心问题是正确处理人与自然的关系，其本质要求尊重自然、顺应自然和保护自然。二是生态文明与现代文明的关系，如王国祥和濮培民（2000）认为生态文明是对农业文明和工业文明的扬弃；张忠伦（2005）认为生态文明是以人与自然和谐相处为基础的政治文明、环境文明、精神文明和物质文明的总称；赵成（2008）认为生态文明是与物质文明、精神文明、政治文明、工业文明等并列的一种新型文明。三是生态文明与时代发展的关系，牛文元（2013）认为生态文明是人类文明史的最新阶段，理性、绿色、平衡、和谐是其一般性标志；郁庆治（2014）认为生态文明建设在当今中国包含四重意蕴，即社会主义文明整体、社会主义现代化的绿色取向、哲学理论层面和政治意识形态层面。

（二）城乡生态文明建设理论探索

国内对城乡生态文明建设的理论研究开展相对较晚，但是硕果累累。本文系统地梳理了近年来关于城乡生态文明建设的研究文献，并把代表性研究成果列于表1。

由表1可以看出，目前国内对城乡生态文明建设的研究集中在省、市、县三级。从目前CNKI的学术文献来看，缺乏对河南省城乡生态文明建设的理论探讨。

表1　国内城乡生态文明建设的代表性研究

论文作者	研究时间	研究对象	理论贡献
刘　晔	2013 年	山西省	以构建城乡生态一体化的管理运作模式、补偿机制和支撑体系为切入点，探讨了加快推进山西城乡生态一体化制度建设的路径。
谢海燕 杨春平 刘婷婷	2014 年	湖南湘西土家族苗族自治州	系统总结了城乡生态文明同建同治工作的经验。
孙　凡 冯沈萍 肖　强	2014 年	重庆市彭水县	提出了包括社会经济发展、环境质量、污染控制、生态环境保护、生态文明法治、生态环境宣传教育、生态环境建设 7 个子系统共33 项指标的生态文明建设与跟踪评估指标体系。
左守秋 张红丽 刘立元	2014 年	河北省	提出以一体化发展观为指导，进行省一级专项规划的顶层设计，健全乡镇、村级的领导机构，构建城乡一体化生态环境保护格局、监督机制、建设制度，加大农村生态环境保护投入等促进河北省城乡生态文明一体化建设健康快速发展的方法。
徐淑云	2016 年	台　湾	台湾城乡建设与发展始终坚持生态环境至上的理念,台湾生态农庄建设是城乡生态文明建设的典型模式。
任重	2012 年	浙江省安吉县	安吉生态文明建设的启示:要有强有力的组织保障,加快发展思路战略转型,要有高度统一的思想和认识,科学把握保护与发展、有形与无形、主导与主体的关系。
唐雨薇	2016 年	张家港市	提出张家港市城乡生态文明建设一体化的路径,主要包括建设生态文化、构建生态文明制度、改善生态环境、一体化开发土地、节约资源能源等。

二　长垣县城乡生态文明建设概况

长垣县全面推进工程减排、结构减排和管理减排，加快推进工业化、农业现代化重点领域的循环经济发展进程，逐步降低资源消耗，提升资源综合利用效率，取得了良好的经济效益、社会效益和环境效益，生态文明建设取得了显著的成效。

（一）污染减排取得明显成效

长垣县"十二五"期间共计实施了 50 项工程治理减排项目，其中水污染减排项目 15 项、大气污染减排项目 3 项、农业源畜禽养殖污染治理项目 32 项。落实了结构减排，关停锻造锻打企业 263 家。强化管理减排，围绕减排任务开展重点企业的减排项目专项检查，确保污染防治设施正常运转；严格项目环境管理，加大对建设项目"环评"和"三同时"监管力度，做到增产不增污或增产减污。截至 2015 年底，长垣县化学需氧量排放总量为 0.53 万吨，比 2010 年减少 12%；氨氮排放总量为 0.07 万吨，比 2010 年减少 33.2%。虽然 2011～2015 年一般工业固体废物产生量分别为 2.84 万吨、2.25 万吨、2.32 万吨、2.24 万吨和 59.38 万吨，但一般工业固体废物综合利用率达到 100%。COD 排放总量由 2011 年的 7461.83 吨下降到 2015 年的 7234.2 吨，下降了 3.05 个百分点。氨氮排放总量由 2011 年的 1143.83 吨下降到 2015 年的 802.83 吨，下降了 29.8 个百分点，年均下降了 5.96 个百分点。

（二）大气环境质量明显改善

长垣县出台"大气污染治理 10 条"着力加强大气污染治理：一是严格扬尘控制；二是严格燃煤治理；三是严格机动车尾气治理；四是严格加油站点整治；五是严格生活面源污染治理；六是严格挥发性有机物治理；七是严格污染管控；八是严格网格管理；九是强化科学精准治污；十是建立长效管理机制。完成了 8 台 10 蒸吨/时及以下燃煤锅炉拆改、18 家加油站油气回收治理和 36 家加油站油气回收治理任务。开展了黄标车限行淘汰专项治理，新增纯电公交车 10 辆，新增"油改气"营运客车 20 辆、货车 11 辆、公交车 8 辆，出租汽车全部实现"油改气"。开展了露天有烟烧烤清理整顿和餐饮门店整治专项治理，改造露天烧烤设施 64 台，10 家规模化餐饮服务经营场所完成清洁能源改造和油烟治理。加强城市道路清扫保洁力度，主干道机扫率达到 85% 以上；规范了城区建筑渣土清运管理，仅 2015 年查处违章行为 590 起。加强了辖区内所有煤场和散装物料堆场管理，截至 2015 年底，辖区内煤场和散装物料堆场均满足"三防"设施要求。2011 年、2012 年、2013 年、2014 年和 2015 年城市空气环境质量好于Ⅱ级标准的优良天数分别

为 301 天、319 天、300 天、193 天和 276 天，达标率分别为 82.5%、87.4%、82.2%、52.9% 和 75.6%，均超过同期省定考核目标。截至 2017年 4 月 10 日，全县 PM10 平均浓度 110μg/m³，同比下降 31.5%，居 10 个直管县第 4 位；PM2.5 平均浓度为 66μg/m³，同比下降 40.5%，居 10 个直管县第 1 位；优良天数 72 天，同比增加 32 天，居 10 个直管县第 1 位，环境空气质量持续好转。

（三）水环境质量逐渐改善

长垣县高度重视河流污染治理，认真组织开展了碧水工程，深入推进重点流域水污染防治规划的实施。大力推进水污染防治项目建设，加强饮用水水源保护，完成了县级和乡镇集中式饮用水水源地划定工作，在保护区周围设置界限标志和隔离防护设施。加强工业污染防治，将主要污染物总量减排预算指标纳入国民经济和社会发展计划，所有建设项目所需主要污染物排放量均通过网上核准备案。大力推进污水处理厂基础设施建设，完成了污水处理厂扩建及第二污水处理厂建设，提升了减排能力。完善了现有污水管网，"十二五"期间累计投资 9000 多万元，新铺设污水管网 82.5 公里。推进了长垣县清泉污水处理有限公司和新乡中益发电有限公司中水回用等工程建设，提高城市污水无害化处理能力。2011～2015 年长垣县城集中式饮用水源保护区取水水质类别均能达到Ⅲ类标准，达标率为 100%，能够满足"十二五"目标值（98%）。近期监测显示，截至 2017 年 4 月 10 日，长垣县省控出境断面化学需氧量平均浓度 17.39mg/L、氨氮平均浓度 0.51mg/L，水环境质量持续改善。

（四）农村生态环境不断改善

"十二五"期间，长垣县在实施乡村清洁工程的基础上，着力开展了"村庄净化"、"住房安全"、"设施提升"和"美化村庄"等四大工程，保护农村饮用水源，防治农村工业污染、生活污染、畜禽养殖污染和面源污染，有效改善了农村生态环境。建成了南蒲西郭庄生活污水处理厂等 12 座农村社区污水处理厂，赵堤镇赵堤社区、方里镇福鑫以及三和社区农村生活污水场正常运行，消减化学需氧量214.95吨、氨氮19.55吨。有序开展规模化畜禽养殖污染治理，科学划定禁养区、限养区范围，推进清洁养殖与污染治理，建成了河南新乡市恒通养殖有限公司沼气工程、河南省恒友牧业发展有限公司农村能源生态建设项目等32家养殖企业的污染防治项目，消减化学需氧量219.8吨、氨氮113.7吨。目前，长垣县已创建6个国家级生态乡镇、16个省级生态乡镇和41个省级生态村。截至2015年底，长垣县累计投入资金2.8亿元，建设了一大批干净整洁、环境优美的美丽乡村，全县599个行政村已有500个村达到了无垃圾堆放、无污水横流、无杂物当道、日常生产生活物品堆放规范的"三无一规范"标准。

三　长垣县城乡生态文明建设面临的问题

长垣县城乡生态文明建设取得了较好的成绩，总体生态环境状况呈良好发展态势，但环境质量改善速度与城乡居民期待值之间的"不匹配性"日益加剧，未来城乡生态文明建设形势仍不容乐观。

（一）节能减排压力仍然较大

2011～2015年，长垣县单位GDP能耗由0.547吨标准煤/万元下降到0.480吨标准煤/万元，不但低于同期的全国平均水平，还低于同期的全省平均水平，但明显高于同是省管县的兰考县、滑县、邓州市和鹿邑县，节能压力仍然比较大，具体情况见表2。

长垣县工业企业均不属于国家划定的五大行业，化学需氧量、氨氮减排量仅由新建污水处理厂去除，二氧化硫、氮氧化物只能从淘汰2005年以前的黄标车上消减。减排工程建设进度缓慢以及禁养区畜禽养殖企业关闭工作滞后严重影响了全年减排任务总量。此外，市政污水管网的不完善、私营企业减排工作积极性不高、农村畜禽养殖分散、连片综合整治项目未能正常运行、机动车增长速度过快和城市污水处理厂满负荷运转均影响了主要污

表2　2011～2015年长垣县单位GDP能耗情况

单位：吨标准煤/万元

区域	2011年	2012年	2013年	2014年	2015年
全　省	0.895	0.831	0.798	0.766	0.715
兰考县	0.298	0.288	0.282	0.268	0.255
滑　县	0.441	0.420	0.404	0.389	0.377
邓州市	0.404	0.398	0.383	0.361	0.349
鹿邑县	0.460	0.443	0.423	0.399	0.373
长垣县	0.547	0.510	0.494	0.465	0.480
全　国	0.86	0.82	0.79	0.75	0.71

数据来源：根据2012～2016年的《河南统计年鉴》《中国统计年鉴》《中国能源统计年鉴》相关数据计算得到。

染物的减排总量。2011～2015年，除了烟（粉）尘排放总量先下降后上升以外，二氧化硫排放总量、氮氧化物排放总量、废水排放量均呈现上升趋势，只是在2011～2014年上升速度相对缓慢，从2015年开始这些主要污染物快速增长，减排压力增大，具体情况见图1。

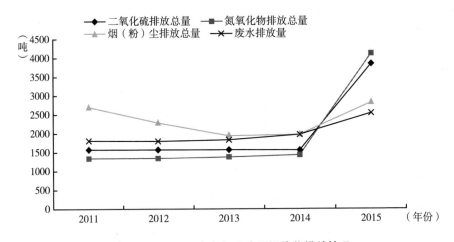

图1　2011～2015年长垣县主要污染物排放情况

（二）环保基础设施相对薄弱

伴随着农村人口向城镇转移和企业向产业园区集聚，城镇建成区面积和工业建设用地迅速扩张，生活污水、垃圾等废弃物产生量大幅攀升，产商住混杂，噪声污染严重，城市环境污染呈现复合型污染态势。但由于长垣县部分地区尚未健全污水收集、处理及配套设施，污水处理率偏低。城镇污水处理能力差距较大，目前仅建成 3 座生活污水处理厂，且第二污水处理厂进水口污染物浓度太低，造成工程达不到减排预期目标。随着农村地区经济的快速发展，农村地区环境污染问题日益突出，已建成的 12 座农村生活污水处理厂尚未正常运行，农村地区环境基础设施建设能力不足的问题尤为突出，亟待建立有效的生态补偿机制。此外，生活垃圾收集、处理设施，工业固废处置设施等其他环保基础设施有待完善，集中供热还未达到目标要求。

（三）生态县创建任务比较艰巨

国家级生态县创建是一项长期复杂的系统工程，需要政府、企业、家庭、非政府组织等行为主体的共同努力。随着长垣县经济社会的全面、快速发展，原来的《长垣县生态县建设规划》与目前具体的发展情况存在较大偏差，已经难以满足长垣国家级生态县的创建需求，亟待进一步修编和完善；国家级生态县创建的基本条件标准是申报县必须具有 80% 的国家级生态乡镇，具体到长垣县，则需要创成国家级生态镇 15 个，但目前长垣县仅有 6 个国家级生态镇，与国家级生态县建设要求存在较大差距。目前"国家级生态县"创建工作已经升级为"国家生态文明建设示范县"，建设指标由原来的 25 项增加到 38 项，虽然长垣县多项指标达到了创建标准，但仍有部分指标远低于国家生态文明建设示范县创建标准，近期内全部达到创建国家级生态文明建设示范县标准的可能性不大。

四　长垣县城乡生态文明建设的对策与建议

建设城乡生态文明，推动城乡生态协同发展，是长垣县建设成国家生态文明示范县的路径选择。

（一）提升生态资本运营能力

以改善城乡环境、提高城乡生态品质为目标，以绿色发展理念为引领，以长垣县城乡自然资源和生态服务系统为基础，全面提升生态资本运营能力，加快生态资本运营外部性的"内部化"转化步伐，提升生态资本化水平。依托黄河湿地鸟类国家级自然保护区，发展以花卉种植、水产养殖、休闲体验为主的生态观光游，重点实施黄河旅游风景区、黄河湾生态旅游园、宏力高科技农业公司生态休闲旅游等项目建设。依托美丽乡村、万亩荷塘等，发展乡村休闲游。以都市生态农业为重要抓手，在县城周边建设都市生态农业示范园区，努力打造融休闲观光、三产融合、城乡一体等功能于一身的都市生态农业。充分利用黄河滩区、天然文岩渠、坑塘等水资源，大力发展生态高效渔业和莲藕种植，打造省级都市生态农业示范园区。

（二）着力推动能源发展转型

积极调整能源结构，大力推广清洁能源和可再生能源的综合利用，推进清洁能源替代，全面淘汰燃煤小锅炉，全面拆除城市建成区和集中供热范围内的燃煤锅炉。大力发展太阳能电池组件及光伏发电系统，推广应用分布式光伏电站，建设太阳能应用示范县，重点支持中电投分布式光伏发电、中广核光伏发电、大唐新能源太阳能发电等项目建设。利用黄河滩区风能资源优势，加快风力发电场建设，重点支持国电投风力发电、河南省投资集团新能源风力发电等项目建设。推动秸秆综合利用，加快发展垃圾发电、生物质制油等清洁能源。重点支持至玥腾风秸秆综合利用、中冠联盟植物质秸秆燃烧乙醇综合利用等项目建设。积极推进集中供热管网基础设施建设，在城乡人口集聚区推行集中供热，全面提升县城主城区集中供热率。在不能集中供热的地方，要大规模推广用电力、天然气来替代传统的煤炭。

（三）大力发展城乡生态经济

调整产业结构，加速产业升级，以生态经济和循环经济理论为指引，大力发展现代生态工业、优质生态农业和高成长性生态服务业，提升长垣县城乡生态经济效率，为创建国家生态文明建设示范县夯实基础。大力发展健康产业，打造以基因科技为支撑的全球基因研究平台，培育以生物经济、精准医学和健康产业为内核的县域经济发展新模板，引领全省健康产业发展。支持华大基因、宏力集团、驼人集团等龙头企业向健康咨询、康复护理、养生保健、养老服务等领域拓展，打造健康养老服务品牌，发展养老产业。瞄准行业龙头企业、东部节能环保装备产业发达地区以及欧美发达国家，加大招商引资力度，积极承接和发展高效节能电机、大气污染防治以及资源综合利用等节能环保装备。加快培育资源消耗低、发展前景广阔的新能源、工业机器人等新兴产业，实施绿色制造推广工程，提升全县绿色制造水平，抢占未来区域竞争制高点，培育新的经济增长点。

（四）考核生态文明建设成效

全面落实县、镇（乡）政府生态环境质量责任制，强化对政府的环境质量监督，建立完善环境质量的监测、评价、考核、预警和监督机制，把环境保护纳入党政领导班子和领导干部的政绩考核体系，提升生态文明建设工作占党政实绩考核的比例，坚持平时考核、年度考核与任期考核相结合，并将考核结果作为各级领导干部选拔任用和奖惩的重要参考。编制城乡自然资源资产负债表，对各级领导干部实行自然资源资产离任审计。上级政府与下级政府、政府与有关部门层层签订目标责任书，将生态文明建设规划确定的目标任务进行分解落实，确保任务明确、项目清晰、资金保障。综合考虑废水、废气、固体废弃物等要素，构建以排污许可制度为核心的生态环境管理体系，提升固定源排污许可证覆盖率。

（五）加快城乡生态水系建设

城乡生态水系建设是长垣县城乡生态文明建设的重要组成部分，也是长垣建设国家生态文明示范县的着力点。高标准实施长垣县城乡生态水系规划设计，强化组织保证，以长垣县城区的东、西护城河等6条河道为中心，以

红山庙沟、三善园东西分流渠、邱村沟、二干渠截渗沟、天然文岩渠等为战略支点，以红山庙沟、王堤沟、何寨沟和乔堤沟等四条河流为生态水系带，王家潭、郭庄湖、贾寨湖、三善湖等九个湖形成生态水系网络节点，在全县形成河、渠、湖互联互通的生态水系新格局，实现城乡生态品质的优化升级，大力推进长垣县城乡生态水系建设，提升全县的水利保障能力，全面提高城乡生态环境质量，全力把长垣县打造成黄河流域的生态水系示范区。

参考文献

1. 俞可平：《科学发展观与生态文明》，《马克思主义与现实》2005 年第 4 期。
2. 杨伟民：《大力推进生态文明建设》，《人民日报》2012 年 12 月 12 日。
3. 马凯：《坚定不移推进生态文明建设》，《求是》2013 年第 9 期。
4. 王国祥、濮培民：《人类文明演化的生态观》，《生态学杂志》2000 年第 4 期。
5. 张忠伦：《人类文明的起落及中国生态文明建设探要》，东北林业大学出版社，2005。
6. 赵成：《生态文明的内涵释义及其研究价值》，《思想理论教育》2008 年第 5 期。
7. 牛文元：《生态文明的理论内涵与计量模型》，《中国科学院院刊》2013 年第 2 期。
8. 郇庆治：《生态文明概念的四重意蕴：一种术语学阐释》，《江汉论坛》2014 年第 11 期。
9. 刘晔：《山西城乡生态一体化制度建设路径研究》，《中共山西省直机关党校学报》2013 年第 5 期。
10. 谢海燕、杨春平、刘婷婷：《城乡生态文明建设新模式——湖南湘西自治州城乡同建同治工作的经验与启示》，《中国经贸导刊》2014 年第 24 期。
11. 孙凡、冯沈萍、肖强：《科学发展观视野下城乡生态文明建设研究——以重庆市彭水县为例》，《西南大学学报》（自然科学版）2014 年第 12 期。
12. 左守秋、张红丽、刘立元：《河北省城乡生态文明一体化建设探索》，《才智》2015 年第 9 期。
13. 徐淑云：《福建省城乡生态文明一体化建设研究——以台湾农庄建设为例》，《福建论坛》（人文社会科学版）2016 年第 4 期。
14. 任重：《山区城乡生态文明建设的一个动态考察——以浙江省安吉"中国美丽乡村"建设为例》，《改革与开放》2012 年第 24 期。
15. 唐雨薇：《张家港市城乡生态文明建设一体化研究》，苏州科技学院硕士学位论文，2015。

B.19
长垣县建设智慧城市研究

王新涛*

摘　要：　智慧城市已经成为我国城市转型创新发展的重要取向。我国智慧城市的发展路径可以概括为整体推进型、智慧产业导向型、应用导向型等发展模式。长垣县经济社会发展位居全省前列，建设智慧城市具有相当优势，可以选择应用导向型的发展模式，从智慧政务、智慧城管入手，采取综合发展措施，加快推进基础设施建设，提升城市运行、管理、服务水平，提高居民的生活质量。

关键词：　智慧城市　智能应用　长垣县

　　智慧城市是运用物联网、云计算、大数据、空间地理信息集成等新一代信息技术，构建城市智能化管理和服务体系，促进城市智能发展的新理念和新模式。为推动智慧城市建设，我国住房和城乡建设部下发了《关于开展国家智慧城市试点工作的通知》，先后发布了三批智慧城市试点。截至2016年6月底，我国95%的副省级城市、76%的地级城市，总计超过500座城市都明确提出构建智慧城市的相关方案。长垣县通过创建"宽带中原"示范县、实施智慧政务建设方案等举措，为智慧城市建设打下了坚实的基础。

---

*　王新涛，河南省社会科学院城市与环境研究所副研究员。

一 长垣县建设智慧城市的基础条件

智慧城市和数字城市、无线城市、智能城市、未来城市相比，代表着更高的层级，是对城市运行、管理、服务进行的整体和全面改革。长垣和其他县级城市相比，建设智慧城市已经形成了相对完善的基础条件。

（一）经济社会水平提高

建设智慧城市是城镇化发展从粗放型向集约型转变的必然结果，是经济社会发展到一定阶段的客观要求。较高的经济社会发展水平，将为智慧城市建设提供基础条件。长垣县经济社会综合发展水平在全省县域位居前列，2016年全县地区生产总值完成298.4亿元，公共财政预算收入16.8亿元，城乡居民收入分别达到23109.1元和16236.1元，连续两年综合考评居省直管县首位；现代农业稳步发展，"三品一标"认证126个；全县规模以上工业企业达到152家，形成起重装备制造、卫生材料及医疗器械、汽车及零部件等支柱产业，专利授权量、驰名商标和著名商标数量均居全省县（市）第一位。第三产业持续提升，生态健康旅游、现代物流、电子商务、健康养老等高成长服务业蓬勃发展。特别是"互联网＋"行动计划顺利实施，建成村级电子商务综合服务站144个。

（二）基础网络能级跃升

现代通信网络设施是智慧城市建设的基础支撑。长垣县通过创建"宽带中原"示范县，强化了建设智慧城市的基础能力。其中，城乡宽带接入能力达到95%以上，用户规模得到了有效提升，在经济欠发达乡镇普及率接近60%，在较富裕的乡镇达到70%，行政村光纤通达率达到100%，城市家庭20Mbps及以上宽带接入能力达到95%，农村家庭12Mbps及以上宽带接入能力达到100%，3G/4G移动电话人口普及率达到75%。与此同时，城乡网民对高速率宽带的体验产生了极大的兴趣与认可，网购业务增长迅猛，有效带动了物流、快递行业的快速发展，高速互联带动下的手机电视、微信和网上远程教育等公民应用性服务，受到越来越多消费者的关注。

（三）公共平台逐步完善

智慧城市要求形成一个包含诸多专题数据库的公共平台，以满足城市管理和服务、企业生存和发展、居民生产与生活等各项需求。长垣县以智慧政务为突破口，已经开始在公共平台建设方面进行了有益探索。例如，在智慧政务建设过程中，横向涵盖所有政务服务事项和审批办理事项的县直单位，纵向达到县、乡、村三级联动，努力实现实体政务大厅与网上服务大厅相融合，实现"一个身份证号申请、一个窗口全权受理、一个网络全程通办"的目标。搭建智慧政务平台的过程，也是对综合窗口办公系统、查询系统、在线申办系统、自助终端软件系统、非税类缴费系统、全流程网上审批系统等24个相关系统及大数据进行整合的过程，这些都为智慧城市相关数据、平台的整合积累了经验。

（四）城市管理运行高效

推动城市管理和服务体系智能化，是智慧城市建设的出发点和落脚点之一。在县级城市信息通信基础设施相对不完善的情况下，更需要以管理效果提高来弥补基础设施的相对不足。长垣县在城市管理特别是"数字城管"方面积累了丰富的经验，形成了一整套行之有效的做法，为智慧城市的运行和应用夯实了基础。例如，长垣县成立县城市管理指挥监督中心，建设"数字城管"指挥平台，推行"数字城管"，将城区划分为50个单元网格，明确各网格内城管、住建、规划、公安、交通等部门责任，建立不定期督查、督查员日常督查管理机制，严格实行"门前五包"责任制，实现了城市的网格化、精细化管理，营造了良好的市容环境秩序。

二 长垣县建设智慧城市可选择的模式

由于不同城市的发展基础不同，建成智慧城市所需要的时间、突破点的

选择、所采取的发展模式也不相同。从目前国内部分城市的实践来看，长垣县建设智慧城市可以借鉴三种模式：第一，整体推进型发展模式。这种模式是多数城市的既定目标。其中比较有代表性的城市是南京。南京将智慧基础设施、智慧产业、智慧政府、智慧人文作为发展重点，力图整体上加快智慧城市建设步伐，从而提高城市整体的综合竞争实力。第二，智慧产业导向型的发展模式。例如，武汉在智慧城市建设过程中，突出发展信息服务业、服务外包、物联网、云计算等智慧产业。第三，应用导向型的发展模式。例如，昆明率先从交通、医疗、建筑业、电子政务等方面推进智慧城市建设。综合考虑，长垣县可以选择应用导向型的发展模式，即从目前已经开始着手的智慧政务、智慧城管入手，加快推进基础设施建设，提高城市的运行、管理、服务水平，提高居民的生活质量和幸福指数，并加快信息化与工业化的融合发展，提高产业的智能化程度。

三 长垣县建设智慧城市的总体思路

长垣县建设智慧城市的总体思路可概括为：按照集约、智能、绿色、低碳的新型城镇发展的总体要求，以改善民生为根本出发点，以"提高政务运行效率、提升居民生活质量、推动智慧产业发展"为目标，以"系统互联互通、资源共享共用、业务协同创新"为主线，以提高融资能力和水平为保障，坚持基础先行、需求导向、突出特色，不断提升基础设施能级，不断提高服务用户能力，力争把长垣打造成为管理高效、服务便捷、产业智能、绿色生态的新型智慧城市标杆。

（一）基本原则

顶层设计，资源整合。立足于居民生活、企业生产、政府服务的实际需求，充分发挥政府在顶层设计、规范标准、统筹协调等方面的作用，积极吸引社会力量参与，科学制定智慧城市建设方案，形成政府、企业、社会合力推进的格局。

示范带动，分步实施。围绕长垣经济转型升级的战略重点、群众对公共服务的迫切要求和创新社会管理的实际需求，把提升信息基础设施能级和建设智能应用平台放在突出位置，优先完成城市规划、城市建设、智慧交通、医疗卫生、社会保障、生态环保等专题数据库建设，确保智慧城市建设取得实效。

消除壁垒，资源共享。搭建"智慧长垣"基础支撑框架，综合运用各种有效的机制和措施，先推进区域块块信息系统整合，后推进条条信息系统整合；先建设基础信息资源库，后建设业务信息数据库；先进行系统内部业务流程优化再造，后进行系统之间业务衔接协同创新，着力解决信息孤岛问题。

产业转型，创新发展。推进信息化和工业化深度融合，将物联网、云计算、新一代通信网络、高端软件、智能终端、智能处理等领域项目融入长垣的产业链和产业集群，促进主导产业提升能级，加快产业转型升级步伐。

政府规划，市场主导。充分发挥市场在资源配置中的决定性作用，加强政府规划的引导，发挥企业在智慧城市建设中的主体作用，强化政策法规体系建设，完善市场监管体制机制，形成全社会广泛参与的良好氛围。

（二）发展目标

长垣县建设智慧城市可以分为三个阶段有序推进，分阶段目标为：第一个阶段，在现有发展基础上进一步完善建设各领域的信息基础设施，完善公共通信网（通信网、互联网以及广电网），启动基于应用的物联网感知以及云计算基础设施建设，同时率先在智慧政务、智慧城管、智慧环保、精准扶贫四大重点领域启动项目建设，充分发挥示范带动作用，为智慧长垣建设打好基础。第二个阶段，进一步更新优化各个领域的信息化基础网络设施，完成智慧政务建设内容，在城市管理服务的医疗、交通、环保方面和产业发展的产业集聚区、商务中心区、农业特色园区和主导产业方面基本实现智慧化。第三个阶段，基本建成无缝、宽带、可靠的信息化基础网络，城市管理服务、居民生活需求、产业转型发展等方面的目标基本实现，"智慧长垣"初具规模。

（三）重点任务

长垣县建设智慧城市的重点任务，可以按照基础设施—数据平台—智能应用三个领域展开。

第一，完善信息基础设施。完善的基础网络设施是智慧城市建设的首要条件，长垣首先要解决信息基础设施不完全满足智慧城市发展需要的问题，加大有线、无线宽带网、通信网、广电网、物联网等基础设施的建设力度，大力推动基站、管道等基础性资源共建共用，加快推动三网融合、光网城市、移动通信4G网络、下一代互联网等工程建设，推进物联网感知终端的深度普及。近期要加快"无线城市"建设，实现县城和镇区各主要公共场所无线 WiFi 覆盖。

第二，加快信息数据平台建设。按照国家标准，整合散布在不同部门的基础信息资源，统一建设人口、法人、空间地理、宏观经济、文化五大基础信息资源库和数据共享交换目录库。其中，人口基础信息数据库以人社局的社会保障数据库为基础，统筹整合公安局、卫计委、民政局、国税局、地税局、统计局、档案局、人民银行支行等相关部门数据。法人基础信息资源库以工商局的企业注册数据库为基础，统筹整合县委组织部、民政局、编办、质监局、统计局、档案局、人民银行支行等相关部门数据。空间地理基础信息资源库以国土局的土地利用数据库为基础，统筹整合住建局、水利局、林业局、环保局、交通局、旅游局、气象局、人防办、档案局等相关部门数据。宏观经济基础信息资源库以发改委的数据库为基础，统筹整合工信局、科技局、财政局、人社局、统计局、交通局、水利局、农业局、林业局、商务局、旅游局、工商局、国税局、地税局、档案局、人民银行支行等相关部门数据进行建设。文化基础信息资源库以文化广电新闻出版局的数据库为基础，统筹整合教育局、体育局、科技局、档案局等相关部门数据。最后，在上述五大基础信息资源库基础上，由发改委或工信局牵头建设数据共享交换目录库，便于全县数据共享、交换、利用以及数据公开和数据的安全、保密。

第三，推进智慧城市应用。围绕城市运行管理、社会民生服务、资源环境管理、产业经济发展等重点方向，积极在智慧政务、智慧医疗、智慧城管、智慧环保、智慧交通等十大领域开展智慧城市应用。

表1　长垣县智慧城市应用的十大领域

智慧政务	大力推动政务信息公开，加快推进网上审批、电子监察、网络问政等项目建设，借助大数据分析技术全面感知用户的多样化需求，实现供需之间的良性互动。
智慧医疗	重点推进网上预约分诊、检查检验结果共享互认、医保联网异地结算等便民惠民应用，发展远程医疗和智能化健康医疗设备。
智慧城管	编制城市道路、排水、垃圾处置、园林绿化、城市地下管网等专项规划，建设地理信息公共服务平台，实现城市建设各部件要素资源信息共享共建，构筑智慧城市管理模式。
智慧环保	建立覆盖全县的信息化网络，建立环境在线监测系统、重点污染源在线监控系统、环境管理信息系统"三位一体"的监控体系，全面提升环境管理的及时性、准确性和科学性。
智慧交通	建设交通设施感知体系，整合实时交通数据，形成互联互通和贯穿交通政务、交通管控、交通指挥、交通服务、交通决策为一体的智慧交通综合体系。
智慧旅游	以游客为本，面向移动终端实现信息主动推送；构建以旅游管理部门、景区、旅行社、旅游酒店为主体的旅游监管信息系统，提供一站式、全方位、个性化的旅游服务。
智慧产业	制定推进信息化与工业化融合发展的实施方案，设立两化融合专项发展资金，重点提升发展特色装备制造、卫生材料及医疗器械、汽车及零部件、防腐蚀及建筑新材料等产业转型升级。积极引导企业应用信息技术，深化行业龙头企业在产品设计数字化、生产自动化、产品智能化、管理现代化和营销电子化方面的应用水平，发挥示范带动作用。
精准扶贫	通过对贫困人员逐步逐户地走访调研，将精准扶贫、产业扶贫、金融扶贫相结合，在数据上实现资源共享及交换，构建统一的精准扶贫大数据平台，并将所有的贫困数据向社会公开公布，接受社会监督，实现扶贫工作的精细化管理、动态化监督、科学化评估。
居民"一卡通"	整合资源，拓展居民卡在商业消费、公共事务中的应用，实现水、电、气、交通、通信、医疗等领域的便捷支付，提升城市信息化综合服务水平。
平安城市	建设城乡一体化的安全监控体系，在主要交通要道、治安卡口、学校、医院以及治安复杂场所安装红绿灯及摄像监控设备，利用视频专网、互联网、移动等网络将视频监控点的数据传送至平安城市监控指挥中心，实现整个城市治安、交通、城管、应急等各职能部门的联动，提高公共安全管理的效率和相关部门在突发事件发生时的应急能力。

四　长垣县智慧城市建设的保障措施

长垣县要在智慧城市建设中顺利实现促进企业降本增效、提高政府公共

服务能力、提升居民生活质量和城市管理效率的目标，必须从组织协调、资金筹措、智力支撑、标准体系等方面加以推进。

（一）加强组织协调

建设智慧城市首先需要建立一个覆盖经济、社会、文化、生态、基础设施和公共服务设施等诸多方面的信息采集、整合、处理、运行的信息综合体，尤其是要消除信息孤岛，因此必须在县一级成立相应的领导机构，统筹全县智慧城市建设的领导决策职能。可以参照已有城市的成熟做法，组建长垣县建设智慧城市领导小组办公室，负责相关的组织、协调、合作、交流等事宜，负责制定相关技术标准规范，推动信息化和工业化的融合发展。

（二）强化资金保障

建设智慧城市需要巨大的资金投入。单靠财政资金无法满足需求，必须拓宽资金投入渠道，根据不同项目的具体特点，形成多元化的投入机制。要注重政府引导投入，设立建设智慧城市专项引导资金，整合利用各种财政性资金，以政府资金引导带动更多社会资金投入建设，特别是要加大对重大基础设施项目、应用系统示范工程、信息技术人才引进和培养等方面的投入。要发挥PPP模式的作用，对于经营性项目，以社会资本投资为主，并在后期收益中加大对民营资本的返还比例，以加速成本回收并实现预期利润。对于非经营性项目，通过与经营性项目打捆包装，合理配置收益，实现项目社会效益和经济效益的平衡。要引导电信、移动、联通等通信运营商和其他大型IT企业在长垣县投入服务、技术、人才和资金。鼓励公众参与，引导社会公众自发消费和应用智慧城市产品。

（三）建立标准规范

建设智慧城市的软件基础是数据的交换共享，数据交换共享的关键又在于数据和系统的技术标准和运行规范问题。长垣县建设智慧城市，首先要注重发挥标准化建设的统一规范作用，在智慧城市建设的初期，统一规范装备技术标准、业务流程标准、政府监管标准，保障数据资源实现顺利、高效的共享、交换与整合。特别是在具体项目建设过程中，加强标准化管理，确保所有标准可操作、可执行、可落地，切实避免不同的项目承建单位以不同技术标准开展具体项目建设，以至于严重影响后续工作中数据资源的整合、共享和利用。

（四）强化智力支持

建设智慧城市需要专业化的人才队伍。长垣首先要通过全职、柔性等"刚柔并济"的方法，大力引进和培养高层次信息化专门人才、知识复合型信息化人才。特别是在政府推进智慧城市建设的关键部门和岗位上，要引进、选拔、培养专业化人才。其次是加强与国家部委、科研机构、行业协会、产业联盟、行业领先企业、先行试点城市的沟通交流，借鉴成熟的、可快速复制的成功经验。再次是邀请行业内专家组成咨询委员会，加强对建设智慧城市的咨询指导。

参考文献

1. 胡旭嫣、黄兴：《测绘地理信息在智慧城市建设中的作用》，《城市地理》2016年第12期。
2. 吴树森：《当前我国智慧城市建设中的问题与对策》，《工程技术（文摘版）》2016年第3期。
3. 王广斌、崔庆宏：《智慧城市建设目标绩效的实证研究》，《软科学》2016年第7期。
4. 高璇：《论智慧城市建设背景下我国传统产业的转型》，《中州学刊》2016年第1期。
5. 邹凯、向尚：《智慧城市建设能力评估模型与实证研究》，《科技管理研究》2017年第2期。
6. 赵冬梅、吴士健、孙继强：《发展互联网经济推进智慧城市建设问题研究——以江苏省为例》，《科技管理研究》2016年第11期。

和谐长垣篇

Harmonious Changyuan

B.20
长垣县民生发展报告[*]

张　侃[**]

摘　要： 　"十二五"以来，长垣县民生建设持续推进，成效显著，主
　　　　　要表现为教育事业快速发展，就业创业形势稳中有升，城乡
　　　　　居民收入较快增长，城乡医疗卫生条件不断改善，社会保障
　　　　　量质齐升，精准扶贫成效显著，环境保护初见成效，社会治
　　　　　理能力持续提升。同时，由于经济社会发展的一些局限，长
　　　　　垣县的民生建设也面临着一系列亟须解决的突出问题。长垣
　　　　　县要继续坚持以维护人民群众根本利益为出发点，努力促进
　　　　　"基本民生"，保障"底线民生"，关注"热点民生"，通过构
　　　　　建均等化基本公共服务体系、完善社会保障体系、推进民生

　＊　本文系2017年河南省社会科学院重点研究课题"河南精准扶贫政策绩效评估研究"的阶段性成
　　　果。
＊＊　张侃，河南省社会科学院社会发展研究所助理研究员。

建设改革、加强环境治理、不断创新社会治理等措施推动民生建设水平不断提高，让全县人民能够公平共享改革发展的成果。

关键词： 民生建设　社会治理　长垣县

民生是人民幸福之基、社会和谐之本。"十二五"以来，在河南省委、省政府的正确领导下，长垣县委、县政府以建设"富强、科教、宜居、和谐"长垣为中心，不断加大民生事业投入力度，坚持把保障和改善民生作为所有工作的出发点和落脚点，切实践行党的十八大报告中提出的"多谋民生之利，多解民生之忧，解决好人民最关心最直接最现实的利益问题，努力让人民过上更好生活"，全力打造幸福民生工程，全县民生建设工作成绩优异，在改善和提高人民生活水平上取得了卓越成效，也对长垣县经济社会的良性可持续发展起到了积极的推动作用。近年来，长垣县先后获得全国县级文明城市、国家园林县城、国家级美丽乡村建设试点、先进省直管县、省级生态县、省林业生态县、全省改善农村人居环境工作先进县、全省大气污染防治攻坚战表现突出单位、省文化先进县、省安全生产工作先进单位、省平安建设工作先进单位、省信访工作先进县等殊荣。

一　长垣县民生建设现状分析

"十二五"以来，长垣县委、县政府始终坚持发展为民、共建共享，民生持续改善。坚持每年办好"十件民生实事"，全县各项民生支出累计达到136亿元，年均民生支出占财政支出的74%以上，民生建设成效显著。

（一）教育事业实现快速发展，教育现代化水平不断提升

"十二五"以来，长垣始终坚持教育优先发展战略，秉持育人为本、改

革创新、促进公平、完善制度、提高质量、推进均衡的发展理念，推动各级各类教育协调高质发展。

一是教育经费投入持续增长。"十二五"时期长垣县教育经费投入持续增长，2015年全县财政教育支出88716万元，同比增长7.3%，全县公共财政教育投入比2011年增加了58%（见图1）。

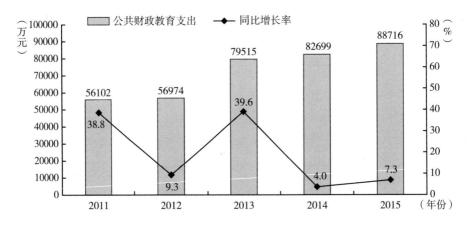

图1 长垣县教育经费投入示意图

数据来源：根据历年《长垣县国民经济和社会发展统计公报》数据整理。

二是各级各类教育发展实现新突破。首先，大力推进学前教育建设。实施"学前教育三年行动计划"以来，长垣县多方筹集资金近2亿元（其中：积极争取上级各类学前教育资源资金7928万元，县财政筹资近6000万元，大力引导民间资金5000多万元）支持学前教育发展，截至2015年，全县公立幼儿园数量从2010年仅县直实验幼儿园1所增至82所，2016年又新建9所公办幼儿园。同时，民办幼儿园如雨后春笋，迅速发展壮大，目前，经审批注册、纳入规范管理的169所，"广覆盖、保基本"的学前教育公共服务体系已经形成，"入园难、入园贵"问题得到根本缓解。其次，实施"全面改薄"、"城镇扩容"、中小学标准化建设项目，义务教育均衡发展持续推进，素质教育改革成效初显。开展"养成教育示范性学校"创建活动，推进养成教育和素质教育，成功创建50所"县级中小学养成教育示范性学校"。县直实验小学、县一中初中部均荣获"河南省教育名片"称号。第三，各级各类中等教育全面发展。全县普通高中教育教学质量持续提升，2016年普通类高考一本上线1493人（位居省直管县第一）。职业教育规模位居全省先进行列，全县中等职业教育对口升学率100％，就业率98％，实现升学与就业的"双丰收"。实施特殊教育提升工程，特殊教育学校办学水平和教育质量不断提高。民办教育发展迅速，成为全县教育亮点，县教体局获得省民办教育管理先进单位称号。

三是中小学校办学条件全面改善。"十二五"期间，累计投入校舍建设资金6.14亿元，改造中小学校213所，实施中小学校、幼儿园维修改造项目277个，新建校舍面积41.49万平方米，全面消除中小学校D级危房。迁建县一中初中部、县第二实验小学，改扩建城区公办中小学21所，城镇教育资源得到提升。

四是教师队伍建设水平不断提高。建立教师队伍补充机制，"十二五"期间累计招聘各类教师1317名。2016年全县补充教师528名（包括2013年特岗入编120名），招聘特岗教师180名。不断加强师德师风建设和教师培养培训工作，教师队伍整体素质明显提高。率先建立农村教师补贴制度，不断提高乡村教师待遇。

五是学生资助体系逐步建立健全。建立了从学前教育到高等教育全覆盖的学生资助体系。"十二五"期间，共发放各类救助资金和贷款10734万元，资助11.5万余人次。研究制定《长垣县教育脱贫专项方案》，认真落实教育扶贫和资助政策，做到应助尽助，确保了全县无一名学生因贫困而失学。

六是教育信息化建设实现跨越发展。通过招商引资建成长垣县教育云计算网，为全县304所中小学校（含教学点）2885个班级配备了多媒体，7872名任课教师配备了办公电脑和平板电脑。2016年1月，教育云计算网正式投入使用，全县中小学校实现互联互通，教育信息化水平得到明显提升。

（二）就业创业形势总体平稳，稳中有升

近年来，长垣县围绕更高质量就业目标，着力优化就业创业体制机制，

成立就业创业工作领导小组,建立县、乡、村三级就业和社会保障服务平台。在县就业和社会保障服务中心平台的基础上,建立和完善18个乡(镇)就业和社会保障服务所、600个村级就业和社会保障服务站功能,实现县、乡、村"三级"联动,为返乡就业创业劳动者提供项目信息、开业指导、创业担保、政策咨询等服务,有效地促进了就业创业政策的落实,就业形势稳中有升。2015年,全县外出务工12.85万人,返乡农民工创业2.5万人,全年完成城镇新增就业人数11053人,安置下岗失业人员再就业3597人,就业困难对象实现再就业1335人,分别完成省下达目标任务的221%、225%、223%。2016年,长垣县通过"春风行动"专场招聘会,提供就业岗位2100多个,达成就业意向1070余人;开展各类职业技能培训6137人,实现了为剩余劳动力就业保驾护航,被评为"河南省全民技能振兴工程先进单位"。创业方面也成效显著,回乡创业人员共创办回归企业9404家,其中工业企业1173家,投资2000万元以上的限额企业131家,投资规模达80亿元,带动就业11万余人。通过创业,发展壮大了特色装备制造、卫生材料及医疗器械两大主导产业,培育形成了汽车及零部件、防腐蚀及建筑新材料、生物医药、新能源等新兴产业,长垣县还成为全国最大的起重装备生产基地和重要的卫生材料生产基地。2016年,长垣县实现农民工返乡创业22317人,创办经济实体5617家,带动就业人数121379人。

(三)城乡居民收入保持较快增长,城乡收入差距整体缩小

"十二五"期间,长垣县城乡居民收入保持了平稳较快增长,城镇居民人均可支配收入和农民人均纯收入年均分别增长12%和14%,分别是2010年的1.8倍和1.9倍,城乡居民的年均增速快于这一时期国民生产总值年均12.1%的增速。2016年,长垣城镇居民人均可支配收入是23109.1元,同比增长6.8%,农村居民人均可支配收入为16236.1元,同比增长8.6%,农村居民收入的增长速度要快于城镇居民。从整个"十二五"时期来看,2011年农民人均纯收入是城镇居民人均可支配收入的60.4%,到了2016年,则是70.3%,可见城乡居民的收入差距在不断缩小(见图2)。

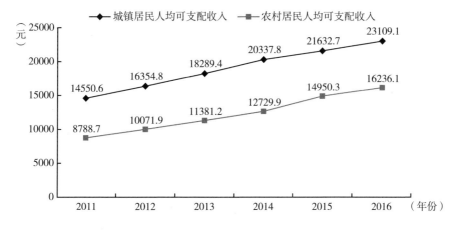

图2　长垣县城乡居民人均可支配收入趋势

资料来源：根据历年《长垣县国民经济和社会发展统计公报》数据整理。

（四）医疗卫生改革不断深化，城乡居民医疗卫生条件持续改善

近年来，长垣县依托县医管中心，从2012年12月起实施县级公立医院全部药品（中药饮片除外）零差率销售，医药费用大幅降低，从根本上缓解了群众看病难、看病贵等问题。积极探索新模式，推进管办分离、政事分开的改革举措，全面深化县级公立医院改革。于2010年成立长垣县医院管理中心，开始探索县级公立医院改革。2012年8月，长垣县被国家确定为"县级公立医院综合改革试点县"，将县级五家公立医院全部纳入改革范围，统一进行综合改革，并且围绕政事分开、管办分离、资源整合、提高"集团化"管理水平等，进一步深化和完善了优化资源配置、建立现代管理制度等多方面的改革。2012年底长垣县全部完成县级公立医院阶段性改革，2013年、2014年进行了全面深化，进一步明确了医管中心的主要职能，建立"全员聘用、岗位管理"的科学用人机制，实行分类、按需设岗，并详细建立岗位职责和工作标准，落实竞聘上岗、签订岗位合同、分流安置人员等有力措施，人事制度改革走在了全省前列。长垣县被评为"河南省医药卫生体制改革先进县"，县公立医院人事分配制度改革经验被国家卫计委向

全国推广。此外，长垣县还积极推动社会资本办医，积极鼓励、支持民营资本发展医疗卫生事业，制定"公""私"医院同级检查结果互认制度等措施，吸引民营资本进入医疗领域，为当地的民营医院营造了良好的发展环境，2010年以来，新建、改扩建公立医院项目91个，总投资9233.1万元；新建、改扩建民营医院4个，总投资7.98亿元。

　　长垣县委、县政府也高度重视医疗卫生事业的发展，在资金投入上持续发力，"十二五"期间全县公共财政医疗卫生投入增长了近2倍，快速提升了全县医疗卫生服务的整体水平（见图3）。长垣县在全国率先实施民生托底保障制度、整县实施无创产前基因检测；城乡居民大病保险全面推开，新农合参合率达100%，被确定为全省社会保障卡发行试点县。2016年，长垣县人民医院综合门诊楼、县残疾人康复中心等一批重点医疗卫生服务项目相继投入使用，被确定为省级医养结合试点县。"十二五"以来，长垣县的城乡居民医疗卫生条件得到持续改善，医疗服务水平不断提升。

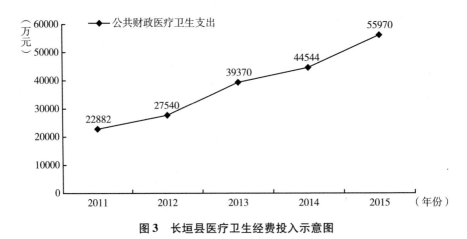

图3　长垣县医疗卫生经费投入示意图

数据来源：根据历年《长垣县国民经济和社会发展统计公报》数据整理。

（五）社会保障覆盖面不断扩大，社会保障统筹层次和水平不断提高

　　"十二五"以来，长垣县以社会保险、社会救助、社会福利为基础，以基本养老、基本医疗、最低生活保障制度为重点，努力构建城乡一体化的社

会保障体系。一是不断扩大社会保障覆盖面。建立健全社会保障制度和管理服务体系，扩大社会保障覆盖范围，逐步提高保障标准。重点完善被征地农民利益保障机制。到"十二五"末，全面实行了民生托底保障制度，救助大病返贫人员 187 人、特困及无脱贫致富能力人员 4300 人，改造农村危房22922 户。严格落实城乡低保政策，扩大新农合、养老、医疗等社会保险覆盖面，被确定为全国重特大疾病医疗救助试点县、全省社会保障卡发行试点县。社会养老保险参保率达 99%，新农合参合率达 100%。二是不断完善城乡社会救助体系。建立以基本生活保障为基础，专项救助相配套，应急救助、法律援助、社会互助为补充的社会救助体系。完善城乡最低生活保障制度；建立健全城乡医疗救助、助学、住房等救济制度；健全救灾工作应急机制，建立多种形式的社会救助机制。三是持续完善社会福利体系。加大社会福利事业投入，建立社会福利服务中心和民生便利服务中心；建设老年公寓和老年社会福利服务中心；保障残疾人教育、就业等权益。

（六）以"三区"扶贫为重点，积极探索创新精准扶贫新路径成效显著

扶贫脱贫是"十二五"以来长垣经济社会建设的一个重点工作，长垣把革命老区、背河洼地区、黄河滩区"三区"确定为精准扶贫、脱贫的重点区域，从政府和企业两个层面来积极探索精准扶贫的新思路、新方法。在政府层面，由政府主导，对扶贫工作进行政策的引导、宣传与政策实施把控，第一时间、第一现场了解每一个贫困户的贫困状态并对致贫原因进行实地的真实准确调研，从而制定因人而异、因户而异的脱贫扶贫方案。同时调动和发挥基层党员和干部力量，实行各基层党员和干部扶贫脱贫责任分包到户的扶贫攻坚策略，开创了一条全新的扶贫之路。在企业层面，也探索出了新的扶贫脱贫路径，由长垣县政府牵头、各第一书记出面与各个企业进行扶贫共创对接合作，为贫困村、贫困户和贫困人寻求资金扶贫、就业扶贫、产业扶贫和金融扶贫的脱贫支持。各爱心扶贫企业可直接对贫困户和贫困个人进行一对一的精准扶贫与脱贫支持。长垣县的产业扶贫项目有光伏企业，还

有牧源春畜牧业养殖、农业种植合作社、畜牧业养殖合作社和河南水投华锐集装箱渔业养殖等创新扶贫企业，这些产业的收益也均用于贫困户的脱贫扶持。同时这些企业也都将优先安排贫困户的就业，并积极优先接受贫困户的创业合作。长垣县也高度重视对扶贫资金的监管，专门成立了督查小组，对各责任人和扶贫资金的运作落实进行监督。以此确保扶贫资金和扶贫工作在国家法律和政策法规的监督下落实到每一个需要帮助的困难户身上，使每一个农村贫困人员切实受益，脱离贫困。"十二五"期间，长垣县始终把精准扶贫作为首要民生工程，实施基础设施和公共服务设施项目 171 个，总投资 7.7 亿元，实现稳定脱贫 8352 户 29400 人。

（七）大力推进生态文明建设，美丽长垣建设成效初显

"十二五"以来，长垣县委、县政府高度重视环境保护工作，把环境保护作为贯彻落实科学发展观、转变经济发展方式的重要举措，坚持在发展中保护，在保护中发展，大力推进生态文明建设，提出了建设美丽长垣的宏伟目标。长垣以创建国家生态文明建设示范县为载体，重点实施了蓝天工程、碧水工程和乡村清洁工程等重大任务，集中整治突出环境问题，生态环境保护工作实现了重大突破，美丽长垣建设成效初显。

一是污染减排工作取得明显成效。"十二五"以来，长垣县全面推进工程减排、结构减排和管理减排，加快推进工业、农业等重点领域的循环经济发展进程，逐步降低资源消耗，提升资源综合利用效率，取得了良好的社会效益和环境效益，循环经济工作成效显著。二是大气环境质量得到明显改善。2014 年、2015 年，为加快大气环境质量改善，长垣县连续两年开展了"蓝天工程"大气污染整治专项行动，深入开展了大气污染物排放重点行业专项整治、燃煤锅炉整治、城市清洁空气行动方案实施、扬尘控制和餐饮业油烟控制等多项专项治理活动。截至 2015 年底，长垣县空气优良天数为 276 天，比省定目标多 86 天，居 10 个直管县（市）首位。三是水环境质量逐渐改善。"十二五"期间，长垣县高度重视河流污染治理，认真组织开展了"碧水工程"，出台了《长垣县 2015 年碧水工程实施方案》（长政办

〔2015〕53号），深入推进重点流域水污染防治规划的实施。四是生态和农村环境不断改善。"十二五"期间，长垣县在实施乡村清洁工程的基础上，着力开展了"村庄净化"、"住房安全"、"设施提升"和"美化村庄"四大工程，保护农村饮用水源，防治农村工业污染、生活污染、畜禽养殖污染和面源污染，有效改善了农村生态环境。截至2015年底，长垣县累计投入资金2.8亿元，建设了一大批干净整洁、环境优美的美丽乡村，全县599个行政村已有500个村达到了无垃圾堆放、无污水横流、无杂物当道、日常生产生活物品堆放规范的"三无一规范"标准。

（八）"平安长垣"建设稳步推进，社会治理能力持续提升

为了给经济社会发展营造一个良好稳定的社会环境，长垣县紧紧围绕平安创建工作，充分利用多种渠道加强平安建设，结合网格化管理，全方位创新社会治理方式，推动社会整体治理水平不断提升。长垣县始终围绕影响群众安全感的突出问题，坚持源头治理、系统治理、综合治理、依法治理，坚持问题导向、法治思维、改革创新；坚持运用法治思维和法治方式解决矛盾和问题，强化基层基础，完善工作机制，提高执法司法工作能力和水平，忠实履行好维护社会大局稳定、促进社会公平正义、保障人民安居乐业的职责使命，为建设"四个长垣"创造安全稳定的社会环境、公平正义的法治环境、优质高效的服务环境。

一是建立健全基层综治服务管理体系，充分发挥基层综治组织的作用，全面推进城乡社区网格化管理，全面推进"一村一警"长效机制建设，全力化解社会矛盾；二是构建预防化解社会矛盾体系，健全"三调联动"工作运行机制，做好不稳定因素预防化解工作，完善矛盾纠纷的应急处置机制；三是健全立体化社会治安防控体系，认真组织开展视频监控体系提升年活动，织密社会治安防控网络。同时，开展大巡防活动，进一步打压犯罪空间；四是完善打击违法犯罪工作体系，强化严打整治工作，确保"打得狠、防得严、管得住、控得实"，让公众安全感指数始终保持全省领先；五是建立流动人口特殊人群服务管理体系，加强对流动人口、特

殊人群的服务管理；六是构建平安建设法治化体系，积极培育公民法治精神，持续开展"法治行业""民主法治示范村"创建活动，提升法治创建实效。

"十二五"以来，长垣县建成了集民生服务、治安综治、城市综合执法等功能于一体的大"110"综合服务平台，实现了社会治安技防体系县域全覆盖。全面推行网格化治理模式，建立服务管理长效机制，为群众创造了安定有序的生产生活环境。积极开展平安创建活动，被评为"河南省平安建设工作先进县"，实现了社会和谐稳定，群众安居乐业。

二　长垣县民生建设中面临的主要问题分析

"十二五"以来，长垣县在民生建设的各个方面都取得了长足的进步，但是在肯定成绩的同时，我们也需要看到伴随着经济社会的快速发展，经济"新常态"的到来和全面建成小康社会最后决胜阶段的临近，长垣县经济总量不大、产业发展质量不高、城乡发展不平衡等问题也日益凸显，这必然会给民生建设带来一系列的不利影响，导致民众日益增长的对民生发展迫切、多元化的需要与民生实际发展不足之间的矛盾，具体来说民生建设中主要面临着以下几方面问题。

（一）民生投入力度不够，筹资渠道单一

长垣县民生投入力度不够，主要表现在两个方面，首先是政府投入不足。长垣县政府对民生建设的投入虽说绝对值上一直呈上升的趋势，但是从公共财政预算支出占比来看，整体投入力度不够，民生支出占公共财政预算支出的比例长期徘徊不前，近年甚至有小幅回落（见图4）。其次是民生建设领域开放程度不足导致筹资渠道单一。民生建设过于依靠行政力量，因人、因机构设事的现象大量存在，这些机构处在依靠政府输血而生存的不正常状态，而社会组织和企业进行民生建设的积极性无法得到政府的充分支持，准入门槛过高，限制了社会资本的进入。其结果是，民生建设资金不

足，基本公共服务供给也不能得到充分保障，而建立在多元主体之上的民生服务体系更是无法形成。

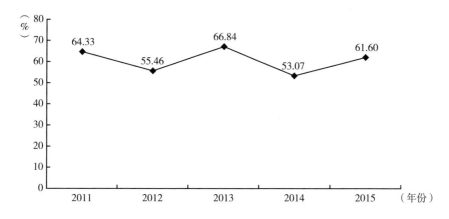

图4　长垣县民生支出占财政预算支出比率示意图*

　　* 这里民生支出主要是指教育支出、社会保障与就业支出、医疗卫生支出和一般公共服务支出。

　　数据来源：根据历年《长垣县国民经济和社会发展统计公报》数据整理。

（二）城乡居民收入增长乏力，收入差距仍较大

　　长垣县城乡居民收入趋势呈现整体放缓的趋势，后劲不足。这主要体现在两个方面，一是城乡居民收入的同比增幅呈整体下降的趋势，且近年来有加速下滑的趋势（见图5）。二是城乡居民收入增速与国民生产总值增速的差距也日益增大（见表1）。经济总量的增长与人均收入水平的脱节，说明县域经济结构和质量上存在问题。增长主要依靠投资和大型项目，投资主体集中在少数大型企业上，定点式增长占据主导地位，不能普及到面，产业结构不合理，富民产业、服务性产业没有得到充分的发展，这是经济增长与收入增长脱节的重要原因。

　　长垣县城乡居民人均收入的差距也较大，这也体现在两个方面，一是在长垣县内部城乡居民的人均收入有一定的差距，不过这个差距近年来有所减小，2011年农村居民人均收入只是城镇人均收入的60.4%，到2016年达到

图5 长垣县城乡居民人均可支配收入增速示意图

数据来源：根据历年《长垣县国民经济和社会发展统计公报》数据整理。

表1 长垣县城乡居民人均可支配收入与国民生产总值增速比较

单位：%

年份	国民生产总值增速	城镇居民人均可支配收入增速	农村居民人均可支配收入增速
2011	15.0	14.6	21.0
2012	12.5	12.4	14.6
2013	12.6	11.8	13.0
2014	10.8	11.2	11.9
2015	10.1	9.6	11.0
2016	9.5	6.8	8.6

数据来源：根据历年《长垣县国民经济和社会发展统计公报》数据整理。

了70.3%，增加了近10个百分点；但是绝对值差距还是有一定程度的增加，2016年人均收入差距绝对数额比2011年增加了1111.1元（见表2）。二是长垣县与省内其他省直管县和全省平均水平相比，都显示出城乡居民收入的差距较大。在全省十个省直管县中长垣县农村居民人均可支配收入在近几年基本排名第二，相对较高，不过城镇居民人均可支配收入则排名第六，差距还是比较大的。从全省角度来看，长垣县的城镇居民人均可支配收入比全省平均水平低很多，以2016年为例，只达到全省平均水平的85%，而农村居民人均可支配收入则是全省平均水平的139%，差距之大可见一斑（见图6）。

表2　长垣县城乡居民人均收入差距状况

年份	城镇居民人均可支配收入（元）	农村居民人均可支配收入（元）	城乡居民人均收入差额绝对值（元）	农村居民收入占城镇居民收入的比率（%）
2011	14550.6	8788.7	5761.9	60.40
2012	16354.8	10071.9	6282.9	61.58
2013	18289.4	11381.2	6908.2	62.23
2014	20337.8	12729.9	7607.9	62.59
2015	21632.7	14950.3	6682.4	69.11
2016	23109.1	16236.1	6873.0	70.26

数据来源：根据历年《长垣县国民经济和社会发展统计公报》数据整理。

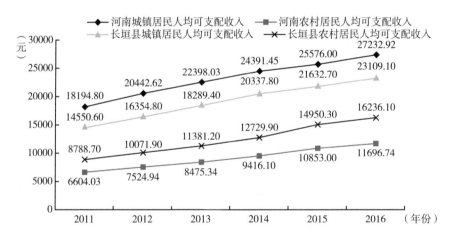

图6　长垣县城乡居民人均可支配收入与全省城乡居民人均可支配收入对比

数据来源：根据历年《长垣县国民经济和社会发展统计公报》《河南统计年鉴》数据整理。

（三）民生建设管理服务不完善，保障及反馈机制不健全

长垣县在民生建设领域的持续发力大幅提高了城乡居民的生活水平，改善了基础设施状况，不过在民生建设的监督管理方面仍然存在一些不足。第

一，后续管理监督不到位，造成了大量工程建设与服务能力之间不协调的问题。第二，民生工程建设监督不力。一些工程存在质量隐患，与工程质量要求存在差距。第三，对具体民生实事建设中新出现的问题，政策缺乏有效应对。随着经济的快速发展，各类与人民生活密切相关的新问题层出不穷，如食品安全、社会安全、空气质量、交通堵塞等问题，现有的民生政策多以短期行为为主，缺乏解决问题的长远思路。第四，对每年的"十件民生实事"的年终考核机制不明确不完善。虽说在每年年初都会对外公布年度"十件民生实事"的名单和具体内容，可是在年末对于具体民生实事的完成情况如何、进展怎样，没有一个公开透明的社会公布，让民众无法很清晰地了解民生实事的具体执行情况，这也反映出民生建设的保障和反馈监督机制的欠缺。

（四）环境保护形势依然严峻，美丽长垣建设任重道远

"十二五"以来，长垣县的环境保护工作取得了一定成绩，总体环境状况呈良好态势，但环境质量状况与人民群众的期待还有一定的差距，环境保护的未来形势仍不容乐观。一是节能减排的任务重、难度大。长垣县工业企业均不属于国家划定的五大行业，化学需氧量、氨氮减排量仅由新建污水处理厂去除，二氧化硫、氮氧化物只能从淘汰2005年以前的黄标车上消减。减排工程建设进度缓慢以及禁养区畜禽养殖企业关闭工作滞后严重影响了全年总量减排任务。此外，市政污水管网的不完善、私营企业的减排工作积极性不高、农村畜禽养殖分散、连片综合整治项目未能正常运行、机动车增长速度过快和城市污水处理厂满负荷运转均影响了主要污染物的总量减排。二是环境质量改善有限，治理难度不断攀升。随着经济的快速发展，环境污染源呈增多趋势，往往是老的还没有治理好，新的问题又出现了。比如，伴随着城镇化和产业集聚区的快速推进，城镇建成区和建设用地迅速扩张，生活污水、垃圾等废弃物产生量大幅攀升，产商住混杂，噪声污染严重，城市环境污染呈现复合型污染态势；现有污水、垃圾等基础设施处理能力已近极限，水资源供需矛盾日益突出；机动车保有量持续快速增加，油烟污染严

重，雾霾天气成为公众热议话题，大气污染凸显。随着农村地区经济的快速发展，农村地区环境污染问题也日益突出。一方面化肥和农药施用强度较大，有效利用率不高，流失量较大，造成一定的面源污染；另一方面农村地区环境基础设施建设能力不足，造成生活污水直接排放、生活垃圾随意堆弃现象严重。三是环保基础性设施建设薄弱。长垣县部分地区尚未健全污水收集、处理及配套设施，污水处理率偏低。城镇污水处理能力差距较大，目前仅建成3座生活污水处理厂，且第二污水处理厂进水口污染物浓度太低，造成工程达不到减排预期目标。已建成的12座农村生活污水处理厂尚未正常运行，亟待建立生态补偿机制。此外，生活垃圾收集、处理设施，工业固废处置设施等其他环保基础设施有待完善。集中供热还未达到目标要求。四是环保机构标准化建设达标率总体偏低。环境预警监测、污染源减排监测、生态环境监测体系尚未完善。长垣县的环保机构标准化建设工作虽然取得了一些进展，但是因起步比较晚，环境监测、环境应急、宣教、固废管理、监控（信息）标准化建设均不完善，未达到标准化建设的要求，亟待加强。

三　进一步推进长垣县民生发展的对策建议

习近平总书记曾指出："人民对美好生活的向往，就是我们的奋斗目标。"而不断提升人民的生活水平、满足人民对美好生活的追求，也是我们持续加强民生建设的根本目标。今后一个时期，在全面建成小康社会、全面脱贫的社会发展大环境下，长垣县更加要继续坚持以维护人民群众根本利益为出发点，努力促进"基本民生"，保障"底线民生"，关注"热点民生"，在改善民生和创新改革中推进社会建设，让全县人民公平共享改革发展的成果。

（一）建立公平、正义、共享、均等化的基本公共服务体系

推动民生建设的全面发展，需要建立更高水平的基本公共服务体系，促进城乡、区域和不同群体共同享有基本公共服务。加快完善城乡公共就业服

务体系，加强职业技能培训，鼓励自主就业创业，多渠道开发就业岗位，下大力气解决好高校毕业生、农村转移劳动力、退役军人、城镇就业困难人员等群体就业问题，继续加大零就业家庭援助力度。要大力推进教育优先发展、加快发展、协调发展、特色发展、创新发展，努力建设人力资源强县，全力办好人民满意的教育。要扎实推进医药卫生体制改革，建立完善多层次的医疗保障体系、均等化的社会公共卫生服务体系、覆盖城乡的医疗服务体系和规范的药品供应保障体系，切实减轻群众医疗负担，提高群众健康水平，促进医药卫生事业与经济社会协调发展。进一步完善公共服务供给制度，推进基本公共服务均等化。

（二）建立健全无漏洞、无缝隙、全覆盖的社会保障体系

困难群体和弱势群体是社会的"短板"，其需求多集中在基本生存范畴，具有刚性和不可逆性，这两大群体的基本生存权益是整个民生工作的"底线"。真正构筑起民生安全网的网底，让两大群体的基本权益得到切实保障，是民生建设中的难点和重点。一是要实现人群全覆盖。要将社会救助体系进行调整，以提质扩面为核心，将临时救助扩展到有突发性、临时性困难的人群和家庭，做到有难必帮、有困必济。积极稳妥地构建和完善包括最低生活保障、特困人员帮扶、受灾人员救助以及医疗、事业、义务教育、住房、临时救助等专项救助在内的社会救助制度体系。二是要实现制度衔接无漏洞。目前看，社会救助的职能分工较分散，民政、卫计委、住建、人社等部门各行其道，极易造成资源浪费和政策效果大打折扣。当务之急是要对现有零散型的救助制度进行整合，完善低保制度与医疗、教育、住房、慈善援助的衔接，构建涵盖所有群体多元化需求的社会救助制度体系。三是政策执行要精准。由于现实工作中救助范围认定和对象甄别难度较大，难免挂一漏万，这就需要从制度上堵住漏洞、精准执行。要加强社会救助规范化、标准化、动态化建设，建立并严格执行信息披露制度、救助对象收入核查机制以及审核审批、责任追究、绩效评价等机制，做到情况公开、审核公正、机会公平，切实将资金用到最需要的地方。

（三）全面推进民生建设改革

在经济发展进入新常态，全面深化改革持续推进的大环境下，改革将是民生建设乃至整个经济社会发展的主要内容，民生建设的改革要做到全面深入、适度超前、不留死角。一是投入数量的改革。一方面要进一步加大政府财政对民生建设的投入力度，民生支出占财政支出的比例要逐年递增；另一方面要进一步扩大开放，鼓励社会资本以投资控股、项目合作等方式进入民生建设领域，推行政府购买公共服务目录和清单制，探索公建民营、民办公助等建设运营模式，推进民生建设投资主体的多元化和运营市场化。二是投入方向的改革。要改变传统遍地撒网的投入方式，集中有限财力投向教育、卫生、保障房、社会救助等与民生密切相关的领域，重点加强对农村和贫困地区的公共服务保障。三是管理体制的改革。把握机构改革和简政放权的机遇，打破各自为政的部门化管理格局，健全党委领导、政府负责、统一与分级管理相结合的多层次民生建设管理体制，明确各行政部门在民生建设中的职责和事权划分，加强部门之间的沟通与协调，形成强大合力。

（四）大力推进环境保护和治理工程

近年来，环境污染问题日益严重，特别是以大气污染为代表的一系列污染问题极大地影响到人民群众的日常生活和身体健康。环境的保护、污染的治理成为最大的民生，也是人民群众迫切希望得到改善的问题。一是要着力推进城市环境综合整治。进一步完善城市污水垃圾处理设施，提高垃圾无害化处理率和污水处理率。加强大气污染防治，严格执行机动车销售环保准入制度。加强城市交通运输和工程施工过程的防尘、抑尘管理，强化饮食服务、娱乐场所等生活噪声的控制。积极在民众中宣传、倡导低碳生活和消费方式，加快建筑节能步伐。二是要着力推进农村环境综合整治。加大农村环保基础设施建设。严格农村工业项目环境准入，防止落后产能向农村转移。加强农村生态环境集中连片整治，控制农药、化肥、农膜和家禽家畜粪便等面源污染。

（五）建立完善统筹兼顾、适度超前的社会治理创新体系

要不断完善党委领导、政府负责、社会协同、公众参与的社会治理体制机制；重视社会组织建设和管理，持续推进"两新组织"党组织全覆盖，推动社会组织健康规范发展；进一步健全完善群众诉求表达机制、协调保障机制、矛盾化解机制、督查考核机制、责任查究机制，妥善处理人民内部矛盾，维护群众的正当权益；加快互联网动态管控体系建设，切实提升网上防范控制、打击处置和技术对抗能力，积极有效引导网络舆情，进一步净化网络环境；坚持打防结合、预防为主、专群结合、依靠群众的方针，加强社会治安综合治理，积极构建点线面结合、网上网下结合、人防物防技防结合、打防管控结合的立体化治安防控体系。

参考文献

1. 周全德：《当前河南民生建设突出问题分析报告》，《2014 年河南社会蓝皮书》，社会科学文献出版社，2014。
2. 河南省社会科学院社会发展研究所课题组：《2017 年河南省民生实事专题研究》，河南省政府交办课题，2016 年 11 月结项。
3. 周全德：《河南省"民生工程"研究报告》，《2012 年河南社会蓝皮书》，社会科学文献出版社，2012。
4. 陈润儿：《2017 年河南省政府工作报告》，《河南日报》2017 年 2 月 22 日。
5. 谢伏瞻：《2016 年河南省政府工作报告》，《河南日报》2016 年 2 月 4 日。
6. 河南省政府：《河南省国民经济和社会发展第十三个五年规划纲要》，《河南日报》2016 年 5 月 18 日。
7. 长垣县统计局：《长垣县国民经济和社会发展统计公报》，2011～2016 年。
8. 长垣县人民政府：《政府工作报告》，2011～2017 年。

B.21
长垣县文化发展回顾与思考

郭海荣*

摘　要： 长垣县历史悠久，资源丰富，在长期发展过程中积淀了深厚的文化底蕴。2016年，长垣县以建设全国文化先进县为契机，在文化事业方面取得了较大进步，主要体现在以下几个方面：重点完善全县公共文化服务体系，三级公共文化服务设施网络已基本建成；特色文化活动精彩纷呈；文化遗产保护成效显著；文化市场整顿工作有序推进。与此同时，文化事业投入总体不足，公共文化服务质量需要进一步提升，文化产业总量偏小，发展速度较慢，产业发展无序化，品牌不突出，文化与科技整合不足等问题也亟待解决。长垣县应深入推进文化惠民工程，创新公共文化服务机制，进一步加强公共文化设施建设，加大文化遗产保护传承，盘活现有文化资源，加快文化产业发展，鼓励创新驱动，加大投融资力度，有效推动长垣县文化事业和文化产业进一步发展升级。

关键词： 文化事业　文化产业　长垣县

近年来，长垣县在文化建设方面取得了较为突出的成就，公共文化事业服务和供给能力得到提升，特色文化活动深入人心，文化遗产保护工作积极开展，文化市场整顿工作稳步推进，文化竞争力逐渐提高。

---

* 郭海荣，河南省社会科学院文学研究所助理研究员。

一 长垣县文化发展现状

"十二五"期间，长垣县深入贯彻落实中央、省、市各级党委、政府关于文化建设方面的指导精神，在社会各界的共同努力下，文化事业发展有序推进，各项建设指标呈现出整体增长的趋势，三级公共文化服务设施网络已基本建成，物质文化遗产、非物质文化遗产资源保护逐渐加强，文化产品供给朝着特色化方向发展，文化服务社会发展的能力得到提升。

（一）公共文化服务设施进一步完善

自 2008 年中央实施文化惠民工程以来，长垣县不断加大公共文化资金投入，高标准高质量建设基础文化设施，有力地推动着全县公共文化事业的发展。大型文化设施长垣县文博中心于 2013 年建成并投入使用，其中包括中国烹饪文化博物馆、长垣县图书馆和长垣县文化馆。2013 年 1 月，建筑面积 7200 平方米、陈展面积 5400 平方米的中国烹饪文化博物馆正式开馆，这是国内首家以烹饪文化为主题的博物馆，馆内共设五个展区，丰富、翔实、生动地展现了中华烹饪文化及长垣饮食文明。长垣县图书馆在加强馆内硬件设施建设的同时，采用了加大现代科技化、信息化管理等手段，在 2013 年第五次全国公共图书馆评估定级工作中被文化部命名为"国家二级图书馆"，2015 年还引进了触摸式自助电子书借阅机，目前已基本完成图书馆的数字资源建设，使读者免受时空限制，真正解决"借书难、看书难"问题。长垣县文化馆则先后投入 260 万元进行升级改造，2016 年被文化部命名为"国家一级馆"，有力地提升了场馆的服务质量。

2011~2015 年，长垣县财政陆续投入资金 5400 余万元，先后建成乡镇综合文化站 18 个、农家书屋 600 所、文化信息资源共享工程 595 个，提供符合现代化办公需求的电脑、投影仪、传真打印机等办公设备，并按照数字化、信息化、网络化要求，逐年对相应设施进行提档升级改造。在此基础上，长垣县积极开展老年大学、青少年活动中心、体育健身中心等县级重大文化基础设施建设，目前，文化信息资源共享工程基本达到全县村级全覆盖，县、乡（镇）、村三级公共文化服务设施网络基本建成。

（二）公共文化服务能力不断提高

长垣县在加强公共文化服务设施建设的同时，也注重提高公共文化服务能力，努力为人民群众提供更多更好更便捷的文化服务。长垣县图书馆不断加大基础设施建设、提升服务质量、延长服务时间、拓展服务范围，目前馆藏纸质图书12000种41000册、期刊280余种、古籍500余卷，同时采用现代化管理手段，可提供多项服务。

表1 2012～2016年长垣县图书馆服务统计
（2013年相关数据暂未列入）

年份	周服务时间（小时）	读者人数（人次）	图书借阅量（册次）
2012	56	15000	36000
2014	60	31500	35993
2015	60	79600	87932
2016	60	199000	106855

从表1可以看出，长垣县图书馆升级改造后，读者人数和图书借阅量有了明显提升，有效满足了当地民众的图书阅览需求。此外，图书馆还开通微信公众服务平台，推送各类图书资讯一百余条，发布国学知识、名家作品赏析数百篇，公益活动信息数十条。为方便残疾人阅读，图书馆还人性化地设立了驼人公司馆外服务点，得到了广大读者和社会各界的好评。

中国烹饪文化博物馆自2013年免费开放以来，参观人数不断增加，运营能力不断增强。2013年开馆当年就接待观众10万人次，2014年、2015年、2016年接待人数分别为15.2万人次、15.4万人次、16万人次，4年共接待游客近57万人次。中国烹饪文化博物馆的运营管理水平得到领导和群众的一致好评，高标准高质量完成年检上报工作，2016年被长垣县主管部门授予"爱国主义教育基地""长垣县青少年素质拓展教育基地"等称号。

长垣县文化馆是当地群众文化艺术活动的中心,多年来注重发挥培训职能,做好免费开放工作,在组织文艺活动、开展公益培训、打造文化品牌、丰富群众生活等方面发挥着重要作用,产生了较为显著的社会效益。一是以"零门槛"免费培训为切入点,利用现有条件开办系列艺术门类的公益培训、公益展演和展览等活动,常年开设民族舞、书法、绘画等培训班和各类艺术作品展。二是对乡、村两级文化人才进行专业技能培训,增强责任意识和角色意识,提升业务素质和工作能力,使之真正成为基层文化工作的引领者。三是加强民间文化爱好者的招募和业务培训,凝聚社会力量从事文化工作,加大对农村文化和民俗文化发展的扶持力度。四是将"锦绣长垣""教你一招"系列群众文化活动打造成地方文化活动品牌,极大地提高了群众的参与热情。自2012年以来,长垣县共举办各类培训班近500期,培训学员4000余人,受到社会各界的好评。

(三)公共文化服务活动精彩纷呈

近年来,长垣县持续开展了一系列内容丰富、精彩纷呈的公共文化活动,在文化惠民、文化便民、文化娱民方面较为突出。

一是积极开展文化惠民活动。长垣县积极联系河南豫剧院青年团等6个高质量文艺演出单位,每年为县"中原文化大舞台"文化惠民工程演出。自2014年以来相继举办了"春满中原、欢乐长垣""欢乐长垣、戏送万家""戏曲乡村、百场公益""多彩文化梦、文艺乡村行""科技文化卫生三下乡"等活动数百场,每年农村电影放映多达7200余场,极大地丰富了城乡群众业余文化生活。长垣县大力开展全民读书活动,先后开展了"读本好书过大年"、"全民读书月"、"读者服务周"、"少儿经典诵读大赛"、"一书一世界"征文、"我是小小志愿者"等一系列读书体验活动。开展的"摄影基础讲座""空中大课堂"等公益讲座,"抗日战争69周年图片展""暑期电影连连看"等活动,也都收到良好的社会反响。

二是积极组织节庆文化活动。近年来长垣县文化部门围绕春节、元宵节、国庆节等重大节日,广泛组织干部群众开展各类主题文化活动,成功举办了"民间民俗及非物质文化遗产项目展演"、"庆祝中国共产党建党95周年暨红军长征胜利80周年"系列爱国主义教育活动、"翰墨香·品中秋"中秋书法笔会、"风物长垣"——农业类摄影展等节庆文化活动。2013年起每年举办的"盘鼓艺术大赛暨元宵节民间文艺汇演"吸引众多观众驻足观看,活跃了节日期间广大群众的精神文化生活。此外,"民间民俗及非物质文化遗产项目展演"、"三八国际妇女节"苗寨镇广场舞蹈大赛、"庆双节"(国庆节、重阳节)长垣戏迷擂台赛等系列节日演出活动,均受到广大市民的热烈欢迎。

三是利用业余文艺团体开展文化活动。长垣县依托县文化馆、乡(镇)文化站、村级文化中心等公共文化资源,加大文艺团队建设支持力度,成立各级艺术摄影协会、组建戏迷俱乐部等各类文艺团队10余支,聘请群众文化辅导员13名,各乡镇均组建了2~3支文艺团队,利用文化广场开展公益演出活动,为广大文艺爱好者提供了学习交流的阵地和展示才艺的平台。"锦绣长垣文化风采"书法美术摄影作品展、"'鸿玺台'杯儿童节文艺晚会"等活动深受群众好评。

(四)文艺创作成果令人瞩目

长垣县文化艺术事业近年来整体呈现出积极向上的发展态势。文化艺术创作和表演团体立足长垣的自身优势,在"以优秀的作品鼓舞人"精神指导下,以创作"接地气、有人气"的原创精品为宗旨,陆续推出一些优秀文化作品,努力实现艺术性和生活化的紧密融合,文艺创作取得了令人瞩目的成就。自2011年以来,长垣县作者在各级各类报刊、展览上发表、展出各类文艺作品达850余件(篇),正式出版各类文艺著作(集)30多部。由长垣县委宣传部组织专家队伍编纂的《长垣文典》一书,用翔实的内容真实地记述了长垣人民创造的文化伟业,展示了长垣博大精深的文化历史风采;知名作家冯杰,诗人王雨田、宋广民等佳作不断,年轻的文学爱好者不断涌现,深厚的文学滋养及丰富的文化生产正在引领着长垣向文化强县的方向坚实迈进。

（五）文化遗产保护工作卓有成效

长垣县大力宣传贯彻文物保护的法律法规，认真执行文物保护相关政策，文物管理机构日益健全。截至 2016 年底，全县已先后公布了七批文物保护单位，其中省级文物保护单位 6 处、市级文物保护单位 2 处、县级文物保护单位 62 处，已登记入册三级文物 120 余件。长垣县以各级文保单位为依托，积极争取上级和民间资金建设历史纪念场馆，加大对苏坟遗址、小岗遗址、蘧伯玉祠石刻、九龙山石刻、学堂岗圣庙、崔景荣墓等三级文物保护单位和各级非遗项目的保护、传承、开发建设力度。

按照《国务院关于开展第一次全国可移动文物普查的通知》（国发〔2012〕54 号）文件精神，长垣县于 2013 年 8 月开始积极推动文物普查工作，对普查人员进行业务培训，并按要求分批次先后采集完毕全县各单位收藏的文物信息，对长垣县各单位馆藏文物进行了清库建档工作，在此基础上加强馆藏文物和田野文物的安全与保护，文物管理所对文物库房安全设施进行更新、更换，完善文物建筑消防设施，与文物保护单位签订安全消防责任书，并对一些重点文物保护单位实施技术保护和合理修缮。

为扎实开展非物质文化遗产保护工作，充分发挥文化主管部门在非遗保护工作中的主导作用，长垣县文物部门于 2012 年开设县非物质文化遗产保护培训班，努力提高相关人员专业素质。努力加强社会宣传力度，营造良好的社会氛围，长垣县文物部门充分利用"全国文化遗产日"，在广场举办文化遗产保护工作成果展，吸引市民参观咨询，提高对非遗的认识水平。积极组织省、市、县非物质文化遗产保护项目及代表性传承人的申报工作。截至 2016 年底，长垣县共有省级非物质文化遗产保护项目 6 个、县级非物质文化遗产保护项目 64 个、省级非物质文化遗产项目代表性传承人 9 人、县级非物质文化遗产代表性传承人 31 人。长垣县积极加强非物质文化遗产的动态保护、活态传承，2015 年完成皮影戏《西游记》选段《前宝相国》全场视频制作，非遗项目"落腔""皮影戏""二夹弦""坠子"参加送文化下乡活动,共计演出 130 余场,受到广大群众的热烈欢迎,社会效益与经济效益取得双丰收。

（六）文化市场监管有序推行

近年来,长垣县坚持"管理和服务相结合,重点整治和日常监管相结合"的方针,以治理网吧、娱乐场所、非法出版物和旅行社为重点,开展突击与专项检查行动,全面加强文化市场管理。

长垣县始终坚持网络文化市场管理,按年度对全县网吧经营场所进行专项治理活动。先后出台《全县网吧整治方案》《暑假期间网吧专项治理预安排》等文件,按照《互联网上网服务营业场所管理条例》等相关法律法规,针对违规违法经营现象,从严从重予以处罚。自 2012 年以来,长垣县共出动检查人员 7636 人次,车辆 1176 台（次）,检查城乡网吧 3103 家（次）,查处违规网吧 155 家（次）,规范网吧经营秩序,严厉打击网吧超时营业、接纳未成年人等违法经营现象,有效遏制了违规网吧营业活动,网吧的经营秩序和经营环境有了根本好转。

新闻出版管理市场方面,长垣县充分利用各种宣传手段,开展多种形式的法制宣传活动,加强文化管理方面法律法规、政策条例的宣传,鼓励广大群众参与文化市场监管。做好出版物市场的日常监管,与全县 37 家文化经营单位签订《守法经营承诺书》。长垣县多年来始终高度重视"扫黄打非"工作,自 2012 年以来开展了多次专项治理活动,收缴非法图书报刊 14000余册（份）、光盘 300 余张,有效地净化了文化市场经营秩序,确保全县出版物市场健康、有序、稳定发展。

（七）文化产业发展稳步提高

一是产业基础良好。经过多年的培育和发展,长垣县文化产业获得长足发展,具备较好的产业基础。长垣县目前共有各类文化产业单位 226家,文化产业从业人员 5803 人,2016 年营业收入共计 16762.71 万元。其中,农业观光休闲类占比最大,共有法人单位 23 个,从业人员 994 人,年

营业收入 9363.28 万元；出版印刷业以法人单位 44 个、从业人员 590 人、年营业收入 5930.53 万元位居第二；图书刊物批发零售、文化艺术服务、工艺美术生产分别位居第三、第四、第五。

二是产业优势初显。长垣县充分利用沿黄优势，相继开发了长远宜耕园、月亮湾休闲产业观光园、芦岗黄河湾旅游度假区等，沿黄旅游景点已初具规模。大力发展休闲观光现代农业，鸿志高效农业、宏力农林、丁栾冬枣、月亮湾生态农林等一批休闲旅游项目逐步形成。充分发挥"中国厨师之乡""中华美食名城"优势，相继建设新乡市十大文化产业项目食博园，集餐饮、度假于一体的综合性度假村晟道园，城市游园建设发展较快，如意园、容园、三善园等已相继投入使用。旅游住宿设施建设步伐加快，现有各类宾馆（酒店）30 余家，可以提供正规客房床位约 1500 个。现有旅行社 13 家，从业人员 60 余人。2013 年接待游客 50 万人次，旅游总收入 9000 余万元；2014 年接待游客 59.91 万人，旅游总收入 3.92 亿元，此后游客数量与旅游收入均稳步增长，对文化产业的发展带动示范效应十分明显。

二 长垣县文化发展存在的问题与不足

长垣县在文化建设方面已取得一定成绩，但与先进地区、先进县（市）相比，仍存在不小的差距。

一是文化事业投入总体不足。首先，长垣县公共文化事业费明显不足。长垣虽然逐年在增加公共文化事业的资金投入，但是由于各种原因，全县人均公共文化事业费在全省排名与其省经济强县的地位明显不符，严重制约着当地文化事业的发展。其次，对于民间文化团体的文艺演出等群众活动缺乏充足的经费支持，不少文化志愿者团体的文艺演出需要自筹经费，仅凭热情难以长久。文化大院、农家书屋的管理维护都需要适当的经费，需要不断补充完善，才能避免空壳化现象出现。

二是公共文化服务质量需要进一步提升。长垣县广场文化活动较多，但重量不重质，注重形式忽略内容的情况较为普遍。送戏下乡与送电影下乡，只重视场数而不注重内容，只关注播放而不重视效果，观众人数少且观看效果不佳的情况时有发生；大部分文化馆所利用率不高，许多农家书屋处于闲置或半闲置状态，不少书籍已远不能适应群众文化需求，这些都对当地提高公共文化服务质量提出新的要求。

三是文化资源整合力度不足，文化产业总量偏小，发展速度较慢。长垣县历史悠久，但文化资源与全省其他地区相比并无优势，文化产业发展长期徘徊在较低水平，相对滞后。根据国家和省里提出的要把发展文化产业作为国民经济支柱性产业的目标要求，长垣县文化产业增加值占全县产业增加值不足1%，远低于全省平均水平。长垣文化产业发展还表现出无序发展、品牌不强的特点。时代对文化产业发展提出更高要求，也提供了更多机遇。长垣县社会各阶层对文化产业的关注及投资热情明显提升，为长垣县文化产业发展注入强大的生机与活力。长垣县目前基本形成沿黄（河）旅游、休闲观光现代农业、烹饪文化三大文化产业方式，但这三大方式之间缺乏有效联系，且存在着各自规划开发、各自宣传利用的问题，文化资源间整合力度明显不足。无序开发、重复建设必然会浪费大量的人力物力财力，导致有限资本不能得到最大限度的利用，众多文化资源得不到有效开发，难以打造出一批叫得响、立得住的文化品牌。

四是企业规模整体偏小，集约化程度不足。长垣县文化企业大多规模小、水平低，产品市场化、集约化程度严重不足，以粗放型经营方式为主，企业多为自主经营、小本经营，市场竞争力明显偏弱。企业主受资金、眼界、能力等众多因素限制，更愿意以小投资小回报的方式进行文化产品的生产经营，而不愿意为求大收益冒大的市场风险，所以小规模发展、低档次重复现象比较突出，从而导致整个长垣在文化产业方面面临着创新能力不足、新兴产业较少的局面。此外，长垣文化企业大多处于发展期，主要集中在文化产业的相关层和外围层，且投资规模偏小、投资路径狭窄、投资方式单一，主要集中在观光农业和出版印刷等传统领域，大多靠重复和模仿维持生存，原创型、创意型文化公司和文化产品偏少，产品科技含量低、创造力明

显偏弱，市场竞争力明显不足，具有核心竞争力的新兴文化业态和优势文化品牌更少，严重制约着长垣文化产业在今后一个时期的发展。

三 长垣县文化发展对策建议

总的来看，过去几年长垣县文化建设有成就有经验、有亮点也有不足。为促进长垣文化建设持续健康地发展，既要创新公共文化服务体制，推进公共文化设施建设，加强文化事业发展，同时也要重视文化资源的开发利用，加快文化产业发展。建议从以下几个方面着手。

一是深入推进文化惠民工程，创新公共文化服务机制。实施文化信息资源共享工程，加强数字图书馆建设，实现公共图书馆资源的无障碍共享。提升文化馆（站）、博物馆、图书馆免费开放水平，通过不断丰富内容、提升服务质量、优化服务环境，为公众提供优质服务。进一步创新公共文化服务设施运行机制。积极推进城市街道、社区文化活动中心文化活动器材、文化信息资源共享工程配备。实施文化志愿者工程，开展图书馆、文化馆、博物馆以及村、社区文化工作人员业务培训。广泛开展群众文化活动，加强村镇文化、社区文化、企业文化、校园文化、军营文化、广场文化建设，提高群众文化活动能力，整体推进群众文化活动建设。组织各类文化节庆活动，通过创新形式、完善内容、加强宣传、提高影响等多种方式，努力打造地方文化活动品牌。响应省里号召，通过政府购买、补贴等多种方式，为基层提供免费文化服务。

二要进一步加强公共文化设施建设，加大文化遗产保护传承力度。推进基层公共文化设施建设。继续提升乡镇综合文化站、村文化大院建设。扶持一批特色鲜明的非物质文化遗产传习展示场馆。推进机关、企事业单位的文化活动场所改造提升建设。加强基层文化场所建设，推进共建共享，努力提高文化服务能力和综合服务水平。努力筹建"长垣县文化艺术中心项目"，提升文化实力、打造文化地标。加强经营性文化设施建设，推动影院数字化，争取建设2~3处数字影院。加强文物保护工作力度，继续做好省保单位申报工作。重视文物建筑保护维修，完成 2 处省级文物保护单位保护规划，整修 2 ~ 5 处有规模的文物保护单位作为文物景点开放。规划开发"学堂岗圣庙历史人文旅游项目""蘧伯玉故里大型园林项目"，挖掘历史文化内涵，开发长垣县历史文化参观、学习、体验的景点。重点提升中国烹饪文化博物馆的展示服务功能。加强非物质文化遗产保护传承，积极推进非物质文化遗产整体性保护和生产性保护，建立一批非物质文化遗产传习所、展示馆。

三是盘活现有文化资源，加快文化产业发展。要加强以黄河流域厚重历史文化为基础，以长垣烹饪文化为主体，打造具有地域吸引力的文化旅游品牌。推进完善旅游景区建设，进一步完善配套沿黄景区（点）公益设施。修建黄河湿地景区各主要景点通往县乡干线公路的观景大道，继续对景区进行绿化、亮化和美化，加强旅游安全管理，完善旅游服务功能和各项软硬件设施，提升景区品位。突出特色，围绕现有文化资源，注重品位，加强项目带动，促进地方传统优秀文化和现代文化相结合，壮大文化旅游服务业。加快旅游酒店建设，重点兴建旅游景区的基础文娱设施，打造与长垣经济、文化、旅游相匹配的文化娱乐体系。要进一步整合资源，实施文化产业项目带动战略，改造提升演艺、娱乐、文化旅游等传统文化产业，构建符合长垣实际的现代文化产业体系。规划建设文化产业园区，提高文化产品和服务的科技含量，鼓励运用数字、网络、信息等现代技术对传统文化产品进行升级改造，提高文化产品的数量和质量，提高服务能力和水平。突出烹饪文化品牌，依托中国烹饪文化博物馆、烹饪职业技术学院、食博园等项目，围绕厨乡烹饪文化进行演出，举办博物系统专题研讨会及历史专题展览推介等，进行烹饪技艺表演，发展美食一条街，向游客展示长垣独具特色的烹饪文化，叫响"厨乡长垣""美食名城"的名头，大力提升品牌效应。

四是加强人才队伍建设，为文化产业发展提供充足的可用人才。要积极采用交流、引进和培养等方式进行多层次人才建设。要善于"借脑"，加强与外界交流，努力与国内外一流文化产业人才建立积极联系，通过"特聘""客座"等方式吸引其长期关注长垣地方文化，在涉及重大行政规划、项目

设计等方面内容时，积极建言献策；要加大人才引进力度，制定和完善落实各项人才政策，健全人才培养选拔、评价选用、流动配置、激励保障机制，更多更好地吸纳人才；要注重对现有人才的培养，现有文化人才稳定性强，对地方文化发展有更深的感情和更大的热情，要通过培训、交流等多种方式提升文化人才队伍素质，完善人才奖励激励机制，使之为地方文化发展做出更大贡献。

五是鼓励创新驱动，加大投融资力度。要进一步推动长垣县文化产业的持续发展，长垣县委、县政府应不断加大县文化产业的投融资力度，深化文化产业与资本的融合运作，全面提高市场化运作水平，搭建能够有效提升文化产业持续发展的投融资平台，通过相关项目的对接合作来实现文化产业的转型升级。要加强文化创新，在网络技术应用无处不在的今天，新的网络技术手段和网络思维方式对文化产业的影响明显加大，对产业价值链的决定性作用也越来越大，要加强对其利用从而有效推动长垣县文化产业进一步发展升级。

参考文献

1. 陈杰、李慧：《中国长垣烹饪文化与带动长垣旅游产业发展之我见》，《中州今古》2003 年第 1 期。
2. 郭彦玲：《长垣烹饪文化与当地旅游业发展研究》，《河南科技学院学报》2012 年第 3 期。
3. 郭爱红：《长垣吕氏皮影艺术特征及文化内涵初探》，《装饰》2013 年第 6 期。
4. 韩淑帆：《长垣县落腔发展状况分析》，《名作欣赏》2015 年第 23 期。
5. 袁广阔：《河南长垣宜丘遗址发掘的意义》，《中原文物》2013 年第 4 期。

B.22
长垣县社会治理创新发展报告

魏晓燕 崔学华*

摘 要： 十八届五中全会提出，加强和创新社会治理，推进社会治理
精细化，构建全民共建共享的社会治理格局，社会治理进入
新的发展阶段。长垣县积极响应党关于"推进社会治理精细
化"的号召，加强基本公共服务建设，完善社会保障体系，
统筹社会治理发展，在生态文明、教育发展、社会信用体系
建设以及城乡规划治理工作等方面取得了良好的成绩，社会
大局和谐稳定。但同时，长垣县在社会发展方面也面临着一
系列不容忽视的问题与挑战，城乡居民人均收入较低与区域
差距过大并存，教育资源分配不均，基层党组织和政府部门
工作水平有待提升等，这些都制约着长垣县的整体发展水平。
2016年作为"十三五"规划的开局之年，加快推进社会组织
建设与社会治理体制创新，促进经济与社会的协调发展，全
面深化改革，加强社会治理信息化建设，完善公共服务机制，
统筹城乡均衡发展，加强长垣社会公共安全综合治理，贯彻
"五位一体"发展要求，将是长垣县构建共建共享的社会治
理格局面临的主要任务。

关键词： 社会治理 治理创新 社会建设 共享共建

---

* 魏晓燕，郑州轻工业学院社会工作专业2016级研究生；崔学华，河南省社会科学院副研究员。

党的十八届三中全会决定将创新社会治理体制作为推进国家治理体系和治理能力现代化的重要内容，提出了如何创新社会治理体制的四大基本要求；十八届四中全会提出"依法治国"战略，通过推进多层次多领域依法治理，坚持系统治理、依法治理、综合治理、源头治理，深化基层组织和部门、行业依法治理，支持各类社会主体自我约束、自我管理，发挥市民公约、乡规民约、行业规章、团体章程等社会规范在社会治理中的积极作用。[①] 十八届五中全会提出加强和创新社会治理，推进社会治理精细化，构建全民共建共享的社会治理格局，这是继十八届三中全会、四中全会后再一次对社会治理发展和实践提出新的要求，这对于社会治理能力建设和社会治理体系创新具有重大意义。加强和创新社会治理，需要从总体上把握社会治理状况，既要对治理进行经验总结，又要对治理过程中的薄弱环节进行加强，进而引导社会治理创新发展的正确方向，为完善社会治理创新发展提出新的建议和对策。

为了对长垣县社会治理实践进行充分考察和评价，本文从社会建设、生态文化建设、教育改革建设、城乡规划治理、基本公共服务建设、社会信用体系建设、社会保障体系建设等方面，对长垣县的社会治理情况进行论述，就其中发展存在的不足之处进行汇总，在此基础上对长垣县社会治理创新发展作了展望并提出对策。

一 长垣县社会治理发展形势及基本情况分析

（一）"十二五"时期社会建设成效显著，社会大局和谐稳定

"十二五"以来，面对复杂多变的国内外经济环境，长垣认真贯彻落实中央和省委、省政府的决策部署，按照建设"四个长垣"发展思路，坚持把推进省直管县体制改革与转变政府职能、提高行政效能、促进经济社会发

---

① 十八届四中全会：《中共中央关于推进全面依法治国若干重大问题的决定》，2014 年 10 月。

展紧密结合起来，用足用好全面深化改革的政策措施，持续探索"四化"协调同步发展的路子，着力提高经济发展质量和效益，着力改善民生，经济社会发展健康平稳，综合实力大幅跃升。

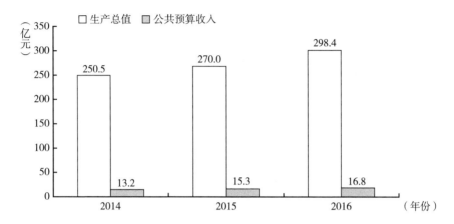

图1　2014～2016年长垣县地区生产总值与公共预算收入

基础设施建设实现新的发展，积极构建交通一体、产业链接、服务共享、生态共建的城镇体系，大力开展农村公路三年行动计划乡村通畅工程，S308东延、串滩路、长石路等建成通车，新建、改建农村公路近600公里，长垣通用航空机场获省政府批复建设。人民生活水平稳步提高，城乡居民收入持续增长，五年来累计用于教育、卫生、社保和就业等各项民生支出达到136亿元。政府每年都制定重点民生工程，涵盖教育、文化、社保、社会治安等各个领域，得到了广大民众的支持与称赞。

总体上看，"十二五"时期，长垣县在经济、公共服务以及惠及民生工程等方面取得了很大的发展，经过五年发展，长垣县站在了发展的新起点上，未来五年发展前景光明。

（二）完善社会保障体系，统筹社会建设与社会治理发展

不断健全社会公共服务提供机制，完善社会保障体系，实行民生托底保障，消除"零就业家庭"，截至目前，长垣县已实现"零就业家庭"动态归

零。统一城乡医保政策，大病保险实现全覆盖。针对农民就业情况，建立村级就业和社会保障服务站，并为每个村配备一名劳动保障协管员，为群众代办各种业务，提高便民服务效率。完善便民工作，全县 18 个乡镇、街道办实现了便民服务中心扩建或新建，建成了 599 个村便民服务站，每个服务站配备一名以上专职代办员，开展医疗、养老、最低生活保障等 20 多项代办服务工作。

表1　"十二五"期间长垣县社会保障体系建设基本情况

稳定脱贫人数	29400 人
参与城镇职工基本养老保险人数	47630 人
企业离退休人员基本养老金发放	18816 万元
实施各类技能培训人数	6390 人
新增城镇就业再就业	4.5 万人
转移农村劳动力人数	50 多万人
建设保障性住房	9803 套

（三）加强了基本公共服务建设，改善民生成绩显著

表2　"十二五"期间长垣县基本公共服务建设基本情况

各项民生支出累计	136 亿元
新建改建公办幼儿园	49 所
新建改建中小学校	203 所
新建农村公路	638.6 公里
农村危房改造	2.5 万户
村便民服务站	599 个
新建改建标准化卫生室	309 所

长垣县在"十二五"期间统筹推进社会治理网格化、公共服务均等化、平安建设常态化、信访稳定规范化，各项民生支出累计达到 136 亿元，年均增长 23%。健全城乡公共文化服务体系，开放了中国烹饪文化博物馆、医学博物馆、图书馆、文化馆等，被命名为"河南省文化先进县"。所有乡镇

（街道）均建成了标准化敬老院。城区之外的 13 个乡镇建成了垃圾中转站和消防站。在全省率先实现社会治安技防体系县域全覆盖，群众的安全感、满意度均居省直管县第一和全省前列，被评为"河南省信访工作先进县"等。人防、档案、气象、助残、科普、防震减灾等各项工作都取得了新的成绩。

（四）生态文化建设治理成果显著

表3 "十二五"期间长垣县生态文化建设基本情况（部分）

人居环境达标村	331 个
示范村	227 个
国家级生态镇	6 个
省级生态镇	16 个
省级生态村	41 个
坑塘整治	135 个

长垣全面贯彻党的十八大精神，牢固树立绿色发展理念，把生态文明建设放在突出的战略位置。2016 年以来，紧紧围绕改善环境质量这一核心目标，坚持"三保一高"工作方针（即保护生态环境，保障科学发展，保护群众环境权益，提高环境质量水平），持续实施"蓝天、碧水、乡村清洁"三大工程，深入开展生态文明系列创建和大气污染防治攻坚战[1]，强化环境执法监管，加强监督检查，严格责任追究，开创新常态下环保工作新局面，各项工作取得明显成效。加强农村环境卫生综合整治，建成农村环境连片综合整治项目 12 个，规范运行 14 个乡镇垃圾中转站，实行村收集、乡转运、县处理的农村垃圾集中收集处理机制，实现城乡垃圾无害化处理全覆盖。

（五）教育体制改革不断深入，教育质量有了一定的提升

近年来长垣县不断加强教育，重视教育质量，推动各级、各类教育发展实现新的突破。大力实施"学前教育三年行动计划"；实施"全面改薄"、

---

① 长垣县环境保护局：《长垣县环境保护"十三五"规划》，2016 年 9 月。

"城镇扩容"、中小学标准化建设项目，加快推进义务教育均衡发展步伐；全县普通高中教育教学质量持续提升，2016 年普通类高考一本上线 1493 人（位居省直管县第一）；职业教育规模位居全省先进行列，全县中等职业教育对口升学率 100%、就业率 98%，实现升学与就业的"双丰收"，实施特殊教育提升工程，特殊教育学校办学水平和教育质量不断提高。

表4 "十二五"期间长垣县教育建设基本情况

校舍建设投资累计	6.14 亿元
新建公办幼儿园	37 所
中小学改造	213 所
招聘各类教师	1317 人
发放各类救助资金、贷款	10734 万元
资助学生人数	11.5 万余人

教师队伍建设水平有所提高，不断加强师德师风建设和教师培养培训工作，教师队伍整体素质明显提高。学生资助体系逐步建立健全，从学前教育到高等教育全覆盖的学生资助体系已经建立。教育信息化建设实现跨越发展，通过招商引资建成长垣县教育云计算网，为全县 304 所中小学校（含教学点）2885 个班级配备了多媒体，为 7872 名任课教师配备了办公电脑和平板电脑。[1]

（六）社会信用体系建设成效显著

社会信用体系的建立和完善是我国发展社会主义市场经济的必需和保障，全面推动社会信用体系建设，健全信用法律法规和标准体系、形成覆盖全社会的征信系统，提高全社会诚信意识和信用水平、改善经济社会运行环境，使诚实守信成为全民的自觉行为规范。[2] 长垣县积极推进社会信用体系

---

[1] 《河南省社会科学院调研座谈发言提纲》，2017 年 4 月 6 日。
[2] 刘建洲：《社会信用体系建设：内涵、模式与路径选择》，《中共中央党校学报》2011 年第 3 期。

建设，通过设立长垣县社会信用体系建设工作领导小组，设置专业工作人员对社会信用体系建设负责，并采用绩效考核制度，激励工作人员知民之需，解民之难；制定相关信用管理制度，按照统一的信息标准和技术规范，整合分散在社会各领域的信用信息，建设长垣县社会信用信息数据库共享平台、长垣信用网站等，通过线上、线下社会信用体系的建设，既方便了群众对于社会信用体系建设的了解和监督，也充实和完善了长垣县社会信用体系的内容和形式，在社会信用体系建设方面取得了显著成就。

（七）城乡规划治理工作圆满完成

2016 年以来，长垣县相继开展了城乡总体规划、控制性详细规划、总体城市设计和海绵城市建设专项规划等规划编制，科学设定了城市发展边界，控制城市开发强度，完善了各项基础设施的规划布局，结合总规修编，进一步增强了详规的指导性和实用性，从宏观层面把握城市形态和风貌建设，提升城市品质。近年来，长垣县在县委和县政府的指导下，在完成了23 项专规的基础上，于 2017 年 7 月又启动了海绵城市建设、城市综合防灾减灾、中心城区地下综合管廊等 7 项专项规划的编制工作，专项规划体系进一步完善。

在对长垣各乡镇规划和管理上，出台了《关于加强村镇规划建设管理的意见》，从规划编制、项目审批、项目监管等方面对乡镇规划建设进行规范。规范了规划会审查、"一书三证"审批程序，实施了事前告知、事中指导、第三方验收制度，规划管理工作更加精细、规范，圆满完成了县政府确定的工作目标和领导交办的各项工作任务。

二 长垣县社会治理创新发展面临的主要问题与挑战

（一）城乡、区域发展不均衡，共享发展水平有待提高

目前，长垣县城乡发展尚不均衡，城乡居民人均年收入差距仍然很大，

图2　2014～2016年长垣县城镇居民人均可支配收入、农村人均现金收入

同时城乡公共基础设施不够完善，农村生产生活方式转变相对滞后；乡镇产业基础较差，农村基础设施相对薄弱，实现城乡发展一体化任重道远。尽管近年来不断加大偏远乡镇、滩区的财政投入，通过县、乡两级的共同努力，黄河滩区面貌有所改善，但由于公共基础差、产业发展慢、财政支撑弱等原因，黄河滩区的发展与群众的期盼还有一定差距，统筹发展的任务仍非常艰巨，仍然需要政府加大对城镇基础设施及公共服务设施建设的资金政策支持力度。

（二）基本公共服务供给不足，社会治理存在诸多问题

社会治理的好坏与基本公共服务的建设和完善有着密切的关系，建立健全基本公共服务体系，对于保障人民群众最关心、最直接、最现实的利益具有十分重要的意义，也有利于社会治理的创新发展。然而，随着经济体制改革的不断深入以及经济社会环境发展的影响，长垣目前的基本公共服务与群众期望还有一定差距，教育、卫生、文化、体育等社会事业发展还不能满足群众需求，生态建设、安全稳定等工作任务艰巨，安全生产、食品卫生监管等领域存在薄弱环节，特别是"12·15"重大火灾事故带来的教训极其惨痛深刻，维护安全稳定、风险防控和应急处置能力仍需加强。

（三）教育资源分配不均现象依然存在，改革仍需继续推进

目前长垣县在教育发展及教育资源分配方面，虽加大了扶持力度和改革步伐，但受市场经济影响，仍存在资源分配不均的现象，主要表现为：学前教育中公办幼儿园所占份额和比重不足，起不到应有的主导作用，仍存在入园难、入园贵现象；义务教育发展水平、资源配置不均衡，农村优质教育资源匮乏，城镇教育规模满足不了城镇化快速发展的需要，"大班额""择校热"等问题依然存在，教师队伍数量不足、年龄大、性别失衡、结构性缺编等问题和矛盾突出，仍然制约着长垣县教育的健康发展。

（四）基层服务型党组织建设和政府工作水平有待提升

目前，依然存在着部分党员、党组织缺乏责任意识，服务意识淡薄，忽视群众之需，且党组织服务平台和载体建设存在薄弱环节，评价和考核体系尚不健全，甚至仍存在不少不正之风和腐败问题尚需解决。一些政府部门和工作人员缺乏活力和责任意识，在服务及市场监管方面还不能适应转型跨越发展的新要求；一些干部缺乏持续学习的热情，克难攻坚能力不足，依法行政水平不高，缺乏担当意识，存在"不会为、不善为、不敢为"的现象，工作效率和服务质量亟须进一步加强。

三　长垣社会治理创新发展展望与对策

"十三五"时期，是我国全面建成小康社会的决胜时期和全面深化改革的攻坚时期，也是河南省深入实施三大国家战略、推动经济转型升级、加快现代化建设的关键时期，面对全面建成小康社会、实现现代化的历史任务，长垣进入了转型升级、加快发展的关键时期，机遇与挑战并存，如何实现长垣社会治理的创新发展，对于长垣推进实质性、全方位转型发展具有重要的意义。创新社会治理，必须着眼于维护最广大人民的根

本利益，最大限度地增加和谐因素，增强社会发展活力，提高社会治理水平，全面推进平安长垣建设，维护社会安全，确保人民安居乐业、社会安定有序。

（一）推进新型城镇化发展，统筹城乡社会治理均衡化发展[①]

科学推进全域城镇化，长垣将认真贯彻落实国家和省各项促进新型城镇化进程的政策措施，深入研究解决新型城镇化综合试点工作中存在的困难和问题，积极探索与新型城镇化发展相适应的新体制、新机制。通过编制城乡总体规划、控制性详细规划及城市设计，完成中心城区地下综合管廊、海绵城市等专项规划；完善乡镇总体规划、控制性详细规划，开展村庄规划编制，实现城乡规划全覆盖，持续推动供电、供水、供气、环卫保洁、污水处理等基础设施向农村全覆盖，推动城乡社会治理均衡化发展。城乡一体化发展机制基本形成，推动城乡公共服务均等化取得显著进展，城乡建设和治理一体化基本实现，初步建成地区性中心城市。

（二）完善公共服务提供机制，提高基本公共服务的整体水平

完善公共服务提供机制，凡涉及人民群众切身利益的公共服务，如基础设施建设、公共教育、劳动就业、医疗卫生、公共文化、社会救助、社会福利等，回应群众所呼，满足群众所需。完善城乡基础设施，进一步健全城际、城区、城镇（乡）、镇村四级交通路网，加快构建"纵横相连、内外成环、城乡一体"的30分钟通勤圈，推进各项基本公共服务和社会服务网络向农村覆盖。大力发展卫生、计生、文化等社会事业，持续加强与华大基因、郑大一附院的合作，继续开展免费"基因检测、健康筛查"项目，适时启动母婴健康队列计划、乳腺癌筛查服务；同时扩大城乡医保、养老保险和住房公积金覆盖范围，实现社会保障服务对象全覆盖。加快推进县、乡镇

---

① 《长垣县国家新型城镇化综合试点工作情况汇报》，2017年2月。

（街道）综合文化服务中心、全民健身中心等文化体育工程等，以建设健康长垣为导向，研究制订健康村镇发展规划，开展健康城市、健康村镇试点工作，加快数字档案馆建设，探索建立电子文件中心，推进档案信息资源公开、共享和再利用。加强社会救助和基本生活保障工作，完善城乡居民临时救助制度，强化城乡自然灾害救助，实现社会救助"应保尽保、应退尽退、应补尽补"；强力实施脱贫攻坚，全面落实"四个切实""五个一批""六个精准"等要求，认真实施 14 个专项精准脱贫方案，继续实行县乡领导分包贫困村（贫困户）和驻村工作队等制度，确保实现稳定脱贫 8900 人以上。

（三）不断加强社会治理信息化建设，推进社会治理创新发展

互联网的发展改变着人们的思维方式、生活方式和交往方式，借助网络技术平台，搭建各种社会治理和公共服务平台，推动社会治理向精细化方向发展，既是社会治理精细化发展的要求，也为其提供了时代优势和技术条件。为加强社会治理的信息化建设，长垣县委、县政府推出"智慧政务"建设，即运用现代网络、信息和通信技术及手段，智能感测、融合、分析、展示、处理政务系统的各项信息，构建共享的信息资源云平台，整合各级各部门的政府政务网络，在互联网上跨部门跨层级智能协同响应社会政务需求，为社会高效率提供可追溯责任的一体化政务管理和服务，推进公共服务的高效化与智能化。通过搭建信息化技术平台，既支撑了政府简政放权，又有助于加强事中、事后监管，强化治理责任，提高工作效率，提升公共服务水平，促进各部门、各层级间政务服务数据共享，促进政府高效施政，让群众和企业少跑腿、好办事。

（四）加强社会组织能力建设，激发社会组织活力

社会组织作为社会公共服务的重要依托和基础力量之一，近几年其发展得到了政府的大力支持和倡导，发挥社会组织在社会治理创新中的作用，有

利于预防和化解社会矛盾，保障社会安定和谐，有利于促进社会自我管理、自我服务、自我教育。① 加强社会组织能力建设，首先要完善相关法律法规，保障社会组织在社会治理中发挥作用的合理性和正当性，保护社会组织的合法权益；其次，政府要敢于简政放权，给予指导，政府应鼓励社会组织参与、承担其自身能提供的公共服务，坚持"参与不干预，渗透不包揽"的原则；再次，加强社会工作者队伍建设，支持和发展志愿服务组织，社会工作作为非营利性社会组织，通过政府购买服务，其在社区发展、社会建设和社会治理过程中，都发挥着积极的作用，大力支持"三社联动"，充分发挥"社工＋义工"双工联动模式，对于社会治理创新发展具有积极作用；最后，加强社会组织能力建设，政府应重点培育和优先发展行业协会商会类、科技类、公益慈善类、城乡社区服务类社会组织，给予一定的优惠政策，充分发挥其在社会治理创新发展中的作用。

（五）围绕和谐长垣社会治理，构建共建共享新格局

坚持把协调、共享发展理念作为持续健康发展的内在要求，以改善民生为重点，着力统筹经济社会发展，统筹城乡发展，使公共服务更加合理，社会保障体系更加健全，教育和就业机会更加均等，着力构建民主法治、公平正义、诚信友爱、充满活力、安定有序、人与自然和谐相处的共享社会。②

构建全社会民生投入平稳增长、民生状况持续改善的长效机制，把有限财力更多地投入民生领域。健全民生托底保障制度，全面解决好人民群众关心的教育、就业、收入、社保、医疗卫生、食品安全等问题，使全县人民在共建共享中有更多获得感和幸福感。规范运行"天网工程"，严厉打击各类违法犯罪活动。突出加强矛盾调处、信访稳定、风险防控、应急管理等工作，统筹做好助残、气象、广播电视、外事侨务、民族宗教、妇女儿童等各

① 马琳、岳磊：《2016 年河南省社会治理形势分析与展望》，《河南社会治理发展报告（2016）》，社会科学文献出版社，2016。
② 《长垣县十五届人大一次会议》，2017 年 3 月 28 日。

项工作，确保社会大局和谐稳定，始终把保障和改善民生作为改革发展工作的落脚点，把更多财力投向民生领域，全力以赴解民困、增民利、惠民生，让人民群众共享发展成果。

（六）健全社会公共安全综合治理体制机制

全面加强社会公共安全综合治理体制机制建设，健全重大公共安全事件、群体性事件的预防预警和应急处置体系，建成集民生服务、治安综治、城市综合执法等功能于一体的大"110"综合服务平台，实现社会治安技防体系县域全覆盖。面对社会治理新形势，应以突出治安问题为导向，完善社会治安综合治理体制机制，提高动态化、信息化条件下驾驭社会治安局势的能力水平。深化安全生产管理体制改革，建立隐患排查治理体系和安全预防控制体系，遏制重特大安全事故。加强社会治安综合治理，创新立体化社会治安防控体系，依法严密防范和惩治各类违法犯罪活动。实行网格化治理模式，建立服务管理长效机制，为群众创造安定有序的生产生活环境。

（七）创新社会治理体制，需加强党建和政府自身建设工作

创新社会治理体制机制建设，离不开党和政府的支持，加强自我建设，为推动长垣社会治理创新机制建设打下良好的制度基础。坚持党要管党、从严治党，全面加强党的建设，切实把党的政治优势、组织优势转化为发展优势和竞争优势；进一步完善基层党组织建设，充分发挥基层党组织在预防和化解社会矛盾中的积极作用。政府作为社会治理的主导者，其自身的建设和发展，对于整个社会治理体制有着重要的作用，因此政府必须讲政治、顾大局，坚定发展定力，自觉站位全县改革发展大局，齐心协力谋发展、干事业；讲原则、重法治，带头尊法学法守法用法，自觉运用法治思维和法治方式深化改革、推动发展、化解矛盾、维护稳定；坚持把一切工作的出发点和落脚点放在发展为民上，问政于民、问需于民、问计于民，集中力量抓好打基础、利长远、惠民生的要事实事；持续整肃庸政

懒政怠政行为，不断健全容错纠错机制，让广大干部愿干事、敢干事、干成事。①

参考文献

1. 马琳、岳磊：《2016 年河南省社会治理形势分析与展望》，《河南社会治理发展报告（2016）》，社会科学文献出版社，2016。
2. 十八届四中全会：《中共中央关于推进全面依法治国若干重大问题的决定》，2014年 10 月。
3. 长垣县环境保护局：《长垣县环境保护"十三五"规划》，2016 年 9 月。
4. 《河南省社会科学院调研座谈发言提纲》，2017 年 4 月 6 日。
5. 刘建洲：《社会信用体系建设：内涵、模式与路径选择》，《中共中央党校学报》2011 年第 3 期。
6. 《中共长垣县委全面深化改革领导小组文件》（长改发〔2017〕1 号）。
7. 《长垣县十五届人大一次会议》，2017 年 3 月 28 日。
8. 牛苏林、殷辂、张侃：《全面提升社会治理的现代化水平——2015～2016 年河南社会发展形势分析与预测》，社会科学文献出版社，2016。

---

① 《长垣县十五届人大一次会议》，2017 年 3 月 28 日。

B.23
长垣县精准脱贫攻坚战略
发展与对策展望

孟 白*

摘 要: 脱贫攻坚为系统工程,要精准把握扶贫攻坚的主攻方向,做好整体脱贫工作。实行县直各局委、各乡镇以单位包重点贫困村和一般贫困村的扶贫攻坚规划,实行单位一把手和单位干部互动帮扶,充分发挥各局委、各乡镇行业资源优势,明确局长、乡镇长带头整合其资源优势,为定点帮扶村和群众办好事、办实事、办公益事业,为贫困户做技术智力培训、产业帮扶、劳务就业,同时,引导社会帮扶、企业帮扶等,充分利用行业资源优势,就能达到较好的帮扶成效和脱贫效果,增加群众的满意度。

关键词: 精准脱贫 产业帮扶 劳务就业 长垣县

习近平总书记指出,"扶贫、脱贫的措施和工作一定要精准,要因户施策、因人施策,扶到点上、扶到根上,不能大而化之"。总书记在宁德工作时引用古语指出"善为国者,遇民如父母之爱子,兄之爱弟,闻其饥寒为之哀,见其劳苦为之悲",要求广大党员干部把贫困群众的安危冷暖挂在心头,要扶真贫、真扶贫、真脱贫,让贫困群众真正得到实惠。为此,长垣县

---

* 孟白,河南省社会科学院社会发展研究所研究员、河南省第三方专家委员会组长。

扎实推进精准扶贫、精准脱贫，积极编制《长垣县"十三五"精准扶贫、精准脱贫攻坚规划》，制定各种相应的文件和落实主体责任，县扶贫办领导和主抓领导长期坚持在扶贫一线工作，对扶贫业务精通熟练，领导班子持续稳定，工作配合得力有效，精准识别深入认真，精准扶贫工作定位准确，县各级领导、县直单位、乡镇党委政府和驻村第一书记帮助贫困户工作定位准确，行业帮助、社会帮助的情绪高昂。精准扶贫战略实施以来，长垣县坚持共享发展，咬定脱贫攻坚主攻目标，苦干实干，精准扶贫、精准脱贫方略落地生根，脱贫攻坚各项重点任务全面推进，精准扶贫、精准脱贫攻坚捷报频传，取得了可喜的成绩。

一 长垣县精准扶贫、脱贫攻坚发展现状与扶贫成果

长垣县辖 11 镇 2 乡 5 个街道办事处，1 个省级产业集聚区，600 个行政村（其中 33 个贫困村），县域面积 1051 平方公里。全县共有建档立卡贫困户 10692 户 28435 人，占全县农村人口的 5.31%。2016 年，长垣县委、县政府深入贯彻党的十八大和十八届三中、四中、五中、六中全会精神，全面落实省委、省政府关于脱贫攻坚工作的决策部署，按照"四个切实""五个一批""六个精准"指导原则和"转、扶、搬、保、救"五措并举的工作要求，把脱贫攻坚作为第一政治任务和第一民生工程，以消除贫困，实现全县人民同步迈入小康社会为目标，以促进贫困人口增收致富为核心，因地制宜，精准施策，取得了阶段性成效。截至 2016 年底，长垣县 33 个省定贫困村全部达到脱贫摘帽条件；共识别退出贫困人口 5100 人，完成了 2016 年减贫 4790 人的省定目标的 106%。[①]

（一）加强组织领导，凝聚工作合力

首先落实主体责任。成立了以县委书记为第一组长的脱贫攻坚领导小

---

① 中共长垣县委、长垣县人民政府：《长垣县 2016 年度脱贫攻坚工作汇报》，2017 年 2 月 27 日。

组。县委、县政府专门出台了《关于打赢脱贫攻坚战的实施意见》和《长垣县2016年精准扶贫工作实施方案》。各乡镇成立了脱贫攻坚领导小组，建立了扶贫办，设立了扶贫专干，明确了各乡镇分管党建工作的副书记同时分管脱贫攻坚工作，并做到"七有"，即有脱贫攻坚领导小组、有办公室、有牌子、有电脑、有档案专柜、有经费保障、有脱贫攻坚方案。明确了各行政村党支部书记、村委会主任为本村脱贫攻坚第一责任人，并设一名副职为专干。在原一正两副五名工作人员的基础上，抽调14名后备干部和优秀年轻干部充实到扶贫办，设置了4个科室，充实壮大县扶贫办工作队伍。其次完善结对帮扶。实行县、乡、村三级干部及两代表一委员结对帮扶，共有1535名村干部和党员结对帮扶4958户13213人，实现了对398个面上村贫困户帮扶全覆盖。在联村帮户、结对帮扶的过程中，县直有关局委、驻村工作队和广大乡村干部因地制宜，制定了15120条帮扶措施。其中发展种植业3192条，发展养殖业4962条，发展生产加工1834条，转移就业5132条；对无脱贫能力的贫困户和分散供养五保户，落实社会保障兜底，帮扶贫困户3050户4105人。帮扶措施精准到户到人，实现了对贫困户全覆盖，为稳定脱贫夯实了基础。第三，制订专项方案。在深入分析贫困户致贫原因、脱贫需求的基础上，根据省委、省政府"五个办法"、"五个方案"和"五个专项方案"精神，研究制订了《长垣县教育脱贫专项方案》《长垣县民政救助脱贫专项方案》《长垣县光伏扶贫专项方案》等针对性较强的专项脱贫方案，为脱贫工作更好地开展提供了政策保障。第四，注重督导检查。研究制订《长垣县脱贫攻坚督导方案》，成立了分别由县领导任组长，县纪委、县委组织部、县督查局、县扶贫办人员为成员的四个督导组。对13个乡镇、13个县直单位、46个驻村工作队的脱贫攻坚工作，每月督导一次、点评一次、整改一次。截至2016年底，共进行了4轮督导，处理单位责任人33名。

（二）紧把进出关口，开展精准识别

在建档立卡"回头看"过程中，严格落实《河南省扶贫对象精准识别及管理办法》精神，以"坚持标准、综合考量、民主评议、群众认可"的

原则，采取"一进、二看、三算、四比、五议、六定"的方法，按照"本人申请、村民评议、村两委确定、乡镇党委政府核实"的程序，精准识别贫困户10692户28435人，实现了贫困人口对全县13个乡镇444个行政村的全覆盖。一是完善贫困户建档立卡和信息录入。按照"一户一档、一村一册"的要求，组织乡、村两级对全县贫困户和贫困人口开展了建档立卡工作。利用45天时间对建档立卡贫困户的信息进行了集中录入，实现了贫困户信息与省信息系统、国家扶贫办信息系统的对接对应与统一管理。每个贫困村、贫困户完善了建档立卡资料，明确了帮扶责任人，制定了帮扶计划并填写了《扶贫手册》《贫困户精准脱贫明白卡》。对脱贫攻坚档案资料和建档立卡数据库实行专人管理，并建立了扶贫对象动态管理机制，做到及时纳入、退出，实现了对建档立卡贫困对象的精细化动态管理。二是严格贫困人口退出程序。在贫困户的识别退出工作中，严格贯彻落实《河南省贫困退出实施办法》，对稳定达到脱贫标准的贫困户及时退出，对新增贫困户或返贫贫困户及时将其纳入扶贫范围，严格执行退出标准、规范退出工作流程，做到程序公开、数据准确、档案完整、结果公正。贫困户的退出都经过"两公示一公告"，让群众参与评价，做到了全程透明，公开、公正。

（三）坚持多措并举，强化帮扶实效

通过实行"七助帮扶"措施，助推精准脱贫。第一，加强技能培训助脱贫。长垣县民生服务中心根据区域特色和贫困劳动力的培训意愿，因地制宜开展"一村一品"特色培训，共培训贫困户劳动力924人。农林畜牧局对建档立卡贫困人员进行种养殖技术培训1837人次。商务工商局进行电商培训1807人次，在贫困村中建成村级电商服务站10个。深入开展"雨露计划"，共有125名贫困人员通过审核，申请到了"雨露计划"助学金。第二，转移就业助脱贫。积极与企业合作开展订单式岗前培训，依托人力资源公司介绍务工等方式搭建就业平台，介绍务工3218人，使13189个贫困家庭有了稳定收入；各乡镇通过安排交通协管、保洁、保安等公益性岗位，安排符合岗位需求且外出就业困难的贫困劳动力就业，实现160户458人稳定

脱贫。第三，强化产业发展助脱贫。一是与华大基因、河南水投集团共建受控式高效循环水集装箱养殖项目，投资 1100 余万元，占股 19%，带动 612 户 1298 人实现稳定脱贫；二是投入扶贫资金 360.8 万元参与新行葡萄、三阳畜牧、顺鑫农业公司等合作社的 15 个种植、养殖到户增收项目，带动 902 户 3471 人稳定脱贫。第四，光伏发电助脱贫。以乡镇为单位集中安装光伏发电设备，将发电收益用于扶持贫困户，同时对自愿参与光伏发电的一般贫困户提供小额贷款，贴息 5 年。2016 年已安装 3 兆瓦，带动 948 户 2098 人实现稳定脱贫。第五，小额贴息贷款助脱贫。信用联社和邮储银行为瓦屋寨、苗找寨两个贫困村 26 户 99 名贫困人口发放小额贷款 99 万元，依托牧源春农业公司、安生养殖合作社养牛 97 头，可实现稳定脱贫；信用联社对申报贷款的 1200 户贫困户全部进行了审核，2016 年已为 181 户发放贷款 545 万元；县民生服务中心为 9 名贫困劳动力发放小额担保贷款 85 万元。第六，加强社会保障助脱贫。2016 年县教体局为 155 名建档立卡贫困家庭大学生办理了信用助学贷款，免除了建档立卡贫困家庭 281 名公办普通高中学生的学费、住宿费 36.2 万元；县民政局将 14356 名建档立卡贫困人员纳入了低保保障、3238 名建档立卡贫困人员纳入了五保保障。对建档立卡贫困人员实施医疗救助 3561 人次，发放医疗救助金 358.2 万元；卫计委为贫困人员发放医疗救助证 27435 张，为 420 个行政村配备了健康一体机，为 4226 名贫困户慢性病患者发放新农合慢性病就诊证，慢性病报销补偿资金 449.24 万元。政府每年出资 1000 多万元携手华大基因对全县贫困家庭实施 5 项免费"基因检测健康筛查服务项目"，做到早发现、早治疗，从根源上阻断了因病致贫，因病返贫。已有 1707 名建档立卡贫困人员享受新农合补偿"0"起付线政策，共减免资金 27.6 万元。第七，加强基础设施建设助脱贫。投入扶贫资金 328 万元，为 19 个贫困村新打机井 164 眼；投入涉农项目资金 600 余万元，新打机井 357 眼；投入扶贫资金 1600 万元，改善贫困村的道路等生产生活条件；县交通运输局完成贫困村通村公路建设 8.5 公里，完成外联县乡道路建设 10.8 公里。供电公司完成长垣县省定贫困村 2016 年电网改造任务，共建成 10 千伏线路 8.6 千米，22 个台区，0.4 千伏线路 20.9 千米，更换电表 3527 块，更换表箱 359 面。

（四）严格使用资金，确保专款专用

2016年度长垣县共安排扶贫资金5287.1万元。其中，本级安排财政专项扶贫资金3350万元，整合行业扶贫资金31918.5万元（贫困村安排5355.5万元，面上村安排26563万元）。项目主要有：第一批到户增收项目360.8万元，贫困村打井328万元，整村推进1612万元，省派第一书记专项扶贫资金90万元，光伏发电扶贫项目1420万元，雨露计划100万元，小额信贷贴息35.2万元，集装箱高效水产养殖扶贫项目570万元，第二批到户增收项目511万元，少数民族发展资金10.1万元，中央、省扶贫项目管理费30万元，扶贫业务及宣传费220万元。同时，规范扶贫资金使用程序，制定了扶贫项目信息公开和公告公示制度。2016年度扶贫专项资金分配和使用情况都按制度要求进行了项目信息公开和公示。所有扶贫项目均通过"长垣县公共资源交易中心网"和乡村政务公开栏进行公示。经招投标实施的项目在长垣县公共资源交易中心进行公告，同时在"中国采购与招标网""河南招标采购综合网""河南省政府采购网""河南省公共资源交易公共服务平台"网站上发布。为规范扶贫资金的使用和管理，还制定了《长垣县扶贫资金管理办法》，从适用范围、预算管理、资金下达、资金拨付、项目管理、审计监督、绩效评价、责任追究等方面进行详细的规定和说明，加强和规范扶贫资金管理，提高了资金使用效益，加大了精准扶贫力度，加快了脱贫进程。县审计局、财政局等相关单位每半年开展一次扶贫项目资金检查，检查资金占当年扶贫资金的100%。县委巡查办对县扶贫办进行了专项巡查，没有发现扶贫资金使用违规违纪问题。

二 精准识别和帮扶成效中存在的问题和不足

（一）对精准识别重视程度仍需加强

通过调查发现，凡是乡镇领导高度重视精准扶贫工作，乡镇主抓领导与村支书、第一书记密切配合，工作深入认真，对贫困户家庭整体状况逐一核查，对贫困户家庭成员收入情况一一核查，对贫困户因病、因灾、因学、因痴呆残疾等情况进行逐一核查识别的，扶贫工作精准、扶贫成效显著。而如果只满足于会议开了、要求提了、文件发了，具体工作不深入、不具体、不落实等，扶贫工作不精准，对贫困户识别精准率就低，亦容易出现"精准识别不精准"等突出问题。

（二）精准识别发展不平衡

一些乡镇主抓领导与村支书、第一书记密切配合，对贫困户识别认真，反复筛查贫困户家庭成员收入情况，逐一核查识别贫困户因病、因灾、因学、因痴呆残疾等情况，其精准识别率高，成效显著。如恼里乡龙相村和樊相镇吴屯村有100%的贫困户精准识别为贫困户，精准识别率达100%；由于党支部书记与第一书记密切配合，精准识别工作作风踏实，对贫困户家庭整体状况逐一核查，对贫困户家庭成员收入情况一一核查，确定贫困户的程序公开、公正、合理，使龙相村和吴屯村的贫困户有100%的贫困户知道自己是贫困户，有100%的贫困户知道自己通过什么途径被确定为贫困户，有100%的贫困户知道自己贫困户确定的时间，识别成效显著。但是同时也存在一些贫困村识别精准率浮动区间较大，村与村的精准识别发展不平衡等问题。

（三）产业扶贫水平有待提升

2016年9月，对长垣县13个乡镇的精准扶贫、精准脱贫工作，进行了进村入户核查，通过对全县13个乡镇的26个行政村260户贫困户随机抽查了解到，长垣县的农业以种植小麦、玉米为主，有98%以上的贫困户从事的农业生产是种植小麦、玉米，缺少特色农业和养殖业，在进村入户调查中，很难发现贫困户有从事特色农业和养殖业的，这是长垣县贫困户贫困的主要原因。因此，注重产业帮扶是贫困户脱贫的关键所在。

三 精准扶贫、精准脱贫攻坚中应采取的政策措施

（一）调整优化产业结构

以调整农业产业结构为重点，利用与河南省农业科学院、大专院校、科研单位的战略合作，改变传统的一麦一玉米种植模式，发展集约农业和农业产业化，发挥县农业、林业、畜牧、水利等职能部门社会化服务优势，鼓励村干部先行先试，带动有劳动能力的贫困户发展香菇、蔬菜、果树、烟叶、药材、生姜、大蒜等特色农业，发展养殖业如养羊、养猪、养牛、养蜂、养鱼等，从根本上铲除长垣县贫困户贫困的根源。

（二）找准扶贫攻坚方向，解决帮扶责任人帮而不扶的问题

积极发挥个人资源优势和行业资源优势，把贫困户当作自己的"亲人"去帮扶，助力贫困户脱贫致富。如县政协副主席谷俊修充分发挥个人优势，在对樊相镇吴屯村贫困户耿立发的帮扶工作中，用心帮扶，介绍其去长城公司打工，一年可挣 14000 元；县人大常江涛介绍樊相镇吴屯村贫困户吴运身打扫卫生，月收入 600 元；长城公司董事长宋广军为樊相镇吴屯村改造街道投入资金 60 万元，帮扶贫困户王建立到长城公司打工，使其摆脱贫困；常村镇后大郭村村委秘书徐福增借钱给贫困户苓晟贤（残疾人）开代销店，虽然微利，但可解决残疾人的基本生活；樊相镇党委书记花费 5000 元，从山东为文留村贫困户范志云购买两只奶羊，日产奶 10 多斤，月收入 600 多元，解决了贫困户生活之难，为其脱贫奠定了基础。

（三）充分发挥整体资源优势

充分发挥各局委、各乡镇行业资源优势，明确局长、乡镇长带头整合其资源优势，为定点帮扶村办好事、办实事、办公益事业，为贫困户做技术智力培训，产业帮扶、劳务就业，同时，引导社会帮扶、企业帮扶等。只要帮

扶单位一把手带头用心帮扶，充分利用行业资源优势，就能收到较好的帮扶成效和脱贫效果，增加群众的满意度。

（四）高度重视精准识别工作

高度重视精准扶贫、精准识别工作，树立乡镇领导高度重视精准扶贫工作的典型事例，积极推行乡镇主抓领导与村支书、第一书记密切配合整体工作机制，引导乡村干部对贫困户家庭整体状况逐一核查，对贫困户家庭成员收入情况一一核查，对贫困户因病、因灾、因学、因痴呆残疾等情况进行逐一核查识别，推动精准扶贫工作开展。

（五）建立核查监督机制

充分发挥长垣县纪委、组织部、扶贫办对贫困户核查、识别的作用，积极组织第三方专家委员会专家深入基层农户家庭，对现有贫困户是否符合贫困户识别标准进行抽查，坚持全面性、典型性、公正性原则，建立纪检、监察、司法等部门的监督机制，确保对贫困户识别的精准。同时，加强对村两委班子和贫困户的教育引导，宣传扶贫政策、扶贫成效。将国家扶贫资金和项目以及人力、财力、物力资源，更好地集中在贫困县和贫困户中使用，以发挥更好的作用，达到最佳的扶贫效果。

四　长垣县推进精准脱贫攻坚的发展与展望

长垣县全面贯彻落实省委、省政府，县委、县政府关于打赢脱贫攻坚战的决策部署，坚持政府主导，增强社会合力，构建专项扶贫、行业扶贫、社会扶贫互为补充的大扶贫格局，扎实推进精准扶贫、精准脱贫。落实好十二个专项脱贫方案，着力推进产业扶贫、小额贷款扶贫、转移就业扶贫、加强基础设施建设扶贫、技能培训扶贫、社会保障兜底扶贫、光伏发电扶贫等措施，在 2016 年脱贫 3456 户 12050 人的基础上，2017 年计划脱贫 2913 户 9681 人，同时对无脱贫能力的 4431 户 7148 人全部实施社会保障兜底，实

现全县贫困人口脱贫。2017 年争取上级扶贫资金不低于 1700 万元。全县消除贫困人口，人民共同实现小康。[①]

（一）坚持问题导向，突出工作重点，锐意进取、踏实苦干，推动精准脱贫工作取得新的更大成绩

继续加强政策宣传引导，充分发挥新闻媒体的舆论导向作用，通过多种形式宣传扶贫政策，广泛宣传党委、政府的脱贫攻坚决策部署和脱贫攻坚生动实践、模范人物、先进典型，强化正面引导，进一步动员社会力量参与脱贫攻坚，为打赢脱贫攻坚战营造良好的社会氛围。加强向贫困人口宣传党和国家的政策法规，帮助他们分析致贫原因，根据贫困人口的实际需求，本着"实地、实用、实效"的原则，开展全方位靶向式职业技能培训，引导他们牢固树立自强自立、自力更生、不等不靠的信心，提升贫困户的内生动力，实现贫困户从"要我脱贫"到"我要脱贫"的转变。

（二）完善精准扶贫工作机制，落实专项脱贫方案

全面推动省 5 个办法、5 个方案、5 个专项方案和长垣县 12 项专项脱贫方案的实施，将每个贫困户、贫困人口对标方案，精准落实到户到人。强力推进帮扶措施的落实，确保帮扶措施落实到位、帮扶责任到位。完善定点帮扶机制，探索驻村工作队包片制度，改变"一队帮一村"的模式，充分发挥县直单位党员干部在脱贫攻坚中的先锋模范作用。完善社会力量参与机制。与工商联联合，深入推进"百企帮百村"活动，充分发挥各企业在资金、转移就业、到户增收等方面的扶贫优势，为贫困人口建立稳定的增收脱贫渠道。完善督导考核机制。学习借鉴扶贫先进县经验，建立日常督查与定期督查相结合的考核机制，组成脱贫攻坚专项考核组，负责对各乡镇、县直单位、驻村工作队的扶贫措施、成效进行量化考核和排名，对工作不力的严肃追究问责，达到以查促效。

---

① 长垣县扶贫办：《2016 年工作总结和 2017 年工作计划》，2016 年 12 月 5 日。

（三）重点实施产业脱贫

把培育特色产业作为主攻方向，加快推进扶贫产业化，扶持贫困户自主创业发展产业模式。在尊重贫困户意愿的基础上，引入专家论证机制，准确选择风险小、见效快、可持续、接地气的发展项目，为增收脱贫长效发展奠定基础。积极采取强硬的扶贫措施，实现"3＋N"扶持全覆盖。依托卫华、驼人集团等知名企业，实施产业融合扶贫，投入扶贫资金2862万元（中央、省扶贫资金1431万元，县级财政同比配套），投入卫材、起重等优势产业，扶持5575户贫困户，实现到户增收项目对贫困户的全覆盖。依托北控清洁能源集团，建设光伏发电项目，每25千瓦扶持一个贫困户，每个贫困户年受益不低于3000元，实现光伏发电扶持对贫困户的全覆盖。依托中国人寿保险，为贫困户办理大病医疗补充保险、小额意外保险等三农保险，实现保险对贫困人口的全覆盖。继续落实好长垣县12个专项方案，每个贫困户有多项政策扶持。通过"3＋N"扶持，确保全县年度减贫8900人的目标任务如期完成。①

参考文献

1. 中共长垣县委、长垣县人民政府：《长垣县2016年度脱贫攻坚工作汇报》，2017年2月27日。
2. 长垣县扶贫办：《2016年工作总结和2017年工作计划》，2016年12月5日。

---

① 中共长垣县委、长垣县人民政府：《长垣县2016年度脱贫攻坚工作汇报》，2017年2月27日。

B.24
长垣县加强基层服务型
党组织建设的实践与思考

张 沛*

摘　要：　党的基层组织是党的全部工作和战斗力的基础，也是党的执政基础。党的十八大提出了"以服务群众、做群众工作为主要任务，加强基层服务型党组织建设"的总要求，为基层服务型党组织建设指明了目标和方向。近年来，长垣县以加强基层服务型党组织建设为抓手，以强化各级党组织政治功能和服务功能为重点，把准方向定位、聚焦主责主业、致力善做善成，通过深化认识、夯实基础、创新管理、完善机制等方式，在创建基层服务型党组织方面进行了诸多有益探索，取得了显著成效，为如何做好新形势下基层服务型党组织建设工作带来了多方面的启示。

关键词：　基层党组织　服务型党组织　长垣县

基层党组织建设关乎党的执政基础。党的十八大提出了"以服务群众、做群众工作为主要任务，加强基层服务型党组织建设"的总要求。习近平总书记在全国组织工作会议上强调："当前和今后一个时期，要以此来指导党的基层组织建设。"① 加强基层服务型党组织建设是提高党的执政能力、

---

* 张沛，河南省社会科学院政治与党建研究所助理研究员。
① 姚志平：《努力加强中央国家机关基层服务型党组织建设》，《紫光阁》2014 年第 6 期。

夯实党的执政根基的必然要求。面对全面建成小康社会的历史重任，如何加强新形势下基层服务型党组织建设，是各级党组织必须不断探索、实践和思考的现实问题。

一 长垣县加强基层服务型党组织建设的实践探索

党的基层组织是党的全部工作和战斗力的基础，也是党的执政基础。中共中央办公厅印发的《加强基层服务型党组织建设的意见》明确要求，基层党组织要"通过服务贴近群众、团结群众、引导群众、赢得群众"，"使服务成为基层党组织建设的鲜明主题"。① 近年来，长垣县以加强基层服务型党组织建设为抓手，以强化各级党组织政治功能和服务功能为重点，通过深化认识、夯实基础、创新管理、完善机制等方式，在创建基层服务型党组织方面进行了诸多有益探索，不断推进基层党组织建设水平全面提升、全面过硬。

（一）突出深化认识这个前提，树牢基层"大党建"理念

加强基层服务型党组织建设是提高党的执政能力的必然要求，也是践行党的根本宗旨的具体体现。为全面提升基层党建科学化水平，更好地服务富强、创新、精善、和谐长垣建设，近年来，长垣县把准方向定位、聚焦主责主业、致力善做善成，牢固树立基层"大党建"理念，积极构建基层"大党建"工作格局。通过整合各部门、各领域、各方面力量，突出作风大转变、基层大投入、服务大提升、工作大融合，精准实施凝心聚力行动、强基固本行动、素能提升行动、正风肃纪行动"四项行动"；推进思想政治建设从严、基层组织建设从严、干部队伍建设从严、党风廉政建设从严"四个从严"；坚持责任联担、部署联动、工作联手、考核联抓的"四联机制"；积极构建统一领导、职责明晰、有机协调、齐抓共管的大党建工作格局，长

---

① 中共中央办公厅：《关于加强基层服务型党组织建设的意见》，人民出版社，2014。

垣县逐渐绘就一张科学规划、全局性的"大党建"蓝图,引领和激励着组织和成员始终保持头脑清醒、思路清晰,努力形成"一盘棋"抓党建工作合力,全面提升基层党建科学化水平,为强化基层服务型党组织建设提供了坚强的思想保障和组织保障。

坚持责任联担,促思想上同心。加强县委党建工作领导小组建设,统一领导全县"大党建"工作,下设办公室负责牵头抓总,统筹协调各成员单位具体安排落实,形成县委主抓、县委各部委和群团组织密切配合、优势互补、一级抓一级、层层抓落实的工作格局。实行党建目标责任管理,对照中央、省委要求和县委大党建工作四项行动,各成员单位主动认领任务,明确牵头单位,细化责任分工,党组织书记负总责、副书记专职抓、相关领导参与抓,强力推动党建主体责任落实。

坚持部署联动,促目标上同向。建立"党建引领、党群互动"工作机制,由县委党建工作领导小组办公室牵头负责,每年年初召开党群系统工作安排会,对全县党建工作统一规划部署、统一配置力量;每季度至少召开一次联席会议,听取各成员单位工作汇报,研究推进党建工作重点任务;每年年终召开党建工作总评会,梳理总结全年工作,谋划第二年重点任务。各级党组织强化"一盘棋"抓党建工作合力,纪组宣统等部门通力合作,工青妇等群团组织全面参与,县直单位和乡村党组织共同推进,形成各有侧重又相互协作、彼此穿插又突出重点的党建工作态势。

坚持工作联手,促行动上同步。严格实行集体领导与部门分工相结合制度,建立"大党建"工作台账,做到目标任务、推进措施、完成时限、存在问题、整改内容"五明确",由各成员单位按照自身职能分解落实,工作进展每月报县委党建工作领导小组办公室备案审查、对账销号,确保任务具体化、问题精准化、督促常态化、整改项目化。探索建立党建资源开放共享和高效利用制度,将各成员单位政策、队伍、信息、培训、载体等优质资源深度对接整合,统筹配置使用,实现组织联建、队伍联管、阵地联用、活动联办、服务联创,促进全县党建工作效能大幅提升。

坚持考核联抓,促落实上同力。由县委党建工作领导小组对党建工作进行统一考核评定，坚持定性与定量相结合，有机整合各成员单位考核内容，制定具体考核细则和实施办法，科学设置分值权重，实行百分制综合考评，考评成绩作为领导班子和领导干部实施奖惩、职务调整及任用的重要依据。各级党组织每月对党建工作进行一次自查，逐项查漏补缺，及时改进完善。县委党建工作领导小组成立由县委常委牵头的督导组，每季度进行一次督查，每半年组织一次观摩评议，年底结合抓基层党建述职评议，对各成员单位年度目标任务完成情况进行考核验收，对工作落实不力、考核成绩靠后的，限期整改并严肃追责。

（二）夯实阵地建设这个基础，加大基层党建保障力度

党组织阵地是广大党员学习活动的场所，也是党员发挥先进作用的舞台。在基层农村，党组织阵地基础薄弱的问题比较突出，党的基层组织体系较为不健全，一些基层党组织缺乏专门的人员、场所和资金为党员和群众服务。对此，长垣县委以阵地建设为着力点，出台了一系列政策及措施，推动资源下倾、力量下沉、重心下移，加大人、财、物投入力度，进一步完善服务设施、提升服务能力，努力建立起完善的基层党组织建设保障体系。

1.持续实施阵地提升工程

近年来，长垣县坚持县财政补贴为主、乡村自筹为辅的投资机制，对基层党组织活动场所进行规范建设。一是规范场地设置，确保设备齐全。按照"两室一厅一广场"布局以及"有旗帜、有牌子、有办公设施、有电教设备、有制度版面"的"五有"标准，对党群活动室、矛盾调解室、便民服务站和卫生室等组织活动场所进行整合。二是积极打造党群综合文体广场，实施党群综合文体广场"三年行动"计划。按照有文化长廊、有创文专栏、有标识牌和宣传栏、有文艺活动场地和音响设备、有健身设施、有固定LED显示屏、有公共卫生间等便民服务设施的"七有"标准，优先在贫困村、扶贫重点村、基层组织建设先进村、美丽乡村建设示范村、集体经济发展试点村启动建设，实现阵地场所建起来、党的旗帜飘起来、电子屏幕亮起来、广播喇叭响起来、农家书屋办起来、文化墙廊旺起来、健身设施动起

来、环境绿化美起来。三是机关、国有企事业单位和"两新"组织活动阵地，按照有场所、有党旗和入党誓词、有牌子、有办公设施、有电教设备、有制度版面的"六有"标准，进行规范建设。这些举措的实施逐步解决了基层党群活动场所少、乱、差现象，为丰富基层党员群众精神文化生活提供了坚实的阵地保障。

2. 合力建强各类基层组织

为了积极推动全面从严治党向基层延伸，长垣县按照"建设服务队伍好、服务阵地好、服务载体好、服务机制好、群众反映好的基层服务型党组织"的要求，统筹推进农村、国企、高校、非公和社会组织、机关等党建工作，持续抓好基层党建七项重点任务，提升基层党组织整体功能。一是着力解决队伍不齐、不力问题，确保基层党建有人抓，长垣县全面推进党组织晋位升级机制。在机关事业单位，按照职工人数2%的比例配备专职党务工作人员，在乡镇成立乡镇（街道）党建工作指导站，推进基层党建督查指导常态化，对非公有制企业选派党建工作指导员，配齐配强党务工作力量，确保基层服务型党组织建设任务落到实处。二是不断加大薄弱领域党建工作力度，努力实现党的组织和工作的全覆盖。重点理顺"两新"党组织、规模以上企业党组织隶属关系，着力优化"一院三所"、产业园区、中小学校等领域组织设置，推动各类商会、行业协会党的建设；以蒲东、蒲西"村改居"为代表的城镇社区和新农村聚居点党建为突破口，推行街道"大工委"和社区"大党委"模式；以社区党群服务中心为抓手，以楼宇党建为支点，大力开展"网格化"党建，为群众提供"一站式"便民服务，努力实现党建区域网格化、活动载体经常化、服务体系全覆盖。这些举措的实施，有利于更好地促进党组织服务发展，将党的组织优势转换为强大的发展动力，使基层服务型党组织建设取得扎扎实实的效果。

3. 着力提升基层服务水平

为有效提升基层服务水平，打造便民服务新常态，近年来，长垣县在提升基层服务水平方面，进行了一系列有效探索：一是持续加大基层服务投入，利用公益性岗位补贴资金，为每个村配备代办员，对于与人民群众日常工作生活紧密相关的民政、计生、劳动保障等多方面业务，能够不离村就可以办理的，由代办员"马上办"，必须群众本人亲自办理的，由代办员"领着办"，切实解决人民群众"办事难""办事慢""办事不方便"的问题。二是不断完善党员干部直接联系服务群众制度。结合"六联六问"，实行每名县领导包村联户制度，拓展便民服务机制，在全县推行县直单位联村、村干部坐班、代办员守岗制度，使党员干部真正走入群众当中，倾听群众呼声，解决群众困难。三是织密县、乡、村三级服务群众"网格"，把事务咨询、公益事业、社会保障等纳入"互联网＋组织工作"，大力推进"智慧政务""智慧党建"，构建县、乡、村三级网上服务系统，打通服务群众"最后一公里"。通过不断创新社会管理，主动为群众提供便民、利民服务，长垣县正在逐渐实现服务群众"零距离"，基层组织为民服务、为民办事水平显著提升。

（三）抓住能力提升这个关键，加强基层党组织和党员队伍建设

加强基层服务型党组织建设的关键，在于建设一支立场坚定、作风过硬、能力突出的高素质服务型基层党员干部队伍，抓住这个关键，其他问题就会迎刃而解。针对一些基层党组织领导班子战斗力不强、组织软弱涣散、干部队伍整体素质不高等现实问题，长垣县持续加强基层党组织班子队伍建设，通过强化教育培训、严格制度管理、加大培养力度等方式，不断提升基层党组织和党员凝聚力、战斗力，激发基层服务型党组织建设的内生动力。

1.全面加强基层党组织领导班子建设

大海航行靠舵手，领导干部的政治素养和工作能力直接关系到队伍的凝聚力和战斗力。加强基层服务型党组织建设，必须要抓好领导班子这个关键，提升基层党组织带头人队伍的质量。近年来长垣县在领导干部选拔、任用及培养教育上做了大量的工作，努力以坚强有力的班子带动基层服务型党组织建设提挡升位。一是坚持整体谋划、统筹调整领导班子配备，不断优化班子结构，严格实施领导干部考核机制，坚持综合考核与专项考核相结合，并将考核结果作为县委选干部配班子的基础依据；实行后备干部动态管理，

建立后备干部数据库，把熟悉党务工作、有能力、有担当的党员干部选配到基层党组织带头人的岗位上来。二是围绕县委工作大局，着力抓好干部教育培训。认真贯彻落实《干部教育培训工作条例》，突出抓好集中轮训，深化习近平总书记系列重要讲话精神和治国理政新理念新思想新战略学习教育，引导广大干部更加扎实地推进党中央和省委的决策部署在长垣落地生根；不断增强理想信念教育，由县直各单位、各乡镇（街道）精准化开展党员干部业务培训，坚持缺什么补什么、需什么训什么，强化专业思维、提升专业素养、掌握专业方法，指导基层党组织领导干部破解工作难题、化解基层矛盾，推动基层党组织服务能力的提升。

2. 持续整顿软弱涣散基层党组织

近年来，长垣县坚持以整顿软弱涣散党组织作为巩固拓展党的群众路线教育和"两学一做"学习教育常态化制度化的重要抓手，把软弱涣散党组织整顿列为长期抓、重点抓的工作。按照"应整尽整"的原则，一方面，实行县委常委分包联系贫困村和扶贫重点村软弱涣散党组织制度，建立县级领导干部联系、县直部门结对、干部驻村帮扶和责任包干机制，先后选派230名科级后备干部和优秀年轻干部到软弱涣散党组织村和贫困村挂职，开展一对一帮扶、点对点指导；另一方面，着力充实整顿工作队伍，逐村选优配强第一书记，选派94名优秀干部到村任第一书记，实行定人员、定责任、定目标、定奖惩、包转化的"四定一包"责任制；与此同时，突出抓好第一书记教育管理，选派由组织、纪检、政法、民政等人员参加的整顿工作队，严格按照兰考"六步工作法"开展整顿工作，紧扣村情制定整顿方案，建立工作台账，实行销号管理；落实包村责任兜底整顿办法，连续2年被列为软弱涣散基层党组织的村，由县级领导干部直接分包、蹲点指导，不转化不脱钩，确保软弱涣散党组织顺利晋位升级。

3. 突出抓好基层骨干队伍建设

党员、干部这"两支队伍"是基层党组织的细胞，只有每一个细胞都健康，基层党组织才有生机活力。长垣县着眼"有本事、肯干事、干成事"的要求，大力培育基层组织带头人，优化各类骨干队伍，激发党员干部干事创业的激情。一是开展党支部书记"三有三带"建设，锻造"领头雁"，坚持把经济能人、党员、村干部交叉培养，每村至少培养 2～3 名后备干部，增强基层党组织干部队伍的整体素质和综合实力。二是充分发挥群团组织优势，在机关、国有企事业单位、"两新"组织中做好"推优入党"工作，落实"入党进党校"、农村党组织每两年至少发展 1 名党员制度，持续优化党员结构，提升党员发展质量。三是坚持建立巡察人才库、开展"农民工入工会"、选聘残疾专职人员、配备农村文化专干、推进妇女干部和村级代办员进村"两委"五措并举，完善党员、职工、团员、村"两委"干部信息管理，做到队伍互助、资源共享，不断优化基层力量。四是逐步提高村级组织运转经费和服务群众专项经费，将村党组织书记工作报酬提高到每月2150 元，加大对优秀村党组织书记和生活困难村党组织书记的关怀和表彰力度，充分调动农村党组织骨干队伍的工作激情。

（四）把握增强实效这个根本，建立健全服务群众长效机制

基层服务型党组织建设是各级党组织必须承担的常态化、动态化工作，只能加强不能削弱，只能前进不能后退。建立健全服务群众长效机制，保证基层党组织各项工作落到实处，形成党群互动的良性循环是基层服务型党组织建设的根本归宿。

1. 坚持完善基层党建制度体系

服务群众、做好群众工作，离不开坚实的组织基础、完善的基层组织服务体系。近年来，长垣县持续推进基层党建制度化、规范化，积极构建相互配套、相互衔接、相互补充、相互作用的制度体系，着力解决基层服务型党组织建设靠什么约束、靠什么运行、靠什么保证的问题。一是认真落实基层党建责任。建立各级各领域党组织书记抓基层党建问题清单、任务清单和责任清单，对机关、国有企业、"两新"组织及乡村党组织书记抓基层党建进行考核述职评议，坚持党建项目化管理，确保每个乡镇（街道）每年至少培育 3～5 个党建示范点。二是严肃党内政治生活。严格落实民主集中制，强化各党支部"三会一课"、组织生活会、民主评议党员、领导干部过双重

组织生活等制度的刚性执行，推动形成严肃认真的党内政治生活新常态。

2. 持续深化四项基础制度

近年来，长垣县认真贯彻河南省委关于县级以上机关四项基础制度建设相关文件精神，深化认识、增强自觉，在加强基层党组织建设中持续深化四项基础制度。首先，通过持续拓展"四议两公开"工作法，建立干群民主议事和村民代表党员联户制度，充分发扬民主集中制，实现村、社区党组织，村（居）委会以及议事协调机构的良性互动，形成责权清晰、运转有序的工作机制。其次，坚持拓展便民服务机制，大力推进"智慧政务""智慧党建"建设，实现县、乡、村便民服务联网对接，全面推行县直单位联村、村干部坐班、代办员守岗制度，打造群众办事不出村、不出户等服务群众常态机制，打通服务群众的"最后一公里"。再次，持续拓展矛盾纠纷调处机制，整合行政、司法机关以及人民调解组织、行业调解组织等资源，健全工作网络。最后，持续拓展党风政风监督检查机制，认真履行"两个责任"，落实党务、村务和重大事项"三公开"制度，以信息的公开透明，赢得人民群众更多的理解、信任和支持。通过在实践中不断探索和创新，长垣县正逐步实现社会治理由"管控"向"服务"的转变，党群干群关系变得和谐融洽，群众对基层党组织的满意度显著提升。

通过以上四个方面的举措，长垣县基层服务型党组织建设扎实推进，取得了显著成效：一是党建助推经济社会发展成效显著。以基层服务型党组织建设教育、引导和凝聚群众，在全县上下汇聚起全面深化改革的积极性和创造性，全县经济保持了稳中有进的良好态势，"十二五"主要经济指标增速高于河南省平均水平，居省直管县第一位。二是党建助力民生改善，社会大局和谐稳定。通过强化基层党组织服务理念，统筹推进社会治理网格化、公共服务均等化、平安建设常态化、信访稳定规范化，仅2016年各项民生支出就累计达到116.7亿元，年均增长23%。城乡居民社会养老保险、城镇居民医保参保率分别达到99%、98%，新农合参合率达到100%。城乡公共文化服务体系不断健全，在所有乡镇（街道）均建成了标准化敬老院，在全省率先实现社会治安技防体系县域全覆盖，群众的安全感、满意度均居省直管县第一和全省前列，先后被评为"河南省文化先进县""河南省信访工作先进县""河南省安全生产工作先进县""河南省平安建设工作先进县"等。三是基层党组织整体功能不断增强，发展质量持续提升、结构不断优化，尤其是非公企业党建成效突出，卫华集团服务型党组织建设受到中共中央政治局常委、中央书记处书记刘云山的肯定，"卫华经验"在全国推广，东方集团党委被评为"全国先进基层党组织"。全县上下形成了心齐、气顺、风正、劲足的良好局面。

二 长垣县加强基层党组织建设存在的问题及原因

随着我国经济社会深刻变革，群众的服务需求日益增多，这对我们党的基层执政方式和工作方法提出了更高的要求。近年来，长垣县通过强素质、夯基础、建机制、抓实效等措施有力推动了基层服务型党组织建设工作的开展，但同时也必须看到，与党的要求和人民群众的期待相比，仍存在一定的问题和差距。

（一）基层党员干部服务意识不强影响了服务效率

当前，部分党员干部在基层服务型党组织建设中还存在着或多或少的误区。一些党（工）委书记主业意识不牢，抓基层党建责任意识不强，仍存在重经济轻党建倾向；部分党员干部服务群众的意识不强、标准不高、作风漂浮，存在着被动推进的现象，把基层党组织建设形式化、表面化，看起来形式多样、内容丰富，实际上并不能切实解决群众困难。导致这些问题存在的深层次原因还是基层党员干部的服务意识不强，尚未真正从服务群众、服务发展的角度去深刻认识和领会建设服务型党组织的重大意义和必然趋势，从而导致工作进展不大，影响了基层服务型党组织建设在群众中的满意度。

（二）基层党组织党员队伍能力不足制约了服务水平

基层党组织做好各项工作，最重要的是要有一支坚强的队伍保障。目

前，长垣县基层党组织队伍建设仍存在一些问题：一是农村软弱涣散组织整顿还不到位，村"两委"班子不够团结、村级组织战斗力不够强情况仍然存在，党组织领导核心和党员先锋模范作用发挥不明显；二是党员干部队伍结构不合理，大部分农村党员年龄大、素质偏低、作用弱化的问题还没有彻底解决，部分机关和"两新"组织党组织没有专职党务工作者，党建力量投入不足，村级组织活动场所管理制度不健全，存在代办员队伍不稳定、村干部值班不规范等现象。这些问题如果得不到妥善解决，基层党组织服务群众的能力和水平就必然大打折扣。

（三）基层服务型党组织建设经费不足降低了服务效能

中共中央办公厅印发的《关于加强基层服务型党组织建设的意见》明确指出："要按照有关规定全面落实基层党组织书记、专职党务工作者报酬及社会保障待遇；建立稳定的经费保障制度，把村、社区党组织工作经费纳入财政预算，为基层党组织开展工作、服务群众创造良好条件。"[1]近年来，长垣县不断加大对基层服务型党组织建设的经费投入，逐步提高村级组织运转经费和服务群众专项经费，将村党组织书记工作报酬提高到每月2150元，但与地方经济发展和人民群众需求不相适应。基层党组织建设经费有限，许多服务设施和项目无法主动开展，村干部工资待遇低，养老和医疗保险制度相对不健全，对青年优秀人才缺乏足够的吸引力。这些问题的存在一方面制约了基层党建工作人员的积极性和创造力，另一方面也加剧了农村基层党建人才的流失，加剧了基层党员队伍结构不合理的现象。

（四）基层服务型党组织考核机制不健全阻碍了服务深化

党的基层组织是党联系群众、服务群众的纽带，也是反映社情民意的晴雨表。基层服务型党组织建设工作的各项成绩也必须站在人民群众的立场上

---

[1] 中共中央办公厅：《关于加强基层服务型党组织建设的意见》，人民出版社，2014。

进行考量。当前，长垣县基层服务型党组织考核评价体系还不够健全，群众工作机制不够完善，基层服务型党组织建设缺乏专门的考核标准和依据，考核评价结果与干部提拔任用、绩效工资、评先树优挂钩的硬性制度不完善，人民群众利益和意见的表达及反馈渠道不够畅通。基层服务型党组织考核机制的不健全，既阻碍了压力的层层传导，影响服务的持续深化，也制约了民情民意的上传下达，导致群众工作与群众需要不对接，使基层服务型党组织建设事倍功半。

三 长垣县加强基层服务型党组织建设的思路对策

习近平总书记强调："全面推进从严治党，必须做好抓基层、打基础的工作，使每个基层党组织都成为坚强战斗堡垒。"① 根深则叶茂，本固则枝荣。不断增强基层服务型党组织建设，自觉把服务群众作为核心任务和基本职责，以服务来贴近群众、团结群众、引导群众、赢得群众，是我们当前和今后一个时期的重要政治任务。新的时期、新的形势要求我们的基层服务型党组织建设必须不断发展创新。

（一）提升服务意识，建强基层服务型党员干部队伍

建设服务型基层党组织，必须建设一支立场坚定、能力突出、敢于担当的高素质的服务型基层党员干部队伍。第一，要创新选人用人机制，选优配强基层党组织领导班子。按照"政治上靠得住，工作上有本事，作风上过得硬"的要求，努力把那些服务意识强、业务能力高、工作能力突出的优秀人才选拔上来，提升基层党组织领导班子的整体水平。第二，要加大培训力度，不断提升基层党员干部服务群众的意识和水平。以村级党员、干部为重点，充分利用党支部"三会一课""主题党日"等阵地，教育引导基层干部和党员牢固树立"领导就是服务、指导就是帮助"的意识。同时，要持

---

① 徐光超：《全面从严治党，如何在基层落地》，《人民论坛》2017 年第 3 期。

续加强业务培训，把服务群众需求与党员培训内容相结合，以专题化、短期化、小型化、差别化的培训方式，加强发展现代农业、创新社会管理、做好群众工作等方面的内容培训，提升基层党员干部服务群众的能力和水平，不断强化为民服务自觉性，把服务型基层党组织建设任务落到实处。第三，要健全农村党员干部激励保障机制，不断提高农村党员干部的政治地位和经济待遇，定期对服务型党组织建设工作成绩突出的优秀党组织和党员进行表彰和奖励，对工作成绩突出的干部，在其职级的发展上优先考虑，激发农村基层党组织和党员干部的内在动力。

（二）加强阵地建设，构建多元化服务平台

阵地建设是基层党组织服务群众的载体，加强阵地建设，构建多元化服务平台能够为基层党组织战斗力和凝聚力的充分发挥提供坚强有力的支撑。首先，要持续加大投入，推进服务阵地基础设施建设。按照财政补助、党费支持、社会捐资与乡村自筹相结合的办法，进一步加大村级活动场所和社区办公服务用房改造升级力度，不断完善配套设施，把活动场所建设成为集党务政策咨询、传播党建知识、办理党内有关事务、帮扶困难党员群众、反映社情民意于一体的综合服务平台。其次，要拓展服务功能，着眼提高为民综合服务能力，统筹整合文化、教育、卫生、商务、民政等部门项目资金，建设图书室、卫生室、文化广场、幼儿园、养老院等民生设施，真正使群众不出村就能享受到各种便民的服务。再次，要进一步完善基层党建信息化平台，建立党务工作信息发布平台，将党务、村务、民生、土地等信息及时向群众公开，让党员干部在群众的监督下工作，同时也能及时了解人民群众的呼声和需求，提高服务的水平；要充分发挥党员干部现代远程教育网络平台作用，加强对党员、群众的教育培训；要积极创建以"两微一端"为重点的信息快捷互通平台，及时掌握群众需求，为群众提供服务，增强基层党组织引导群众、凝聚群众、服务群众的能力。

（三）完善服务载体，健全基层党组织服务覆盖网络

长垣县民营经济活跃、"两新"组织数量较多，党员流动性较强，这就要求我们必须不断创新完善服务载体，健全基层党组织覆盖网络。第一，要进一步加强"区域型""流动型""产业型"党组织建设，继续深化"网格化管理"工作制度，努力打造横到边、纵到底、全覆盖、无缝隙的党组织服务网络，确保各种矛盾和问题能在第一时间得到上报、处理、反馈。第二，要完善便民服务体系，进一步建立健全县、乡、村三级便民服务网络，实现县有政务中心、乡有政务大厅、村有便民服务室，通过公开办理流程、简化办事程序，开展"一站式"办理、全程代办服务，方便群众办事。第三，要持续加大在非公有制企业、"两新"组织以及中介机构、协会等社会组织中组建党组织的力度，不断扩大党的组织和党的工作的覆盖面，增强党组织引领发展的能力。

（四）立足群众需求，健全基层党组织服务群众长效机制

密切联系群众、服务群众是基层服务型党组织建设的共同职责和必然要求。立足群众需求，不断健全服务群众的长效机制，使群众的需求能及时传达，群众的困难能及时解决，党组织能教育引导群众，群众能监督评价党组织的工作运行，这是推进基层服务型党组织建设水平不断提升的根本方式。要实现这一方式，就必须做好以下几方面的工作：一是进一步完善党员联系群众制度，健全落实基层四项基础制度，重点抓好"六联六问""四议两公开"等工作机制的实施，使党员干部深入一线、联系群众、服务群众，听取人民群众的意见和诉求，当好群众的"贴心人"；二是要健全群众对党员干部的服务考核评价机制。要尊重人民群众的主体地位，党员干部工作究竟怎么样，由群众说了算。把群众满意度纳入民生事项、窗口单位和干部绩效考核当中，并将考核结果作为评优评先、提拔任用的参考依据，提高群众意见在考核指标中的权重，形成组织评价和群众评价相结合的服务绩效评价体系，进而实现党组织服务群众机制的常态化、高效化运转，引领基层服务型党组织建设不断走向深处、落到实处。

参考文献

1. 中共中央办公厅：《关于加强基层服务型党组织建设的意见》，人民出版社，2014。

2. 金权：《全面从严治党的理论武器和行动指南——学习总书记党的建设论述》，党建读物出版社，2014。

3. 杨德山：《把抓好党建作为最大的政绩》，《人民日报》2016年7月27日。

4. 孔国庆、刘巧凤：《加强基层服务型党组织建设需处理好三个关系》，《光明日报》2015年9月17日。

5. 王懂棋：《如何强化基层党组织整体功能》，《学习时报》2015年11月19日。

6. 姜伟：《基层服务型党组织建设的四个着力点》，《江西日报》2013年10月28日。

7. 王海涛：《增强基层党组织整体功能》，《求是》2016年第4期。

8. 姚志平：《努力加强中央国家机关基层服务型党组织建设》，《紫光阁》2014年第6期。

9. 肖剑忠、王志永：《以科学理念引领基层服务型党组织建设》，《长白学刊》2015年第1期。

10. 鲁月棉：《基层服务型党组织建设的实践困境与对策思考》，《上海党史党建》2014年第2期。

B.25

长垣加强和改进非公企业党建工作的实践探索与经验启示

摘　要：　非公有制经济是社会主义市场经济的重要组成部分，非公企业党建是推进全面从严治党向基层延伸的重要领域。近年来，中共长垣县委、县政府把非公有制企业服务型党组织建设作为基层党建和组织工作的重要领域，把加强党的建设工作与促进企业发展结合起来，通过广泛开展"百企双强"创建活动，着力破解非公党建主体不明、隶属不顺、责任不清的难题，创新党员管理、党建指导员选任、党组织设置模式，健全党建工作标准化、党务工作者职业化、经费保障多元化等机制，在开拓创新中不断加强和改进非公企业党建工作，走出了一条企业党建与经济发展相融共赢的新路子，涌现出卫华集团、东方集团、驼人集团等一批党建强、发展强、社会形象好的非公企业党建先进典型。长垣探索非公有制企业党建工作的做法和经验，对于其他地区加强非公企业党的建设工作具有重要的启示意义和借鉴价值。

关键词：　非公有制企业　党的建设　长垣现象　卫华经验

---

　*　刘刚，河南省社会科学院《中州学刊》杂志社助理研究员。

非公有制经济是社会主义市场经济的重要组成部分，非公有制企业是促进社会生产力发展的重要力量，非公企业党建是全面加强党的建设的重要领域。习近平总书记多次就加强非公企业党的建设作出重要批示，他强调，非公有制企业的数量和作用决定了非公有制企业党建工作在整个党建工作中越来越重要，必须以更大的工作力度扎扎实实抓好。在全面从严治党背景下，做好以非公企业党建为重点的"两新组织"党建工作，不但是推进区域化党建和单位制党建向基层延伸的基本要求，而且对促进区域经济发展和社会治理创新有着重大的现实意义。如何加强和改进新形势下非公企业党的建设工作，强化非公企业服务型党组织的整体功能，日益成为各级党组织面临的一项重要任务。

近年来，长垣县非公有制经济迅猛发展。量大面广的非公企业既为党的基层组织建设开辟了一个新的领域，也对加强新形势下的大党建工作提出了更高的要求。面对加强非公企业党建工作这一崭新课题，中共长垣县委、县政府坚持从实际出发，明确提出"抓党建、促发展、筑和谐"的总体思路，广泛开展"百企双强"创建活动，通过坚持把加强党的建设工作与促进企业发展结合起来，在开拓创新中不断加强和改进非公企业党建工作，走出了一条企业党建与经济发展相融共赢的新路子，涌现出卫华集团、东方集团、驼人集团等一批党建强、发展强、社会形象好的非公企业党建先进典型。长垣县探索非公有制企业党建工作的主要做法和成效在河南省乃至全国范围内都有一定的代表性和影响力，其经验值得系统研究和认真思考。

一 长垣县非公企业党建工作的基本情况

长垣县位于河南省东北部，县域面积1051平方公里，辖11镇2乡5个街道、1个省级产业集聚区，599个建制村、2个社区。长垣县地处黄河深滩区，基础差、底子薄、资源贫乏，原是"农业大县、经济小县、财政穷县"。改革开放以来，全县非公经济由弱到强、茁壮成长，用一把刷子"刷"出了防腐业，用一柄锤子"敲"出了起重业，用一根棉签"捻"出了卫材业，用一个勺子"炒"出了烹饪业，形成了产业集群、企业集聚的"长垣现象"。

近年来，长垣县非公有制经济迅猛发展。2016年，全县共有非公企业3947家，其中规模以上非公企业132家，从业人员18万余人。培育形成了起重装备制造、汽车及零部件、卫生材料及医疗器械、防腐蚀及新材料等优势产业，分布在产业集聚区、魏庄街道办事处、丁栾镇、满村镇等地。非公经济贡献率占全县生产总值的83.4%、财政收入的76.2%、农民人均纯收入的84.7%，非公经济已成为县域经济发展的强力支撑。

长垣非公企业独特的地位和贡献决定了加强该领域党建工作的重要性和紧迫性。长垣县委站在增强党的阶级基础、扩大党的群众基础、夯实党的执政基础的战略高度，在抓好非公经济的同时，坚持把抓好非公企业党建作为分内之事、应尽之责和有为之处，把非公有制企业党建作为党建和组织工作的重要领域，放在与农村党建同等重要的地位。通过抓覆盖、解难题、健机制、强功能，不断开创党的建设与企业发展相融共赢的新局面，非公企业党组织的号召力、凝聚力和战斗力持续增强。

中央《关于加强和改进非公有制企业党的建设工作的意见（试行）的通知》下发后，长垣县加大力度，创新机制，提出以"百企双强"创建活动为总载体推进党建工作的总体思路，在实践中不断激发非公有制企业党组织工作活力，不断扩大党的覆盖面，不断发挥党组织和党员凝聚人心、推进发展、促进和谐的重要作用，增强党在非公有制经济领域的影响力和控制力。

截至2016年年底，长垣在非公企业中建立党组织339个。其中党委8个，党总支4个，党支部266个，党员3632人，做到了"非公经济每推进一步，党建工作就紧跟一步"，实现了"全覆盖、有作为"的工作新格局。卫华集团、东方集团、驼人集团等一批党建强、发展强、社会形象好的非公企业已经成为全国基层党建的先进典型。其中，"卫华经验"受到了中共中央政治局常委、中央书记处书记刘云山的肯定，中组部调研组、中央新闻媒体先后进行调研推广；东方集团2016年被评为"全国先进基层党组织"。总结长垣非公企业党建工作取得的主要成效，可以初步概括为以下几个方

面。

一是实现了"两个覆盖"。全县规模以上企业党组织组建率始终保持在100%，对暂不具备建立党组织条件的企业，派驻党建工作指导员，建立工青妇等群团组织，实现了党的工作全覆盖。

二是建强了"两支队伍"。以党组织书记和党建工作指导员为重点，建立党务工作者人才库，对全县非公企业党务工作者进行岗位培训，提高履职尽责能力。

三是发挥了"两个作用"。非公企业党组织紧扣在企业中发挥政治核心作用和政治引领作用的功能定位，以"百企双强"创建活动为载体，积极服务企业发展、职工群众、人才开发和文化建设。

四是落实了"四个保障"。夯实非公企业党建工作领导体制、制度、经费、阵地保障，成立非公企业党工委，实行非公企业党务工作者持证上岗和目标考核，按企业职工上年度工资总额5‰的比例提取党组织工作经费，按照"六有"标准规范企业党组织活动场所建设。

长垣通过加强和改进非公有制企业党建工作，充分激发了党建工作的原动力。党建工作已成为企业看得见的生产力、成为企业最亮的品牌、成为企业管理的重要组成部分。非公企业党组织的号召力、凝聚力和战斗力显著增强，县域经济实现了又好又快发展。

二 长垣县加强非公企业党建工作的主要做法

近年来，长垣坚持"结合不分离、参与不干预、渗透不包揽"的原则，通过分类指导、突出重点，创新载体、拓宽途径，整合资源、健全机制，着力激发出资人、党组织、党员、员工、企业五个层面内生动力，积极探索加强非公有制企业党建工作的新方法、新途径。

（一）创新模式抓覆盖

加强非公企业党建工作，首要任务是扩大党的组织和工作覆盖。没有党的组织，党的工作就没有依托；没有党的工作，非公企业党建就是花瓶和摆设。只有坚持"非公企业发展到哪里，党的组织就延伸到哪里，党的工作就开展到哪里"，党组织才能发展壮大，党员作用才能充分发挥。正是基于这种考虑，长垣县一手抓模式创新，一手抓长效管理，推动非公企业党建工作不断扩面升级、量质并跃。一是创新组织设置模式。打破"一刀切"的常规思维，提出单独组建、村企联建、挂靠组建等八种组建模式，供企业灵活选择；对暂时不具备建立党组织条件的非公企业，选派党建工作指导员帮助企业逐步规范党建工作。同时，在产业集聚区探索开展区域化党建，统筹各方资源，成立园区企业党总支，逐个消除非公党建"空白点"。二是创新党员管理模式。按照"一方隶属、多重管理"的原则，探索建立"兼合式"党组织，在全县18个乡镇（街道）均成立了"两新"组织党支部，将党员人数不足3名的非公企业全部纳入兜底管理，组织党员定期开展组织生活，着力破解非公企业党员教育管理难、作用发挥难、成长进步难等瓶颈问题，壮大非公企业党员队伍。三是创新党建指导员选任模式。采取外聘、内选、组织选派等方式，选派106名退居二线的党员科级干部和831名机关、农村党员干部到非公企业担任党建工作指导员，通过"先交朋友、后讲政策，先送服务、后提建设，先看典型、后订措施"的工作方法，赢得广大企业的理解和支持，实现了"有企业就有党的人，有企业就有党的声音"。

（二）破解难题抓规范

在非公企业党建工作中，"建易管难、重建轻管"的现象较为普遍，要让非公企业党组织迈入规范化管理的轨道，必须在完善领导体制、理顺隶属关系、严格考核标准方面狠下功夫。长垣县坚持"结合不分离、参与不干预、渗透不包揽"的原则，积极探索规范管理的新方法、新手段，构建了"县非工委指导抓、业务部门对口抓、乡镇（街道）具体抓"的良好工作格局。一是破解主体不明难题。为有效解决流动党员管理难、党建经费筹措难、企业支部组建难等共性问题，2012年4月，成立中共长垣县非公有制

企业工作委员会，作为县委的派出机构，明确规格编制，制定工作制度，指导、协调、服务全县非公企业开展党建工作。二是破解隶属不顺难题。对社会影响大、党员数量多的40家规模以上企业党组织，划归县非公企业党工委管理；对专业性较强、行业特点明显的企业党组织，由具有业务指导职能的行业管理部门党组织归口管理；对位于专业市场的企业党组织，由主办单位或工商行政管理部门党组织管理；其余的按照属地管理原则，划归所在地乡镇（街道）党（工）委管理。三是破解责任不清难题。长垣县委将非公企业党建工作纳入基层党建总体部署，建立县级领导干部联系点制度，明确各级党组织职责，并列入年度党建目标责任体系进行量化考核，形成层层抓落实的合力。乡镇（街道）党（工）委每新建一家非公企业党组织，给予奖励加分，计入考核总分，提高基层党委的工作积极性。

（三）健全机制抓长效

非公企业由于自身的特殊性质，其管理结构、劳资关系对党的工作接纳性较小，党组织在其中一般没有制度化安排，党的工作已由国有、集体企业的"内在要素"演变成了一种"外在要素"。因此，依靠系统和单位加强党建工作的传统做法，明显不能适应非公企业的现实需求。在实际工作中，长垣县结合非公企业的特点，建立了一套行之有效的运行机制，以最大限度地获得党的建设的最佳效果，从而保证党建工作目标的实现和任务的完成。一是健全考评体系规范化机制。量化工作考核办法，科学设置8个考评项目、26项评分指标，推进非公企业党组织考评体系规范化，把考评情况作为评先评优和考核推荐的重要依据。通过考评推荐，卫华集团党委被评为全国创先争优先进基层党组织，东方集团党委被评为全国先进基层党组织。二是健全党建工作标准化机制。引导党建基础较好的企业，对党建理念、规章制度、工作方式进行整合，确立精细化管理理念，将先进管理方式融入党建工作，推动党企思想同心、目标同向、工作同力。2011年，东方集团党委在全省率先将ISO9001质量管理标准引入党建工作，力促企业党建由"柔"变"刚"，实现规范化、程序化、系统化。三是健全党务工作者职业化机制。建立非公企业党务工作者人才库，明确非公企业党务工作者接受企业和县非公企业党工委双重管理，每人每年发放6000元党务工作者津贴，企业更换党务工作者必须经县非公企业党工委同意备案，形成了"待遇留人、感情留人、事业留人、制度留人、成长留人"的良好局面。四是健全经费保障多元化机制。制定经费管理办法，确定了税前计提、党费返还和财政补贴三种经费主要来源。经费主要用于企业党务工作者津贴、党组织活动场所建设、发展党员培训、党报党刊订阅等支出。

（四）强化功能抓服务

非公企业党建工作要落到实处、见到实效，必须突出服务功能，只有以党建"服务力"增强企业"发展力"，才能把党的政治优势、制度优势和组织优势转化为企业的竞争优势、管理优势和人才优势，才能使党组织在企业"有为、有威、有位"。长垣县围绕服务主题，着力激发出资人、党组织、党员、员工、企业五个层面内动力，千方百计把各方面的积极性、创造性引导到企业发展中来。一是围绕"教育培训"提供智力支持。坚持把引导出资人解放思想、更新观念、提高素质作为推动企业党建的首要环节来抓，依托知名院校，每年举办高级研修班。依托长垣县委党校，每季度聘请专家学者举办党课及企业管理等讲座，坚定企业"听党话、跟党走"信念。二是围绕"核心引领"筑牢红色堡垒。充分发挥企业党组织的思想政治工作优势，推行党企班子"双向进入、交叉任职"制度，促进党组织与管理层的决策及工作双向联动；同时，兼容出资人和员工的需求，推动双方克服在目标追求上的"片面性"和"狭隘性"，凝聚合力、化解矛盾，同心同力促进企业发展。三是围绕"创造增效"打造先锋群体。聚焦企业发展目标，设立党员先锋岗、党员示范区、党员突击队等，引导党员在科学管理、科技革新、安全生产上发挥引领作用，促进企业持续增效。卫华集团"党员技术攻关小组"创造世界纪录1项，填补国内、省内空白8项，获得国家专利243项。四是围绕"企业文化"，树立先进理念。坚持用党建文化引领企业文化建设，重点围绕诚信、责任、和谐，塑造积极向上的企业精神，结合

"三严三实""两学一做"开展形式多样的教育活动，潜移默化地引导职工成长进步，提高职工向心力。五是围绕"感恩回馈"，履行社会责任。企业党组织教育引导企业发展不忘党的恩情、致富不忘回报社会，积极主动履行社会责任，争做"企业公民"。近年来，全县非公企业捐款捐物 1 亿多元，广泛参与"慈善一日捐"、"金秋助学"、抗震救灾、精准扶贫等社会公益事业；大力支持新农村建设，捐助城市建设，先后有 30 多亿元民间资本投入城建领域，占城建总投资的 80%。

三 长垣加强和改进非公企业党建工作的基本经验

长垣紧盯非公企业党建工作中的薄弱环节精准发力，通过着力完善非公企业党建管理体系，着力提高非公企业党建覆盖面，着力提升非公企业党建长效化制度化水平，着力拓展非公企业党组织服务职能，非公企业党建工作科学化水平得到了整体提升，非公企业服务型党组织建设取得了初步成效。

以长垣起重行业的领头羊卫华集团为例，卫华集团党委通过建立党委委员联系党支部、党支部联系班组、党员联系岗位的"三联"制度，实行从董事长与集团党委书记到中高层党员干部与党支部书记的交叉任职，建立党政联席会议制度和双向互动机制，广泛设立党员责任区、党员先锋岗，开展党员公开承诺等一系列活动，企业服务型党组织建设开展得如火如荼。卫华集团党委"服务企业发展、服务员工群众、服务人才开发、服务文化建设"的经验得到中央政治局常委刘云山同志的赞扬，中组部发文向全国推广，新华社、《人民日报》、《光明日报》等中央及省市媒体多次进行深入报道。"卫华经验"已经成为长垣非公企业党建的典型案例。总结长垣非公企业党建的基本经验，卫华集团的例子可以作为一个非常好的参考。

卫华集团有限公司是以研制起重机械、港口机械、建筑塔机、减速机为主的大型企业集团。集团创建于 1988 年，现有 25 家子公司，6800 多名职工，年销售额近百亿元，是我国通用机械制造行业的领军企业。进入"中国机械百强"和"中国民营 500 强"。卫华起重机产销量国内排名第一，世界排名第二。卫华集团于 2000 年建立党支部，2006 年成立党委，目前共有 2 个党总支、25 个党支部、490 名党员。近年来，集团党委围绕建设服务型党组织，强化服务理念和服务功能，积极探索服务企业发展、服务职工群众、服务人才开发、服务文化建设的有效途径，把党的思想政治优势、组织优势和群众工作优势转化为企业的发展优势、创新优势、竞争优势。集团党委被评为"全国创先争优先进基层党组织"。

2013 年 5 月 18 日，中共中央政治局常委、书记处书记刘云山在河南调研时，对卫华集团建设服务型党组织给予充分肯定，并指示中组部及时总结经验做法。卫华集团之所以能够取得如此显著的业绩，与其重视服务为先、引领发展的企业党建工作有着直接的关系。卫华服务型党组织建设的基本经验对长垣县其他非公企业的党建工作有着普遍的借鉴意义，主要体现在以下方面。

一是回答了非公企业建设服务型党组织"为什么"的问题。集团党委书记、总裁俞有飞认为，"非公企业产权的特殊性、发展的多变性以及从业人员的差异性、利益诉求的多样性，决定了企业党组织必须改变传统理念，强化服务意识，把搞好服务作为党建工作的重中之重，以服务赢得各方信任"。集团党委把建设服务型党组织作为立身之本，始终突出服务企业发展、服务职工群众这一主题，使党建工作真正实现了"为企业所需要、为出资人所理解、为职工所拥护、为党员所欢迎"。他们的实践表明，只有建设服务型党组织，非公企业党建工作才有生命力，才能提高党组织对企业发展的推动力和对职工群众的凝聚力，才能扩大党在非公企业的群众基础、夯实党的执政基础。

二是回答了非公企业服务型党组织"是什么"的问题。卫华集团党委把服务作为党组织的基本价值取向和功能定位，寓党建工作于服务之中，切实提高服务职工群众和服务企业发展的水平，充分发挥了党组织在职工群众中的政治核心作用和在企业发展中的政治引领作用。卫华集团的实践告诉我们，服务型非公企业党组织的核心是服务，根本任务是服务企业发展、服务职工群众、维护各方权益。只有强化服务功能，提高服务能力，增强服务实

效，非公企业党组织才能真正成为团结凝聚职工群众的政治核心，成为团结带领职工推动企业发展的强大引擎。

三是回答了非公企业服务型党组织"怎么做"的问题。卫华集团党委紧扣生产经营的中心任务，服务企业发展；围绕建设和谐、平安、幸福企业，服务职工群众；积极参与人才引进、培养、考核、使用工作，服务人才开发；大力倡导诚信、创新、责任、廉洁文化，服务企业文化建设。卫华集团党委加强服务型党组织建设的做法，找准了非公企业党建工作的着力点，探索了企业党组织发挥作用的有效途径。卫华集团的实践说明，非公企业服务型党组织发挥作用，必须结合非公企业的特点和实际，注重贴近企业、贴近职工、贴近党员，明确服务任务，创新方式方法，做到企业发展到哪里、党组织服务就到哪里，职工群众在哪里、党组织服务就在哪里。

四是回答了非公企业建设服务型党组织"靠什么"的问题。卫华集团党委注重加强自身建设，选优配强党组织书记，完善党建工作制度，提高服务本领，受到职工群众的普遍认可，赢得了出资人的理解支持。集团董事长韩红安说："企业党组织培养了队伍，凝聚了人才，促进了发展，我们大力支持党建工作。"卫华集团党委以自身服务力提升了党组织的创造力、凝聚力、战斗力。这启示我们，建设服务型党组织，既需要自身过硬的"本钱"，还需要服务群众的本领，党组织和党员要带好头、做表率，加强学习，提高能力，练就服务群众的真本事，做企业发展的引领者和各方权益的维护者。

四　长垣探索非公企业党建工作的几点启示

加强和改进非公企业党建工作，既是一项全新的事业，也是一项长期、复杂、艰巨的任务。实践证明，非公企业党建抓与不抓大不一样，下大力气抓与一般号召性抓大不一样。通过这些年非公企业党建工作实践，长垣县充分体会到，党建工作的有效开展，已成为非公企业看得见、摸得着的生产力，已成为县域经济竞进提质、升级增效的原动力，已成为加快建设"富强、创新、精善、和谐"长垣的牵引力。长垣在非公企业党建方面的积极探索，对于我们做好新形势下的非公企业党建工作具有以下几点启示。

一是党建全面覆盖，必须把灵活设置组建模式作为首要任务。要结合非公企业特点和实际，积极探索创新组建模式，供企业灵活选择。重点抓好规模较大、实力较强、组织形态相对固定且党员数量较多的企业的党建工作；对没有党员或党员人数不多的企业，督促企业所隶属的上级党委选派党建指导员，帮助企业建立工会和共青团等群团组织，推动党的政策进企业、政府服务进企业、先进文化进企业，为建立党的组织创造条件，实现了党的工作全覆盖。

二是党建引领发展，必须把促进企业生产经营作为基本思路。对于非公企业，搞好生产经营是企业的现实需求和长远目标，如果企业在激烈的市场竞争中弱了、散了、垮了，那么党建工作就是无本之木、无源之水。在非公企业党建工作中，只有注重引导企业把党建工作与企业发展高度融合，使党的建设渗透到企业发展的方方面面，才能达到党建工作与企业发展目标同向、思想同心、工作同步的目的，才能实现党建工作与企业发展互促共赢的良好局面。

三是党建纵深推进，必须把扎实开展党的工作作为根本保障。当前，非公企业党建工作的难点，不是组织覆盖，而是工作开展。如何破解在非公企业中扎实开展党建工作？要在实现党建工作全覆盖的基础上，把一定区域内不同企业的党员紧密联结在一起，通过活动载体激发和调动非公企业党员干事创业的积极性、主动性，实现企业党建由"单个"向"集群"、由"分散"向"联合"、由"垂直管理"向"区域化管理"的大党建格局转变，促进非公企业党建工作整体上台阶、上水平。

非公企业党建没有现成的路子可走，需要边实践、边规范、边提高，具有很强的开创性、探索性。在具体工作中，长垣县结合本地实际进行了一些探索，积累了一些经验，但也存在一些不容忽视的问题。一是组织覆盖不够广泛。相较于规模以上企业，小微企业党建工作相对滞后，一定数量的企业因生产经营规模小、人员少，不具备建立党组织条件，有的虽然建立了党组

织，但由于用工不固定，党员"朝增暮减"、流动频繁，党组织缺乏稳定性。二是党员管理不够精准。从调研情况看，非公企业中流动党员、"口袋"党员、"隐形"党员的现象比较突出，有的党员认为工作不稳定不愿转接组织关系，有的党员组织观念淡化，长期游离于组织之外，还有的党员受利益驱动为逃避党费刻意隐瞒党员身份，党员不易识别，增加了党建工作难度。三是服务企业不够充分。虽然对党建工作推动企业发展的有效途径进行了实践探索，广泛开展了"百企双强"创建活动，但部分党组织服务能力还不够强，党建工作紧贴企业中心任务、融入生产经营管理的切入点和着力点找得不准，还没有完全脱离"就党建抓党建"的自我循环。

针对上述问题，长垣县需要聚焦不足、精准施措、持续改进，不断提高非公党建工作水平。一是在扩大覆盖面上注重落细落小。根据小微企业的分布情况和行业特点，采取村企联建、企企联建、依托组建、行业统建等方式，积极组建区域性、行业性党组织，推进党的组织和工作覆盖。二是在日常管理上突出从严从实。结合党员组织关系集中排查工作，把"组织找党员、党员找组织"的方法以制度的形式加以固定，作为非公企业党员进出的必经手续和程序，引导流动党员、"口袋"党员和"隐形"党员主动亮明身份，参加组织活动。三是在作用发挥上务求常态长效。进一步提升并推广卫华党建经验，引导企业党组织积极适应现代企业制度，紧紧围绕生产经营管理，坚持"业余、小型、分散、灵活、务实、快捷"的原则，有的放矢地安排党组织活动，通过主动服务、靠前服务，以"有为"赢得"有位"，以"有位"更加"有为"。

五　结语

长垣通过加强和改进非公有制企业党建工作，在全县开展"百企双强"创建活动，充分激发了党建工作的原动力，党建工作已成为企业看得见的生产力、成为企业最亮的品牌、成为企业管理的重要组成部分。今后长垣将继续探索创新，坚持巩固组建覆盖与发挥组织作用"两手抓"，大力开展"百企双强"创建活动，培养一批工作骨干，大力建设高素质党务干部队伍，规范一批服务中心，着力打造立体化服务体系，充实一批示范单位，努力探索融入式发展路子，组织一次全面督查，合力营造全方位支持环境，全面提升非公有制企业党建工作水平。

参考文献

1. 中共中央办公厅：《关于加强和改进非公有制企业党的建设工作的意见（试行）》，中办发〔2012〕11 号。

2. 中共长垣县委办公室：《关于在全县非公有制企业中深入开展"百企双强"创建活动的通知》，长办〔2012〕24 号。

3. 中共长垣县委组织部：《关于长垣县非公企业党建工作的调查与思考》，全国党建研究会非公专委会 2015 年度课题调研报告。

4. 中共长垣县委组织部：《"四个着力"提升非公党建科学化水平》，2016 年 7 月。

5. 中共长垣县非公有制企业工作委员会：《用文化软实力圆百年卫华梦——卫华集团党建工作调研报告》。

6. 陈向群：《在新的历史起点上努力开创非公有制企业党建工作新局面》，《求是》2012 年第 15 期。

7. 课题组：《规模以下非公企业党的组织和工作覆盖问题研究》，《中国延安干部学院学报》2011 年第 3 期。

8. 付佳迪、邱观建：《从组织覆盖到工作覆盖：非公党建的制度变迁》，《江汉论坛》2017 年第 2 期。

9. 张书林：《改革开放 36 年基层党建创新论析》，《学习与实践》2014 年第 7 期。

10. 邵建光：《改革开放以来非公企业党建的发展历程和创新实践》，《探索》2008 年第 6 期。

11. 刘文阶：《非公有制企业党建工作中存在的问题与对策》，《理论视野》2007 年第 7 期。

12. 陶庆：《民营企业党的建设若干问题研究》，中共中央党校博士学位论文，2003。

13. 陈志谦：《转型期私营企业党的建设研究》，中共中央党校博士学位论文，2005。

B.26
长垣县"智慧政务""智慧党建"建设分析与思考

包世琦*

摘　要：　当前，移动互联网、物联网、大数据、云计算等技术的创新融合不仅深刻改变着人们的生产生活方式，也为政府服务和党建工作插上了智慧的翅膀。近年来，长垣县稳步推进"智慧政务"平台的系统化建设，积极拓展"智慧党建"平台的服务功能，不仅有效提升了基层政府治理能力和水平，也扎实推进了基层党建工作的科学化发展。在探索实践中，长垣县有着深刻的经验体会，即充分调研是基础、加强领导是关键、严格督查是保障。然而，在"智慧政务"和"智慧党建"的建设过程中，长垣县也存在一些现实困难和障碍，值得我们认真思考和研究。

关键词：　智慧政务　智慧党建　长垣县

习近平总书记在第三届世界互联网大会开幕式的视频讲话中指出，互联网是我们这个时代最具发展活力的领域。现阶段，在全球范围内开展的新一轮信息技术革命，正在以前所未有的广度和深度影响着人类社会变革的方向。移动互联网、物联网、大数据、云计算等技术的创新融合不仅深刻改变

---

* 包世琦，河南省社会科学院政治与党建研究所助理研究员。

着人们的生产生活方式，也为政府服务和党建工作插上了智慧的翅膀，使其更高效、便捷、透明。2016 年 9 月，《国务院关于加快推进"互联网＋政务服务"工作的指导意见》（国发〔2016〕55 号）发布；2017 年 1 月，国务院办公厅印发《"互联网＋政务服务"技术体系建设指南》；2017 年 4 月，中央组织部在基层党建工作重点任务推进会上强调要求，推进基层党建传统优势与信息技术有机融合。在党中央、国务院的重大决策部署下，全国各地积极探索实践网上政务、党建服务平台建设，强化了服务载体，优化了服务内容，提升了服务品质，为当前不断推进的"智慧政务""智慧党建"建设奠定了良好基础。

一 长垣县"智慧政务""智慧党建"
建设的主要做法

近年来，长垣县按照《国务院关于加快推进"互联网＋政务服务"工作的指导意见》（国发〔2016〕55 号）和河南省委、省政府关于持续深化简政放权、放管结合、优化服务改革的工作部署和指导要求，紧紧围绕"便民、高效、廉洁、规范"的服务宗旨，以提高工作效能、提升服务质量为抓手，以人民群众满意度为出发点和落脚点，大力推进"智慧政务"建设。与此同时，长垣县还聚焦本地基层党组织建设中的突出难题，运用互联网思维积极寻求破解办法，努力探索以"智慧党建"拓展基层党组织服务功能的新路子。

（一）"智慧政务"：稳步推进中实现系统化建设

1. 行政服务中心标准化建设稳妥升级

自 2002 年成立至今，长垣县行政服务中心历经三次搬迁，总面积由最初的 500 平方米扩展到现在的 5000 平方米，办公布局也从原来的 22 个进驻单位窗口发展成如今的五个楼层办公，即一楼"群众日常生活服务厅"、二楼"企业服务厅"、三楼"房产和国地税服务厅"、四楼"民生综合服务

厅"、五楼"行政服务中心办公区"。同时,还有外设国税征收、交警车管、公安外事、民生五险4个监管大厅,以及对18个乡镇(街道)便民服务进行业务指导。行政服务中心设置了咨询引导区、取号区、企业综合服务区、窗口办公区、电子触摸查询区、办件情况显示区和休息阅读区,称得上是环境优美、布局合理、设备先进、功能齐全、服务热情、流程规范、效率快捷、群众满意的"政务超市"。

2.推进实体政务大厅与网上服务大厅相融合

为适应"互联网+政务服务"发展需要,实现"一个身份证号申请、一个窗口全权受理、一个网络全程通办"的目标,长垣县整合业务系统,统筹服务资源,统一服务标准,创新应用互联网、物联网、云计算和大数据等技术,大力推动实体政务大厅向网上办事大厅延伸。2016年6月,《长垣县简化优化公共服务流程方便基层群众办事创业工作方案》下发,明确要求:凡具备网上办理条件的事项,都要推广实行网上受理、网上办理、网上反馈,实现办理进度和办理结果网上实时查询;暂不具备网上办理条件的事项,要通过多种方式提供全程在线咨询服务,及时解答申请人疑问。[①] 截至2017年6月,群众在线提交申请材料和网上审批平台流程工作已经完成,微信公众号平台可以正常使用,手机App客户端已进入测试阶段。

3.搭建体系化"智慧政务"平台

目前,长垣县已搭建起由官方互动式网站、场景服务等24个子系统支撑的"智慧政务"平台(详见图1)。截至2017年6月,长垣县"智慧政务"平台共有23个部门入驻,可以办理24大类、158项具体业务,其中,80项可在线办理,78项需到窗口办理。[②]

4.推动便民服务平台向基层延伸

一是抓好便民服务站硬件设施配备。各乡镇为满足项目和人员进驻需

---

① 《长垣县简化优化公共服务流程方便基层群众办事创业工作方案》(长政办〔2016〕60号)。

② 此处数据由长垣县云计算中心提供。

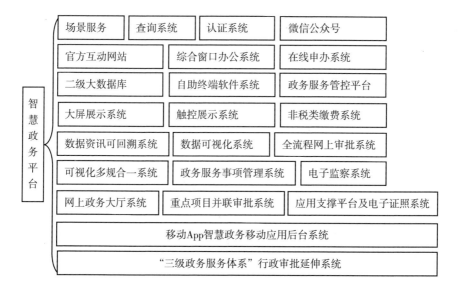

图1　长垣县体系化"智慧政务"平台构成

要，采取新建、改（扩）建等方式积极改善办公环境，确保便民服务大厅办公面积均达到 100 平方米以上；18 个乡镇（街道）均按照"十个一"①的标准为便民服务中心购置了电子显示屏、业务查询机等硬件设施，方便了企业和群众办事，实现了办件实时公开。二是强力推进民政、计生、劳动保障、公安户籍等与企业和群众生产生活关系密切的办理事项进驻便民服务中心。同时，为全县村级便民服务站统一印制服务指南，并进村入户发放服务明白纸，为村民提供合作医疗、养老保险、最低生活保障等 40 多个事项的代办服务。三是加强办公规范化管理。一方面，建立健全"一次性告知""首问负责制""AB 岗实名管理制"等 16 项工作制度；另一方面，在便民服务大厅设置公示栏、意见（举报、投诉）箱和各窗口服务告知单，并明确乡镇（街道）长（主任）为第一责任人，负责便民服务中心管理工作，确保群众办事时随时都能找到人。

---

① "十个一"的标准，即有一个场所、一块牌子、一套制度、一本台账、一部电话、一台电脑、一个公示栏、一名以上代办员、一套办事须知、一张便民服务卡。

（二）"智慧党建"：创新发展中拓展服务功能

1. 努力探索"智慧党建"线上路径

一是创新党员"线上联系"工作方式。长垣县统一给党员发放手机卡，在基层支部建立党员微信群，充分运用移动终端将散落的流动党员尤其是"口袋党员"和"失联党员"重新联系起来，实现党建工作方式由"线上"转变为"线上""线下"相结合。二是创新"信息速递"党员教育模式。一方面，创建"长垣党建"网站，开通"长垣县党员干部教育学习平台"，实现科级干部在线学习常态化；另一方面，开通"长远组工"微信公众号，开辟"长远组工"微信群，实现党员、群众、党代表和党组织的有效交流，目前订阅人数已达5000多人。三是创新"掌中互动"党员活动形式。把"两学一做"学习教育、"三会一课"、支部主题党日等内容载入手机平台，让党员特别是流动党员可以随时随地在手机上查看学习内容、了解党建动态、交纳党费、参加组织生活，确保广大党员"流动不流失、离乡不离党"。

2. 积极创设"智慧党建"实践载体

一是加快远程教育平台建设。长垣县依托各乡镇优势产业，以合作社、行业协会为基础，大力推广"站点＋基地""站点＋合作社""站点＋项目"等工作模式，打造了一批产业特色明显、培训设施完善、日常管理有序、综合效益显著的学用示范基地，使远程教育平台始终在产业链上发挥作用。二是建设红色网络教育家园。长垣县依托"公共电子阅览室"建成红色网络教育家园示范点（面积不低于30平方米，并配备电脑8台以上）18个，安装"红色网络教育家园导航"软件，积极组织政策理论、法律法规、健康知识和实用技术培训，并开展农产品电商交易、播放红色影视剧等，传递党的"声音"，弘扬社会主旋律，服务群众生产生活。三是打造"智慧党建"试点。按照《长垣县"智慧党建"工作实施方案》，在全县选择36个党建基础好、经济条件强、网络设施完善的村（社区）作为试点，实行优先发放远程教育设备、优先配备手机、优先补助资金、免费印制全村（社区)电话号码本的"三先一免政策"。截至目前,共开通"智慧党建"手机卡 4000 余张,下载安装"智慧党建"手机客户端用户 1300 余部。

3. 不断完善"智慧党建"运行机制

一是配齐配强人才队伍。长垣县根据"智慧党建"平台体系建设工作需求,成立了"网络技术人才、党务工作人才、平台管理人才、新闻通讯人才"四支队伍,按照"干什么训什么、缺什么补什么"的原则,强化人才的专业技术能力培训。二是严格在线监督。一方面,长垣县在每个红色网络教育家园站点都配备 1~2 名管理员,负责站点的技术支持和日常监督管理;另一方面,安排专人负责长垣党建网、微信公众号等站点的维护工作,做到及时更新内容,严格信息审核,既筑牢"防火墙",又保持"高颜值"。三是优化责任分工。长垣县委组织部远程教育办公室负责"智慧党建"平台的全面管理维护,做好信息员管理、会员管理、信息发布、数据导入、资源上传等工作,并对各级党组织参入平台情况进行监督评价,及时解答会员提出的问题。同时,各科室和相关单位拥有各自后台权限,负责本级党组织基本信息和会员管理工作,确保网上组织活动、党建信息报送和系统运行正常。

二 长垣县"智慧政务""智慧党建"建设的实践成效

"智慧政务""智慧党建"本质上是运用信息化技术和手段创新政府治理模式和党建工作模式,给民众和广大党员带来的最大福利就是智能、灵活、方便、快捷。经过近些年的不懈努力,长垣县"智慧政务""智慧党建"建设都取得了一定成效,打造"网上政务、智慧服务"全方位、智能化新型服务模式的目标已初步实现,以"智慧党建"推动基层党建科学化发展也取得了长足进展。

(一)"智慧政务":有效提升了基层政府治理能力和水平

1. 政府公共服务精准化、优质化、便捷化程度大幅提升

大数据时代,信息技术的飞速发展为政府规范和优化服务流程,快速灵

活地满足社会不同群体公共服务需求提供了必要条件。在建设"智慧政务"的过程中，长垣县打破各部门"信息孤岛"，运用互联网、物联网、云计算、大数据等技术，构建了方便快捷、公平普惠、优质高效的智慧政务服务体系，形成了横向县直部门服务流程贯通，纵向县、乡、村三级办事通办的联动格局，变"群众跑腿"为"信息跑路"，变"群众来回跑"为"部门协同办"，变被动服务为主动服务，变单一服务为综合服务，彻底解决了服务群众"最后一公里"问题，做到了群众办事不出家门、不出村庄（社区）、不出乡镇，受到了广大基层群众的高度称赞，满意率达98.6%。[1]

一窗	一号	一证	一表	一网
全城通办	投诉、咨询、调度一体化	个人信息汇集管理	电子填报	全程网办
综合受理 服务标准化 业务流程优化 联合审批 审批信息共享 统一出件	热线整合 渠道整合 县域调度 业务联动	身份识别 电子证照 金融业务 社会服务	身份验证 自动填报	统一网办入口 统一身份认证 信息共享联动 移动互联应用 自助服务

图2　长垣县"五个一"政府公共服务平台

县
乡（镇）
村（居）

对外集中提供长垣县5个街道办事处、11个镇、2个乡、600个行政村159个事项服务。

图3　长垣县县、乡、村三级政府服务体系示意及说明

2. 政务公开实效性显著增强

一是利用长垣县政府门户网站开辟重点领域政府信息公开专栏，对简政放权、财政资金、重点项目、环境保护、安全生产、公共服务等群众关注度

---

① 此处数据由长垣县云计算中心提供。

高的事项及时全面进行公开。① 二是依托长垣县行政服务中心和乡镇便民服务中心，将行政审批相关的申请条件、设立依据、办理流程、收费标准、服务承诺、监督电话、政策法规等在窗口进行公开，让权力在"阳光"下运行，为群众提供"一站式"便捷服务。此外，县行政服务中心还通过中心网站、电子触摸查询机、大厅电子显示屏、大厅公共区域等载体，对审批办理事项进行实时动态公开，以便企业、群众能够及时获取所需信息并进行监督评价。三是充分发挥微博"长垣发布"、微信"长垣视点"、长垣电视台等媒体作用，对涉及公共利益、社会关切及需要社会广泛知晓的政务信息进行及时宣传报道，为广大群众速递长垣经济社会发展的最新情况。

3. 政府公共治理协同性明显提高

"智慧政务"建设工作开展以来，长垣县下大力气依托互联网、云计算技术加大政府信息资源整合力度，提高数据采集、统计、处理、监测等的可靠性和安全性，很大程度上破除了不同业务部门之间的"信息壁垒"，有效促进了各业务部门之间的信息交流与共享，增进了政务云平台与各业务部门之间的沟通和协作。与此同时，长垣县"智慧政务"平台构筑了一个线上、线下相融合的资源共享空间，提供多种个性化信息交流路径，拓展了群众、企业、社会组织在政府公共治理过程中的参与范围和渠道，不仅切实增强了广大群众的公民意识和协作意识，也促进了政府、企业、社会组织之间的良性互动。

（二）"智慧党建"：扎实推进了基层党建工作科学化发展

1. 创新了基层党组织建设的工作模式

在信息技术迅速发展和普及的大背景下，长垣县顺应时代发展潮流，积极引导各级党组织树立互联网思维，充分利用互联网、大数据、云计算等技术构筑了"互联网＋党建"的党建工作新模式。这种"智慧党建"模式，通过网站、微信等公众喜闻乐见的媒体平台，搭建起党组织与党员、党员与

---

① 《长垣县 2016 年度政府信息公开工作年度报告》。

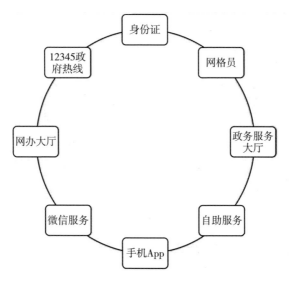

图4 长垣县"智慧政务"信息资源共享平台示意

党员、党员与群众之间的线上桥梁,形成了多元立体、反应迅速、双向交流的良性互动局面。推行"智慧党建"以来,长垣县基层党建工作的科技含量与水平均有显著提升,传统党建模式下繁杂的党务工作得到很大程度的简化,党务公开工作也受到了良好促进,党建工作效率不断提高。同时,"智慧党建"平台采用文字、图片、音频、视频等类型多样的形式,迅速便捷地实时传递党建信息,使党的理论宣传阵地在时间和空间上得到无限拓展,影响力更为深远。

2. 提高了基层党员教育管理的有效性

一是党员自主学习能力不断提升。长垣县"智慧党建"平台实现了党内学习教育资源的共享共有,广大党员不仅可以根据自己需求和便捷程度自主选择学习内容及形式,还可以通过网站留言、微信互动等方式随时随地交流学习心得。二是党的组织生活规范化程度不断提高。长垣县通过搭建网上党支部,将支部党员发展、"三会一课"、支部主题党日、党员民主评议等内容载入直接公开的动态数据管理系统,使基层党的组织生活得到了有力监督。三是党员管理实效性不断增强。随着群众生产生活方式的转变,长垣县一些流动党员逐渐成了"隐形党员"或"口袋党员",身份意识和组织意识均有所淡化。"智慧党建"推行后,这些长期游离于组织之外的流动党员通过基层党支部微信群,纷纷回归组织并纳入统一管理。

3.改进了基层党员干部作风

一是通过实行"掌上办公",提振了党员干部工作的"精、气、神"。长垣县委组织部充分利用"长垣组工"微信公众号和微信群,一方面将党的最新政策方针、会议精神、高层指示、工作指导性文件等在第一时间传送至基层党组织,另一方面将需要协调沟通的具体党建工作在第一时间通过"指尖"完成,强化了"马上就办"的工作作风。二是通过"智慧党建"平台建设,提高了党员干部联系服务群众的能力。"长垣党建"网站开设"网上组工信访""干部监督举报"等栏目,使广大党员干部能够接受群众多层面、连续性的监督;"智慧党建"手机客户端除了为党员提供信息服务,还承载了农村电子商务、农事咨询、就业、求医等多种群众信息服务;红色网络家园则为基层群众提供了一个获取国家政策、接受实用技术培训、进行农产品电商交易等活动的现代化场所。可以说,长垣县"智慧党建"平台拉近了党同人民群众之间的距离,不仅使基层群众得到了实惠,也让他们真切感受到了广大党员干部"为民、务实、清廉"的好作风。

三 长垣县"智慧政务""智慧党建"建设的经验与思考

近年来,长垣县抓住大数据时代来临的机遇,认真贯彻落实中央关于全面推进大数据发展和应用的决策精神,并按省委、省政府的有关部署要求,立足本地实际大胆探索、积极实践,在取得"智慧政务""智慧党建"建设阶段性成果的同时,也积累了一些宝贵经验。

(一)充分调研是基础

"调查研究是谋事之基、成事之道。没有调查,就没有发言权,更没有

决策权。"① 面对"智慧政务""智慧党建"两项科技含量颇高的崭新课题，长垣县深刻地认识到，闭门造车不行，异想天开更不行，只有进行充分调研，把本地政务服务和基层党建的"家底"摸清楚，把社会各界的现实期盼了解透，才能确保各项工作的顺利推进。为此，长垣县科学调配力量，统筹安排时间，开展了一系列细致有效的调研。譬如，在"智慧政务"建设的先期调研中，长垣县不仅对相关部门基本信息进行采集和梳理，而且对具体业务部门的职责描述、审批事项、审批流程、数据分析需求、网络设备情况、部门需求及建议等问题也进行了全面了解和分析。同时，还对县、乡、村的典型区域进行走访，对其电子政务实施情况和硬件基础进行摸底，并了解下级单位的政务运作模式，听取"智慧政务"建设的意见建议。

（二）加强领导是关键

"政治路线确定之后，干部就是决定的因素。"② 领导干部是一个地方、一个部门的决策者和管理者，其眼界高度、视野宽度和思想深度直接影响领导才能的强弱，进而影响决策水平和管理成效。在"智慧政务""智慧党建"建设的过程中，长垣县进一步认识到坚强有力的组织领导是各项工作落到实处、取得实效的关键。为了让推动改革的一线干部牢固树立互联网思维、坚定建设信心、开拓创新思路，长垣县委、县政府主要领导亲自带队，组织相关部门负责同志到省内先进地区学习取经。为扎实推进"智慧政务"建设各项工作的有序开展，县委、县政府还专门成立了长垣县"智慧政务"建设领导小组，由主管县领导牵头，县行政服务中心负责总协调工作；县编办负责各单位事项清单梳理工作；各单位主要负责人任"智慧政务"工作部门第一负责人，分管负责人任具体负责人，确保各项建设任务在县委、县政府规定时间内完成。

---

① 习近平在武汉部分省市负责人座谈会上的讲话，2013 年 7 月 23 日。
② 《毛泽东选集》第 2 卷，人民出版社，1991。

（三）严格督查是保障

"督查工作很重要，它是全局工作中不可缺少的一个重要环节。"[①] 在"智慧政务""智慧党建"建设的过程中，长垣县高度重视督查工作，它们深知：加强监督、严格督查是推动相关建设工作落实的重要保障，没有强有力的督查机制，这些建设工作就缺少了刚性的助推器。"智慧政务"抑或是"智慧党建"，都是"牵一发而动全身"的系统工程，均涉及诸多层面、诸多部门的资源整合，用好督查这把"利剑"尤为重要。实践中，长垣县建立了一系列严格督查的工作机制，形成了严密有力的监督网络。譬如，行政服务中心建立的责任追究机制，要求中心采取突击检查、明察暗访、受理投诉等方式，不断加大对进驻不到位、授权不充分、"体外循环"、"前店后厂"以及不作为、乱作为、慢作为等问题的查处力度，并依据《长垣县行政问责暂行办法》《行政服务中心过错责任追究办法》等有关规定，严肃追究单位领导和相关责任人责任。此外，长垣县还要求监察部门将"智慧政务"建设纳入行政效能综合考评体系，对各部门配合情况、材料上报质量和效率进行全过程效能监察。

这些经验发人深省，给我们以诸多深刻启示。当然，在"智慧政务"和"智慧党建"的建设过程中，长垣县也存在一些困难和障碍值得我们认真思考和研究。譬如，职能部门间的信息不能充分融合、数据不能互通共享，缺乏完善的制度体系，工作人员配备不足等。这些问题的解决，既需要理念层面的革新，也需要实践领域的努力，具体可以从以下几个方面着力。

1. 牢固树立互联网思维

当今时代，互联网已将人类社会生产生活的方方面面以前所未有的紧密程度连接起来，互联网技术日益成为驱动创新发展的先导力量。习近平总书

---

① 《习近平在浙江工作期间谈督查工作：不要怕得罪人》，http://www.chinanews.com/gn/2015/03-23/7149540.shtml。

记在两届世界互联网大会上都强调了"互联互通共享共治"的理念，这应该是互联网思维的核心内涵。思维模式决定行为方式。"智慧政务"和"智慧党建"是"互联网＋"大环境的产物，如果在传统守旧、封闭局限的思维框架下推行，必然会事倍功半、裹足不前。只有牢固树立互联网思维，用积极的心态拥抱互联网带来的契机，我们才能坚定改革方向，不断实现突破。我们要把大数据发展同国家治理体系创新和党建科学化水平提高结合起来，将互联网、物联网、大数据、云计算等技术作为提升政府服务和党建工作水平的重要手段。一是坚持数据先行，要在数据采集、甄别、统计、处理、储备、审核上下功夫，确保数据的安全准确、有效连续、广泛覆盖。二是坚持开放共享，要打破时空界限，破除业务部门间的"信息壁垒"，联通目前存在的"信息孤岛"，让数据在开放的信息通道上流动起来，释放其应有的价值。

2.抓好制度建设这个根本

一是从制度建设入手抓好顶层设计。"智慧政务"和"智慧党建"建设是长期的、系统的工程，不可能一蹴而就，必须从决策层面科学规划、统筹安排、以点带面、层层推广，避免重复建设或衔接不畅。二是从制度建设入手抓好协同推进。首先要注重信息资源的有效整合和共享，将"智慧政务"与"智慧党建"建设互融互通，且同"智慧城市"建设的其他领域有机结合起来，形成智慧相通、覆盖全局的格局。其次要注重不同职能部门间的积极联动，要求在各司其职的前提下做到相互扶持、通力协作、密切配合。三是要注重鼓励企事业单位和社会组织广泛参与，扩大有效社会合作，增进共赢。第四要注重将"智慧政务"和"智慧党建"建设纳入地方经济社会发展总体规划，推动其与产业发展、城乡统筹规划等相对接。四是从制度建设入手抓好监管问责。一方面，要坚持党内监督与党外监督相结合，注重构建政府部门、企事业单位、社会组织、新闻媒体、社会公众等多元主体共同参与的立体监督体系，对工作推进不力者严肃问责；另一方面，要注重网络信息安全保护，特别是党建网络信息安全性的确保，对破坏数据安全的行为严厉打击。

3. 注重人才培养与配备

"人才资源是第一资源，也是创新活动中最为活跃、最为积极的因素。"① "智慧政务"和"智慧党建"建设对国家公务人员和党务工作者提出了更高水准的要求，要求他们不但要具备互联网思维，而且要拥有"互联网＋"环境下顺利开展具体业务工作的专业技能，其中包括有效开发和利用网络信息资源分析处理综合性问题的能力。然而在实践中，工作人员配备不足、能力有限是相当程度上存在的问题。因此，各级政府和党组织首先要加大人才培养力度，创新人才培养模式，积极采取与高等院校、职业院校、科技型企业合作的方式，对"智慧政务"和"智慧党建"工作人员进行必备的知识与技能培训。其次要优化人才管理与配备，运用互联网思维拓宽选才用才渠道，提高不同类型人才与岗位的匹配度。最后要在人才培养、激励、流动等环节加大政策倾斜力度，以便更有力地吸引人才、留住人才。

参考文献

1. 《国务院关于印发促进大数据发展行动纲要的通知》（国发〔2015〕50 号）。
2. 《国务院关于加快推进"互联网＋政务服务"工作的指导意见》（国发〔2016〕55 号）。
3. 《长垣县简化优化公共服务流程方便基层群众办事创业工作方案》（长政办〔2016〕60 号）。
4. 《长垣县 2016 年度政府信息公开工作年度报告》。
5. 习近平在武汉部分省市负责人座谈会上的讲话，2013 年 7 月 23 日。
6. 《毛泽东选集》第 2 卷，人民出版社，1991。
7. 《习近平在浙江工作期间谈督查工作：不要怕得罪人》，http：//www. chinanews. com/gn/2015/03 - 23/7149540. shtml。
8. 习近平在十八届中央政治局第九次集体学习时的讲话，2013 年 9 月 30 日。

---

① 习近平在十八届中央政治局第九次集体学习时的讲话，2013 年 9 月 30 日。

B.27
长垣县推进"六联六问"工作机制的调查思考

李中阳*

摘　要：　党的基层组织是党在社会基层组织中的战斗堡垒，是党的全部工作和战斗力的基础。十八届六中全会以来，长垣县为破解当前发展中出现的问题，深入落实全面从严治党主体责任，在全县范围内落实推进了"六联六问"工作机制，在推动乡镇精神文明建设、企业发展建设、校园文化建设方面取得了突出成绩，解决了一些制约当前发展的困难问题。但在推进这一工作机制过程中也发现了诸如干部缺乏积极主动性、覆盖程度不高等问题。在下一步推进和完善"六联六问"工作机制过程中，除继续坚持现有制度外，还应在加大宣传力度、完善干部考评体系等方面多下功夫，为打造"四个长垣"提供强有力的政治保障。

关键词：　"六联六问"　从严治党　长垣县

习近平总书记指出，贯彻党要管党、从严治党方针，必须扎实做好抓基层、打基础的工作，使每个基层党组织都成为坚强战斗堡垒[①]。近年来，长垣县立足地方实际，深入贯彻落实中央精神，探索建立了县级领导干部

　＊　李中阳，河南省社会科学院政治与党建研究所助理研究员。
　①　《习近平总书记系列讲话精神学习读本》，中共中央党校出版社，2013。

"六联六问"工作机制。"六联六问"工作机制，以"联系乡镇、联系村庄、联系农户、联系企业（客户）、联系学校、联系医院（养老院）"和"问政于民、问需于民、问计于民、问效于民、问安于民、问廉于民"为主要内容。作为落实全面从严治党主体责任、改进工作作风、促进县域发展的机制制度创新，长垣县实施这一工作机制以来取得了显著成效，积累了新鲜经验。要在实践中持续推进和完善"六联六问"工作机制，把党的政治优势、组织优势、制度优势切实转化为推动长垣县全面发展的区位优势和战略优势，为建设富强、创新、精善、和谐长垣提供了坚强有力的组织保障。

一　推进"六联六问"工作机制的意义

"郡县治、天下安。"习近平总书记指出，"县委是我们党执政兴国的'一线指挥部'"，"县级政权所承担的责任越来越大，尤其是在全面建成小康社会、全面深化改革、全面依法治国、全面从严治党进程中起着重要作用"。县委的工作能力、工作作风不仅直接影响党组织在当地的凝聚力、号召力和战斗力，也影响着当地的发展战略和发展眼光。"六联六问"工作机制从改进工作作风、密切联系群众角度出发，通过倡导为民之风、实干之风，对县域党组建设、推进产业转型升级、推动城乡一体化建设，从而打造"四个长垣"提供了坚实的政治保障，具有重要的政治意义和战略意义。

（一）落实全面从严治党主体责任，是推进全面从严治党的需要

推进全面从严治党纵深发展必须要落实主体责任。习近平总书记在十八届中央纪委六次全会上强调："全面从严治党永远在路上。各级党组织要担负起全面从严治党主体责任。"[①] 党是社会主义建设的领导核心，能否带领

[①] 《全面从严治党永远在路上——学习习近平总书记关于全面从严治党的重要论述》，《中国纪检监察》2016 年第 2 期。

全国人民建成小康社会、实现"两个一百年"奋斗目标和中华民族伟大复兴的中国梦，取决于我党是否能够建设好自身、是否拥有一批坚强有力的党员干部。党和人民事业发展到什么阶段，党的建设就要推进到什么阶段，当前治党不严的问题在一些地方还真实存在，一些基层组织纪律松弛、缺乏战斗力；一些党员干部宗旨意识淡薄，形式主义、官僚主义、享乐主义、奢靡之风突出；"小圈子"风气依旧盛行，这就需要我们落实全面从严治党责任，明确主体责任、落实主体责任、追究主体责任，让全面从严治党向纵深发展，切实解决实际存在的问题，切实让党成为坚强的领导核心。

推进"六联六问"工作机制是推进长垣县落实全面从严治党主体责任的需要。长垣县 2016 年全县地区生产总值完成 298.4 亿元，增长 9.5%，居省直管县第 1 位，在令人欣喜的发展成绩后，长垣县也面临着城乡发展不均衡、供给侧结构性改革难度大、人才缺乏等一系列问题，特别是一些党员干部不愿为、不敢为、不会为等现象也不同程度存在，形成了县域发展新的政治阻碍。因此，落实全面从严治党主体责任不仅是中央推进全面从严治党向纵深发展的需要，也是进一步推进县域整体全面发展的实际需要。在"六联六问"工作机制实施以来，县级干部共联系乡镇（街道）18 个、行政村 45 个、农户 135 户、企业 45 家、学校 48 所、医院（养老院）45 家，为群众和企业办好事、实事 630 余件①，切实改进了工作作风，增强了工作效率。因此，继续推进"六联六问"，培养出一支坚强的党员领导干部队伍，落实全面从严治党主体责任，对长垣县大力整治懒政怠政、为官不为等不良风气，坚持依法行政、自觉接受群众监督，以至于规范权力运行、提高政府服务水平都具有重要意义。

（二）培养优良工作作风，是建设"四个长垣"的需要

优良的工作作风是推进我党社会主义事业发展的重要保障。习近平总书记在十八届中央纪委二次全会上指出："工作作风上的问题绝对不是小事，

---

① 《长垣："六联六问"架起干群连心桥》，《河南日报》2017 年 3 月 27 日。

如果不坚决纠正不良风气,任其发展下去,就会像一座无形的墙把我们党和人民群众隔开,我们党就会失去根基、失去血脉、失去力量。"① 党员领导干部的工作作风是党风的重要体现。领导干部工作作风问题绝对不是小事,它不仅与党的形象紧密相连,而且影响政风、民风和整个社会风气的形成,甚至关系党和人民事业的成败。② 从历史上看,无论是革命战争时期我党坚持理论联系实际、批评与自我批评、密切联系群众的工作作风还是社会主义建设时期、改革时期的坚持实事求是、求真务实的工作作风,都是我党取得一个又一个胜利的重要保障。党员干部的工作作风得到群众的认可,我们的社会主义事业就会取得新的突破,工作作风出现问题,我们的各项工作都会遭受挫折。因此,改进党员工作作风对推进党的各项事业发展具有重要意义。

推进"六联六问"工作机制是长垣县改进工作作风的实际需要。近年来长垣县打造新型产业建设、推进城乡一体化建设进程不断加快,2016 年全县实施亿元以上工业项目 131 个,累计完成镇区开发面积 293 万平方米,建成美丽乡村住宅面积 1060 万平方米,建设速度不断加快的同时也面临着诸如乡镇产业基础较差、农村基础设施相对薄弱、财政支出刚性需求加大等诸多问题,如何解决这些问题,就需要广大党员干部深入一线调查研究分析,用求真务实、密切联系群众的工作作风找到破解当前发展难题的方法。长垣县"六联六问"工作机制的主要目的,就是在全县范围内"倡导深入一线、服务群众、联系群众的为民之风,弘扬负责担当、求真务实、狠抓落实的实干之风"③,通过走进群众、深入调查分析,更好地发现问题、解决问题,用更好的工作作风架起干群"连心桥"。因此,推进"六联六问"工作机制符合长垣县改进工作作风的实际需要,为建设"四个长垣"、全面建成小康社会提供了坚实基础。

---

① 习近平:《更加科学有效地防治腐败 坚定不移把反腐倡廉建设引向深入》,《人民日报》2013 年 1 月 23 日。

② 郭学德:《切实改进领导干部工作作风的理论思考》,《学习论坛》2013 年第 2 期。

③ 《长垣:"六联六问"架起干群连心桥》,《河南日报》2017 年 3 月 27 日。

（三）坚持密切联系群众，是发扬我党优良传统的需要

密切联系群众是中国共产党始终坚持的优良传统和作风。早在工农武装割据时期，1929年周恩来组织起草的《中央给红四军前委的指示信》中就第一次明确提出红军开展工作"一定要经过群众路线"①，抗日战争时期毛泽东对群众路线的基本内容进行了精辟概括，指出"在我党的一切实际工作中，凡属正确的领导，必须是从群众中来，到群众中去"②。正是因为中国共产党人在长期革命斗争实践中，始终坚持密切联系群众这一根本工作路线和工作方法，才有了解放战争时期淮海战役"人海战术"的胜利、才有中华人民共和国成立初期全国人民共同奋斗、短时间内改变旧中国"一穷二白"落后面貌的伟大成就，才有了改革开放以来中国腾飞的奇迹。十八大报告在讲到加强党的建设问题时，反复强调要"始终保持党同人民群众的血肉联系"、"任何时候都要把人民利益放在第一位，始终与人民心连心、同呼吸、共命运，始终依靠人民推动历史前进"。③ 因此，坚持密切联系群众的工作路线和工作方法，是继续推进社会主义事业建设发展的关键。

推进"六联六问"工作路线是坚持和发扬密切联系群众工作作风的有效途径。长垣县政府2017年工作报告中强调，要在今后的五年内决胜全面小康、实现产业转型发展、努力打造好"四个长垣"建设，这不仅需要党员干部增强工作能力，也需要广大干部转变工作作风，密切联系群众，与人民群众共同奋斗。"六联六问"工作机制以"问政于民、问需于民、问计于民、问效于民、问安于民、问廉于民"为核心思想，通过使每位县级领导干部建立若干"六联"对象，以定期调研、定点走访、面对面谈心的形式，不仅解决了很多关系群众生活的实际问题，也提高了人民群众对

① 《周恩来选集》上卷，人民出版社，1980。
② 《毛泽东选集》第3卷，人民出版社，1991。
③ 胡锦涛：《坚定不移沿着中国特色社会主义道路前进，为全面建成小康社会而奋斗——在中国共产党第十八次全国代表大会上的报告》，人民出版社，2012。

政府的信任感和满意度,更重要的是让广大领导干部重新认识到了坚持密切联系群众工作作风的重要性。因此,想要推进长垣县接下来五年内的新发展、新突破,就要用好"六联六问"工作机制这个有力抓手,从而坚持完善密切联系群众的工作路线和工作方法,坚持把施政目标与群众期盼相结合,坚持群众主体地位,始终把群众满意不满意、高兴不高兴、答应不答应作为工作的最高标准,努力提高人民群众的生活质量,确保人民群众在"四个长垣"建设中有更多幸福感和获得感,实现全面建成小康社会的根本目标。

二 当前在推进"六联六问"工作机制中出现的问题

"六联六问"工作机制推行以来,在脱贫攻坚、文明创建、项目建设、安全生产、信访稳定、环境保护等工作方面取得了一些突出成绩,但在推行过程中也出现了一些诸如覆盖面积不够大、领导干部缺乏积极主动性、缺乏宣传力度等问题。正确认识和分析当前推进"六联六问"工作机制中出现的问题,积极研究对策,对进一步改进和完善"六联六问"工作机制、促进长垣整体发展具有重要意义。

(一)覆盖范围有待拓展

"六联六问"工作机制推行以来取得了一些显著成绩,但也面临一些问题,首先就是联系乡镇、街道的范围还有待拓展,覆盖范围不足既不利于县级领导干部准确真实地掌握县域整体发展情况,也可能会影响乡镇干部和群众的积极性。

(二)宣传力度有待加强

目前还存在个别群众不了解"六联六问"工作机制是一种什么样的机制,这就会出现有群众或基层单位未能有效利用"六联六问"工作的实际开展来解决自身的实际问题。

（三）制度体系有待完善

目前"六联六问"工作机制已经形成了"一案、一记、一台账、一报告"（即谋划调研预案、记录调研笔记、建立调研台账、完善调研报告）的工作程序，但还需要建立完善考核和激励奖惩制度，调动起干部下乡调研的积极性。

三 对进一步改善"六联六问"工作机制的对策和建议

作为具有长效性的常态化工作机制，"六联六问"工作机制是解决联系服务群众"最后一公里"问题的机制创新。持续推进和不断完善这一工作机制，要在坚持服务群众、联系群众这一核心的基础上着力强化配套制度建设，加大宣传力度，切实提高群众参与度。

（一）加大宣传力度

要促进"六联六问"工作机制在全县范围内落地生根，让"六联六问"工作机制被广大群众更好更深刻地理解和认识，提高群众的积极性，可以从加大宣传力度的角度出发，提高群众对"六联六问"工作机制的认知度和参与度。其一，县政府可从党校、宣传部等部门借调专门人员在县领导调研时开展一些关于"六联六问"工作机制宣传介绍的专题讲座，通过讲座的形式重点宣传"六联六问"工作机制对联系干群关系的重要性以及联系当地的"六联"干部具体联系方式和沟通方法，提高群众和下属单位对"六联六问"的认知程度；其二，对目前"六联六问"工作机制还没有覆盖到的地区，可采用前期宣传的方式，通过县政府与地方政府协调，可以用在村内粉刷标语、派发宣传册的方式在当地群众中做好前期宣传工作，让当地群众有所期待，提高"六联六问"工作机制的前期认可程度，方便后期的工作开展；其三，要做好领导干部调研时的宣传工作。县级媒体在跟随领导干部下乡调研实地采访过程中应本着更加详细、更加真实的态度报道,不仅要报道领导干部的讲话和建议意见,也要将乡镇单位和群众提出的困难和问题写进新闻稿进行公开报道,这样一方面能够提高调研报道的真实性,另一方面也能从心理上拉近群众和干部之间的距离,有利于下一步工作的开展。

(二)建立干部奖惩制度

一个工作机制的长效化、常态化建设往往需要一些配套制度作为制度保障。从提高领导干部积极性、提高"六联六问"调研工作的实效性的角度考虑,建立"六联六问"干部奖惩制度十分必要。第一,建立干部奖励制度,对于积极参加下乡调研工作并能够解决一定实际问题的副县级领导干部,可通过县委大会表彰的方式颁发诸如"'六联六问'优秀干部"类的荣誉证书和一定数额的奖金补助,并在推荐选拔后备干部时优先考虑;对于积极陪同领导干部下乡调研并能够提出真知灼见的科级干部和局级"一把手"干部,除颁发证书和奖金补助外,也可在人事提拔、调动时优先考虑,且在日常工作中,对所在局委提出的财政划拨申请、人事补充申请可优先考虑;此外,对积极下乡调研的"六联"干部可以在核实调研情况后,对完成调研任务较好的干部,可给予一定的额外差旅补助和燃油补助,提高县级干部下乡调研的积极性。第二,建立干部劝诫制度,对于不积极参加调研工作或对"六联六问"工作机制贯彻不力的副县级干部,可对其情况进行具体分析,如果是由于自身工作繁忙无暇顾及的,可考虑调换人选或减少对该干部的交办工作安排,如果单纯由工作不积极不主动引发的,县委干部要及时约谈劝诫,提出批评,并劝其及时改正并定期查看整改情况;对于不积极陪同调研解决问题的科级局级干部,考虑到各事局事务繁多、工作繁重的实际情况,也可采用约谈劝诫的方式,但将重心放在与干部交心谈心上,多了解各局"一把手"工作生活中的实际困难,帮其放下思想包袱,不宜采取过于强硬的态度,从而提高基层领导干部的调研积极性。

（三）创新工作形式

一个新的工作机制能否取得预期效果根本在于这个工作机制在工作内容、工作方式上有没有做到有所创新。"六联六问"工作机制虽然在推行以来取得了一定成效，但想要取得更大的进步和更好的效果，关键就在于能不能够在工作形式和工作方法上有所创新。创新"六联六问"工作形式，首先可创新调研方式，可以尝试改变过去单调的"县领导下乡指导，乡镇领导全程陪同"的固定模式，可采用"无上级提前通知、无下级人员陪同、无预定调研对象"的"三无"原则，仅由县领导和部分专职局级干部陪同，轻车简从下乡调研，这种方式一方面可以减少下级乡镇企业和地方单位接待对日常工作的影响，另一方面也有助于领导干部掌握地方乡镇的真实情况，以便于研究分析问题、对症下药；其次，可创新调研手段，可利用现代新兴的媒体传播手段如设立专门"六联六问"邮箱、"六联六问"公众号等方式，加强"六联"干部与对接联系部门和地区群众的联系，被联系群众和被联系单位可以提前将自身存在的实际问题与"六联"干部进行沟通，从而使"六联"干部提前知道地方的真实情况和存在的问题，需要与上级沟通解决的问题可以快速及时与上级沟通，需要实地调研查看实际情况的也能够提前制定调研计划和方案，做到有目的、有计划地调研，从而大大提高"六联"干部实地调研的实效性和工作效率，减轻"六联"干部的工作压力。

参考文献

1. 《毛泽东选集》第3卷，人民出版社，1991。
2. 《周恩来选集》上卷，人民出版社，1980。
3. 《习近平总书记系列讲话精神学习读本》，中共中央党校出版社，2013。
4. 胡锦涛：《坚定不移沿着中国特色社会主义道路前进，为全面建成小康社会而奋斗——在中国共产党第十八次全国代表大会上的报告》，人民出版社，2012。

5. 习近平：《更加科学有效地防治腐败　坚定不移把反腐倡廉建设引向深入》，《人民日报》2013 年 1 月 23 日。

6. 《全面从严治党永远在路上——学习习近平总书记关于全面从严治党的重要论述》，《中国纪检监察》2016 年第 2 期。

7. 郭学德：《切实改进领导干部工作作风的理论思考》，《学习论坛》2013 年第 2 期。

8. 《长垣："六联六问"架起干群连心桥》，《河南日报》2017 年 3 月 27 日。

Abstract

This book is compiled by Henan Academy of Social Sciences. It systematically analyzes the basic situation and trend of economic and social development of Changyuan in 2016 and 2017. From all aspects and with multi perspectives and deep levels, it reviews the measures and achievements that Changyuan has took in its further reform and innovation – driven development. And it provides suggestions for Changyuan to accelerate its city construction and the strategic target of prosperity, innovation, good and harmony.

This general report analyzes the whole situation of economic and social development of Changyuan in 2016, and forecasts things in 2017. Look back at 2016, the economic and social development in Changyuan was stable and toward better. Several reforms accelerated fast, the development momentum improved continuously, industry carriers were increasingly solid, format of three industries optimized constantly, the new urbanization process accelerated, the people's livelihood improved markedly, and the economy and society developed healthily and quickly. Looking into 2017, it is a significant year for Changyuan to implement the 13th Five – Year Plan and deepen the supply – side structural reform. Changyuan will adhere to the general tone of making progress while maintaining stability around the city construction of prosperity, innovation, good and harmony. It highlights the quality and benefit of the development as core, supply – side structural reform as the mainline, and innovation and opening – up as the driven – force. It strives to accelerate the transformation and upgrading of industries, improve the quality of the new urbanization, advance the construction of ecological civilization, and perfect the people's livelihood. Moreover, it takes great efforts to accelerate construction of the well – off society as well as the strong among county economy.

The book report is divided into the prosperous Changyuan, innovative

Changyuan, good Changyuan and harmonious Changyuan. Mainly focus on exploration in important areas of reform and innovation, transformation and upgrading, urban upgrading, improving people's livelihood, grass-roots party construction and other key aspects of the current practice of Changyuan County, and puts forward the ideas and countermeasures to push into Changyuan County transformation and development.

Changyuan is directly administrated by Henan province, it is the strong among county economy and an important node city of the Central Plains Urban Agglomeration. In the context of comprehensive deepening reform, its practice of transformation is of typical and representative meaning to the development of county economy, especially to the directlyadministrated counties in Henan province. Therefore, exact analysis and deep research on the current situation of its economic and social development will provide experiences for areas of the same kind in Henan province and even in China to improve their development of transformation.

Keywords: Economic; Society; Four Aspects of Changyuan; Changyuan County

Contents

I General Report

Abstract: The economic and social development in Changyuan County was stable and toward better in 2016. And its GDP reached 29. 6 billion RMB, an increase of 9. 5% , ranking first among the counties administrated by Henan province. Several reforms accelerated in processes, development potential continued to increase, industrial carriers was increasingly solid, three industries' formats continued to optimize, the new-type urbanization process accelerated, the welfare of people's livelihood improved significantly, and the economy as well as society maintained healthy and rapid development. Looking into 2017, Changyuan will focus on the comprehensive construction of a prosperous, innovative, good and harmonious county, and insist on the general work guideline of maintaining stability and progress. And it will emphasize the importance of enhancing the development quality and efficiency as the center, improving the supply-side structural reform as the main line, and strengthening innovation and opening as driving force. Moreover, Changyuan will set up initiatives to accelerate the transformation and upgrading of industries, enhance the quality of the new-type urbanization, promote the construction of ecological civilization, and improve people's livelihood, thus accelerating the construction of a well-off society in an all-round way and striving to build a stronger county among the County Economy.

Keywords: Economic; Social; Four Aspects of Changyuan; Changyuan County

II Prosperous Changyuan

B. 2 Research on Construction of Modern Industrial System

in Changyuan County *Lin Fengxia* / 025

Abstract: In recent years, although the Changyuan County has made some achievements in the optimization of the industrial structure, promote the transformation and upgrading of industry, but there are still structural imbalances, quality and efficiency is not high, innovation ability is not strong. For a period of time, Changyuan County still need to industrial transformation and upgrading, the establishment of a modern industrial system as the key initiatives improve the economic competitiveness. Efforts to promote innovation, openness, intelligence, integration, green and other development.

Keywords: Modern Industrial System; Industrial Transformation and Upgrading; Industry Convergence; Changyuan County

长垣蓝皮书

B. 3　Research on the Modern Agriculture Development in
Changyuan under the Structural Reform of
Agricultural Supply-side　　　　　　　　*An Xiaoming* / 037

Abstract: As the traditional agricultural county and important grain
production base, the natural conditions for the development of agriculture in
Changyuan are superior, and have been made some achievements in the
development of modern agriculture. However, in the new historical stage,
compared with the development of modern agriculture, there are still some
contradictions and problems in Changyuan. In the future, it should be focus on
the supply-side structural reform of agriculture, promote the adjustment of
agricultural structure, foster new agricultural business entities, improve the modern
agricultural social service system, promote green development and speeding up the
construction of agricultural informatization.

Keywords: The Structural Reform of Supply – side; Modern Agriculture;
Changyuan County

B. 4　Analysis and Prospect of Industrial Economy Development
in Changyuan County　　　　　　　　*Zhao Xisan* / 048

Abstract: Since 2016, in the face of the complicated and grim economic
situation, Changyuan County adhere to the quality and quantity of development,
adhere to structural adjustment, transformation and upgrading, to achieve steady
and rapid growth of industrial economy, enhance the competitive advantage of the
industry leading enterprises to accelerate the upgrading of pillar, transformation,
industrial innovation capabilities continue to improve, but the profitability of
industrial enterprises declined, a substantial decline in the growth rate of industrial
investment. The transformation and development of poverty is facing tremendous
pressure. For the future, Changyuan county should adhere to the general idea of
the "strengthening the middle, expanding the two ends, cultivating platforms and

raising energy levels", promote the transformation and development of Henan, to create a crucial first demonstration area, formed in order to adjust the structure to promote steady growth, stimulate new energy, new products to lead the new situation for the development of a new form of old industry.

Keywords: Industrial Economy; Transformation and Upgrading; Changyuan County

B. 5   Analysis and Prospect of the Development Trend of
Service Industry in Xiuwu County   *Yang Mengjie* / 059

Abstract: In recent years, Changyuan has insisted on the development of modern service industry as an important measure to optimize the economic structure, help the economic transformation and upgrading, and promote new urbanization. With the cooking industry, green food industry, tourism and other aspects have the resources, and the use of Internet plus opportunities, the characteristic leisure tourism, e-commerce, logistics, health pension and other high growth service industries of Changyuan are booming. As a result, the Third industry has improved significantly, and three production formats continue to improve. In the future, we should adhere to the unique brand of Changyuan, constantly optimize the institutional environment, attract and cultivate leading enterprises in service industries, and carry out the strategy of innovation and development to guide the service industry to further develop further.

Keywords: Service Industry; Cuisine; Tourism; Changyuan County

B. 6   Study on the Development Trend and Promotion Measures
of Characteristic Industrial Clusters in
Changyuan County   *Liu Xiaoping* / 070

Abstract: Since 2016, Changyuan County Industrial Agglomeration Area,

335

to highlight the central business district for the lead, to speed up the anticorrosion Industrial Park, industrial park, Shen wood health equipment manufacturing, equipment manufacturing, Lu Gang Nao Li re manufacturing and other 5 professional park cluster development, promote the 12 township business park development, industrial cluster effect continue to increase, this is mainly due to the Changyuan County in the industrial chain investment, model innovation, platform construction, solid work style change etc. . For the future, Changyuan county to promote joint development of manufacturing and service industries, emerging industries and traditional industries, the interactive development of the integration of industrialization and informatization development, industry chain and innovation chain seamless docking, to break the traditional industry boundaries, to promote the development of cross － border integration, enhance the overall competitiveness of the industry chain, to build a new pattern of Changyuan characteristic cluster transformation development.

Keywords: Industry Cluster; Transformation and Upgrading; Changyuan County

B. 7　Study on the Guideline for Development of Internet ＋

Industry in Changyuan　　　　　　　　　*Wang Zhongya* / 082

Abstract: The Internet is an important tool for the transformation of traditional industries. Recently, Changyuan County put actively into effect the "Internet ＋" action plan, promoted the "Internet ＋" four industrial clusters, implemented the "Internet ＋ Intelligent agriculture" project, sped up the development of "Internet ＋ service industry". The convergence of the Internet and traditional industries has reached a consensus. However, there are bottleneck constraints in the cognitive level, system mechanism and factor support. In the future, it is necessary to raise the development on concept renewal, policy support, enterprise cultivation and data sharing. Mainly in deepening the systematic cooperation in production, learning, scientific research and practical application, perfect service platform, accelerate science and technology enterprises financing system construction, to create a good environment for innovation and strengthening the construction of innovative talents and make breakthrough.

Keywords: Internet +; Traditional Industry; County Economy

B. 8   The Research of Changyuan Entrepreneurial Spirit

Carry Forward   *Zhao Zhihao* / 091

Abstract: The entrepreneurial spirit of Changyuan is created by the people in the process of getting rid of the harsh living environment and the pressure of survival. It is also gradually formed in the process of opening up and learning from the outside world. The spiritual qualities that of Changyuan entrepreneur long-term entrepreneurial practice formed that pragmatic, open, innovation and adventure plays a vital role in the Changyuan area to get rid of poverty, Changyuan enterprise development and growth process. We should carry forward the entrepreneurial spirit through the government, the media, literary and artistic works. At this stage, it should be based on the development of the times and the universal human spirit and the pursuit of value, to enhance the overall entrepreneurial spirit of Changyuan entrepreneurs, gave birth to a new generation of people with high spiritual pursuit and higher humanistic accomplishment.

Keywords: Entrepreneurial Spirit; Tuoren Group; Yilong Group; Changyuan County

Ⅲ   Innovative Changyuan

B. 9   Train of Thought and Countermeasures of Innovation-driven

Development in the County of Changyuan   *Li Yujing* / 102

Abstract: Since the 18th CPC National Congress, the comprehensive

337

innovational development which takes the technological innovation as the core is of great significant for the national overall development. In the county of Changyuan, innovation-driven development has achieved remarkable results as the core power of regional economy and as the core support of economic structure adjustment and development mode change. However, difficulties and bottlenecks in the development are also prominent. Changyuan should fully understand the urgency and difficulty of implementing innovation-driven development strategy in regional economies, plan as a whole with an open view, and seek the way to promote with creative thinking.

Keywords: Innovation-driven; Technological Innovation; Innovation and Entrepreneurship; Changyuan County

B. 10　Present Situation and Countermeasures of Innovation

Driven Industry Transformation and Upgrading in

Changyuan County　　　　　　　　　　　*Yang Zhibo* / 114

Abstract: Changyuan County in recent years to actively promote the innovation and development strategy, for 10 consecutive years to achieve "advanced collective" title of IPR system, Henan province is the first intellectual property advantages of regional county and State Intellectual Property County engineering demonstration county. In the years of innovation and development, gained valuable experience, but there are also enterprise innovation consciousness and innovation ability should be strengthened, support industrial transformation and upgrading of talent needs to be optimized, lack of innovation and environmental co-ordination mechanisms need to be improved. In the face of economic development under the new normal trend and characteristics of Changyuan County, must enhance the sense of urgency, further to drive innovation in developing the core strategic position, accelerate the improvement of innovation measures, strengthen the service consciousness of the government; to strengthen the innovation system of top −level design, increase policy support; to accelerate and promote the healthy development of the technology market, and promote the transformation of scientific and technological achievements; to speed up the development of the carrier, strengthen the development of platform construction.

Keywords: Innovation Driven; Transformation and Upgrading; Chang-yuan County

B. 11　Research on Improving the Opening Development Level
　　　of Changyuan County　　　　　　　　*Wang Yuanliang* / 121

Abstract: During the "12th Five-Year" period, Changyuan county has made remarkable achievements in opening up and laid a good foundation for further opening up and development. "13th Five-Year" period, in the face of the profound changes in the world and the environment for the development of China's economic development has entered a new stage, Changyuan county must adhere to the main engine of open development as to promote prosperity and development, adhere to the "bringing in" and "going out" combination, actively docking "Belt and Road Initiative", to enhance the development level of Changyuan County open.

Keywords: Development for Global Progress; the Belt and Road; Changyuan County

B. 12　Countermeasure and Suggestion of Accelerating the
　　　Financial Innovation in Order to Improve the Financing
　　　Level in Changyuan County　　　　　　*Li Guoying* / 128

Abstract: In recent years, the government of Changyuan Country has done a lot of work and obtained remarkable achievement in following kinds of financial

 长垣蓝皮书

aspects. Especially in creating financial services cluster, establishing a government investment and financing platform, getting loans from financial institutions, issuing corporation bonds, and absorbing social capital. However, there are still some problems existed in investment and financing, which should be solved soon in the development of urban and rural areas. Therefore, it's necessary to establish the concept of driving the development of leading industries through below ways: such as financial innovation, innovative investment and financing models, promoting government and social capital cooperation, actively implementing equity investment, especially the angel investment and venture capital. So as to build up the stable, continuous and risk controllable financial security system. And then realize the leap-type economic development in the area of Changyuan Country.

Keywords: Financial Innovation; Financing Level; PPP Asset Securitization; Inclusive Finance

Ⅳ   Good Changyuan

B. 13   Retrospect and Prospect on the Pilot of New-type

Urbanization in Changyuan County   *Bai Chengyu* / 145

Abstract: Since its selection for the second batch of national new-type urbanization pilot project in December 2015, Changyuan County had confirmed the overall thinking and objectives for construction of the new-type urbanization pilot combined with their own reality. According to the tasks of the pilot project, there is exploration and practice in many aspects, including speeding up the transfer process of agricultural population, innovating investment and financing mechanism of urbanization construction, planning major projects to tamp down the industrial base, continuously strengthening the construction of urban and rural infrastructure, safeguarding and improving people's livelihood, accelerating the reform of rural land system, and promoting the construction of social credit system. In the future, the work should be done for achieving the below goals, such as forming a modern urban system, forming a modern industrial system, continuously deepening the reform of investment and financing system, further promoting the equalization of urban and rural public services, getting substantial progress in the reform of rural collective management construction land market and so on. In order to realize the aims, the measures have to be taken from the aspects of organization Leadership, fund support, propaganda guidance and appraisal mechanism.

Keywords: New-type Urbanization; Agricultural Population Transfer; Changyuan County

B. 14 Study on Urban Design and Style Control in Changyuan

Zuo Wen / 157

Abstract: The development of the city is in a transition phase, because the city design system is not perfect, there is a way a lot of construction in city construction, some city for a large scale, ignoring the city historical and cultural heritage protection and green water Aoyama. Changyuan county is my province city earlier in the design of the city, continuing to explore the system of city design, city design is increasingly perfect, improve the appearance of the city, city construction and management level of walking in the way of design management. The forefront of the province's cities and counties city clear the legal status of city design, city design should reflect the system, pay attention to the protection and inheritance of city culture, sustainable development and persistent attention to the city. In the guidance of this development concept, put forward the city design and style to promote Changyuan County control advice. that clear city positioning, build the city characteristic recognition area, improve the level of architectural design, strengthening the city ecological space control.

Keywords: Urban Design; Urban Features; Changyuan County

长垣蓝皮书

B. 15   Practice and Reflection on the Construction of Beautiful

Countryside in Changyuan County   *Chen Mingxing* / 166

Abstract: The construction of beautiful countryside is an effective carrier to improve the rural human settlements and to build a beautiful china. In recent years, Changyuan has efforted to improve rural infrastructure, improve public services, strengthen the comprehensive improvement of the environment around the building beautiful countryside service perfect, orderly management, beautiful environment, distinctive, sustainable development. Now Changyuan has made a very fruitful exploration in promoting the construction of the beautiful countryside, and provided important inspiration significance and reference value on the development of thinking, innovative thinking to other areas, that is to establish systematic thinking, strengthen planning, lead, consolidate investment guarantee, advocate peasant participation and optimize the promotion mechanism, etc. .

Keywords: Beautiful   Countryside;   Demonstration   Township;
Demonstration Village; Changyuan County

B. 16   Research on the New Urbanization and Urban-rural

Integration of Changyuan County   *Li Sanhui* / 174

Abstract: For a period of time, Changyuan County has made great achievements in the construction of new urbanization and urban-rural Integration, it is of great importance to deepen the reform, economic development mode change, realizing Well-off society. However, the integration of urban and rural areas in Changyuan County has many difficulties and problems in urban and rural planning, land management, infrastructure, public services, overall development and new rural construction. We need to continue to improve the urban and rural development and integration system and mechanism, coordinate the development of urban and rural areas, implement the integration of urban and rural planning and management, accelerate the urbanization of agricultural population, vigorously enhance the level of new rural construction and accelerate the development of rural social undertakings.

Keywords: New Urbanization; Urban-rural Integration; Changyuan County

B. 17 Study on Construction of Characteristic Towns in Changyuan County　　　　　　　　　　　*Li Jianhua* / 193

Abstract: As a driving force of new urbanization, characteristic town construction will inject new energy into the sustained and healthy development of the new urbanization in Henan. At present, from central to local documents have been introduced to promote the development of characteristic towns. In the face of the wave of construction of characteristic town domestic rise, Changyuan should seize the policy and market opportunities, identify the characteristics of industrial positioning, accelerate the planning and layout of characteristic towns, and promote the high quality and high level development of urban and rural areas in Changyuan. Mainly in the government and the market to play the greatest force, local conditions, select characteristic industries, improve facilities services, formulate supporting policies, and promote social governance innovation and other aspects of efforts.

Keywords: Characteristic Town; New Urbanization; Changyuan County

B. 18 Research on the Construction of Urban and Rural Ecological Civilization in Changyuan County　　　　　　　　*Wu Xuxiao* / 202

Abstract: Promoting the construction of urban and rural ecological civilization is the strategic task of Changyuan county. Based on the theory exploration of urban and rural ecological civilization construction, the paper analyzes the situation of ecological civilization construction and the problems in

Changyuan. Finally, countermeasures and suggestions for the construction of urban and rural ecological civilization on the aspects of promoting ecological capital operation ability, efforts to promote the transformation of energy development, vigorously developing urban and rural ecological economy, assessing the effectiveness of ecological civilization construction and accelerating urban and rural ecological water system construction are proposed.

Keywords: Ecological Civilization Construction; Urban-Rural Integration; Changyuan County

B. 19　The Study on the Construction of Smart City in Changyuan County　　　　　　　　*Wang Xintao* / 213

Abstract: The Smart city has become the important direction of urban transformation and innovation in China. And the development path of smart city can be summarized as the overall push-type, intelligent industry-oriented, application-oriented development model. The economic and social development of Changyuan County ranks the forefront in Henan province, and it has considerable advantages to build smart city. Changyuan County can choose application-oriented development model and take comprehensive development measures to promote the smart city construction, in order to enhance the city operation, management, service levels and improve the quality of life of residents.

Keywords: Smart City; Intelligent Application; Changyuan County

V　Harmonious Changyuan

B. 20　People's Livelihood Development Report of Changyuan County　　　　　　　　*Zhang Kan* / 222

Abstract: Since the launch of twelfth Five-Year Development Program, it has made great achievements in promoting sustainable development of people's livelihood in Changyuan County, which are demonstrated in rapid development of education, stable employment situation with increase, continuous improvement of medical health conditions and social security quality, prominent achievements in targeted poverty alleviation as, initial success in environment protection as well as constant increase in social governance. Nevertheless, Changyuan people still face a series of major issues to be addressed because of social and economic development limitations. Changyuan County shall continue to adhere to the fundamental interests of people as starting point and strive to promote people's basic livelihood, guarantee bottom line of people's livelihood and focus on hot livelihood issues. Besides, it ought to promote the continuous improvement of livelihood construction level by building equal primary public service system, completing social security system, pushing forward livelihood construction reform, reinforcing environment management, constantly innovating social governance so that people of the whole county are able to share the development achievements of reform equally.

Keywords: People's Livelihood Construction; Social Governance; Changyuan County

B. 21　Review and Consideration of Cultural Development in Changyuan County　　　　*Guo Hairong* / 241

Abstract: Changyuan county has a long history and rich resources. It has accumulated a profound cultural background in the long process of development. In 2016, Changyuan county has made great progress in cultural undertakings with the opportunity to build an advanced county of national culture, mainly in the following aspects: Focus on improving the system of public cultural services, three public cultural service facilities network has been basically completed; the characteristics of colorful cultural activities; cultural heritage protection effect; work to rectify the cultural market orderly. At the same time, cultural undertakings into

长垣蓝皮书

the overall lack of public cultural services need to further enhance the quality of the cultural industry, the small amount, slow development, industrial development disorder, the brand is not outstanding, culture and technology integration issues have to be solved. Changyuan county should further promote cultural "Benefit The People" engineering, innovation of public cultural service system, to further strengthen the construction of public cultural facilities, strengthen the protection of cultural heritage, to revitalize the existing cultural resources, accelerate the development of cultural industry, to encourage innovation driven, increase investment and financing efforts, effectively promote the Changyuan County cultural industry and further development and upgrade.

Keywords: Cultural Undertakings; Cultural Industries; Changyuan County

B. 22   Report on Innovation and Development of Social

Governance in Changyuan County

Wei Xiaoyan, Cui Xuehua / 253

Abstract: The Fifth Plenary Session of the Eighth Central Committee proposed to strengthen and innovate social governance, promote the refinement of social governance, build a social governance pattern for the whole people to build and share, and social governance into a new stage of development. Changyuan County actively responded to the party's call for "promoting social governance refinement", strengthening the construction of basic public services, improving the social security system, co-ordinating the development of social governance, ecological civilization, educational development, social credit system construction and urban and rural planning and management work Has made good achievements, the overall social harmony and stability. At the same time, Changyuan County also faces a series of problems and challenges that can not be ignored in social development. The per capita income of urban and rural residents is too high and the regional disparity is too large. The uneven distribution of educational resources, the level of grassroots party organizations and government departments Promotion, etc. , which are restricting the overall development level of Changyuan County. 2016 as the "thirteen five" plan of the first year, to speed up the social organization and social governance system innovation, promote economic and social development, comprehensive deepening reform, strengthening social governance information construction, improve the public service mechanism, The balanced development of urban and rural areas, strengthen the comprehensive management of the community and public safety, and implement the requirements of the "five in one" development will be the main task of the construction of the social governance pattern built by Changyuan County.

Keywords: Social Governance; Governance Innovation; Social Construction; Shared Construction

B. 23　The Development Strategy and Countermeasure of Accurate Out-of-poverty in Changyuan County

Meng Bai / 267

Abstract: As a systems engineering, out-of-poverty is necessary to rely on the county poverty alleviation office to urge, inspect and guide the work of poverty alleviation, but also play the advantages of helping the units and the local councils and townships to grasp the main direction of poverty alleviation. Chang yuan County must implement the unit package focus on poor villages and the general poor village poverty alleviation plan, units responsible person and cadres to help each other, give full play to the advantages of each industry resources. To help the village and the masses to do good things, do practical things, office business, do technical training. At the same time, guide social forces and enterprises to participate in poverty alleviation. As long as the head of the help units to take the lead in poverty alleviation, make full use of industry resource advantages, good effectiveness, effect and mass satisfaction will be able to achieve.

长垣蓝皮书

Keywords: Accurate Out-of-poverty; Industry Support; Employment of Labor Service; Changyuan County

B. 24　Practice and Reflection on Strengthening Construction
　　　　of Grassroots Service-oriented Party Organizations
　　　　in Changyuan County　　　　　　　　　　*Zhang Pei* / 278

Abstract: The grassroots organization of the Party is the basics of the entire work and fighting force of the party, as well as the ruling foundation of the party. The 18th National Congress of the Communist Party of China (CPC) put forward general requirements of "Strengthening the construction of grassroots service-oriented Party organizations with serving the masses in mass work as the main task", which pointed out the goal and direction for the construction of grassroots service-oriented Party organizations. Over the past few years, Changyuan County has sought to strengthen the construction of grassroots service party organizations, and emphatically intensified the political functions and service functions of party organizations at all levels. Based on proper orientation and positioning, it has focused on main undertakings and main industry and committed to striving for the benefits of the masses. A variety of methods are adopted including deepening understanding, consolidating foundation, innovating on management and improving the mechanism and so on. As is suggested in the paper, many beneficial explorations have been made in the establishment of grass-roots service party organizations, which have achieved remarkable results. It provides various enlightenments for how to do well in the construction work of the grass-roots service-oriented party organizations in the new situation.

Keywords: Grassroots Party Organization; Service-oriented Party Organization; Changyuan County

B. 25   Practical Exploration and Experience Enlightenment

of Strengthening and Improving Party Construction in

Non-public Enterprises in Changyuan county

Abstract: The non-public economy is an important component of the socialist market economy, non-public enterprises party building is to promote a comprehensive strictly important field extends to the grassroots. In recent years, the Changyuan county government to build service-oriented party organization of non-public enterprises as an important area of grass-roots party construction and organization work, to strengthen the work of Party building and promoting the development of enterprise combination up and carry out activities to create a "double hundred enterprises", efforts to crack the non-public party membership is not smooth, the body is unknown, unclear responsibility problem, innovation management of Party members, Party instructors choose, set the mode of Party organizations, and improve the standard of construction work, party workers by occupation, For guaranteeing the diversification mechanism, continue to strengthen and improve the party building work in private enterprises in innovation, walk out a new way of enterprise party construction and economic development win-win blending, the emergence of Weihua group, the eastern group, a group of Party building, the development of strong, good social image of Party Construction in non-public enterprises of advanced models. Exploration of Party Construction in non-public enterprises in Changyuan's practice and experience, to strengthen the non-public enterprises party construction work in other areas has important significance and reference value.

Keywords: Non-public Enterprises; Party Building; Changyuan Phenomenon; Wei Hua Experience

B. 26   The Analysis and Reflection on the Construction

of "Smart Government Affairs" and "Smart Party Building"

in Changyuan County   *Bao Shiqi* / 306

Abstract: Currently, Innovative integration of mobile Internet, Internet of things, big data, cloud computing technology, not only change people's production and lifestyle profoundly, but also insert wisdom wings for government services and party building works. In recent years, Changyuan County steadily promoted the systematic construction of smart government platform, and actively expanded the service function of "smart party" platform. This county not only enhanced the grassroots governance capacity and level effectively, but also promoted the scientific development of the grass-roots party building work. In the exploration and practice, Changyuan County experienced profoundly, that is, full investigation is the basis, strengthening leadership is the key, and strict supervision is the guarantee. However, in the construction of "Smart government affairs" and "Smart party building", there are some practical difficulties and obstacles in Changyuan County, which deserve our careful consideration and research.

Keywords: Smart Government Affairs; Smart Party Building; Changyuan County

B. 27   Investigation and Thinking on Promoting the Working

Mechanism of "Six Links and Six Questions"

in Changyuan County   *Li Zhongyang* / 320

Abstract: The grass-roots party organization is the battle stronghold of the party's grassroots organizations in the community, is the basis of all the party's work and fighting capacity. Since the sixth Plenary Session of the 18th CPC Central Committee, Changyuan County for the development of crack problems in the implementation of a comprehensive, in-depth strict responsibility, within the county to promote the implementation of the "six links and six questions" work the mechanism, in the promotion of township enterprise development and construction of spiritual civilization construction, campus culture construction has made outstanding achievements, to solve the difficulties of the current development of some constraints. But in the process of promoting this work mechanism are also found such as cadres lack of initiative, the degree of coverage is not high. In the next step to promote and improve "six links and six questions" working mechanism in the process, in addition to continue to adhere to the existing system, but also in the propaganda, perfect the cadre evaluation system of many efforts to create four "Changyuan" provides strong political protection

Keywords: Six Links and Six Questions; Run the Party Strictly; Changyuan County

权威报告·热点资讯·特色资源

皮书数据库
ANNUAL REPORT(YEARBOOK)
DATABASE

当代中国与世界发展高端智库平台

所获荣誉

- 2016年，入选"国家'十三五'电子出版物出版规划骨干工程"
- 2015年，荣获"搜索中国正能量 点赞2015""创新中国科技创新奖"
- 2013年，荣获"中国出版政府奖·网络出版物奖"提名奖
- 连续多年荣获中国数字出版博览会"数字出版·优秀品牌"奖

成为会员

通过网址www.pishu.com.cn或使用手机扫描二维码进入皮书数据库网站，进行手机号码验证或邮箱验证即可成为皮书数据库会员（建议通过手机号码快速验证注册）。

会员福利

- 使用手机号码首次注册会员可直接获得100元体验金，不需充值即可购买和查看数据库内容（仅限使用手机号码快速注册）。
- 已注册用户购书后可免费获赠100元皮书数据库充值卡。刮开充值卡涂层获取充值密码，登录并进入"会员中心"—"在线充值"—"充值卡充值"，充值成功后即可购买和查看数据库内容。

社会科学文献出版社 皮书系列
SOCIAL SCIENCES ACADEMIC PRESS (CHINA)

卡号：472224942583
密码：

数据库服务热线：400-008-6695
数据库服务QQ：2475522410
数据库服务邮箱：database@ssap.cn
图书销售热线：010-59367070/7028
图书服务QQ：1265056568
图书服务邮箱：duzhe@ssap.cn

S 子库介绍
ub-Database Introduction

中国经济发展数据库

涵盖宏观经济、农业经济、工业经济、产业经济、财政金融、交通旅游、商业贸易、劳动经济、企业经济、房地产经济、城市经济、区域经济等领域，为用户实时了解经济运行态势、把握经济发展规律、洞察经济形势、做出经济决策提供参考和依据。

中国社会发展数据库

全面整合国内外有关中国社会发展的统计数据、深度分析报告、专家解读和热点资讯构建而成的专业学术数据库。涉及宗教、社会、人口、政治、外交、法律、文化、教育、体育、文学艺术、医药卫生、资源环境等多个领域。

中国行业发展数据库

以中国国民经济行业分类为依据，跟踪分析国民经济各行业市场运行状况和政策导向，提供行业发展最前沿的资讯，为用户投资、从业及各种经济决策提供理论基础和实践指导。内容涵盖农业，能源与矿产业，交通运输业，制造业，金融业，房地产业，租赁和商务服务业，科学研究，环境和公共设施管理，居民服务业，教育，卫生和社会保障，文化、体育和娱乐业等100余个行业。

中国区域发展数据库

对特定区域内的经济、社会、文化、法治、资源环境等领域的现状与发展情况进行分析和预测。涵盖中部、西部、东北、西北等地区，长三角、珠三角、黄三角、京津冀、环渤海、合肥经济圈、长株潭城市群、关中—天水经济区、海峡经济区等区域经济体和城市圈，北京、上海、浙江、河南、陕西等34个省份及中国台湾地区。

中国文化传媒数据库

包括文化事业、文化产业、宗教、群众文化、图书馆事业、博物馆事业、档案事业、语言文字、文学、历史地理、新闻传播、广播电视、出版事业、艺术、电影、娱乐等多个子库。

世界经济与国际关系数据库

以皮书系列中涉及世界经济与国际关系的研究成果为基础，全面整合国内外有关世界经济与国际关系的统计数据、深度分析报告、专家解读和热点资讯构建而成的专业学术数据库。包括世界经济、国际政治、世界文化与科技、全球性问题、国际组织与国际法、区域研究等多个子库。

法 律 声 明

皮书品牌20年
YEAR BOOKS

皮书系列

2017年

智库成果出版与传播平台

社会科学文献出版社
SOCIAL SCIENCES ACADEMIC PRESS (CHINA)

社长致辞

　　2017年正值皮书品牌专业化二十周年之际，世界每天都在发生着让人眼花缭乱的变化，而唯一不变的，是面向未来无数的可能性。作为个体，如何获取专业信息以备不时之需？作为行政主体或企事业主体，如何提高决策的科学性让这个世界变得更好而不是更糟？原创、实证、专业、前沿、及时、持续，这是1997年"皮书系列"品牌创立的初衷。

　　1997～2017，从最初一个出版社的学术产品名称到媒体和公众使用频率极高的热点词语，从专业术语到大众话语，从官方文件到独特的出版型态，作为重要的智库成果，"皮书"始终致力于成为海量信息时代的信息过滤器，成为经济社会发展的记录仪，成为政策制定、评估、调整的智力源，社会科学研究的资料集成库。"皮书"的概念不断延展，"皮书"的种类更加丰富，"皮书"的功能日渐完善。

　　1997～2017，皮书及皮书数据库已成为中国新型智库建设不可或缺的抓手与平台，成为政府、企业和各类社会组织决策的利器，成为人文社科研究最基本的资料库，成为世界系统完整及时认知当代中国的窗口和通道！"皮书"所具有的凝聚力正在形成一种无形的力量，吸引着社会各界关注中国的发展，参与中国的发展。

　　二十年的"皮书"正值青春，愿每一位皮书人付出的年华与智慧不辜负这个时代！

社会科学文献出版社社长
中国社会学会秘书长

2016年11月

社会科学文献出版社简介

社会科学文献出版社成立于1985年，是直属于中国社会科学院的人文社会科学学术出版机构。成立以来，社科文献出版社依托于中国社会科学院和国内外人文社会科学界丰厚的学术出版和专家学者资源，始终坚持"创社科经典，出传世文献"的出版理念、"权威、前沿、原创"的产品定位以及学术成果和智库成果出版的专业化、数字化、国际化、市场化的经营道路。

社科文献出版社是中国新闻出版业转型与文化体制改革的先行者。积极探索文化体制改革的先进方向和现代企业经营决策机制，社科文献出版社先后荣获"全国文化体制改革工作先进单位"、中国出版政府奖·先进出版单位奖，中国社会科学院先进集体、全国科普工作先进集体等荣誉称号。多人次荣获"第十届韬奋出版奖""全国新闻出版行业领军人才""数字出版先进人物""北京市新闻出版广电行业领军人才"等称号。

社科文献出版社是中国人文社会科学学术出版的大社名社，也是以皮书为代表的智库成果出版的专业强社。年出版图书2000余种，其中皮书350余种，出版新书字数5.5亿字，承印与发行中国社科院院属期刊72种，先后创立了皮书系列、列国志、中国史话、社科文献学术译库、社科文献学术文库、甲骨文书系等一大批既有学术影响又有市场价值的品牌，确立了在社会学、近代史、苏东问题研究等专业学科及领域出版的领先地位。图书多次荣获中国出版政府奖、"三个一百"原创图书出版工程、"五个'一'工程奖"、"大众喜爱的50种图书"等奖项，在中央国家机关"强素质·做表率"读书活动中，入选图书品种数位居各大出版社之首。

社科文献出版社是中国学术出版规范与标准的倡议者与制定者，代表全国50多家出版社发起实施学术著作出版规范的倡议，承担学术著作规范国家标准的起草工作，率先编撰完成《皮书手册》对皮书品牌进行规范化管理，并在此基础上推出中国版芝加哥手册——《SSAP学术出版手册》。

社科文献出版社是中国数字出版的引领者，拥有皮书数据库、列国志数据库、"一带一路"数据库、减贫数据库、集刊数据库等4大产品线11个数据库产品，机构用户达1300余家，海外用户百余家，荣获"数字出版转型示范单位""新闻出版标准化先进单位""专业数字内容资源知识服务模式试点企业标准化示范单位"等称号。

社科文献出版社是中国学术出版走出去的践行者。社科文献出版社海外图书出版与学术合作业务遍及全球40余个国家和地区并于2016年成立俄罗斯分社，累计输出图书500余种，涉及近20个语种，累计获得国家社科基金中华学术外译项目资助76种、"丝路书香工程"项目资助60种、中国图书对外推广计划项目资助71种以及经典中国国际出版工程资助28种，被商务部认定为"2015-2016年度国家文化出口重点企业"。

如今，社科文献出版社拥有固定资产3.6亿元，年收入近3亿元，设置了七大出版分社、六大专业部门，成立了皮书研究院和博士后科研工作站，培养了一支近400人的高素质与高效率的编辑、出版、营销和国际推广队伍，为未来成为学术出版的大社、名社、强社，成为文化体制改革与文化企业转型发展的排头兵奠定了坚实的基础。

经 济 类

经济类皮书涵盖宏观经济、城市经济、大区域经济，
提供权威、前沿的分析与预测

经济蓝皮书

2017 年中国经济形势分析与预测

李扬 / 主编　2017 年 1 月出版　定价：89.00 元

◆　本书为总理基金项目，由著名经济学家李扬领衔，联合中国社会科学院等数十家科研机构、国家部委和高等院校的专家共同撰写，系统分析了 2016 年的中国经济形势并预测 2017 年中国经济运行情况。

中国省域竞争力蓝皮书

中国省域经济综合竞争力发展报告（2015～2016）

李建平　李闽榕　高燕京 / 主编　2017 年 5 月出版　定价：198.00 元

◆　本书融多学科的理论为一体，深入追踪研究了省域经济发展与中国国家竞争力的内在关系，为提升中国省域经济综合竞争力提供有价值的决策依据。

城市蓝皮书

中国城市发展报告 No.10

潘家华　单菁菁 / 主编　2017 年 9 月出版　估价：89.00 元

◆　本书是由中国社会科学院城市发展与环境研究中心编著的，多角度、全方位地立体展示了中国城市的发展状况，并对中国城市的未来发展提出了许多建议。该书有强烈的时代感，对中国城市发展实践有重要的参考价值。

人口与劳动绿皮书

中国人口与劳动问题报告 No.18

蔡昉　张车伟/主编　2017 年 10 月出版　估价：89.00 元

◆　本书为中国社会科学院人口与劳动经济研究所主编的年度报告，对当前中国人口与劳动形势做了比较全面和系统的深入讨论，为研究中国人口与劳动问题提供了一个专业性的视角。

世界经济黄皮书

2017 年世界经济形势分析与预测

张宇燕/主编　2017 年 1 月出版　定价：89.00 元

◆　本书由中国社会科学院世界经济与政治研究所的研究团队撰写，2016 年世界经济增速进一步放缓，就业增长放慢。世界经济面临许多重大挑战同时，地缘政治风险、难民危机、大国政治周期、恐怖主义等问题也仍然在影响世界经济的稳定与发展。预计 2017 年按 PPP 计算的世界 GDP 增长率约为 3.0%。

国际城市蓝皮书

国际城市发展报告（2017）

屠启宇/主编　2017 年 2 月出版　定价：79.00 元

◆　本书作者以上海社会科学院从事国际城市研究的学者团队为核心，汇集同济大学、华东师范大学、复旦大学、上海交通大学、南京大学、浙江大学相关城市研究专业学者。立足动态跟踪介绍国际城市发展时间中，最新出现的重大战略、重大理念、重大项目、重大报告和最佳案例。

金融蓝皮书

中国金融发展报告（2017）

王国刚/主编　2017 年 2 月出版　定价：79.00 元

◆　本书由中国社会科学院金融研究所组织编写，概括和分析了 2016 年中国金融发展和运行中的各方面情况，研讨和评论了 2016 年发生的主要金融事件，有利于读者了解掌握 2016 年中国的金融状况，把握 2017 年中国金融的走势。

农村绿皮书

中国农村经济形势分析与预测（2016～2017）

魏后凯　黄秉信／主编　　2017年4月出版　定价：79.00元

◆　本书描述了2016年中国农业农村经济发展的一些主要指标和变化，并对2017年中国农业农村经济形势的一些展望和预测，提出相应的政策建议。

西部蓝皮书

中国西部发展报告（2017）

徐璋勇／主编　2017年8月出版　定价：89.00元

◆　本书由西北大学中国西部经济发展研究中心主编，汇集了源自西部本土以及国内研究西部问题的权威专家的第一手资料，对国家实施西部大开发战略进行年度动态跟踪，并对2017年西部经济、社会发展态势进行预测和展望。

经济蓝皮书·夏季号

中国经济增长报告（2016～2017）

李扬／主编　　2017年5月出版　定价：98.00元

◆　中国经济增长报告主要探讨2016~2017年中国经济增长问题，以专业视角解读中国经济增长，力求将其打造成一个研究中国经济增长、服务宏微观各级决策的周期性、权威性读物。

就业蓝皮书

2017年中国本科生就业报告

麦可思研究院／编著　2017年6月出版　定价：98.00元

◆　本书基于大量的数据和调研，内容翔实，调查独到，分析到位，用数据说话，对中国大学生就业及学校专业设置起到了很好的建言献策作用。

社会政法类

社会政法类皮书聚焦社会发展领域的热点、难点问题，
提供权威、原创的资讯与视点

社会蓝皮书

2017年中国社会形势分析与预测

李培林　陈光金　张翼 / 主编　2016 年 12 月出版　定价：89.00 元

◆　本书由中国社会科学院社会学研究所组织研究机构专家、高校学者和政府研究人员撰写，聚焦当下社会热点，对 2016 年中国社会发展的各个方面内容进行了权威解读，同时对 2017 年社会形势发展趋势进行了预测。

法治蓝皮书

中国法治发展报告 No.15（2017）

李林　田禾 / 主编　2017 年 3 月出版　定价：118.00 元

◆　本年度法治蓝皮书回顾总结了 2016 年度中国法治发展取得的成就和存在的不足，对中国政府、司法、检务透明度进行了跟踪调研，并对 2017 年中国法治发展形势进行了预测和展望。

社会体制蓝皮书

中国社会体制改革报告 No.5（2017）

龚维斌 / 主编　2017 年 3 月出版　定价：89.00 元

◆　本书由国家行政学院社会治理研究中心和北京师范大学中国社会管理研究院共同组织编写，主要对 2016 年社会体制改革情况进行回顾和总结，对 2017 年的改革走向进行分析，提出相关政策建议。

社会心态蓝皮书
中国社会心态研究报告（2017）

王俊秀　杨宜音／主编　2017 年 12 月出版　估价：89.00 元

◆　本书是中国社会科学院社会学研究所社会心理研究中心 "社会心态蓝皮书课题组" 的年度研究成果，运用社会心理学、社会学、经济学、传播学等多种学科的方法进行了调查和研究，对于目前中国社会心态状况有较广泛和深入的揭示。

生态城市绿皮书
中国生态城市建设发展报告（2017）

刘举科　孙伟平　胡文臻／主编　2017 年 10 月出版　估价：118.00 元

◆　报告以绿色发展、循环经济、低碳生活、民生宜居为理念，以更新民众观念、提供决策咨询、指导工程实践、引领绿色发展为宗旨，试图探索一条具有中国特色的城市生态文明建设新路。

城市生活质量蓝皮书
中国城市生活质量报告（2017）

中国经济实验研究院／主编　2018 年 2 月出版　估价：89.00 元

◆　本书对全国 35 个城市居民的生活质量主观满意度进行了电话调查，同时对 35 个城市居民的客观生活质量指数进行了计算，为中国城市居民生活质量的提升，提出了针对性的政策建议。

公共服务蓝皮书
中国城市基本公共服务力评价（2017）

钟君　刘志昌　吴正杲／主编　2017 年 12 月出版　估价：89.00 元

◆　中国社会科学院经济与社会建设研究室与华图政信调查组成联合课题组，从 2010 年开始对基本公共服务力进行研究，研创了基本公共服务力评价指标体系，为政府考核公共服务与社会管理工作提供了理论工具。

行业报告类

行业报告类皮书立足重点行业、新兴行业领域，提供及时、前瞻的数据与信息

企业社会责任蓝皮书

中国企业社会责任研究报告（2017）

黄群慧 钟宏武 张蒽 翟利峰 / 著 2017 年 10 月出版 估价：89.00 元

◆ 本书剖析了中国企业社会责任在 2016～2017 年度的最新发展特征，详细解读了省域国有企业在社会责任方面的阶段性特征，生动呈现了国内外优秀企业的社会责任实践。对了解中国企业社会责任履行现状、未来发展，以及推动社会责任建设有重要的参考价值。

新能源汽车蓝皮书

中国新能源汽车产业发展报告（2017）

中国汽车技术研究中心 日产（中国）投资有限公司

东风汽车有限公司 / 编著 2017 年 8 月出版 定价：98.00 元

◆ 本书对中国 2016 年新能源汽车产业发展进行了全面系统的分析，并介绍了国外的发展经验。有助于相关机构、行业和社会公众等了解中国新能源汽车产业发展的最新动态，为政府部门出台新能源汽车产业相关政策法规、企业制定相关战略规划，提供必要的借鉴和参考。

杜仲产业绿皮书

中国杜仲橡胶资源与产业发展报告（2016～2017）

杜红岩 胡文臻 俞锐 / 主编 2017 年 11 月出版 估价：85.00 元

◆ 本书对 2016 年杜仲产业的发展情况、研究团队在杜仲研究方面取得的重要成果、部分地区杜仲产业发展的具体情况、杜仲新标准的制定情况等进行了较为详细的分析与介绍，使广大关心杜仲产业发展的读者能够及时跟踪产业最新进展。

企业蓝皮书

中国企业绿色发展报告 No.2（2017）

李红玉　朱光辉 / 主编　　2017 年 11 月出版　　估价：89.00 元

◆　本书深入分析中国企业能源消费、资源利用、绿色金融、绿色产品、绿色管理、信息化、绿色发展政策及绿色文化方面的现状，并对目前存在的问题进行研究，剖析因果，谋划对策，为企业绿色发展提供借鉴，为中国生态文明建设提供支撑。

中国上市公司蓝皮书

中国上市公司发展报告（2017）

张平　王宏淼 / 主编　　2017 年 9 月出版　　定价：98.00 元

◆　本书由中国社会科学院上市公司研究中心组织编写的，着力于全面、真实、客观反映当前中国上市公司财务状况和价值评估的综合性年度报告。本书详尽分析了 2016 年中国上市公司情况，特别是现实中暴露出的制度性、基础性问题，并对资本市场改革进行了探讨。

资产管理蓝皮书

中国资产管理行业发展报告（2017）

智信资产管理研究院 / 编著　　2017 年 7 月出版　　定价：98.00 元

◆　中国资产管理行业刚刚兴起，未来将成为中国金融市场最有看点的行业。本书主要分析了 2016 年度资产管理行业的发展情况，同时对资产管理行业的未来发展做出科学的预测。

体育蓝皮书

中国体育产业发展报告（2017）

阮伟　钟秉枢 / 主编　　2017 年 12 月出版　　估价：89.00 元

◆　本书运用多种研究方法，在体育竞赛业、体育用品业、体育场馆业、体育传媒业等传统产业研究的基础上，并对 2016 年体育领域内的各种热点事件进行研究和梳理，进一步拓宽了研究的广度、提升了研究的高度、挖掘了研究的深度。

国际问题类

国际问题类皮书关注全球重点国家与地区，
提供全面、独特的解读与研究

美国蓝皮书
美国研究报告（2017）

郑秉文　黄平／主编　2017 年 5 月出版　定价：89.00 元

◆　本书是由中国社会科学院美国研究所主持完成的研究成果，它回顾了美国 2016 年的经济、政治形势与外交战略，对 2017 年以来美国内政外交发生的重大事件及重要政策进行了较为全面的回顾和梳理。

日本蓝皮书
日本研究报告（2017）

杨伯江／主编　2017 年 6 月出版　定价：89.00 元

◆　本书对 2016 年日本的政治、经济、社会、外交等方面的发展情况做了系统介绍，对日本的热点及焦点问题进行了总结和分析，并在此基础上对该国 2017 年的发展前景做出预测。

亚太蓝皮书
亚太地区发展报告（2017）

李向阳／主编　2017 年 5 月出版　定价：79.00 元

◆　本书是中国社会科学院亚太与全球战略研究院的集体研究成果。2017 年的"亚太蓝皮书"继续关注中国周边环境的变化。该书盘点了 2016 年亚太地区的焦点和热点问题，为深入了解 2016 年及未来中国与周边环境的复杂形势提供了重要参考。

德国蓝皮书

德国发展报告（2017）

郑春荣 / 主编　2017 年 6 月出版　定价：79.00 元

◆　本报告由同济大学德国研究所组织编撰，由该领域的专家学者对德国的政治、经济、社会文化、外交等方面的形势发展情况，进行全面的阐述与分析。

日本经济蓝皮书

日本经济与中日经贸关系研究报告（2017）

张季风 / 编著　　2017 年 6 月出版　　定价：89.00 元

◆　本书系统、详细地介绍了 2016 年日本经济以及中日经贸关系发展情况，在进行了大量数据分析的基础上，对 2017 年日本经济以及中日经贸关系的大致发展趋势进行了分析与预测。

俄罗斯黄皮书

俄罗斯发展报告（2017）

李永全 / 编著　2017 年 6 月出版　定价：89.00 元

◆　本书系统介绍了 2016 年俄罗斯经济政治情况，并对 2016 年该地区发生的焦点、热点问题进行了分析与回顾；在此基础上，对该地区 2017 年的发展前景进行了预测。

非洲黄皮书

非洲发展报告 No.19（2016 ~ 2017）

张宏明 / 主编　2017 年 7 月出版　定价：89.00 元

◆　本书是由中国社会科学院西亚非洲研究所组织编撰的非洲形势年度报告，比较全面、系统地分析了 2016 年非洲政治形势和热点问题，探讨了非洲经济形势和市场走向，剖析了大国对非洲关系的新动向；此外，还介绍了国内非洲研究的新成果。

地方发展类

 地方发展类皮书关注中国各省份、经济区域，
提供科学、多元的预判与资政信息

北京蓝皮书

北京公共服务发展报告（2016~2017）

施昌奎 / 主编　2017 年 3 月出版　定价：79.00 元

◆　本书是由北京市政府职能部门的领导、首都著名高校的教授、知名研究机构的专家共同完成的关于北京市公共服务发展与创新的研究成果。

河南蓝皮书

河南经济发展报告（2017）

张占仓　完世伟 / 主编　2017 年 4 月出版　定价：79.00 元

◆　本书以国内外经济发展环境和走向为背景，主要分析当前河南经济形势，预测未来发展趋势，全面反映河南经济发展的最新动态、热点和问题，为地方经济发展和领导决策提供参考。

广州蓝皮书

2017 年中国广州经济形势分析与预测

魏明海　谢博能　李华 / 主编　2017 年 6 月出版　定价：85.00 元

◆　本书由广州大学与广州市委政策研究室、广州市统计局联合主编，汇集了广州科研团体、高等院校和政府部门诸多经济问题研究专家、学者和实际部门工作者的最新研究成果，是关于广州经济运行情况和相关专题分析、预测的重要参考资料。

文 化 传 媒 类

文化传媒类皮书透视文化领域、文化产业，
探索文化大繁荣、大发展的路径

新媒体蓝皮书

中国新媒体发展报告 No.8（2017）

唐绪军 / 主编　2017 年 6 月出版　定价：79.00 元

◆　本书是由中国社会科学院新闻与传播研究所组织编写的关于新媒体发展的最新年度报告，旨在全面分析中国新媒体的发展现状，解读新媒体的发展趋势，探析新媒体的深刻影响。

移动互联网蓝皮书

中国移动互联网发展报告（2017）

余清楚 / 主编　　2017 年 6 月出版　　定价：98.00 元

◆　本书着眼于对 2016 年度中国移动互联网的发展情况做深入解析，对未来发展趋势进行预测，力求从不同视角、不同层面全面剖析中国移动互联网发展的现状、年度突破及热点趋势等。

传媒蓝皮书

中国传媒产业发展报告（2017）

崔保国 / 主编　2017 年 5 月出版　定价：98.00 元

◆　"传媒蓝皮书"连续十多年跟踪观察和系统研究中国传媒产业发展。本报告在对传媒产业总体以及各细分行业发展状况与趋势进行深入分析基础上，对年度发展热点进行跟踪，剖析新技术引领下的商业模式，对传媒各领域发展趋势、内体经营、传媒投资进行解析，为中国传媒产业正在发生的变革提供前瞻行参考。

经济类

"三农"互联网金融蓝皮书
中国"三农"互联网金融发展报告（2017）
著(编)者：李勇坚 王弢　2017年8月出版 / 估价：98.00元
PSN B-2016-561-1/1

"一带一路"投资安全蓝皮书
中国"一带一路"投资与安全研究报告（2017）
著(编)者：邹统钎 梁昊光　2017年4月出版 / 定价：89.00元
PSN B-2017-612-1/1

G20国家创新竞争力黄皮书
二十国集团（G20）国家创新竞争力发展报告（2016~2017）
著(编)者：李建平 李闽榕 赵新力　周天勇
2017年8月出版 / 估价：158.00元
PSN Y-2011-229-1/1

产业蓝皮书
中国产业竞争力报告（2017）No.7
著(编)者：张其仔　2017年12月出版 / 估价：98.00元
PSN B-2010-175-1/1

城市创新蓝皮书
中国城市创新报告（2017）
著(编)者：周天勇 旷建伟　2017年11月出版 / 估价：89.00元
PSN B-2013-340-1/1

城市蓝皮书
中国城市发展报告 No.10
著(编)者：潘家华 单菁菁　2017年9月出版 / 估价：89.00元
PSN B-2007-091-1/1

城乡一体化蓝皮书
中国城乡一体化发展报告（2016～2017）
著(编)者：汝信 付崇兰　2017年7月出版 / 估价：85.00元
PSN B-2011-226-1/2

城镇化蓝皮书
中国新型城镇化健康发展报告（2017）
著(编)者：张占斌　2017年11月出版 / 估价：89.00元
PSN B-2014-396-1/1

创新蓝皮书
创新型国家建设报告（2016～2017）
著(编)者：詹正茂　2017年12月出版 / 估价：89.00元
PSN B-2009-140-1/1

创业蓝皮书
中国创业发展报告（2016～2017）
著(编)者：黄群慧 赵卫星 钟宏武等
2017年11月出版 / 估价：89.00元
PSN B-2016-578-1/1

低碳发展蓝皮书
中国低碳发展报告（2017）
著(编)者：张希良 齐晔　2017年6月出版 / 定价：79.00元
PSN B-2011-223-1/1

低碳经济蓝皮书
中国低碳经济发展报告（2017）
著(编)者：薛进军 赵忠秀　2017年7月出版 / 估价：85.00元
PSN B-2011-194-1/1

东北蓝皮书
中国东北地区发展报告（2017）
著(编)者：姜晓秋　2017年2月出版 / 定价：79.00元
PSN B-2006-067-1/1

发展与改革蓝皮书
中国经济发展和体制改革报告No.8
著(编)者：邹东涛 王再文　2017年7月出版 / 估价：98.00元
PSN B-2008-122-1/1

工业化蓝皮书
中国工业化进程报告（1999～2015）
著(编)者：黄群慧 李芳芳 等
2017年5月出版 / 定价：158.00元
PSN B-2007-095-1/1

管理蓝皮书
中国管理发展报告（2017）
著(编)者：张晓东　2017年10月出版 / 估价：98.00元
PSN B-2014-416-1/1

国际城市蓝皮书
国际城市发展报告（2017）
著(编)者：屠启宇　2017年2月出版 / 定价：79.00元
PSN B-2012-260-1/1

国家创新蓝皮书
中国创新发展报告（2017）
著(编)者：陈劲　2018年3月出版 / 估价：89.00元
PSN B-2014-370-1/1

金融蓝皮书
中国金融发展报告（2017）
著(编)者：王国刚　2017年2月出版 / 定价：79.00元
PSN B-2004-031-1/6

京津冀金融蓝皮书
京津冀金融发展报告（2017）
著(编)者：王爱俭 李向前
2017年7月出版 / 估价：89.00元
PSN B-2016-528-1/1

京津冀蓝皮书
京津冀发展报告（2017）
著(编)者：祝合良 叶堂林 张贵祥 等
2017年4月出版 / 估价：89.00元
PSN B-2012-262-1/1

经济蓝皮书
2017年中国经济形势分析与预测
著(编)者：李扬　2017年1月出版 / 定价：89.00元
PSN B-1996-001-1/1

经济蓝皮书·春季号
2017年中国经济前景分析
著(编)者：李扬　2017年5月出版 / 定价：79.00元
PSN B-1999-008-1/1

经济蓝皮书·夏季号
中国经济增长报告（2016～2017）
著(编)者：李扬　2017年9月出版 / 估价：98.00元
PSN B-2010-176-1/1

经济信息绿皮书
中国与世界经济发展报告（2017）
著(编)者：杜平　2017年12月出版 / 定价：89.00元
PSN G-2003-023-1/1

就业蓝皮书
2017年中国本科生就业报告
著(编)者：麦可思研究院　2017年6月出版 / 估价：98.00元
PSN B-2009-146-1/2

就业蓝皮书
2017年中国高职高专生就业报告
著(编)者：麦可思研究院　2017年6月出版 / 定价：98.00元
PSN B-2015-472-2/2

科普能力蓝皮书
中国科普能力评价报告（2017）
著(编)者：李富 强李群　2017年8月出版 / 估价：89.00元
PSN B-2016-556-1/1

临空经济蓝皮书
中国临空经济发展报告（2017）
著(编)者：连玉明　2017年9月出版 / 估价：89.00元
PSN B-2014-421-1/1

农村绿皮书
中国农村经济形势分析与预测（2016~2017）
著(编)者：魏后凯 黄秉信
2017年4月出版 / 定价：79.00元
PSN G-1998-003-1/1

农业应对气候变化蓝皮书
气候变化对中国农业影响评估报告 No.3
著(编)者：矫梅燕　2017年8月出版 / 估价：98.00元
PSN B-2014-413-1/1

气候变化绿皮书
应对气候变化报告（2017）
著(编)者：王伟光 郑国光　2017年11月出版 / 估价：89.00元
PSN G-2009-144-1/1

区域蓝皮书
中国区域经济发展报告（2016~2017）
著(编)者：赵弘　2017年5月出版 / 定价：79.00元
PSN B-2004-034-1/1

全球环境竞争力绿皮书
全球环境竞争力报告（2017）
著(编)者：李建平 李闽榕 王金南
2017年12月出版 / 估价：198.00元
PSN G-2013-363-1/1

人口与劳动绿皮书
中国人口与劳动问题报告 No.18
著(编)者：蔡昉 张车伟　2017年11月出版 / 估价：89.00元
PSN G-2000-012-1/1

商务中心区蓝皮书
中国商务中心区发展报告 No.3（2016）
著(编)者：李国红 单菁菁　2017年9月出版 / 估价：98.00元
PSN B-2015-444-1/1

世界经济黄皮书
2017年世界经济形势分析与预测
著(编)者：张宇燕　2017年1月出版 / 定价：89.00元
PSN Y-1999-006-1/1

世界旅游城市绿皮书
世界旅游城市发展报告（2017）
著(编)者：宋宇　2017年7月出版 / 估价：128.00元
PSN G-2014-400-1/1

土地市场蓝皮书
中国农村土地市场发展报告（2016~2017）
著(编)者：李光荣　2017年7月出版 / 估价：89.00元
PSN B-2016-527-1/1

西北蓝皮书
中国西北发展报告（2017）
著(编)者：任宗哲 白宽犁 王建康
2017年4月出版 / 定价：88.00元
PSN B-2012-261-1/1

西部蓝皮书
中国西部发展报告（2017）
著(编)者：徐璋勇　2017年8月出版 / 定价：89.00元
PSN B-2005-039-1/1

新型城镇化蓝皮书
新型城镇化发展报告（2017）
著(编)者：李伟 宋敏 沈体雁　2018年7月出版 / 估价：98.00元
PSN B-2014-431-1/1

新兴经济体蓝皮书
金砖国家发展报告（2017）
著(编)者：林跃勤 周文　2017年12月出版 / 估价：89.00元
PSN B-2011-195-1/1

长三角蓝皮书
2017年创新融合发展的长三角
著(编)者：王庆五　2018年3月出版 / 估价：88.00元
PSN B-2005-038-1/1

中部竞争力蓝皮书
中国中部经济社会竞争力报告（2017）
著(编)者：教育部人文社会科学重点研究基地
　　　　南昌大学中国中部经济社会发展研究中心
2017年12月出版 / 估价：89.00元
PSN B-2012-276-1/1

中部蓝皮书
中国中部地区发展报告（2017）
著(编)者：宋亚平　2017年12月出版 / 估价：88.00元
PSN B-2007-089-1/1

中国省域竞争力蓝皮书
中国省域经济综合竞争力发展报告（2017）
著(编)者：李建平 李闽榕 高燕京
2017年2月出版 / 估价：198.00元
PSN B-2007-088-1/1

中三角蓝皮书
长江中游城市群发展报告（2017）
著(编)者：秦尊文　2017年9月出版 / 估价：89.00元
PSN B-2014-417-1/1

中小城市绿皮书
中国中小城市发展报告（2017）
著(编)者：中国城市经济学会中小城市经济发展委员会
　　　　中国城镇化促进会中小城市发展委员会
　　　　《中国中小城市发展报告》编纂委员会
　　　　中小城市发展战略研究院
2017年11月出版 / 估价：128.00元
PSN G-2010-161-1/1

中原蓝皮书
中原经济区发展报告（2017）
著(编)者：李英杰　2017年7月出版 / 估价：88.00元
PSN B-2011-192-1/1

自贸区蓝皮书
中国自贸区发展报告（2017）
著(编)者：王力 黄育华　2017年6月出版 / 定价：89.00元
PSN B-2016-559-1/1

社会政法类

北京蓝皮书
中国社区发展报告（2017）
著(编)者：于燕燕　2018年4月出版 / 估价：89.00元
PSN B-2007-083-5/8

殡葬绿皮书
中国殡葬事业发展报告（2017）
著(编)者：李伯森　2017年11月出版 / 估价：158.00元
PSN G-2010-180-1/1

城市管理蓝皮书
中国城市管理报告（2016~2017）
著(编)者：刘林 刘承水　2017年7月出版 / 估价：158.00元
PSN B-2013-336-1/1

城市生活质量蓝皮书
中国城市生活质量报告（2017）
著(编)者：中国经济实验研究院
2018年2月出版 / 估价：89.00元
PSN B-2013-326-1/1

城市政府能力蓝皮书
中国城市政府公共服务能力评估报告（2017）
著(编)者：何艳玲　2017年7月出版 / 估价：89.00元
PSN B-2013-338-1/1

慈善蓝皮书
中国慈善发展报告（2017）
著(编)者：杨团　2017年6月出版 / 定价：98.00元
PSN B-2009-142-1/1

党建蓝皮书
党的建设研究报告 No.2（2017）
著(编)者：崔建民 陈东平　2017年7月出版 / 估价：89.00元
PSN B-2016-524-1/1

地方法治蓝皮书
中国地方法治发展报告 No.3（2017）
著(编)者：李林 田禾　2017年7出版 / 估价：108.00元
PSN B-2015-442-1/1

法治蓝皮书
中国法治发展报告 No.15（2017）
著(编)者：李林 田禾　2017年3月出版 / 定价：118.00元
PSN B-2004-027-1/1

法治政府蓝皮书
中国法治政府发展报告（2017）
著(编)者：中国政法大学法治政府研究院
2018年4月出版 / 估价：98.00元
PSN B-2015-502-1/2

法治政府蓝皮书
中国法治政府评估报告（2017）
著(编)者：中国政法大学法治政府研究院
2017年11月出版 / 估价：98.00元
PSN B-2016-577-2/2

法治蓝皮书
中国法院信息化发展报告 No.1（2017）
著(编)者：李林 田禾　2017年2月出版 / 定价：108.00元
PSN B-2017-604-3/3

反腐倡廉蓝皮书
中国反腐倡廉建设报告 No.7
著(编)者：张英伟　2017年12月出版 / 估价：89.00元
PSN B-2012-259-1/1

非传统安全蓝皮书
中国非传统安全研究报告（2016~2017）
著(编)者：余潇枫 魏志江　2017年7月出版 / 估价：89.00元
PSN B-2012-273-1/1

妇女发展蓝皮书
中国妇女发展报告 No.7
著(编)者：王金玲　2017年9月出版 / 估价：148.00元
PSN B-2006-069-1/1

妇女教育蓝皮书
中国妇女教育发展报告 No.4
著(编)者：张李玺　2017年10月出版 / 估价：78.00元
PSN B-2008-121-1/1

妇女绿皮书
中国性别平等与妇女发展报告（2017）
著(编)者：谭琳　2017年12月出版 / 估价：99.00元
PSN G-2006-073-1/1

公共服务蓝皮书
中国城市基本公共服务力评价（2017）
著(编)者：钟君 刘志昌 吴正杲　2017年12月出版 / 估价：89.0
PSN B-2011-214-1/1

公民科学素质蓝皮书
中国公民科学素质报告（2016~2017）
著(编)者：李群 陈雄 马宗文
2017年7月出版 / 估价：89.00元
PSN B-2014-379-1/1

公共关系蓝皮书
中国公共关系发展报告（2017）
著(编)者：柳斌杰　2017年11月出版 / 估价：89.00元
PSN B-2016-580-1/1

公益蓝皮书
中国公益慈善发展报告（2017）
著(编)者：朱健刚　2018年4月出版 / 估价：118.00元
PSN B-2012-283-1/1

国际人才蓝皮书
中国国际移民报告（2017）
著(编)者：王辉耀　2017年7月出版 / 估价：89.00元
PSN B-2012-304-3/4

国际人才蓝皮书
中国留学发展报告（2017）No.5
著(编)者：王辉耀 苗绿　2017年10月出版 / 估价：89.00元
PSN B-2012-244-2/4

海关发展蓝皮书
中国海关发展前沿报告
著(编)者：于春晖　2017年6月出版 / 定价：89.00元
PSN B-2017-616-1/1

海洋社会蓝皮书
中国海洋社会发展报告（2017）
著(编)者：崔凤 宋宁而　　2018年3月出版 / 估价：89.00元
PSN B-2015-478-1/1

行政改革蓝皮书
中国行政体制改革报告（2017）No.6
著(编)者：魏礼群　　2017年7月出版 / 估价：98.00元
PSN B-2011-231-1/1

华侨华人蓝皮书
华侨华人研究报告（2017）
著(编)者：贾益民　　2017年12月出版 / 估价：128.00元
PSN B-2011-204-1/1

环境竞争力绿皮书
中国省域环境竞争力发展报告（2017）
著(编)者：李建平 李闽榕 王金南
2017年11月出版 / 估价：198.00元
PSN G-2010-165-1/1

环境绿皮书
中国环境发展报告（2016~2017）
著(编)者：李波　　2017年4月出版 / 定价：89.00元
PSN G-2006-048-1/1

基金会蓝皮书
中国基金会发展报告（2016~2017）
著(编)者：中国基金会发展报告课题组
2017年7月出版 / 估价：85.00元
PSN B-2013-368-1/1

基金会绿皮书
中国基金会发展独立研究报告（2017）
著(编)者：基金会中心网 中央民族大学基金会研究中心
2017年7月出版 / 估价：88.00元
PSN G-2011-213-1/1

基金会透明度蓝皮书
中国基金会透明度发展研究报告（2017）
著(编)者：基金会中心网 清华大学廉政与治理研究中心
2017年12月出版 / 估价：89.00元
PSN B-2015-509-1/1

家庭蓝皮书
中国"创建幸福家庭活动"评估报告（2017）
国务院发展研究中心"创建幸福家庭活动评估"课题组著
2017年8月出版 / 估价：89.00元
PSN B-2015-508-1/1

健康城市蓝皮书
中国健康城市建设研究报告（2017）
著(编)者：王鸿春 解树江 盛继洪
2017年9月出版 / 估价：89.00元
PSN B-2016-565-2/2

健康中国蓝皮书
社区首诊与健康中国分析报告（2017）
著(编)者：高和荣 杨叔禹 姜杰
2017年4月出版 / 定价：99.00元
PSN B-2017-611-1/1

教师蓝皮书
中国中小学教师发展报告（2017）
著(编)者：曾晓东 鱼霞　　2017年7月出版 / 估价：89.00元
PSN B-2012-289-1/1

教育蓝皮书
中国教育发展报告（2017）
著(编)者：杨东平　　2017年4月出版 / 定价：89.00元
PSN B-2006-047-1/1

京津冀教育蓝皮书
京津冀教育发展研究报告（2016~2017）
著(编)者：方中雄　　2017年4月出版 / 定价：98.00元
PSN B-2017-608-1/1

科普蓝皮书
国家科普能力发展报告（2016~2017）
著(编)者：王康友　　2017年5月出版 / 定价：128.00元
PSN B-2017-631-1/1

科普蓝皮书
中国基层科普发展报告（2016~2017）
著(编)者：赵立 新陈玲　　2017年9月出版 / 估价：89.00元
PSN B-2016-569-3/3

科普蓝皮书
中国科普基础设施发展报告（2017）
著(编)者：任福君　　2017年7月出版 / 估价：89.00元
PSN B-2010-174-1/3

科普蓝皮书
中国科普人才发展报告（2017）
著(编)者：郑念 任嵘嵘　　2017年7月出版 / 估价：98.00元
PSN B-2015-512-2/3

科学教育蓝皮书
中国科学教育发展报告（2017）
著(编)者：罗晖 王康友　　2017年10月出版 / 估价：89.00元
PSN B-2015-487-1/1

劳动保障蓝皮书
中国劳动保障发展报告（2017）
著(编)者：刘燕斌　　2017年9月出版 / 估价：188.00元
PSN B-2014-415-1/1

老龄蓝皮书
中国老年宜居环境发展报告（2017）
著(编)者：党俊武 周燕珉　　2017年11月出版 / 估价：89.00元
PSN B-2013-320-1/1

连片特困区蓝皮书
中国连片特困区发展报告（2016~2017）
著(编)者：游俊 冷志明 丁建军
2017年4月出版 / 定价：98.00元
PSN B-2013-321-1/1

流动儿童蓝皮书
中国流动儿童教育发展报告（2016）
著(编)者：杨东平　　2017年1月出版 / 定价：79.00元
PSN B-2017-600-1/1

民调蓝皮书
中国民生调查报告（2017）
著(编)者：谢耘耕　2017年12月出版 / 估价：98.00元
PSN B-2014-398-1/1

民族发展蓝皮书
中国民族发展报告（2017）
著(编)者：郝时远 王延中 王希恩
2017年4月出版 / 估价：98.00元
PSN B-2006-070-1/1

女性生活蓝皮书
中国女性生活状况报告 No.11（2017）
著(编)者：韩湘景　2017年10月出版 / 估价：98.00元
PSN B-2006-071-1/1

汽车社会蓝皮书
中国汽车社会发展报告（2017）
著(编)者：王俊秀　2017年12月出版 / 估价：89.00元
PSN B-2011-224-1/1

青年蓝皮书
中国青年发展报告（2017）No.3
著(编)者：廉思 等　2017年12月出版 / 估价：89.00元
PSN B-2013-333-1/1

青少年蓝皮书
中国未成年人互联网运用报告（2017）
著(编)者：李文革 沈洁 李为民
2017年11月出版 / 估价：89.00元
PSN B-2010-165-1/1

青少年体育蓝皮书
中国青少年体育发展报告（2017）
著(编)者：郭建军 戴健　2017年9月出版 / 估价：89.00元
PSN B-2015-482-1/1

群众体育蓝皮书
中国群众体育发展报告（2017）
著(编)者：刘国永 杨桦　2017年12月出版 / 估价：89.00元
PSN B-2016-519-2/3

人权蓝皮书
中国人权事业发展报告 No.7（2017）
著(编)者：李君如　2017年9月出版 / 估价：98.00元
PSN B-2011-215-1/1

社会保障绿皮书
中国社会保障发展报告（2017）No.8
著(编)者：王延中　2017年7月出版 / 估价：98.00元
PSN G-2001-014-1/1

社会风险评估蓝皮书
风险评估与危机预警评估报告（2017）
著(编)者：唐钧　2017年11月出版 / 估价：85.00元
PSN B-2016-521-1/1

社会管理蓝皮书
中国社会管理创新报告 No.5
著(编)者：连玉明　2017年11月出版 / 估价：89.00元
PSN B-2012-300-1/1

社会蓝皮书
2017年中国社会形势分析与预测
著(编)者：李培林 陈光金 张翼
2016年12月出版 / 定价：89.00元
PSN B-1998-002-1/1

社会体制蓝皮书
中国社会体制改革报告No.5（2017）
著(编)者：龚维斌　2017年3月出版 / 定价：89.00元
PSN B-2013-330-1/1

社会心态蓝皮书
中国社会心态研究报告（2017）
著(编)者：王俊秀 杨宜音　2017年12月出版 / 估价：89.00元
PSN B-2011-199-1/1

社会组织蓝皮书
中国社会组织发展报告（2016~2017）
著(编)者：黄晓勇　2017年1月出版 / 定价：89.00元
PSN B-2008-118-1/2

社会组织蓝皮书
中国社会组织评估发展报告（2017）
著(编)者：徐家良 廖鸿　2017年12月出版 / 估价：89.00元
PSN B-2013-366-1/1

生态城市绿皮书
中国生态城市建设发展报告（2017）
著(编)者：刘举科 孙伟平 胡文臻
2017年9月出版 / 定价：118.00元
PSN G-2012-269-1/1

生态文明绿皮书
中国省域生态文明建设评价报告（ECI 2017）
著(编)者：严耕　2017年12月出版 / 估价：98.00元
PSN G-2010-170-1/1

土地整治蓝皮书
中国土地整治发展研究报告 No.4
著(编)者：国土资源部土地整治中心
2017年7月出版 / 定价：89.00元
PSN B-2014-401-1/1

土地政策蓝皮书
中国土地政策研究报告（2017）
著(编)者：高延利 李宪文
2017年12月出版 / 定价：89.00元
PSN B-2015-506-1/1

退休生活蓝皮书
中国城市居民退休生活质量指数报告（2016）
著(编)者：杨一凡　2017年5月出版 / 定价：79.00元
PSN B-2017-618-1/1

遥感监测绿皮书
中国可持续发展遥感监测报告（2016）
著(编)者：顾行发 李闽榕 徐东华
2017年6月出版 / 定价：298.00元
PSN B-2017-629-1/1

医改蓝皮书
中国医药卫生体制改革报告（2017）
著(编)者：文学国　房志武　2017年11月出版 / 估价：98.00元
PSN B-2014-432-1/1

医疗卫生绿皮书
中国医疗卫生发展报告No.7（2017）
著(编)者：申宝忠 韩玉珍　2017年11月出版 / 估价：85.00元
PSN G-2004-033-1/1

应急管理蓝皮书
中国应急管理报告（2017）
著(编)者：宋英华　2017年9月出版 / 估价：98.00元
PSN B-2016-563-1/1

政治参与蓝皮书
中国政治参与报告（2017）
著(编)者：房宁　2017年8月出版 / 定价：118.00元
PSN B-2011-200-1/1

宗教蓝皮书
中国宗教报告（2016）
著(编)者：邱永辉　2017年8月出版 / 定价：79.00元
PSN B-2008-117-1/1

行业报告类

SUV蓝皮书
中国SUV市场发展报告（2016~2017）
著(编)者：靳军　2017年9月出版 / 估价：89.00元
PSN B-2016-572-1/1

保健蓝皮书
中国保健服务产业发展报告No.2
著(编)者：中国保健协会 中共中央党校
2017年7月出版 / 估价：198.00元
PSN B-2012-272-3/3

保健蓝皮书
中国保健食品产业发展报告No.2
著(编)者：中国保健协会
　　　　中国社会科学院食品药品产业发展与监管研究中心
2017年7月出版 / 估价：198.00元
PSN B-2012-271-2/3

保健蓝皮书
中国保健用品产业发展报告No.2
著(编)者：中国保健协会
　　　　国务院国有资产监督管理委员会研究中心
2017年7月出版 / 估价：198.00元
PSN B-2012-270-1/3

保险蓝皮书
中国保险业竞争力报告（2017）
著(编)者：保监会　2017年12月出版 / 估价：99.00元
PSN B-2013-311-1/1

冰雪蓝皮书
中国滑雪产业发展报告（2017）
著(编)者：孙承华 伍斌 魏庆华 张鸿俊
　2017年9月出版 / 定价：79.00元
PSN B-2016-560-1/1

彩票蓝皮书
中国彩票发展报告（2017）
著(编)者：益彩基金　2017年7月出版 / 估价：98.00元
PSN B-2015-462-1/1

餐饮产业蓝皮书
中国餐饮产业发展报告（2017）
著(编)者：邢颖　2017年6月出版 / 定价：98.00元
PSN B-2009-151-1/1

测绘地理信息蓝皮书
新常态下的测绘地理信息研究报告（2017）
著(编)者：库热西·买合苏提
2017年12月出版 / 估价：118.00元
PSN B-2009-145-1/1

茶业蓝皮书
中国茶产业发展报告（2017）
著(编)者：杨江帆 李闽榕　2017年10月出版 / 估价：88.00元
PSN B-2010-164-1/1

产权市场蓝皮书
中国产权市场发展报告（2016~2017）
著(编)者：曹和平　2017年5月出版 / 估价：89.00元
PSN B-2009-147-1/1

产业安全蓝皮书
中国出版传媒产业安全报告（2016~2017）
著(编)者：北京印刷学院文化产业安全研究院
2017年7月出版 / 估价：89.00元
PSN B-2014-384-13/14

产业安全蓝皮书
中国文化产业安全报告（2017）
著(编)者：北京印刷学院文化产业安全研究院
2017年12月出版 / 估价：89.00元
PSN B-2014-378-12/14

产业安全蓝皮书
中国新媒体产业安全报告（2017）
著（编）者：肖丽
2018年6月出版 / 估价：89.00元
PSN B-2015-500-14/14

城投蓝皮书
中国城投行业发展报告（2017）
著（编）者：王晨艳 丁伯康　2017年9月出版 / 定价：300.00元
PSN B-2016-514-1/1

电子政务蓝皮书
中国电子政务发展报告（2016~2017）
著（编）者：李季 杜平　2017年7月出版 / 估价：89.00元
PSN B-2003-022-1/1

大数据蓝皮书
中国大数据发展报告No.1
著（编）者：连玉明　2017年5月出版 / 定价：79.00元
PSN B-2017-620-1/1

杜仲产业绿皮书
中国杜仲橡胶资源与产业发展报告（2016~2017）
著（编）者：杜红岩 胡文臻 俞锐
2017年11月出版 / 估价：85.00元
PSN G-2013-350-1/1

对外投资与风险蓝皮书
中国对外直接投资与国家风险报告（2017）
著（编）者：中债资信评估有限公司
　　　　　 中国社科院世界经济与政治研究所
2017年4月出版 / 定价：189.00元
PSN B-2017-606-1/1

房地产蓝皮书
中国房地产发展报告 No.14（2017）
著（编）者：李春华 王业强　2017年5月出版 / 定价：89.00元
PSN B-2004-028-1/1

服务外包蓝皮书
中国服务外包产业发展报告（2017）
著（编）者：王晓红 刘德军
2017年7月出版 / 估价：89.00元
PSN B-2013-331-2/2

服务外包蓝皮书
中国服务外包竞争力报告（2017）
著（编）者：王力 刘春生 黄育华
2017年11月出版 / 估价：85.00元
PSN B-2011-216-1/2

工业和信息化蓝皮书
世界网络安全发展报告（2016~2017）
著（编）者：尹丽波　2017年6月出版 / 定价：89.00元
PSN B-2015-452-5/6

工业和信息化蓝皮书
世界信息化发展报告（2016~2017）
著（编）者：尹丽波　2017年6月出版 / 定价：89.00元
PSN B-2015-451-4/6

工业和信息化蓝皮书
世界信息技术产业发展报告（2016~2017）
著（编）者：尹丽波　2017年6月出版 / 定价：89.00元
PSN B-2015-449-2/6

工业和信息化蓝皮书
移动互联网产业发展报告（2016~2017）
著（编）者：尹丽波　2017年6月出版 / 定价：89.00元
PSN B-2015-448-1/6

工业和信息化蓝皮书
战略性新兴产业发展报告（2016~2017）
著（编）者：尹丽波　2017年6月出版 / 定价：89.00元
PSN B-2015-450-3/6

工业和信息化蓝皮书
世界智慧城市发展报告（2016~2017）
著（编）者：尹丽波　2017年6月出版 / 定价：89.00元
PSN B-2017-624-6/6

工业和信息化蓝皮书
人工智能发展报告（2016~2017）
著（编）者：尹丽波　2017年6月出版 / 定价：89.00元
PSN B-2015-448-1/6

工业设计蓝皮书
中国工业设计发展报告（2017）
著（编）者：王晓红 于炜 张立群
2017年9月出版 / 定价：138.00元
PSN B-2014-420-1/1

黄金市场蓝皮书
中国商业银行黄金业务发展报告（2016~2017）
著（编）者：平安银行　2017年7月出版 / 估价：98.00元
PSN B-2016-525-1/1

互联网金融蓝皮书
中国互联网金融发展报告（2017）
著（编）者：李东荣　2017年9月出版 / 定价：128.00元
PSN B-2014-374-1/1

互联网医疗蓝皮书
中国互联网健康医疗发展报告（2017）
著（编）者：芮晓武　2017年6月出版 / 定价：89.00元
PSN B-2016-568-1/1

会展蓝皮书
中外会展业动态评估年度报告（2017）
著（编）者：张敏　2017年7月出版 / 定价：88.00元
PSN B-2013-327-1/1

金融监管蓝皮书
中国金融监管报告（2017）
著（编）者：胡滨　2017年5月出版 / 定价：89.00元
PSN B-2012-281-1/1

金融信息服务蓝皮书
中国金融信息服务发展报告（2017）
著（编）者：李平　2017年5月出版 / 定价：79.00元
PSN B-2017-621-1/1

金融蓝皮书
中国金融中心发展报告（2017）
著（编）者：王力 黄育华　2017年11月出版 / 估价：85.00元
PSN B-2011-186-6/6

建筑装饰蓝皮书
中国建筑装饰行业发展报告（2017）
著（编）者：刘晓一 葛道顺　2017年11月出版 / 估价：198.00元
PSN B-2016-554-1/1

客车蓝皮书
中国客车产业发展报告（2016~2017）
著（编）者：姚蔚　2017年10月出版／估价：85.00元
PSN B-2013-361-1/1

旅游安全蓝皮书
中国旅游安全报告（2017）
著（编）者：郑向敏 谢朝武　2017年5月出版／定价：128.00元
PSN B-2012-280-1/1

旅游绿皮书
2016~2017年中国旅游发展分析与预测
著（编）者：宋瑞　2017年2月出版／定价：89.00元
PSN G-2002-018-1/1

煤炭蓝皮书
中国煤炭工业发展报告（2017）
著（编）者：岳福斌　2017年12月出版／估价：85.00元
PSN B-2008-123-1/1

民营企业社会责任蓝皮书
中国民营企业社会责任报告（2017）
著（编）者：中华全国工商业联合会
2017年12月出版／估价：89.00元
PSN B-2015-510-1/1

民营医院蓝皮书
中国民营医院发展报告（2017）
著（编）者：庄一强　2017年10月出版／估价：85.00元
PSN B-2012-299-1/1

闽商蓝皮书
闽商发展报告（2017）
著（编）者：李闽榕 王日根 林琛
2017年12月出版／估价：89.00元
PSN B-2012-298-1/1

能源蓝皮书
中国能源发展报告（2017）
著（编）者：崔民选 王军生 陈义和
2017年10月出版／估价：98.00元
PSN B-2006-049-1/1

农产品流通蓝皮书
中国农产品流通产业发展报告（2017）
著（编）者：贾敬敦 张东科 张玉玺 张鹏毅 周伟
2017年7月出版／估价：89.00元
PSN B-2012-288-1/1

企业公益蓝皮书
中国企业公益研究报告（2017）
著（编）者：钟宏武 汪杰 顾一 黄晓娟 等
2017年12月出版／估价：89.00元
PSN B-2015-501-1/1

企业国际化蓝皮书
中国企业国际化报告（2017）
著（编）者：王辉耀　2017年11月出版／估价：98.00元
PSN B-2014-427-1/1

企业蓝皮书
中国企业绿色发展报告No.2（2017）
著（编）者：李红玉 李光辉　2017年11月出版／估价：89.00元
PSN B-2015-481-2/2

企业社会责任蓝皮书
中国企业社会责任研究报告（2017）
著（编）者：黄群慧 钟宏武 张蒽 翟利峰
2017年11月出版／估价：89.00元
PSN B-2009-149-1/1

企业社会责任蓝皮书
中资企业海外社会责任研究报告（2016~2017）
著（编）者：钟宏武 叶柳红 张蒽
2017年1月出版／定价：79.00元
PSN B-2017-603-2/2

汽车安全蓝皮书
中国汽车安全发展报告（2017）
著（编）者：中国汽车技术研究中心
2017年7月出版／估价：89.00元
PSN B-2014-385-1/1

汽车电子商务蓝皮书
中国汽车电子商务发展报告（2017）
著（编）者：中华全国工商业联合会汽车经销商商会
　　　　　北京易观智库网络科技有限公司
2017年10月出版／估价：128.00元
PSN B-2015-485-1/1

汽车工业蓝皮书
中国汽车工业发展年度报告（2017）
著（编）者：中国汽车工业协会 中国汽车技术研究中心
　　　　　丰田汽车（中国）投资有限公司
2017年5月出版／定价：128.00元
PSN B-2015-463-1/2

汽车工业蓝皮书
中国汽车零部件产业发展报告（2017）
著（编）者：中国汽车工业协会 中国汽车工程研究院
2017年7月出版／估价：98.00元
PSN B-2016-515-2/2

汽车蓝皮书
中国汽车产业发展报告（2017）
著（编）者：国务院发展研究中心产业经济研究部
　　　　　中国汽车工程学会 大众汽车集团（中国）
2017年8月出版／估价：98.00元
PSN B-2008-124-1/1

人力资源蓝皮书
中国人力资源发展报告（2017）
著（编）者：余兴安　2017年11月出版／估价：89.00元
PSN B-2012-287-1/1

融资租赁蓝皮书
中国融资租赁业发展报告（2016~2017）
著（编）者：李光荣 王力　2017年11月出版／估价：89.00元
PSN B-2015-443-1/1

商会蓝皮书
中国商会发展报告No.5（2017）
著（编）者：王钦敏　2017年7月出版／估价：89.00元
PSN B-2008-125-1/1

输血服务蓝皮书
中国输血行业发展报告（2017）
著（编）者：朱永明 耿鸿武　2016年12月出版／估价：89.00元
PSN B-2016-583-1/1

社会责任管理蓝皮书
中国上市公司社会责任能力成熟度报告（2017）No.2
著(编)者：肖红军　王晓光　李伟阳
2017年12月出版 / 估价：98.00元
PSN B-2015-507-2/2

社会责任管理蓝皮书
中国企业公众透明度报告(2017)No.3
著(编)者：黄速建　熊梦　王晓光　肖红军
2017年4月出版 / 估价：98.00元
PSN B-2015-440-1/2

食品药品蓝皮书
食品药品安全与监管政策研究报告（2016~2017）
著(编)者：唐民皓　2017年7月出版 / 估价：89.00元
PSN B-2009-129-1/1

世界茶业蓝皮书
世界茶业发展报告（2017）
著(编)者：李闽榕　冯廷栓　2017年5月出版 / 定价：118.00元
PSN B-2017-619-1/1

世界能源蓝皮书
世界能源发展报告（2017）
著(编)者：黄晓勇　2017年6月出版 / 定价：99.00元
PSN B-2013-349-1/1

水利风景区蓝皮书
中国水利风景区发展报告（2017）
著(编)者：谢婵才　兰思仁　2017年7月出版 / 估价：89.00元
PSN B-2015-480-1/1

碳市场蓝皮书
中国碳市场报告（2017）
著(编)者：定金彪　2017年11月出版 / 估价：89.00元
PSN B-2014-430-1/1

体育蓝皮书
中国体育产业发展报告（2017）
著(编)者：阮伟　钟秉枢　2017年12月出版 / 估价：89.00元
PSN B-2010-179-1/5

体育蓝皮书
中国体育产业基地发展报告（2015~2016）
著(编)者：李颖川　2017年4月出版 / 定价：89.00元
PSN B-2017-609-5/5

网络空间安全蓝皮书
中国网络空间安全发展报告（2017）
著(编)者：惠志斌　唐涛　2017年7月出版 / 估价：89.00元
PSN B-2015-466-1/1

西部金融蓝皮书
中国西部金融发展报告（2017）
著(编)者：李忠民　2017年8月出版 / 估价：85.00元
PSN B-2010-160-1/1

协会商会蓝皮书
中国行业协会商会发展报告（2017）
著(编)者：景朝阳　李勇　2017年7月出版 / 估价：99.00元
PSN B-2015-461-1/1

新能源汽车蓝皮书
中国新能源汽车产业发展报告（2017）
著(编)者：中国汽车技术研究中心
　　　　　日产（中国）投资有限公司　东风汽车有限公司
2017年7月出版 / 估价：98.00元
PSN B-2013-347-1/1

新三板蓝皮书
中国新三板市场发展报告（2017）
著(编)者：王力　　2017年7月出版 / 估价：89.00元
PSN B-2016-534-1/1

信托市场蓝皮书
中国信托业市场报告（2016~2017）
著(编)者：用益信托研究院
2017年1月出版 / 定价：198.00元
PSN B-2014-371-1/1

信息化蓝皮书
中国信息化形势分析与预测（2016~2017）
著(编)者：周宏仁　2017年8月出版 / 估价：98.00元
PSN B-2010-168-1/1

信用蓝皮书
中国信用发展报告（2017）
著(编)者：章政　田侃　2017年7月出版 / 估价：99.00元
PSN B-2013-328-1/1

休闲绿皮书
2017年中国休闲发展报告
著(编)者：宋瑞　　2017年10月出版 / 估价：89.00元
PSN G-2010-158-1/1

休闲体育蓝皮书
中国休闲体育发展报告（2016~2017）
著(编)者：李相如　钟炳枢　　2017年10月出版 / 估价：89.00元
PSN G-2016-516-1/1

养老金融蓝皮书
中国养老金融发展报告（2017）
著(编)者：董克用　姚余栋
2017年9月出版 / 定价：89.00元
PSN B-2016-584-1/1

药品流通蓝皮书
中国药品流通行业发展报告（2017）
著(编)者：佘鲁林　温再兴　2017年8月出版 / 估价：158.00元
PSN B-2014-429-1/1

医院蓝皮书
中国医院竞争力报告（2017）
著(编)者：庄一强　曾益新　2017年3月出版 / 定价：108.00元
PSN B-2016-529-1/1

瑜伽蓝皮书
中国瑜伽业发展报告（2016~2017）
著(编)者：张永建　徐华锋　朱泰余
2017年3月出版 / 定价：108.00元
PSN B-2017-675-1/1

邮轮绿皮书
中国邮轮产业发展报告（2017）
著(编)者：汪泓　2017年10月出版 / 估价：89.00元
PSN G-2014-419-1/1

智能养老蓝皮书
中国智能养老产业发展报告（2017）
著(编)者：朱勇　2017年10月出版 / 估价：89.00元
PSN B-2015-488-1/1

债券市场蓝皮书
中国债券市场发展报告（2016~2017）
著(编)者：杨农　2017年10月出版 / 估价：89.00元
PSN B-2016-573-1/1

中国节能汽车蓝皮书
中国节能汽车发展报告（2016~2017）
著(编)者：中国汽车工程研究院股份有限公司
2017年9月出版 / 估价：98.00元
PSN B-2016-566-1/1

中国上市公司蓝皮书
中国上市公司发展报告（2017）
著(编)者：张平　王宏淼
2017年9月出版 / 定价：98.00元
PSN B-2014-414-1/1

中国陶瓷产业蓝皮书
中国陶瓷产业发展报告（2017）
著(编)者：左和平　黄速建　2017年10月出版 / 估价：98.00元
PSN B-2016-574-1/1

中医药蓝皮书
中国中医药知识产权发展报告No.1
著(编)者：汪红　屠志涛　2017年4月出版 / 定价：158.00元
PSN B-2016-574-1/1

中国总部经济蓝皮书
中国总部经济发展报告（2016~2017）
著(编)者：赵弘　2017年9月出版 / 估价：89.00元
PSN B-2005-036-1/1

中医文化蓝皮书
中国中医药文化传播发展报告（2017）
著(编)者：毛嘉陵　2017年7月出版 / 估价：89.00元
PSN B-2015-468-1/1

装备制造业蓝皮书
中国装备制造业发展报告（2017）
著(编)者：徐东华　2017年12月出版 / 估价：148.00元
PSN B-2015-505-1/1

资本市场蓝皮书
中国场外交易市场发展报告（2016~2017）
著(编)者：高峦　2017年7月出版 / 估价：89.00元
PSN B-2009-153-1/1

资产管理蓝皮书
中国资产管理行业发展报告（2017）
著(编)者：智信资产管理研究院
2017年7月出版 / 定价：98.00元
PSN B-2014-407-2/2

文化传媒类

传媒竞争力蓝皮书
中国传媒国际竞争力研究报告（2017）
著(编)者：李本乾　刘强
2017年11月出版 / 估价：148.00元
PSN B-2013-356-1/1

传媒蓝皮书
中国传媒产业发展报告（2017）
著(编)者：崔保国　2017年5月出版 / 定价：98.00元
PSN B-2005-035-1/1

传媒投资蓝皮书
中国传媒投资发展报告（2017）
著(编)者：张向东　谭云明
2017年7月出版 / 估价：128.00元
PSN B-2015-474-1/1

动漫蓝皮书
中国动漫产业发展报告（2017）
著(编)者：卢斌　郑玉明　牛兴侦
2017年9月出版 / 估价：89.00元
PSN B-2011-198-1/1

非物质文化遗产蓝皮书
中国非物质文化遗产发展报告（2017）
著(编)者：陈平　2017年7月出版 / 估价：98.00元
PSN B-2015-469-1/1

广电蓝皮书
中国广播电影电视发展报告（2017）
著(编)者：国家新闻出版广电总局发展研究中心
2017年7月出版 / 估价：98.00元
PSN B-2006-072-1/1

广告主蓝皮书
中国广告主营销传播趋势报告No.9
著(编)者：黄升民　杜国清　邵华冬　等
2017年10月出版 / 估价：148.00元
PSN B-2005-041-1/1

国际传播蓝皮书
中国国际传播发展报告（2017）
著(编)者：胡正荣　李继东　姬德强
2017年11月出版 / 估价：89.00元
PSN B-2014-408-1/1

国家形象蓝皮书
中国国家形象传播报告（2016）
著(编)者：张昆　2017年3月出版 / 定价：98.00元
PSN B-2017-605-1/1

纪录片蓝皮书
中国纪录片发展报告（2017）
著(编)者：何苏六　2017年9月出版 / 估价：89.00元
PSN B-2011-222-1/1

科学传播蓝皮书
中国科学传播报告（2017）
著(编)者：詹正茂　2017年7月出版 / 估价：89.00元
PSN B-2008-120-1/1

两岸创意经济蓝皮书
两岸创意经济研究报告（2017）
著(编)者：罗昌智 林咏能
2017年10月出版 / 定价：98.00元
PSN B-2014-437-1/1

媒介与女性蓝皮书
中国媒介与女性发展报告(2016~2017)
著(编)者：刘利群　2018年5月出版 / 估价：118.00元
PSN B-2013-345-1/1

媒体融合蓝皮书
中国媒体融合发展报告（2017）
著(编)者：梅宁华 宋建武　2017年7月出版 / 估价：89.00元
PSN B-2015-479-1/1

全球传媒蓝皮书
全球传媒发展报告（2016~2017）
著(编)者：胡正荣 李继东
2017年6月出版 / 定价：89.00元
PSN B-2012-237-1/1

少数民族非遗蓝皮书
中国少数民族非物质文化遗产发展报告（2017）
著(编)者：肖远平（彝）柴立（满）
2017年8月出版 / 定价：98.00元
PSN B-2015-467-1/1

视听新媒体蓝皮书
中国视听新媒体发展报告（2017）
著(编)者：国家新闻出版广电总局发展研究中心
2017年11月出版 / 估价：98.00元
PSN B-2011-184-1/1

文化创新蓝皮书
中国文化创新报告（2016）No.7
著(编)者：于平 傅才武　2017年4月出版 / 定价：89.00元
PSN B-2009-143-1/1

文化建设蓝皮书
中国文化发展报告（2017）
著(编)者：江畅 孙伟平 戴茂堂
2017年5月出版 / 定价：98.00元
PSN B-2014-392-1/1

文化金融蓝皮书
中国文化金融发展报告（2017）
著(编)者：杨涛 余巍　2017年5月出版 / 定价：98.00元
PSN B-2017-610-1/1

文化科技蓝皮书
文化科技创新发展报告（2017）
著(编)者：于平 李凤亮　2017年11月出版 / 估价：89.00元
PSN B-2013-342-1/1

文化蓝皮书
中国公共文化服务发展报告（2017）
著(编)者：刘新成 张永新 张旭
2017年12月出版 / 估价：98.00元
PSN B-2007-093-2/10

文化蓝皮书
中国公共文化投入增长测评报告（2017）
著(编)者：王亚南　2017年2月出版 / 定价：79.00元
PSN B-2014-435-10/10

文化蓝皮书
中国少数民族文化发展报告（2016~2017）
著(编)者：武翠英 张晓明 任乌晶
2017年9月出版 / 估价：89.00元
PSN B-2013-369-9/10

文化蓝皮书
中国文化产业发展报告（2016~2017）
著(编)者：张晓明 王家新 章建刚
2017年7月出版 / 估价：89.00元
PSN B-2002-019-1/10

文化蓝皮书
中国文化产业供需协调检测报告（2017）
著(编)者：王亚南　2017年2月出版 / 定价：79.00元
PSN B-2013-323-8/10

文化蓝皮书
中国文化消费需求景气评价报告（2017）
著(编)者：王亚南　2017年2月出版 / 定价：79.00元
PSN B-2011-236-4/10

文化品牌蓝皮书
中国文化品牌发展报告（2017）
著(编)者：欧阳友权　2017年7月出版 / 估价：98.00元
PSN B-2012-277-1/1

文化遗产蓝皮书
中国文化遗产事业发展报告（2017）
著(编)者：苏杨 张颖岚 王宇飞
2017年8月出版 / 估价：98.00元
PSN B-2008-119-1/1

文学蓝皮书
中国文情报告（2016~2017）
著(编)者：白烨　2017年5月出版 / 定价：69.00元
PSN B-2011-221-1/1

新媒体蓝皮书
中国新媒体发展报告No.8（2017）
著(编)者：唐绪军　2017年7月出版 / 定价：79.00元
PSN B-2010-169-1/1

新媒体社会责任蓝皮书
中国新媒体社会责任研究报告（2017）
著(编)者：钟瑛　2017年11月出版 / 估价：89.00元
PSN B-2014-423-1/1

移动互联网蓝皮书
中国移动互联网发展报告（2017）
著（编）者：余清楚　2017年6月出版／定价：98.00元
PSN B-2012-282-1/1

舆情蓝皮书
中国社会舆情与危机管理报告（2017）
著（编）者：谢耘耕　2017年9月出版／估价：128.00元
PSN B-2011-235-1/1

影视蓝皮书
中国影视产业发展报告（2017）
著（编）者：司若　2017年4月出版／定价：98.00元
PSN B-2016-530-1/1

地方发展类

安徽经济蓝皮书
合芜蚌国家自主创新综合示范区研究报告（2016~2017）
著（编）者：黄家海　王开玉　蔡宪
2017年7月出版／估价：89.00元
PSN B-2014-383-1/1

安徽蓝皮书
安徽社会发展报告（2017）
著（编）者：程桦　2017年5月出版／定价：89.00元
PSN B-2013-325-1/1

澳门蓝皮书
澳门经济社会发展报告（2016~2017）
著（编）者：吴志良 郝雨凡　2017年7月出版／定价：98.00元
PSN B-2009-138-1/1

澳门绿皮书
澳门旅游休闲发展报告（2016~2017）
著（编）者：郝雨凡 林广志　2017年5月出版／定价：88.00元
PSN G-2017-617-1/1

北京蓝皮书
北京公共服务发展报告（2016~2017）
著（编）者：施昌奎　2017年3月出版／定价：79.00元
PSN B-2008-103-7/8

北京蓝皮书
北京经济发展报告（2016~2017）
著（编）者：杨松　2017年6月出版／定价：89.00元
PSN B-2006-054-2/8

北京蓝皮书
北京社会发展报告（2016~2017）
著（编）者：李伟东　2017年7月出版／定价：79.00元
PSN B-2006-055-3/8

北京蓝皮书
北京社会治理发展报告（2016~2017）
著（编）者：殷星辰　2017年7月出版／定价：79.00元
PSN B-2014-391-8/8

北京蓝皮书
北京文化发展报告（2016~2017）
著（编）者：李建盛　2017年5月出版／定价：79.00元
PSN B-2007-082-4/8

北京律师绿皮书
北京律师发展报告No.3（2017）
著（编）者：王隽　2017年7月出版／估价：88.00元
PSN G-2012-301-1/1

北京旅游绿皮书
北京旅游发展报告（2017）
著（编）者：北京旅游学会　2017年7月出版／定价：88.00元
PSN B-2011-217-1/1

北京人才蓝皮书
北京人才发展报告（2017）
著（编）者：于淼　2017年12月出版／估价：128.00元
PSN B-2011-201-1/1

北京社会心态蓝皮书
北京社会心态分析报告（2016~2017）
著（编）者：北京社会心理研究所
2017年11月出版／定价：89.00元
PSN B-2014-422-1/1

北京社会组织管理蓝皮书
北京社会组织发展与管理（2016~2017）
著（编）者：黄江松　2017年7月出版／估价：88.00元
PSN B-2015-446-1/1

北京体育蓝皮书
北京体育产业发展报告（2016~2017）
著（编）者：钟秉枢 陈杰 杨铁黎
2017年9月出版／定价：89.00元
PSN B-2015-475-1/1

北京养老产业蓝皮书
北京养老产业发展报告（2017）
著（编）者：周明明 冯喜良　2017年11月出版／估价：89.00元
PSN B-2015-465-1/1

非公有制企业社会责任蓝皮书
北京非公有制企业社会责任报告（2017）
著（编）者：宗贵伦 冯培　2017年6月出版／定价：89.00元
PSN B-2017-613-1/1

滨海金融蓝皮书
滨海新区金融发展报告（2017）
著（编）者：王爱俭 张锐钢　2018年4月出版／估价：89.00元
PSN B-2014-424-1/1

25

城乡一体化蓝皮书
北京城乡一体化发展报告（2016~2017）
著(编)者：吴宝新 张宝秀 黄序
2017年5月出版 / 定价：85.00元
PSN B-2012-258-2/2

创意城市蓝皮书
北京文化创意产业发展报告（2017）
著(编)者：张京成 王国华　2017年10月出版 / 估价：89.00元
PSN B-2012-263-1/7

创意城市蓝皮书
天津文化创意产业发展报告（2016~2017）
著(编)者：谢思全　　　2017年11月出版 / 估价：89.00元
PSN B-2016-537-7/7

创意城市蓝皮书
武汉文化创意产业发展报告（2017）
著(编)者：黄永林 陈汉桥　2017年11月出版 / 估价：99.00元
PSN B-2013-354-4/7

创意上海蓝皮书
上海文化创意产业发展报告（2016~2017）
著(编)者：王慧敏 王兴全　2017年11月出版 / 估价：89.00元
PSN B-2016-562-1/1

福建妇女发展蓝皮书
福建省妇女发展报告（2017）
著(编)者：刘群英　2017年11月出版 / 估价：88.00元
PSN B-2011-220-1/1

福建自贸区蓝皮书
中国（福建）自由贸易实验区发展报告（2016~2017）
著(编)者：黄茂兴　2017年4月出版 / 定价：108.00元
PSN B-2017-532-1/1

甘肃蓝皮书
甘肃经济发展分析与预测（2017）
著(编)者：安文华 穆哲　2017年1月出版 / 定价：79.00元
PSN B-2013-312-1/6

甘肃蓝皮书
甘肃社会发展分析与预测（2017）
著(编)者：安文华 包晓霞 谢增虎
2017年1月出版 / 定价：79.00元
PSN B-2013-313-2/6

甘肃蓝皮书
甘肃文化发展分析与预测（2017）
著(编)者：王俊莲　周小华　2017年1月出版 / 定价：79.00元
PSN B-2013-314-3/6

甘肃蓝皮书
甘肃县域和农村发展报告（2017）
著(编)者：朱智文 包东红 王建兵
2017年1月出版 / 定价：79.00元
PSN B-2013-316-5/6

甘肃蓝皮书
甘肃舆情分析与预测（2017）
著(编)者：陈双梅 张谦元　2017年1月出版 / 定价：79.00元
PSN B-2013-315-4/6

甘肃蓝皮书
甘肃商贸流通发展报告（2017）
著(编)者：张应华 王福生 王晓芳
2017年1月出版 / 定价：79.00元
PSN B-2016-523-6/6

广东蓝皮书
广东全面深化改革发展报告（2017）
著(编)者：周林生 涂成林　2017年12月出版 / 估价：89.00元
PSN B-2015-504-3/3

广东蓝皮书
广东社会工作发展报告（2017）
著(编)者：罗观翠　2017年7月出版 / 估价：89.00元
PSN B-2014-402-2/3

广东外经贸蓝皮书
广东对外经济贸易发展研究报告（2016~2017）
著(编)者：陈万灵　2017年6月出版 / 定价：89.00元
PSN B-2012-286-1/1

广西北部湾经济区蓝皮书
广西北部湾经济区开放开发报告（2017）
著(编)者：广西北部湾经济区规划建设管理委员会办公室
　　　　广西社会科学院广西北部湾发展研究院
2017年7月出版 / 估价：89.00元
PSN B-2010-181-1/1

巩义蓝皮书
巩义经济社会发展报告（2017）
著(编)者：丁同民 朱军　2017年7月出版 / 估价：58.00元
PSN B-2016-533-1/1

广州蓝皮书
2017年中国广州经济形势分析与预测
著(编)者：魏明海 谢博能 李华
2017年6月出版 / 定价：85.00元
PSN B-2011-185-9/14

广州蓝皮书
2017年中国广州社会形势分析与预测
著(编)者：张强 何镜清
2017年6月出版 / 定价：88.00元
PSN B-2008-110-5/14

广州蓝皮书
广州城市国际化发展报告（2017）
著(编)者：朱名宏　2017年8月出版 / 估价：79.00元
PSN B-2012-246-11/14

广州蓝皮书
广州创新型城市发展报告（2017）
著(编)者：尹涛　2017年6月出版 / 定价：79.00元
PSN B-2012-247-12/14

广州蓝皮书
广州经济发展报告（2017）
著(编)者：朱名宏　2017年7月出版 / 定价：79.00元
PSN B-2005-040-1/14

广州蓝皮书
广州农村发展报告（2017）
著(编)者：朱名宏　2017年8月出版 / 估价：79.00元
PSN B-2010-167-8/14

广州蓝皮书
广州汽车产业发展报告（2017）
著(编)者：杨再高 冯兴亚　2017年7月出版 / 估价：79.00元
PSN B-2006-066-3/14

广州蓝皮书
广州青年发展报告（2016~2017）
著(编)者：徐柳 张强　2017年9月出版 / 估价：79.00元
PSN B-2013-352-13/14

广州蓝皮书
广州商贸业发展报告（2017）
著(编)者：李江涛 肖振宇 荀振英
2017年7月出版 / 定价：79.00元
PSN B-2012-245-10/14

广州蓝皮书
广州社会保障发展报告（2017）
著(编)者：蔡国萱　2017年8月出版 / 定价：79.00元
PSN B-2014-425-14/14

广州蓝皮书
广州文化创意产业发展报告（2017）
著(编)者：徐咏虹　2017年7月出版 / 定价：79.00元
PSN B-2008-111-6/14

广州蓝皮书
中国广州城市建设与管理发展报告（2017）
著(编)者：董皞 陈小钢 李江涛
2017年11月出版 / 85.00元
PSN B-2007-087-4/14

广州蓝皮书
中国广州科技创新发展报告（2017）
著(编)者：邹采荣 马正勇 陈爽
2017年8月出版 / 定价：85.00元
PSN B-2006-065-2/14

广州蓝皮书
中国广州文化发展报告（2017）
著(编)者：屈哨兵 陆志强
2017年6月出版 / 定价：79.00元
PSN B-2009-134-7/14

贵阳蓝皮书
贵阳城市创新发展报告No.2（白云篇）
著(编)者：连玉明　2017年5月出版 / 定价：98.00元
PSN B-2015-491-3/10

贵阳蓝皮书
贵阳城市创新发展报告No.2（观山湖篇）
著(编)者：连玉明　2017年5月出版 / 定价：98.00元
PSN B-2011-235-1/1

贵阳蓝皮书
贵阳城市创新发展报告No.2（花溪篇）
著(编)者：连玉明　2017年5月出版 / 定价：98.00元
PSN B-2015-490-2/10

贵阳蓝皮书
贵阳城市创新发展报告No.2（开阳篇）
著(编)者：连玉明　2017年5月出版 / 定价：98.00元
PSN B-2015-492-4/10

贵阳蓝皮书
贵阳城市创新发展报告No.2（南明篇）
著(编)者：连玉明　2017年5月出版 / 定价：98.00元
PSN B-2015-496-8/10

贵阳蓝皮书
贵阳城市创新发展报告No.2（清镇篇）
著(编)者：连玉明　2017年5月出版 / 定价：98.00元
PSN B-2015-489-1/10

贵阳蓝皮书
贵阳城市创新发展报告No.2（乌当篇）
著(编)者：连玉明　2017年5月出版 / 定价：98.00元
PSN B-2015-495-7/10

贵阳蓝皮书
贵阳城市创新发展报告No.2（息烽篇）
著(编)者：连玉明　2017年5月出版 / 定价：98.00元
PSN B-2015-493-5/10

贵阳蓝皮书
贵阳城市创新发展报告No.2（修文篇）
著(编)者：连玉明　2017年5月出版 / 定价：98.00元
PSN B-2015-494-6/10

贵阳蓝皮书
贵阳城市创新发展报告No.2（云岩篇）
著(编)者：连玉明　2017年5月出版 / 定价：98.00元
PSN B-2015-498-10/10

贵州房地产蓝皮书
贵州房地产发展报告No.4（2017）
著(编)者：武廷方　2017年7月出版 / 定价：89.00元
PSN B-2014-426-1/1

贵州蓝皮书
贵州册亨经济社会发展报告(2017)
著(编)者：黄德林　2017年11月出版 / 估价：89.00元
PSN B-2016-526-8/9

贵州蓝皮书
贵安新区发展报告（2016~2017）
著(编)者：马长青 吴大华　2017年11月出版 / 估价：89.00元
PSN B-2015-459-4/9

贵州蓝皮书
贵州法治发展报告（2017）
著(编)者：吴大华　2017年5月出版 / 定价：89.00元
PSN B-2012-254-2/9

贵州蓝皮书
贵州国有企业社会责任发展报告（2016~2017）
著(编)者：郭丽 周航 万强
2017年12月出版 / 估价：89.00元
PSN B-2015-511-6/9

贵州蓝皮书
贵州民航业发展报告（2017）
著(编)者：申振东 吴大华　2017年10月出版 / 估价：89.00元
PSN B-2015-471-5/9

贵州蓝皮书
贵州民营经济发展报告（2017）
著(编)者：杨静 吴大华　2017年11月出版 / 估价：89.00元
PSN B-2016-531-9/9

贵州蓝皮书
贵州人才发展报告（2017）
著（编）者：于杰 吴大华　2017年11月出版 / 估价：89.00元
PSN B-2014-382-3/9

贵州蓝皮书
贵州社会发展报告（2017）
著（编）者：王兴骥　2017年3月出版 / 定价：98.00元
PSN B-2010-166-1/9

贵州蓝皮书
贵州国家级开放创新平台发展报告（2017）
著（编）者：申晓庆　吴大华　李泓
2017年7月出版 / 估价：89.00元
PSN B-2016-518-1/9

海淀蓝皮书
海淀区文化和科技融合发展报告（2017）
著（编）者：陈名杰 孟景伟　2017年11月出版 / 估价：85.00元
PSN B-2013-329-1/1

杭州都市圈蓝皮书
杭州都市圈发展报告（2017）
著（编）者：沈翔 戚建国　2017年11月出版 / 估价：128.00元
PSN B-2012-302-1/1

杭州蓝皮书
杭州妇女发展报告（2017）
著（编）者：魏颖　2017年11月出版 / 估价：89.00元
PSN B-2014-403-1/1

河北经济蓝皮书
河北省经济发展报告（2017）
著（编）者：马树强 金浩 张贵
2017年7月出版 / 定价：89.00元
PSN B-2014-380-1/1

河北蓝皮书
河北经济社会发展报告（2017）
著（编）者：郭金平　2017年1月出版 / 定价：79.00元
PSN B-2014-372-1/3

河北蓝皮书
河北法治发展报告（2017）
著（编）者：郭金平 李永君　2017年1月出版 / 定价：79.00元
PSN B-2017-622-3/3

河北蓝皮书
京津冀协同发展报告（2017）
著（编）者：陈路　2017年1月出版 / 定价：79.00元
PSN B-2017-601-2/3

河北食品药品安全蓝皮书
河北食品药品安全研究报告（2017）
著（编）者：丁锦霞　2017年11月出版 / 估价：89.00元
PSN B-2015-473-1/1

河南经济蓝皮书
2017年河南经济形势分析与预测
著（编）者：王世炎　2017年3月出版 / 定价：79.00元
PSN B-2007-086-1/1

河南蓝皮书
2017年河南社会形势分析与预测
著（编）者：牛苏林　2017年5月出版 / 定价：79.00元
PSN B-2005-043-1/9

河南蓝皮书
河南城市发展报告（2017）
著（编）者：张占仓 王建国　2017年5月出版 / 定价：79.00元
PSN B-2009-131-3/9

河南蓝皮书
河南法治发展报告（2017）
著（编）者：丁同民 张林海　2017年7月出版 / 估价：89.00元
PSN B-2014-376-6/9

河南蓝皮书
河南工业发展报告（2017）
著（编）者：张占仓　2017年5月出版 / 定价：89.00元
PSN B-2013-317-5/9

河南蓝皮书
河南金融发展报告（2017）
著（编）者：河南省社会科学院
2017年7月出版 / 估价：89.00元
PSN B-2014-390-7/9

河南蓝皮书
河南经济发展报告（2017）
著（编）者：张占仓 完世伟　2017年4月出版 / 定价：79.00元
PSN B-2010-157-4/9

河南蓝皮书
河南能源发展报告（2017）
著（编）者：魏胜民 袁凯声　2017年3月出版 / 定价：79.00元
PSN B-2017-607-9/9

河南蓝皮书
河南农业农村发展报告（2017）
著（编）者：吴海峰　2017年11月出版 / 估价：89.00元
PSN B-2015-445-8/9

河南蓝皮书
河南文化发展报告（2017）
著（编）者：卫绍生　2017年7月出版 / 定价：78.00元
PSN B-2008-106-2/9

河南商务蓝皮书
河南商务发展报告（2017）
著（编）者：焦锦淼 穆荣国　2017年5月出版 / 定价：88.00元
PSN B-2014-399-1/1

黑龙江蓝皮书
黑龙江经济发展报告（2017）
著（编）者：朱宇　2017年1月出版 / 定价：79.00元
PSN B-2011-190-2/2

黑龙江蓝皮书
黑龙江社会发展报告（2017）
著（编）者：谢宝禄　2017年1月出版 / 定价：79.00元
PSN B-2011-189-1/2

湖北文化蓝皮书
湖北文化发展报告（2017）
著（编）者：吴成国　2017年10月出版 / 估价：95.00元
PSN B-2016-567-1/1

湖南城市蓝皮书
区域城市群整合
著(编)者：童中贤　韩未名
2017年12月出版 / 估价：89.00元
PSN B-2006-064-1/1

湖南蓝皮书
2017年湖南产业发展报告
著(编)者：梁志峰　2017年7月出版 / 估价：128.00元
PSN B-2011-207-2/8

湖南蓝皮书
2017年湖南电子政务发展报告
著(编)者：梁志峰　2017年7月出版 / 估价：128.00元
PSN B-2014-394-6/8

湖南蓝皮书
2017年湖南经济发展报告
著(编)者：卞鹰　2017年5月出版 / 定价：128.00元
PSN B-2011-206-1/8

湖南蓝皮书
2017年湖南两型社会与生态文明发展报告
著(编)者：卞鹰　2017年5月出版 / 定价：128.00元
PSN B-2011-208-3/8

湖南蓝皮书
2017年湖南社会发展报告
著(编)者：卞鹰　2017年5月出版 / 定价：128.00元
PSN B-2014-393-5/8

湖南蓝皮书
2017年湖南县域经济社会发展报告
著(编)者：梁志峰　2017年7月出版 / 估价：128.00元
PSN B-2014-395-7/8

湖南蓝皮书
湖南城乡一体化发展报告（2017）
著(编)者：陈文胜　王文强　陆福兴　邝奕轩
2017年8月出版 / 定价：89.00元
PSN B-2015-477-8/8

湖南县域绿皮书
湖南县域发展报告 No.3
著(编)者：袁准　周小毛　黎仁寅
2017年3月出版 / 定价：79.00元
PSN G-2012-274-1/1

沪港蓝皮书
沪港发展报告（2017）
著(编)者：尤安山　2017年9月出版 / 估价：89.00元
PSN B-2013-362-1/1

吉林蓝皮书
2017年吉林经济社会形势分析与预测
著(编)者：邵汉明　2016年12月出版 / 定价：79.00元
PSN B-2013-319-1/1

吉林省城市竞争力蓝皮书
吉林省城市竞争力报告（2016~2017）
著(编)者：崔岳春　张磊　2016年12月出版 / 定价：79.00元
PSN B-2015-513-1/1

济源蓝皮书
济源经济社会发展报告（2017）
著(编)者：喻新安　2017年7月出版 / 估价：89.00元
PSN B-2014-387-1/1

健康城市蓝皮书
北京健康城市建设研究报告（2017）
著(编)者：王鸿春　2017年8月出版 / 估价：89.00元
PSN B-2015-460-1/2

江苏法治蓝皮书
江苏法治发展报告 No.6（2017）
著(编)者：蔡道通　龚廷泰　2017年8月出版 / 估价：98.00元
PSN B-2012-290-1/1

江西蓝皮书
江西经济社会发展报告（2017）
著(编)者：张勇　姜玮　梁勇　2017年6月出版 / 估价：128.00元
PSN B-2015-484-1/2

江西蓝皮书
江西设区市发展报告（2017）
著(编)者：姜玮　梁勇　2017年10月出版 / 估价：79.00元
PSN B-2016-517-2/2

江西文化蓝皮书
江西文化产业发展报告（2017）
著(编)者：张圣才　汪春翔
2017年10月出版 / 估价：128.00元
PSN B-2015-499-1/1

经济特区蓝皮书
中国经济特区发展报告（2017）
著(编)者：陶一桃　2017年12月出版 / 估价：98.00元
PSN B-2009-139-1/1

辽宁蓝皮书
2017年辽宁经济社会形势分析与预测
著(编)者：梁启东
2017年6月出版 / 定价：89.00元
PSN B-2006-053-1/1

洛阳蓝皮书
洛阳文化发展报告（2017）
著(编)者：刘福兴　陈启明　2017年10月出版 / 估价：89.00元
PSN B-2015-476-1/1

南京蓝皮书
南京文化发展报告（2017）
著(编)者：徐宁　2017年10月出版 / 估价：89.00元
PSN B-2014-439-1/1

南宁蓝皮书
南宁法治发展报告（2017）
著(编)者：杨维超　2017年12月出版 / 估价：79.00元
PSN B-2015-509-1/3

南宁蓝皮书
南宁经济发展报告（2017）
著(编)者：胡建华　2017年9月出版 / 估价：79.00元
PSN B-2016-570-2/3

南宁蓝皮书
南宁社会发展报告（2017）
著（编）者：胡建华　　2017年9月出版 / 估价：79.00元
PSN B-2016-571-3/3

内蒙古蓝皮书
内蒙古反腐倡廉建设报告 No.2
著（编）者：张志华 无极　　2017年12月出版 / 估价：79.00元
PSN B-2013-365-1/1

浦东新区蓝皮书
上海浦东经济发展报告（2017）
著（编）者：沈开艳 周奇　　2017年2月出版 / 定价：79.00元
PSN B-2011-225-1/1

青海蓝皮书
2017年青海经济社会形势分析与预测
著（编）者：陈玮　　2016年12月出版 / 定价：79.00元
PSN B-2012-275-1/1

人口与健康蓝皮书
深圳人口与健康发展报告（2017）
著（编）者：陆杰华 罗乐宣 苏杨
2017年11月出版 / 估价：89.00元
PSN B-2011-228-1/1

山东蓝皮书
山东经济形势分析与预测（2017）
著（编）者：李广杰　　2017年7月出版 / 估价：89.00元
PSN B-2014-404-1/4

山东蓝皮书
山东社会形势分析与预测（2017）
著（编）者：张华 唐洲雁　　2017年7月出版 / 估价：89.00元
PSN B-2014-405-2/4

山东蓝皮书
山东文化发展报告（2017）
著（编）者：涂可国　　2017年5月出版 / 定价：98.00元
PSN B-2014-406-3/4

山西蓝皮书
山西资源型经济转型发展报告（2017）
著（编）者：李志强　　2017年7月出版 / 估价：89.00元
PSN B-2011-197-1/1

陕西蓝皮书
陕西经济发展报告（2017）
著（编）者：任宗哲 白宽犁 裴成荣
2017年1月出版 / 定价：69.00元
PSN B-2009-135-1/6

陕西蓝皮书
陕西社会发展报告（2017）
著（编）者：任宗哲 白宽犁 牛昉
2017年1月出版 / 定价：69.00元
PSN B-2009-136-2/6

陕西蓝皮书
陕西文化发展报告（2017）
著（编）者：任宗哲 白宽犁 王长寿
2017年1月出版 / 定价：69.00元
PSN B-2009-137-3/6

陕西蓝皮书
陕西精准脱贫研究报告（2017）
著（编）者：任宗哲 白宽犁 王建康
2017年6月出版 / 估价：69.00元
PSN B-2017-623-6/6

上海蓝皮书
上海传媒发展报告（2017）
著（编）者：强荧 焦雨虹　　2017年2月出版 / 定价：79.00元
PSN B-2012-295-5/7

上海蓝皮书
上海法治发展报告（2017）
著（编）者：叶青　　2017年7月出版 / 估价：89.00元
PSN B-2012-296-6/7

上海蓝皮书
上海经济发展报告（2017）
著（编）者：沈开艳　　2017年2月出版 / 定价：79.00元
PSN B-2006-057-1/7

上海蓝皮书
上海社会发展报告（2017）
著（编）者：杨雄 周海旺　　2017年2月出版 / 定价：79.00元
PSN B-2006-058-2/7

上海蓝皮书
上海文化发展报告（2017）
著（编）者：荣跃明　　2017年2月出版 / 定价：79.00元
PSN B-2006-059-3/7

上海蓝皮书
上海文学发展报告（2017）
著（编）者：陈圣来　　2017年7月出版 / 估价：89.00元
PSN B-2012-297-7/7

上海蓝皮书
上海资源环境发展报告（2017）
著（编）者：周冯琦 汤庆合
2017年2月出版 / 定价：79.00元
PSN B-2006-060-4/7

社会建设蓝皮书
2017年北京社会建设分析报告
著（编）者：宋贵伦 冯虹　　2017年10月出版 / 估价：89.00元
PSN B-2010-173-1/1

深圳蓝皮书
深圳法治发展报告（2017）
著（编）者：张晓儒　　2017年6月出版 / 定价：79.00元
PSN B-2015-470-6/7

深圳蓝皮书
深圳经济发展报告（2017）
著（编）者：张晓儒　　2017年6月出版 / 定价：79.00元
PSN B-2008-112-3/7

深圳蓝皮书
深圳劳动关系发展报告（2017）
著（编）者：汤庭芬　　2017年7月出版 / 估价：89.00元
PSN B-2007-097-2/7

深圳蓝皮书
深圳社会治理与发展报告（2017）
著(编)者：张骁儒 邹从兵　2017年6月出版 / 定价：79.00元
PSN B-2008-113-4/7

深圳蓝皮书
深圳文化发展报告(2017)
著(编)者：张骁儒　2017年5月出版 / 定价：79.00元
PSN B-2016-555-7/7

丝绸之路蓝皮书
丝绸之路经济带发展报告（2017）
著(编)者：任宗哲 白宽犁 谷孟宾
2017年1月出版 / 定价：75.00元
PSN B-2014-410-1/1

法治蓝皮书
四川依法治省年度报告 No.3（2017）
著(编)者：李林 杨天宗 田禾
2017年3月出版 / 定价：118.00元
PSN B-2015-447-1/1

四川蓝皮书
2017年四川经济形势分析与预测
著(编)者：杨钢　2017年1月出版 / 定价：98.00元
PSN B-2007-098-2/7

四川蓝皮书
四川城镇化发展报告（2017）
著(编)者：侯水平 陈炜　2017年4月出版 / 定价：75.00元
PSN B-2015-456-7/7

四川蓝皮书
四川法治发展报告（2017）
著(编)者：郑泰安　2017年7月出版 / 估价：89.00元
PSN B-2015-441-5/7

四川蓝皮书
四川企业社会责任研究报告（2016～2017）
著(编)者：侯水平 盛毅
2017年5月出版 / 定价：79.00元
PSN B-2014-386-4/7

四川蓝皮书
四川社会发展报告（2017）
著(编)者：李羚　2017年6月出版 / 定价：79.00元
PSN B-2008-127-3/7

四川蓝皮书
四川生态建设报告（2017）
著(编)者：李晟之　2017年5月出版 / 定价：75.00元
PSN B-2015-455-6/7

四川蓝皮书
四川文化产业发展报告（2017）
著(编)者：向宝云 张立伟
2017年4月出版 / 定价：79.00元
PSN B-2006-074-1/7

体育蓝皮书
上海体育产业发展报告（2016～2017）
著(编)者：张林 黄海燕
2017年10月出版 / 估价：89.00元
PSN B-2015-454-4/4

体育蓝皮书
长三角地区体育产业发展报告（2016～2017）
著(编)者：张林　2017年7月出版 / 估价：89.00元
PSN B-2015-453-3/4

天津金融蓝皮书
天津金融发展报告（2017）
著(编)者：王爱俭 孔德昌
2018年3月出版 / 估价：98.00元
PSN B-2014-418-1/1

图们江区域合作蓝皮书
图们江区域合作发展报告（2017）
著(编)者：李铁　2017年11月出版 / 估价：98.00元
PSN B-2015-464-1/1

温州蓝皮书
2017年温州经济社会形势分析与预测
著(编)者：蒋儒林 王春光 金浩
2017年4月出版 / 定价：79.00元
PSN B-2008-105-1/1

西咸新区蓝皮书
西咸新区发展报告（2016~2017）
著(编)者：李扬 王军　2017年11月出版 / 估价：89.00
PSN B-2016-535-1/1

扬州蓝皮书
扬州经济社会发展报告（2017）
著(编)者：丁纯　2017年12月出版 / 估价：98.00元
PSN B-2011-191-1/1

云南社会治理蓝皮书
云南社会治理年度报告（2016）
著(编)者：晏雄 韩全芳
2017年5月出版 / 定价：99.00元
PSN B-2011-191-1/1

长株潭城市群蓝皮书
长株潭城市群发展报告（2017）
著(编)者：张萍　2017年12月出版 / 估价：89.00元
PSN B-2008-109-1/1

中医文化蓝皮书
北京中医文化传播发展报告（2017）
著(编)者：毛嘉陵　2017年7月出版 / 估价：79.00元
PSN B-2015-468-1/2

珠三角流通蓝皮书
珠三角商圈发展研究报告（2017）
著(编)者：王先庆 林至颖
2017年7月出版 / 估价：98.00元
PSN B-2012-292-1/1

遵义蓝皮书
遵义发展报告（2017）
著(编)者：曾征 龚永育 雍思强
2017年12月出版 / 估价：89.00元
PSN B-2014-433-1/1

国际问题类

"一带一路"跨境通道蓝皮书
"一带一路"跨境通道建设研究报告（2017）
著(编)者：郭业洲　2017年8月出版 / 估价：89.00元
PSN B-2016-558-1/1

"一带一路"蓝皮书
"一带一路"建设发展报告（2017）
著(编)者：李永全　2017年6月出版 / 定价：89.00元
PSN B-2016-553-1/1

阿拉伯黄皮书
阿拉伯发展报告（2016～2017）
著(编)者：罗林　2018年3月出版 / 估价：89.00元
PSN Y-2014-381-1/1

巴西黄皮书
巴西发展报告（2017）
著(编)者：刘国枝　2017年5月出版 / 定价：85.00元
PSN Y-2017-614-1/1

北部湾蓝皮书
泛北部湾合作发展报告（2017）
著(编)者：吕余生　2017年12月出版 / 估价：85.00元
PSN B-2008-114-1/1

大湄公河次区域蓝皮书
大湄公河次区域合作发展报告（2017）
著(编)者：刘稚　2017年11月出版 / 估价：89.00元
PSN B-2011-196-1/1

大洋洲蓝皮书
大洋洲发展报告（2017）
著(编)者：喻常森　2017年10月出版 / 估价：89.00元
PSN B-2013-341-1/1

德国蓝皮书
德国发展报告（2017）
著(编)者：郑春荣　2017年6月出版 / 定价：89.00元
PSN B-2012-278-1/1

东北亚区域合作蓝皮书
2016年"一带一路"倡议与东北亚区域合作
著(编)者：刘亚政 金美花
2017年5月出版 / 定价：89.00元
PSN B-2017-631-1/1

东盟黄皮书
东盟发展报告（2017）
著(编)者：杨晓强 庄国土
2017年7月出版 / 估价：89.00元
PSN Y-2012-303-1/1

东南亚蓝皮书
东南亚地区发展报告（2016～2017）
著(编)者：厦门大学东南亚研究中心　王勤
2017年12月出版 / 估价：89.00元
PSN B-2012-240-1/1

俄罗斯黄皮书
俄罗斯发展报告（2017）
著(编)者：李永全　2017年6月出版 / 定价：89.00元
PSN Y-2006-061-1/1

非洲黄皮书
非洲发展报告 No.19（2016～2017）
著(编)者：张宏明　2017年7月出版 / 定价：89.00元
PSN Y-2012-239-1/1

公共外交蓝皮书
中国公共外交发展报告（2017）
著(编)者：赵启正 雷蔚真　2017年11月出版 / 估价：89.00元
PSN B-2015-457-1/1

国际安全蓝皮书
中国国际安全研究报告(2017)
著(编)者：刘慧　2017年11月出版 / 估价：98.00元
PSN B-2016-522-1/1

国际形势黄皮书
全球政治与安全报告（2017）
著(编)者：张宇燕　2017年1月出版 / 定价：89.00元
PSN Y-2001-016-1/1

韩国蓝皮书
韩国发展报告（2017）
著(编)者：牛林杰 刘宝全　2017年11月出版 / 估价：89.00元
PSN B-2010-155-1/1

加拿大蓝皮书
加拿大发展报告（2017）
著(编)者：仲伟合　2017年11月出版 / 估价：89.00元
PSN B-2014-389-1/1

拉美黄皮书
拉丁美洲和加勒比发展报告（2016～2017）
著(编)者：吴白乙 袁东振　2017年6月出版 / 定价：89.00元
PSN Y-1999-007-1/1

美国蓝皮书
美国研究报告（2017）
著(编)者：郑秉文 黄平　2017年5月出版 / 定价：89.00元
PSN B-2011-210-1/1

缅甸蓝皮书
缅甸国情报告（2017）
著(编)者：李晨阳　2017年12月出版 / 估价：86.00元
PSN B-2013-343-1/1

欧洲蓝皮书
欧洲发展报告（2016～2017）
著(编)者：黄平 周弘 程卫东　2017年6月出版 / 定价：89.00元
PSN B-1999-009-1/1

葡语国家蓝皮书
葡语国家发展报告（2017）
著(编)者：王成安 张敏 刘金兰
2017年12月出版 / 估价：89.00元
PSN B-2015-503-1/2

葡语国家蓝皮书
中国与葡语国家关系发展报告·巴西（2017）
著(编)者：张曙光　2017年8月出版 / 估价：89.00元
PSN B-2016-564-2/2

日本经济蓝皮书
日本经济与中日经贸关系研究报告（2017）
著(编)者：张季风　2017年6月出版 / 定价：89.00元
PSN B-2008-102-1/1

日本蓝皮书
日本研究报告（2017）
著(编)者：杨伯江　2017年6月出版 / 定价：89.00元
PSN B-2002-020-1/1

上海合作组织黄皮书
上海合作组织发展报告（2017）
著(编)者：李进峰
2017年6月出版 / 定价：98.00元
PSN Y-2009-130-1/1

世界创新竞争力黄皮书
世界创新竞争力发展报告（2017）
著(编)者：李闽榕 李建平 赵新力
2017年11月出版 / 估价：148.00元
PSN Y-2013-318-1/1

泰国蓝皮书
泰国研究报告（2017）
著(编)者：庄国土 张禹东
2017年11月出版 / 估价：118.00元
PSN B-2016-557-1/1

土耳其蓝皮书
土耳其发展报告（2017）
著(编)者：郭长刚 刘义
2017年11月出版 / 估价：89.00元
PSN B-2014-412-1/1

亚太蓝皮书
亚太地区发展报告（2017）
著(编)者：李向阳　2017年5月出版 / 定价：79.00元
PSN B-2001-015-1/1

印度蓝皮书
印度国情报告（2017）
著(编)者：吕昭义　2018年4月出版 / 估价：89.00元
PSN B-2012-241-1/1

印度洋地区蓝皮书
印度洋地区发展报告（2017）
著(编)者：汪戎　2017年6月出版 / 定价：98.00元
PSN B-2013-334-1/1

英国蓝皮书
英国发展报告（2016~2017）
著(编)者：王展鹏　2017年11月出版 / 估价：89.00元
PSN B-2015-486-1/1

越南蓝皮书
越南国情报告（2017）
著(编)者：谢林城
2017年12月出版 / 估价：89.00元
PSN B-2006-056-1/1

以色列蓝皮书
以色列发展报告（2017）
著(编)者：张倩红　2017年8月出版 / 估价：89.00元
PSN B-2015-483-1/1

伊朗蓝皮书
伊朗发展报告（2017）
著(编)者：冀开远　2017年10月出版 / 估价：89.00元
PSN B-2016-575-1/1

渝新欧蓝皮书
渝新欧沿线国家发展报告（2017）
著(编)者：杨柏 黄森　2017年6月出版 / 定价：88.00元
PSN B-2016-575-1/1

中东黄皮书
中东发展报告 No.19（2016~2017）
著(编)者：杨光　2017年10月出版 / 估价：89.00元
PSN Y-1998-004-1/1

中亚黄皮书
中亚国家发展报告（2017）
著(编)者：孙力　2017年6月出版 / 定价：98.00元
PSN Y-2012-238-1/1

❖ 皮书起源 ❖

"皮书"起源于十七、十八世纪的英国，主要指官方或社会组织正式发表的重要文件或报告，多以"白皮书"命名。在中国，"皮书"这一概念被社会广泛接受，并被成功运作、发展成为一种全新的出版形态，则源于中国社会科学院社会科学文献出版社。

❖ 皮书定义 ❖

皮书是对中国与世界发展状况和热点问题进行年度监测，以专业的角度、专家的视野和实证研究方法，针对某一领域或区域现状与发展态势展开分析和预测，具备原创性、实证性、专业性、连续性、前沿性、时效性等特点的公开出版物，由一系列权威研究报告组成。

❖ 皮书作者 ❖

皮书系列的作者以中国社会科学院、著名高校、地方社会科学院的研究人员为主，多为国内一流研究机构的权威专家学者，他们的看法和观点代表了学界对中国与世界的现实和未来最高水平的解读与分析。

❖ 皮书荣誉 ❖

皮书系列已成为社会科学文献出版社的著名图书品牌和中国社会科学院的知名学术品牌。2016年，皮书系列正式列入"十三五"国家重点出版规划项目；2012~2016年，重点皮书列入中国社会科学院承担的国家哲学社会科学创新工程项目；2017年，55种院外皮书使用"中国社会科学院创新工程学术出版项目"标识。

中国皮书网

www.pishu.cn

发布皮书研创资讯，传播皮书精彩内容
引领皮书出版潮流，打造皮书服务平台

栏目设置

关于皮书：何谓皮书、皮书分类、皮书大事记、皮书荣誉、
皮书出版第一人、皮书编辑部

最新资讯：通知公告、新闻动态、媒体聚焦、网站专题、视频直播、下载专区

皮书研创：皮书规范、皮书选题、皮书出版、皮书研究、研创团队

皮书评奖评价：指标体系、皮书评价、皮书评奖

互动专区：皮书说、皮书智库、皮书微博、数据库微博

所获荣誉

2008年、2011年，中国皮书网均在全
国新闻出版业网站荣誉评选中获得"最具商
业价值网站"称号；

2012年，获得"出版业网站百强"称号。

网库合一

2014年，中国皮书网与皮书数据库端
口合一，实现资源共享。更多详情请登录
www.pishu.cn。

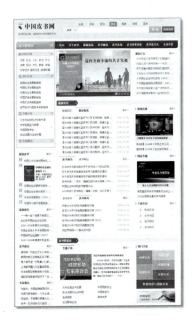

权威报告·热点资讯·特色资源

皮书数据库
ANNUAL REPORT(YEARBOOK)
DATABASE

当代中国与世界发展高端智库平台

所获荣誉

● 2016年，入选"国家'十三五'电子出版物出版规划骨干工程"

● 2015年，荣获"搜索中国正能量 点赞2015""创新中国科技创新奖"

● 2013年，荣获"中国出版政府奖·网络出版物奖"提名奖

● 连续多年荣获中国数字出版博览会"数字出版·优秀品牌"奖

成为会员

通过网址www.pishu.com.cn或使用手机扫描二维码进入皮书数据库网站，进行手机号码验证或邮箱验证即可成为皮书数据库会员（建议通过手机号码快速验证注册）。

会员福利

● 使用手机号码首次注册会员可直接获得100元体验金，不需充值即可购买和查看数据库内容（仅限使用手机号码快速注册）。

● 已注册用户购书后可免费获赠100元皮书数据库充值卡。刮开充值卡涂层获取充值密码，登录并进入"会员中心"—"在线充值"—"充值卡充值"，充值成功后即可购买和查看数据库内容。

数据库服务热线：400-008-6695   图书销售热线：010-59367070/7028
数据库服务QQ：2475522410   图书服务QQ：1265056568
数据库服务邮箱：database@ssap.cn   图书服务邮箱：duzhe@ssap.cn

1997~2017

皮书品牌20年
YEAR BOOKS

更多信息请登录

皮书数据库
http://www.pishu.com.cn

中国皮书网
http://www.pishu.cn

皮书微博
http://weibo.com/pishu

皮书博客
http://blog.sina.com.cn/pishu

皮书微信"皮书说"

请到当当、亚马逊、京东或各地书店购买，也可办理邮购

咨询 / 邮购电话：010-59367028　59367070

邮　　箱：duzhe@ssap.cn

邮购地址：北京市西城区北三环中路甲29号院3号楼
　　　　　华龙大厦13层读者服务中心

邮　　编：100029

银行户名：社会科学文献出版社

开户银行：中国工商银行北京北太平庄支行

账　　号：0200010019200365434